하나님 나라의 향연

신약성서의 사회복지론

Theology of Social Welfare in the New Testament

하나님 나라의 향연

신약성서의 사회복지론

더러 굴절되고 퇴락하여 하극상의 세상을 맛보기도 했지만 그 와중에서도 인간은 하나님의 구원을 바라며 복지세상의 꿈을 잊지 않았다. 그것은 하나님의 형상대로 지음 받은 피조물이 하나님의 자녀다운 존엄을 지켜내려는 선교적 의욕의 발로였다. 바로 이 지점에서 사회복지와 사회선교가 만나고 인간복지와 기독교 신학이 접속된다.

Holy WavePlus
새물결플러스

차정식 지음

저자 서문

성서와 사회복지는 어쩌면 진부한 주제처럼 들릴지 모른다. 오늘날 기독교사회복지의 현장에서 이미 성서의 메시지가 진득하게 실천되고 있기 때문이고, 또 사회복지학이라는 근대 학문의 탄생 배경에 기독교 정신이 결정적인 영향을 끼친 바 있기 때문이다. 그러나 곰곰이 살펴보면 기독교 정체성의 근간이자 그 정신의 본령인 성서에서 사회복지의 사상적 동력을 찾고자 하는 '연구'의 시도는 놀랍게도 거의 없었거나, 있었더라도 피상적 고찰에 머무는 경우가 대부분이었다. 이는 사회복지사상의 연구자들이 성서해석학에 대한 전문적 식견이 딸린 까닭도 있었겠지만, 동시에 기독교 정신의 뿌리로서 성서의 가르침에 대한 치열한 문제의식을 가지고 이와 씨름하려는 의욕이 부재한 탓도 크다. 그리하여 나는 기독교사회복지사상의 원류를 찾아보려는 갈증을 느끼며 마치 강물의 발원지를 찾으려는 답사자의 행보로 이 작업에 틈틈이 골몰해왔다. 그렇게 연구하며 집필해온 원고들이 이제 이 책으로 묶여 빛을 보게 된 것이다. 나는 이로써 성서와 사회복지의 핵심 주제를 소통시키는 여정에 발동을 걸었고, 마침내 자그만 결실을 거둔 셈이다.

본래 이 책은 '성서와 사회복지' 라는 제목으로 구약성서까지 포함하여 기획되었다. 구약성서의 숱한 사회복지적 주제들이 기독교 사회복지의 중요한 초석을 제공한 것으로 판단되었기 때문이다. 그러나 이 작업을 적절히 수행하기에는 내 전공상의 제약과 함께 마냥 방대해지는 그 연구의 범위로 인한 어려움이 있었다. 이에 따라 구약성서의 사회복지론은 이 책의 '총론' 부분에서 약소하게나마 그 밑그림을 그리는 선에서 제시할 수밖에 없었다. 그 연구의 양적 축소는 아쉽다. 그러나 신약성서의 관련 주제들은 기실 구약성서의 사회복지사상을 응축한 핵심 원리들을 고스란히 계승 · 발전시킨 흔적이 역력한 터라, 그 아쉬움은 웬만큼 달래지리라 믿는다.

이 책이 나오기까지 적잖은 우여곡절이 있었다. 애당초 한 권의 교과서로 세밀한 체계를 잡고 만들어낸 원고가 아니라서 성근 대목이 있었고, 또 대중적 독서에 부응하기 어려운 '연구' 의 형식이 개입한 터라, 상업적인 출판의 고비를 넘기가 수월치 않았다. 그러나 출판계의 어려운 사정에도 불구하고 갓 태어난 새물결플러스의 도움으로 이 책은 마침내 출판이라는 빛을 보게 되었다. 얼굴도 모르지만 성실한 소통의 노력과 선한 뜻으로 이 책의 출판에 '새 물결' 의 희망을 선사해주신 이 출판사 대표 김요한 목사님께 깊은 감사의 마음을 전한다. 아울러, 출판 결정 이전부터 함께 대화에 응해주시고 교열과 편집이라는 고단한 작업에 동역해주신 정지영, 김병규 두 분 선생님들께도 동일한 은혜의 빚을 졌다. 이 출판사와 그 식구들의 앞날에 하나님 나라의 복지신학적 후광이 오래, 그리고 깊이 머물기를 기원한다.

내가 12년 넘도록 한 직장으로 머물며 모진 풍상을 함께 견뎌온

한일장신대학교의 모든 가족들에게도 순전한 감사의 뜻을 표한다. 80년이 넘는 역사를 지닌 이 작은 학교는 호남지역에서 가장 오래된 사회복지학의 꿈이 서린 곳으로, 거기서 배출된 가난한 학생들은 빛도 없이 이름도 없이 그늘진 생명들을 섬기며 복지의 빛으로 인도해왔다. 세속의 영광을 등진 채 구질구질한 세월을 헤쳐온 그들, 순박하게 배우며 뚝심 있게 행동하던 그들, 영악스럽지 못했지만 자신의 소박한 은사를 늘 풍성히 나누길 기뻐하던 그들에게 이 책을 삼가 헌정한다. 신령한 복지의 빛이여, 이 외화내빈의 사회에 살뜰히 머물라!

2009년 7월 31일

저자

목차

Theology of Social Welfare in the New Testament

총론

성서와 사회복지의 소통

총론 _ 성서와 사회복지의 소통

I. 창조와 타락, 새로운 소명

성서가 하나님의 말씀을 기록한 책이라고 말하는 것은, 하나님의 계시가 그 대상을 향해 제공되었다는 뜻이다. 그러니까 성서는 하나님을 위한 책이 아니라 하나님의 백성을 위한 책인 것이다. '하나님의 백성' 이란 개념은 구약성서에서 이스라엘 백성으로, 신약성서에서 그리스도인으로 그 범주를 한정시키는 경향이 있다. 그러나 창조신학적 관점에서 보면, 실제적이든, 잠정적이든, 하나님의 형상으로 지어진 모든 인간은 하나님의 자녀로서 그 언약 백성의 대열에 동참할 권리가 있다. 그 언약 백성의 대열에 동참한다는 것은 하나님과의 구원사적 언약관계에 자기 존재의 정체성을 새롭게 정초한다는 뜻이다. 그것은 애당초 하나님이 이 천지만물을 지으시고 인간에게 생명을 허락하신 까닭이 그 생명을 두루 풍요롭게 번성케 하고 복되게 살 수 있도록 하기 위한 통전적 복지의 배려에 있었음을 시사한다(창 1:22, 26-

28). 그것은 인간의 타락과 실낙원 이전과 이후에 한결같이 지속된 하나님의 의지였고, 성서가 일관되게 증언하는 주제와 일치한다.

창세기의 첫 대목에 나오는 에덴동산 이야기(창 2:4-25)는 인간의 삶이 애당초 창조의 목적에 걸맞은 복지의 전당 속에 어떻게 향유되었어야 하는지 그 복지의 원형을 보여준다. 그것은 간단히 말해 최대한의 향유와 최소한의 금기가 보장된 무궁한 자유의 세계였다.[1] 그 세계는 동시에 하나님과의 소통에 아무런 장애물이 없이 불멸의 생명이 보장되는 영원의 세계였다. 그러나 인간의 불순종이 죄를 불러들이고 그 죄는 사망을 낳기에 이르렀다. 실낙원 이후 가인이 형제살해라는 죄를 범한 뒤 유랑하는 사람이 된 것은 아무런 방어기제 없는 복지의 박탈을 의미한다. 마침내 그가 정착한 놋 땅에 에녹이란 성을 쌓았지만(창 4:17), 그 성이 생존의 최소한 바람막이는 되었을망정 복지의 보루가 되기에는 어려웠을 터이다. 이후 노아 시절의 홍수심판과 새로운 인류의 구성(창 6:9-9:17), 아브라함의 소명과 그로부터 비롯된 먼 유랑의 동선(창 12:1ff)은 하나님이 이 땅을 더불어 살 만한 복지의 세계로 재구성하기 위한 구원사적 여정을 펼친 결과로 파악된다. 노아와 맺은 무지개 언약은 이 땅을 더 이상 홍수로 심판하지 않겠다는 복지세계의 희망을 담고 있었고, 아브라함과 맺은 할례의 언약은 그와 그의 자손, 나아가 그가 발 디디고 사는 땅이 성결하게 구별되어 그로 말미암아 두루 복을 받으리라는 통전적 생명복지의 비전을 제시한 것이었다.

---

1) 이러한 향유의 은총은 "내가 온 지면의 씨 맺는 모든 채소와 씨 가진 열매 맺는 모든 나무를 너희에게 주노니 너희의 먹을거리가 되리라. 또 땅의 모든 짐승과 하늘의 모든 새와 생명이 있어 땅에 기는 모든 것에게는 내가 모든 푸른 풀을 먹을거리로 주노라"(창 1:29-30)라는 말씀과, "동산 각종 나무의 열매는 네가 임의로 먹되 선악을 알게 하는 나무의 열매는 먹지 말라"(창 2:16-17)라는 금지 명령에 단적으로 나타난다. 이것이 식욕에 대한 넉넉한 배려였다면 "생육하고 번성하여 땅에 충만하라"(창 1:28)라는 명령과 "아내와 합하여 둘이 한 몸을 이룰지로다"(창 2:24)라는 선포는 곧 인간의 생식욕구와 행복 추구권을 반영하고 있다.

물론 거기에는 치러야 할 비용이 있었다. 이러한 희망과 비전은 저절로 이루어질 수 없었던 것이다. 노아와 그 가족, 또 지상의 동물 한 쌍씩을 제외하고 지상의 생명들이 홍수에 잠겨 멸망당하는 대가를 치러야 했고, 아브라함은 본토와 친척을 떠나 아비까지 외지에 묻고 고독한 유랑의 여정에 올라야 했으니 말이다. 아브라함-이삭-야곱-열두지파로 이어지는 언약의 전승 매개체는 적잖은 내부 갈등과 해소 비용을 치르고서야 비로소 살 만한 공동체의 꼴을 갖추기 시작했다. 이스마엘(창 16:1-16)과 에서의 이야기(창 36:1-19)에서 잘 드러나듯, 하나님은 그들의 실수와 불운을 나무라기보다 그들의 생명이 또 한 계보를 이루어나가면서 번성하며 잘 살 수 있는 길을 마련해두셨다. 아무리 실책과 죄악에 대한 책임을 묻고 징벌을 가하더라도 하나님은 그가 택한 종들의 비극을 방치하기보다 최선의 길이 굽혀진 이후에도 차선의 길을 제시하는 등 책임 있는 사랑으로 응답하셨다. 물론 그의 언약공동체가 영적으로 오염되는 위태로운 상황에서 그는 오늘날의 상식으로 이해하기 힘든 극단적인 명령으로 대처하기도 하지만,[2] 그는 그가 징벌한 이방 족속들에게 개인과 가정과 부족, 그리고 국가 차원에서 살 만한 여건을 제공하지 않은 것이 아니었다.[3] 오히려 성서 바깥의 역사적 증거들은 이스라엘이 약소한 반면 주변의 다른 강대국들이 더욱 번성하여 한 시대를 호령했던 많은 예들을 보여준다.[4]

---

2) 그 가운데 대표적인 것은 이민족을 향한 진멸의 명령으로 특히 출애굽과 가나안 땅 정복 과정에서 두드러지게 나타난다(출 32:10; 신 20:17; 수 8:24, 10:28, 39, 11:21; 삿 1:17, 21:11). 이로부터 흔히 '성전'(聖戰)의 신학적 이념을 도출해내기도 하지만, 이는 특정 시대의 특수한 상황을 전제로 한 것이기에 보편적 교훈으로 일반화하기 어렵다. 자세한 논평과 참고자료는 뒤에 언급하기로 한다.

3) 이러한 관심사를 대변하는 가장 오래된 사례가 이삭 집단과 아비멜렉 집단 사이의 분쟁과 해결 과정(창 26:12-33)에 잘 나타난다. 이와 관련한 연구로 한동구, "삶의 터전의 분쟁과 해결(창 26:12-33〈34-35〉)—다문화적 해석을 중심으로", 「한국기독교신학논총」 59(2008), 5-26 참조.

II. 율법의 근본정신과 복지신학

원시시대와 고대 역사에서 사회복지는 무엇보다 일용할 양식의 넉넉한 확보를 통한 개인의 육체적 생존의 지속과 경제적 풍요, 많은 자손을 통한 가문의 번성과 무병장수 같은 요소로 구성되었다. 그것을 '사회적' 차원에서 보장하기 위해서는 그 씨족 내지 부족 공동체의 장이 넉넉한 물심양면의 기반을 쌓아두어야 했다. 그것이 비록 오늘날과 같은 정교한 사회복지제도의 체계로 나타나지는 못했지만, 당시의 사람들에게 복지란 게 없는 건 아니었다. 그것은 주로 영향력 있는 지도자들의 관대한 품성에 근거하여 시혜적 조치로 나타나든지, 종교적 미덕을 실현함으로써 내부의 결속을 다지고자 하는 정치적 동기가 작용하는 경우가 많았다. 가령, 야곱이 제 가문의 입지를 넓히기 위해 축적한 물질적인 부와 자손이라든지, 요셉이 애굽의 총리로서 구축한 풍요한 경제적 기반은 사회복지에서 정치와 경제라는 체계의 요소가 얼마나 막대한 영향을 끼치는지 잘 보여준다.

그러나 물질적 재화의 축적은 계급사회의 분화를 촉진시킴으로써 지배층과 피지배층의 간극에 의한 복지를 위협하는 부정적 환경이 조장되기도 하였다. 계급사회의 구조는 권력을 독점한 소수의 지배층과 그 권력을 노동력과 생산 활동으로 뒷받침하는 다수의 피지배층 사이에 사회복지의 심대한 장애물로 작용했을 것이다. 요셉의 사후 이집트에서 노예 신분으로 전락한 이스라엘 백성들의 형편과 처지가 얼

4) 실제로 이집트(애굽), 아시리아(앗수르), 바빌로니아(바빌론), 페르시아(바사) 등의 제국들은 이스라엘을 포위한 지형 가운데 이스라엘 역사에 결정적인 영향을 끼친 강대국이었다. 구약성서에서 하나님은 이들 제국을 때에 따라 이스라엘 민족에 대한 징벌의 수단으로, 또는 계시의 매개로 삼아 활용한 것으로 나온다.

마나 열악하였는지는 출애굽 직전의 상황 속에 잘 드러난다. 당시 노예가 된다는 것은 인간답게 살 수 있는 최소한의 조건조차 박탈되었음을 의미하였으니, 복지적 삶과는 아예 무관하다고 봐야 한다. 때로 이질적인 종족들이 섞여들고 상이한 문화들이 충돌하면서 다문화적 삶의 혼종적 동거가 탐지되는 사례가 없지 않았다. 하지만 그 부대낌은 대체로 대립과 갈등 상황으로 불거지면서 상호 수용과 존중의 복지질서로 나가기 어려운 시대적 한계에 봉착하곤 하였다.

구약성서의 관련 기록에 의하면 모세의 영도력으로 애굽을 탈출한 이스라엘 백성은 마침내 광야 40년 유랑 세월을 거쳐 그 이후 세대 사람들 중심으로 약속의 땅에 정착하기에 이르렀다. 이스라엘 민족 형성 과정에 대해서는 이와 같은 정복에 의한 정착 이론뿐 아니라 점진적 침투 이론과 소작민의 봉기설 등 다각도의 설명이 있는데,[5] 중요한 점은 이 국면을 전환점으로 하여 이스라엘 민족이 본격적으로 국가체제의 기틀을 다지게 되었다는 것이다. 물론 왕조국가로 나아가기 위해서는 아직 사사시대를 거쳐 사울과 다윗 시대까지 기다려야 했지만, 이른바 12지파 연맹체의 이스라엘 족속들은 이른바 모세의 율법에 의한 사회적 삶의 질서를 세워나가야 할 시대적 과제에 당면했다. 그 질서는 당연히 사회복지질서로 압축하여 설명할 수 있다. 여기에는 다양한 법제적 성분들이 들어 있는데, 그것들을 하나씩 따로따로 살펴보도록 하자.

먼저 십계명은 이스라엘 민족 공동체의 종교 및 사회 규범을 압

5) 이스라엘 민족의 기원과 그 형성 과정에 대한 좀더 상세한 개관으로 다음의 자료들을 참조하라. Niels Peter Lemche, "History of Israel (Premonarchic Period)", tr. by Frederick Cryer, *ABD* vol. 3, 526-545; Norman K. Gottwald, *The Hebrew Bible-A Socio-literary Introduction* (Philadelphia: Fortress Press, 1985, 『히브리 성서 1·2』, 한국신학연구소 역간), 261-276.

축하여 보여준다.[6] 이로써 그들은 자기들의 사회적 삶을 지탱시켜줄 존재론적 정체성의 보루로서 정신적 규준을 확보하기에 이른 것이다. 그 중에서 야훼 하나님의 이름을 거룩하게 하고 당신 한 분만을 경배하라는 조항(출 20:3-6; 신 5:7-10)은 일견 고대의 옹색하고 배타적인 단일신론적 규율로 보이지만, 여기에는 신앙공동체의 정체성을 경계짓는 지표로서의 의미가 담겨 있다. 유목사회의 전통을 지닌 산만한 족속들이 하나의 연맹체 아래 막 태어나는 공동체로 풍요한 복지적 삶을 구가하기 위한 최소 조건은 그들을 하나의 몸으로 엮어줄 수 있는 강력하고도 단일한 정체성의 울타리를 필요로 하였으리라는 점은 쉽게 짐작할 수 있다. 바로 그 자리에 강고한 야훼주의 신앙이 자리 잡은 것이다. 그 뒤로는 인간사회의 복지 역시 그들 사이에 공정한 경계를 설정하는 차원에서 인간관계의 윤리적 규범이 이어진다. 갓 출범한 연맹체제의 구성원들 사이에 얽히고설킨 욕망의 물매를 조율하고 각종 이해관계를 조정하는 명확한 경계지표가 하나님의 권위 하에 인간사회의 질서 유지를 위해 필수적이었을 것이다.

십계명에서 하나님과의 영적인 질서와 인간사회의 윤리적 규범의 질서가 만나는 복지질서의 총화는 안식일 규정을 통해 극명하게 드러난다. 이후 안식년(레 25:1-7), 희년(레 24:8-12) 전통으로 확대되는 이 안식일의 신학은 하나님의 창조와 구원 사역을 관통하는 중요한 복지사상의 밑절미로 자리한다.[7] 하나님이 천지를 창조하시고 이레째 되는

---

6) 십계명에 대한 개론적 해석은 박준서, 『십계명 새로 보기』(서울: 한들출판사, 2001) 참조.

7) 이러한 규정의 신학적 의미와 관련해서는 다음의 글들을 참조하라. K. A. Strand ed. *The Sabbath in Scripture and History* (Washington D. C.: E. P. Dutton, 1982); Gerhard F. Hasel, "Sabbath", *ABD* vol. 5, 849-856; 아브라함 요수아 헤셸, 김순현 옮김, 『안식』(서울: 복있는사람, 2007); Christopher J. H. Wright, "Sabbatical Year", *ABD* vol. 5, 857-861; Christopher J. H. Wright, "Year of Jubilee", *ABD* vol. 3, 1025-1030 참조.

날 쉬셨다는 믿음(출 20:11)과 출애굽에서 노예로서 노역하던 이스라엘 백성들이 그 모든 억압의 족쇄에서 해방되어 자유로운 몸이 되었다는 유월절 전통(신 5:15)이 안식일 규례에서 함께 만난다. 하나님의 안식은 그가 지은 생명세계의 안식으로 이어져야 하며, 그 안식은 차별 없이 총체적이어야 한다는 믿음은 매우 선진적 사회복지의 토대였다. 여기에는 주인과 노예, 남녀노소의 구별이 없으며 심지어 그 집안의 가축들과 토지까지도 쉼의 혜택을 받을 수 있었다. "안식일이 사람을 위하여 있는 것이요 사람이 안식일을 위하여 있는 것이 아니니"(막 2:27)라는 예수의 선언은 바로 오랫동안 망각되고 왜곡되어온 안식일의 신학정신을 인간복지의 차원에서 다시 회복한 사건이라 할 만하다.

한편, 레위기를 중심으로 뭉쳐 있는 제의법은 인간복지와 별 상관이 없는 범주처럼 보인다. 그러나 당시 고기를 나누고 먹는 일이 흔치 않던 상황에서 제의법과 음식규례 등은 위생복지의 필요에 상응하는 측면이 있다고 봐야 한다. 가령, 제의법은 육축을 합법적으로 도살하고 그것을 위생적으로 처분하기 위한 기능을 수행했으며, 각종 음식 및 신체 위생, 의복, 주거 관련 규례(레 11-15장)는 위생관념이 열악했던 당시에 신체의 건강을 배려하는 차원에서 규모 있는 삶의 관리를 위한 나름의 실용적 역할을 담당하였다. 이는 단지 병들지 않기 위한 처방에 국한되지 않고 병든 자들을 관리하고 특히 전염되지 않게 하기 위한 조치들까지 포함하는 것들로 제의적 장치 하에 합리적으로 제정된 규례들이었다. 그런가 하면, 인간 생명 및 각종 물질적 피해와 관련된 보상법들(출 21:1-22:15)은 사회복지를 위한 최선의 질서가 침해받는 상황에서 그 현실적 차선책으로 공평과 정의의 체계를 유지하기 위한 정치경제적 처방들이었다고 볼 수 있다. 흔히 개인의 인명에 대한 상해보상과 관련하여 '눈에는 눈, 이에는 이' 라는 문구로써 정형화되는 보복법(*ius talionis*; 레 24:20; 신 19:21)은 얼핏 잔인한 기계적 보복을 장려하는 인상을 주는 것 같지만, 그것은 외려 역설적으로 타인의 생명을 그만큼 중대하게 존중하라는 사전 경고였으리라 사료된다.[8] 이웃 사랑을 자신의 몸처럼 냉철한 역지사지의 입장에서 하지 않고는 그 사랑이 온전히 결실하기 어려우리라는 현실적 셈법이 작용했던 것이다.

III. 인권복지 기제로서의 약자보호법

인권 복지란 견지에서 구약성서의 율법이 강조한 약자보호법 역시 사회복지에 가장 취약한 계층에 대한 하나님의 배려가 극진했다는 점에서 유다른 주목을 요한다. 이들 범주는 같은 땅에 더부살이하는 나그네, 과부와 고아, 그리고 빚을 질 수밖에 없는 가난한 동족을 포함한다(출 22:21-22, 23:9; 신 10:18-19, 16:14, 24:10-22). 하나님의 사랑은 그들을 향한 복지적 삶의 배려라는 차원에서 나타나고 있다. 구약성서의 하나님은 친히 과부와 고아의 보호자를 자처하면서 그들을 향한 억압과 횡포를 흉악한 불의와 범죄의 차원에서 경고한다. 아울러, 이방인 나그네에 대한 처우 역시 그들 백성의 조상이 옛 시절 애굽의 노예 시절을 경험한 역사적 사실을 상기시키면서 최소한의 인간적인 대우를 요구한다(출 22:21, 23:9). 가난한 동족이 빚을 지더라도 그들을 구제하는 차원에서 이자를 받지 말 것을 지시할 뿐 아니라(출 20:25-27), 그들이 뺏긴 기업으로서의 땅도 일정 기간이 지나면 원주인에게 돌려줄 것을 명령함으로써 토지의 소유주가 하나님 한 분임을 분명히 못박아두고 있다(레 25:23-28). 인간은 다만 한시적으로 그것을 관리하는 청지기

8) 이러한 율법의 자의적 곡해 가능성으로 인해 예수께서는 산상수훈에서 그 본래의 의도를 뒤집어 급진적으로 재해석하였다(마 5:38-42). 그것은 사랑과 용서의 교훈으로 요약된다.

로서의 생태선교적 사명을 받아 감당할 뿐이다.9) 그밖에도 전쟁 시 군인을 차출해야 하는 상황에서 "새 집을 건축하고 낙성식을 행하지 못한 자", "포도원을 만들고 그 과실을 먹지 못한 자", "여자와 약혼하고 그와 결혼하지 못한 자" 등을 특별히 배려하여 죽을 위험이 높은 전쟁을 피해갈 수 있도록 배려한 관용의 법규(신 20:5-7)는 그 관심의 깊이가 단지 인권 존중 차원에 그치지 않고 생명의 본질에 대한 통찰과 함께 그 현실적 향유에 대한 복지적 고려가 돋보이는 증거가 아닐 수 없다.

십일조에 관한 율법 조항 역시 하나님이 인간사회의 복지에 얼마나 섬세하게 관여하는지를 보여주는 중요한 실례이다(레 27:30-34; 민 18:21-32; 신 14:22-29, 26:12). 가구 소득 중에 십분의 일을 하나님께 예물로 드린다는 것은 단순히 하나님을 향한 신앙심의 표현에 한정되지 않는다. 그것은 흔히 이런저런 수확이 생기기까지 하나님이 베풀어주신 은혜에 대한 감사예물의 일종으로 볼 수 있다. 그러나 그렇게 취합된 십일조 예물이 어떻게 사용되어야 하는지에 대한 규정을 보면 하나님의 깊은 뜻은 단지 감사의 여부 확인에 머물지 않고 인간사회의 그늘진 곳과 결핍된 구석을 보충하려는 샬롬의 복지질서에 잇닿아 있음을 확인할 수 있다.10) 먼저 이 예물은 토지를 분배받지 못한 상태에서 특정한 소출이 없는 레위인들의 생계비용으로 충당되었으니 그들의 생명복지에 한몫을 담당하는 것일 테다. 나아가 이 예물은 가난한 자들

9) 한 연구에 의하면 이러한 토지 이해를 기본 바탕으로 삼아 구약시대에 토지와 관련하여 모두 여섯 개의 세부적인 신학적 이념이 산출된 것으로 드러난다. Norman C. Habel, *The Land Is Mine: Six Biblical Land Ideologies* (Minneapolis: Fortress Press, 1995, 『땅의 신학』, 한국신학연구소 역간) 참조.

10) 이 주제에 대해서는 이종록, "십일조로 이루는 샬롬-신 26:12-15를 중심으로", 「신학사상」 132(2006 봄호), 83-108 참조. 물론 오늘날 십일조가 교회의 재정수입에 가장 중요한 몫을 차지하면서 이와 관련하여 왜곡된 인식이 불거지자 이에 대한 비판적 성찰과 대안이 제기되기도 하였다. 조누가, 『십일조를 넘어서』(서울: 아침바다, 2003) 참조.

을 구제하는 비용으로도 사용됨으로써 부익부 빈익빈의 사회구조가 발생하지 않도록 미연에 방지하는 사회복지 기간망의 역할을 떠맡았던 것이다. 게다가 이 예물은 공동체의 축제를 위한 공동식사의 음식으로 쓰임으로써 사회 전체가 하나로 통합되고 더불어 화목한 삶을 누리도록 독려하기 위한 화목과 연대의 물질적 기반이 되기도 하였다.

오늘날의 상황에 비추어 구약성서의 토라가 규정한 모든 율법 조항들이 다 신학적으로 정당하고 현실적으로 적합한 것이라고 보기 어렵다. 특히, 이방족속들과의 전쟁 상황에서 그들의 진멸을 명령하고 그것을 성전(聖戰)이라고 정당화한 것은 시대 초월적 법규로 통용되기 어렵다. 이런 문제를 문자주의적 독법으로 읽어 액면 그대로 수용하기보다 이른바 그 '거룩한 전쟁'이 오늘날 시점에서 왜 전혀 거룩할 수 없는지 현대적 신학의 통찰 아래 역설적인 해석이 필요할 것이다.[11] 여성의 월경이나 분만 이후 처방 등에 대한 위생적 규례(레 15:19-33) 역시 양성 평등의 시대에 문자적으로 적용할 수 없는 것도 사실이다.[12] 그러나 그럼에도 불구하고 구약의 제반 율법들은 당대의 상황에서 인간의 삶에 대한 사회복지적 고려를 최대한 반영한 현실적 산물로 평가된다. 특히, 개인소유권이 증대되고 독점의 유혹이 범람하던 타락 이후의 시대에 개인과 집단이 살육과 점령과 억압과 수탈 앞에 고스란

---

11) 이 주제와 관련한 자세한 이해를 위해 다음의 자료들을 참조하라. 강사문, "전쟁할 때와 평화할 때", 「한국기독교신학논총」 26(2002), 27-79; T. B. Dozeman, *God at War: Power in the Exodus Tradition* (Oxford: Oxford University Press, 1996); S. Niditch, *War in the Hebrew Bible: A Study in the Ethics of Violence* (Oxford: Oxford University Press, 1993); G. von Rad, *Holy War in Ancient Israel*, tr. & ed. by M. J. Dawn (Grand Rapids, MI: Eerdmans, 1991); P. C. Craigie, *The Problem of War in the Old Testament* (Grand Rapids, Michigan: Eerdmans, 1978, 『기독교와 전쟁문제[구약성서를 중심으로]』, 성광문화사 역간).

12) 이와 같이 가부장주의적 가치관에 경도된 측면을 포착하여 오늘날 여성주의 신학의 관점에서 구약성서 텍스트를 재해석한 국내의 저서가 있어 주목된다. 이경숙 외, 『여성이 읽는 구약성서 개론』(서울: 대한기독교서회, 2005) 참조.

히 노출되어 있던 상황을 감안한다면 서로의 이해관계를 조율하며 질서 정연한 경계선을 설정한다는 것이 얼마나 어려웠을지 쉽사리 짐작된다. 이러한 역사적 현실에 반응하여 예의 율법을 하나님의 말씀으로 선포하고 그것을 사회복지의 견지에서 제도화한 것은 오늘날에도 이루기 힘든 파격적 사건이었다고 할 수 있다. 물론 당대에 이런 법규들이 얼마나 현실화되었는지 의문의 여지는 있지만 그 원리 원칙을 규정했다는 사실 하나만으로도 인류 역사에 사회복지의 중요한 원형적 규범을 산출한 의의가 적지 않다고 본다.

Ⅳ. 율법 정신의 회복과 초월

이후 사사 시대와 왕조 시대를 경유하면서 전개된 역사는 이러한 사회복지의 원형적 규범에 대항하여 재화와 권력의 토대 위에 인간의 탐욕을 극대화하려는 중앙집권적 추세와 그것을 해체하여 다시 광야의 자유로운 복지질서로 회귀하려는 예언자들의 활동이 소용돌이치며 부대껴나간 과정으로 요약된다. 사무엘의 간곡한 권면과 경고에도 불구하고 이스라엘 백성들은 잦은 외침에 대한 체계적인 대응의 일환으로 왕권을 구했고(삼상 8:4-22), 사울 이후 출현한 왕조국가 체제하에서 이스라엘 백성들은 사회복지에 취약한 정치경제 구조를 살아내야 했다. 물질자본의 축적은 왕조국가의 기틀을 마련해주었지만, 그것의 배타적 집중은 왕을 필두로 한 지배층의 포만은 보장해주었을망정 일반 서민대중의 복지까지 포만하게 챙겨주는 구조는 아니었던 셈이다. 다윗의 밧세바 탈취와 우리야 살해 사건(삼하 11장)이나 솔로몬이 수천의 처첩비빈을 거느리며 사치하고 방종한 일(왕상 11:1-8), 그리고 아합과 이세벨이 나봇의 포도원을 탈취한 사건(왕상 21장) 등은 왕조국가의 권력이 무엇을 지향했는지 극명하게 보여주는 몇 가지 사례일 뿐이다.

모세의 율법은 그 권력 집중의 시대에 그렇게 집중되는 권력에 반비례하여 점점 더 잊혀져간 것으로 보인다. 히스기야나 요시야 등 일부 군주들의 개혁정책이 잠시 빛을 보는 것 같았지만 그것은 일시적인 현상이었고, 왕조국가의 체제는 기본적으로 광야의 정신을 회복할 기틀을 갖추기 어려웠다. 그 와중에 예언자들의 목소리만이 '야훼의 말씀' 으로 현신하여 잊혀져가는 율법의 정신을 회복하기 위해 안간힘을 썼을 뿐이다. 예언자들의 활동은 특정한 리더십 체제를 세우거나 허물면서, 혹은 그것을 선도하거나 도전하면서 직간접적으로 왕조국가의 운영에 관여했다. 엘리야, 엘리사, 나단 등의 활동기를 거쳐 아모스, 호세아, 미가, 이사야 등의 시대에 이르는 동안 그들은 한결같이 야훼주의 신앙의 옹호자로 나섰고, 이방종교의 침투에 의한 신앙 질서의 문란을 질타했다.[13] 이와 함께 '마르제아흐' 와 같은 사례에서 보듯 부유층의 사치와 방종, 사회적 약자들에 대한 억압과 수탈 등으로 인해 하나님의 공의가 훼손되는 사태를 향해 극렬한 비판의 메시지를 전하기도 하였다.[14] 이와 같은 이들의 예언 활동은 한 마디로 신앙적 순결을 회복하고 사회정의를 바로 세우는 목표에 집중되었는데, 그것은 곧 인간 삶의 보편적 복지를 지향한 율법의 근본정신을 회복하려는 노력이었다고 할 수 있다. 나아가 그들의 복지사회 비전은 태초의 낙원 회복을 향한 갈망과 함께 이리와 어린양, 표범과 어린 염소가 함께 살

13) 이 시대의 예언 활동과 예언 문헌의 역사적 배경과 성격에 대해서는 Joseph Blenkinsopp, *A History of Prophecy in Israel: From the Settlement in the Land to the Hellenistic Period* (Philadelphia: The Westminster Press, 1983, 『이스라엘 예언사』, 은성 역간) 참조.

14) 이 '마르제아흐' 의 역사적 성격에 대해서는 학자들의 의견이 갈리지만 대체로 부유층의 사치스런 연회와 연관이 있었으리라 추론된다. 김태훈, "고대의 한 사회제도 〈마르제아흐〉에 대한 아모스의 비난－아모스 6장 1-8절", 「성경연구」 127(2005/6), 1-17 참조.

며 송아지와 어린사자와 살진 짐승이 함께 어린아이에게 끌려가는 목가적 꿈으로 나타나기도 하였다(사 11:6). 이는 사자가 초식동물처럼 풀을 먹을 만큼 타락 이전의 낙원을 전망하는 데(사 11:7) 머물지 않고 에덴에서 사탄의 표상이었던 뱀이 더 이상 해를 끼치지 않으리라는 급진적 희망(사 11:8) 속에 에덴의 아킬레스건까지 넘어설 만큼 가열찬 것이었다.

그러나 이들의 예언활동은 사회체제의 획기적인 변혁이라는 성과를 거두지 못한 채 점점 왕조의 이념에 순응하며 봉사하는 부속적 기능인으로 전락해갔다. 그런가 하면 이 땅의 역사 속에 하나님의 주권적 통치가 온전히 구현되기 어렵다는 비관적 전망 아래 그들은 그들의 희망을 초월적 공간 속에 투사하면서 점차 묵시주의적 세계관에 경도되기 시작했다.[15] 특히, 왕조국가의 멸망과 함께 뿔뿔이 흩어진 디아스포라의 이스라엘 민족에게 복지의 삶은 점점 역사적 현실과 거리가 멀어졌고 그 기간 내내 나라 없는 설움을 삭히면서 탄식과 울분, 회개와 성찰의 기나긴 세월을 감내해야 했다. 스룹바벨, 에스라, 느헤미야의 영도 아래 고토에 귀환한 백성들은 부서진 성읍을 재건하고 풀어진 기강을 다잡으려 노력했지만, 이때 회복된 유월절의 전통이나 일부 제의적 법도들이 자동적으로 그 백성들을 살 만한 복지의 여건 속에 견인한 것은 아니었다.

이후 마카비 혁명을 통한 독립국가의 체통 유지에도 불구하고 그 한시적 신정국가체제는 일반 대중들 사이의 황폐한 마음과 살림살

15) 이즈음 산출된 대표적인 묵시문학 작품으로 스가랴, 다니엘서 등을 꼽을 수 있을 것이다. 그밖에도 이후에 에녹서, 바룩서, 제4에스라서 등의 다양한 묵시문학작품들이 생산되었다. 묵시문학과 묵시운동의 배경과 역사적 추이에 대해서는 John J. Collins, *The Apocalyptic Imagination: An Introduction to the Jewish Matrix of Christianity* (New York: Crossroad, 1989, 『묵시문학적 상상력』, 가톨릭출판사 역간) 참조.

이를 회복시키기에 역부족이어서 상투적 도덕률이나 비관주의적 삶의 지혜를 부추기거나 외세에 대항하여 민족적 자긍심을 고취하는 영웅담을 낳기도 하였다. 강대국의 틈바구니에서 상전을 바꾸면서 식민지 백성으로 전전하며 이어져온 세월이 신약시대까지 계속되었고 묵시적 종말의 희망이 간절해질수록 메시아 대망의 열기는 더욱 뜨거워져갔다.[16] 아울러, 낙관적 이상주의든 비관적 현실주의든, 주어진 삶의 경험을 깊이 통찰하면서 개인과 공동체의 삶을 합리적으로 도모하기 위한 실천적 지혜의 축적이 문헌으로 산출되고 그 가운데 새로운 신학적 전통을 수립하면서 아무리 암흑이 관영한 세속의 한복판이라 할지라도 어떻게 거기서 제대로 잘 살아야 하는지, 무엇이 주어진 여건에서 최선 또는 차선의 삶인지에 대한 사색과 모색의 시도들이 다양하게 표출되기도 하였다.[17]

V. 예수와 초기 교회의 복지신학

마침내 예수가 이 땅에 왔고 그를 기준으로 역사의 신기원이 열렸다. 그가 전통적인 메시아 예언의 주인공인 메시아일 거라는 믿음이 유포되면서 예수는 사람들의 집중적인 주목을 받았다. 그의 죽음과 부활 속에서 구원의 실현을 본 사람들이 마침내 기독교라는 신생종교를 이 땅에 탄생시켰다. 그러나 그는 탄생과 죽음, 부활 신앙만으로 후세에 희망을 준 것이 아니었다. 그의 가르침과 행적을 압축적으로

16) 이른바 신구약 '중간기' 라고 칭하는 이 시기의 제반 정치사회적 상황과 당시 산출된 문헌자료에 대해서는 마틴 맥나마라, 채은하 옮김, 『신구약 중간 시대의 문헌 이해』(서울: 이화여자대학교 출판부, 1995) 참조.

17) 이와 같은 지혜문학의 전개는 Donn F. Morgan, *Wisdom in the Old Testament Traditions* (Atlanta: John Knox Press, 1981) 참조.

표상하는 이른바 '하나님의 나라' (또는 하늘나라)는 단순히 지리적 삶의 공간이 아니었다. 그것은 구약시대를 통틀어 타락한 인류의 숙원이었던 하나님의 주권적 통치를 가리켰고, 나아가 그의 선한 뜻이 이 땅에서 온전히 이루어져 누구에게나 차별 없이 복된 생명을 누릴 만한 복지의 세상에 다름 아니었다. 예수는 하나님의 나라를 위해 여러 교훈으로 가르쳤고 병든 이들을 고쳤으며 가난한 자들에게 하나님의 나라를 제시하며 위로하였다. 제자공동체를 꾸려 사랑과 겸손한 섬김의 도를 설파했고, 몸소 개방된 식탁교제를 통해 이 땅에서 소외당한 사회적 약자들을 초청했다. 그가 무슨 특정한 정치적 이념에 사로잡혀 계급적 파당의식에 투철했던 것은 아니었지만, 약하고 병들고 소외된 이웃들을 사랑으로 감싸며 섬기는 사역으로 하나님 나라의 목표에 충실한 것은 사실이다. 그에게는 공의, 평화, 사랑, 자비, 용서 등의 덕목이 중요했으며, 탐욕으로 찌든 인간사회의 회개를 통해 이 땅에서 하나님의 의와 나라가 온전히 이루어지길 갈망했다. 그것은 세상의 정치권력과 물질적 풍요가 삶의 질적 고양과 꼭 비례하지 않는다는 분명한 가치관에서 비롯된 대안적 희망이었으리라 여겨진다.[18] 외려 그는 일용할 양식의 공급에 자족하는 겸양의 스타일 속에 하나님 나라의 충만을 경험하는 역설의 이치를 간파한 것이었다. 아울러, 예수는 이 땅에 인간의 이름으로 태어나 살아가는 모든 생명들은 창조주 하나님의 관점에서 그 누구든 다 소중하며 천하를 다 줘도 바꿀 수 없는 귀중한 존재라는 천부인권의식의 단초를 제공했다.

18) 그 세세한 내용들은 각 복음서마다 당시 로마의 무력에 의해 연출된 '평화' 이데올로기에 나름대로 적응하면서 동시에 신학적 항체를 형성해나간 사회-수사적 방법에서 확인된다. 게르트 타이센, 류호성 · 김학철 옮김, 『복음서의 교회정치학: 복음서에 대한 사회-수사학적 접근』 (서울: 대한기독교서회, 2002) 참조.

이러한 역사적 예수의 도전은 그의 대속적 죽음과 부활 사건을 통해 하나의 신학적 유산으로 전승되어 초기 교회는 파격적으로 경계를 허물며 구원의 복음을 온 천하에 전하는 선교 사업에 열중하였다. 초대 예루살렘교회의 공동생활이 잘 예시하듯(행 2:43-47), 모든 소유물을 각자의 필요에 따라 공동 분배하는 물질적 유무상통의 실험은 비록 지속 가능한 장기적인 복안은 될 수 없었지만, 사회복지의 경제적 토대가 어떠해야 하는지 보여준 파격적인 실천이었다. 아울러, 과부들을 비롯한 사회적 약자들의 구제 활동이나 교회간의 나눔을 통한 코이노니아의 활성화는 특히 바울 사도의 이방인 교회 개척이 활발해짐에 따라 교회 내부와 교회 상호간의 복지적 체계를 구축하는 중요한 기틀이 되었다. 이후에는 과부들이 사회적 약자의 하위범주에 머물지 않고 독자적으로 소그룹 공동체를 조직하여 상부상조하는 시스템으로서 교회 내 하부구조의 독특한 역할을 수행한 것으로 드러난다. 경제복지와 관련하여 가장 왕성한 관심을 표출한 경우는 야고보서이다. 야고보서는 이방인 교회의 흥성에 비해 위축된 상태로 디아스포라의 삶을 감내하던 당시 유대인 기독교 공동체의 핵심 문제로 물질적 재화의 독과점과 내부적 차별, 가난한 자에 대한 학대와 억압 현실을 고발하면서 그로 말미암는 종말의 심판을 경고하였다. 특히 저자는 종교적 경건의 개념을 과부와 고아를 구제하고 병약자를 치유하는 공동체적 사회복지의 실천이란 맥락에서 재정의함으로써 신앙이 행함과 불가분리적 관계임을 다시 한 번 분명히 확인해주었다.

한편 예수의 평등 지향적 인권의식은 초기 교회에 계승 · 발전되어 그리스도 안에서 세례 받은 모든 사람들이 유대인과 헬라인, 남자와 여자, 노예와 자유인 등의 종족적 성적 계급적 차별 없이 하나라는 통합적 인간의식으로 나타났다(갈 3:27-28). 실제로 계급적으로 노예 신분의 사람이 그리스도 안에서 형제요 자매로 호칭되면서 새로운 위상을 부여받음에 따라 획기적인 사회적 가치를 창조한 사례는 인권 신장이란 관점에서 인간복지의 근본적 토대를 형성한 중요한 계기로 평가된다. 아울러, 낯선 이방인을 언약적 구원 백성의 범주 속에 포용하고 그리스도 안에서 그들을 환대하고 영접한 사례는 구약시대 나그네를 대하는 관련 율법 조항의 연장선상에서 의미심장한 사회복지 전통의 재발견으로 보인다.[19] 이 모든 변화는 신약시대에 예수 재림과 결부된 긴박한 종말신앙이 뒷받침하는 가운데 가능했다. 종말신앙은 이 세상의 물질적 삶이 한시적이고 궁극적이지 않다는 깨달음에 근거하여 과격하게 세상 초월적인 삶의 스타일을 제공하였고, 동시에 그 물질적인 가치를 하늘에 쌓아두는 보화로서 보람차게 사용하는 일에 힘쓸 수 있었던 것이다. 그러나 그 종말신앙은 인간의 삶을 지속 가능한 복지적 체계 안에 보장하기 위한 이 땅의 장기적인 재생산 구조를 소홀히 여김으로써 사회복지신학의 미래에 빛과 그림자를 동시에 던지고 있다.

VI. 이 책의 전개 방향

이상에서 보듯, 성서시대의 역사는 사회복지사상의 부침의 역

19) 예수로부터 발원하여 초기 교회의 공동체 정신을 형성해나간 이러한 전통은 그 선교 지형과 역사적 환경이 달랐음에도 불구하고 일관된 패턴 속에 발전해나간 것으로 파악된다. 그것은 곧 예수의 하나님 나라가 초기 신앙공동체의 삶을 통해 혈통 가족주의를 넘어서는 '하나님의 가족' (*familia Dei*)으로 나타난 데서 단적으로 증명된다. 이 가정교회들은 자발적 증여와 나눔의 스타일을 실천하면서 주 예수 그리스도 안에서 그의 사랑으로 방랑하는 나그네들을 조건 없이 환대하고 영접하는 개방적 공동체였다. 차정식, "공동화된 공동체의 재구성—신약성서의 몇 가지 암시", 『예수와 신학적 상상력』(파주: 한국학술정보, 2008), 420-439 참조. 이러한 공통분모를 공유하면서도, 물론 초기 교회는 개별적 신앙공동체의 특수한 삶의 자리(정체성)와 신학적 지향점의 차이에 따라 다양한 형태로 나타났다. 다니엘 해링턴, 김동수 옮김, 『신약성서의 교회』(서울: 대한기독교서회, 2007) 참조.

사와 함께 궤를 함께 하며 전개되어왔다. 역사를 통틀어 하나님의 계시는 일관되게 이 땅에 내신 생명들이 인간을 중심으로 서로 조화와 균형을 이루며 그 생명을 풍성하게 누리는 복지를 지향하였다. 더러 굴절되고 퇴락하여 하극상의 세상을 맛보기도 했지만 그 와중에서도 인간은 하나님의 구원을 바라며 복지세상의 꿈을 잊지 않았다. 그것은 하나님의 형상대로 지음 받은 피조물이 하나님의 자녀다운 존엄을 지켜내려는 선교적 의욕의 발로였다. 바로 이 지점에서 사회복지와 사회선교가 만나고 인간복지와 기독교 신학이 접속된다고 하겠다. 앞으로 펼쳐질 본론의 내용은 그 만남과 접속이 신약성서의 역사와 신학을 관통하면서 어떻게 발현되었는지 항목별로 주제화하여 다룬 것이다.

이처럼 신약시대의 역사와 신학이 사회복지라는 주제를 만나 생산적인 논의를 가능하게 하기 위한 현실적 토대로서 정치와 경제가 중요한 전제가 되겠기에 나는 먼저 사회복지의 토대로서 하나님의 정치 경제 문제를 I부에서 다루었다. 먼저 이 주제 하에 3편의 논문을 담은 뒤에 이어지는 II부에서 사회복지가 인간복지라는 대전제 아래 인간의 기본권과 관련하여 신약성서의 교훈을 인권의 미래라는 견지에서 2편의 논문을 배치하여 항목화하였다. 사회복지가 단순히 제도와 법규, 이념이나 희망사항이 아니라 건강한 심신을 유지하면서 매일의 먹고사는 일상 속에 구체적으로 향유되어야 할 삶의 지속적인 조건이라는 점에서 III부는 일상의 향유라는 주제로 또 다른 2편의 논문을 묶어 사회복지의 개념을 조명하고자 하였다. 이어지는 IV부와 V부는 예수와 그 이후 초대교회의 선교 사역 가운데 반영된 사회복지사상을 논하였다. IV부가 2편의 논문을 통해 각각 예수의 하나님 나라 운동과 사회복지 개념을 연동시키고 실패한 디아코니아의 사례에 담긴 여성

제자도의 길을 여성복지의 견지에서 살피고 있다면, V부의 또 다른 논문 2편은 바울서신과 야보고서에 나타난 사회복지적 요소들을 코이노니아와 통전적 생명복지란 관점에서 논구한 것이다.

제 1 부

하나님의 정치경제와 사회복지의 토대

제1장 _ 신약성서와 대안정치의 씨알들

I. 문제제기: 신학적 정치학의 풍경

예수를 매개로 빌라도와 헤롯이 친구가 되고, 또 산헤드린이 빌라도와 소통한 마당에 현실의 통전적 삶 가운데 정치와 종교를 별개의 항목으로 취급한다는 것은 어색하거나 어리석은 일이다. 마찬가지로, 누가와 데오빌로가 후원관계로 연대하고, 바울이 갈리오 총독이나 아그립바 왕, 베스도와 벨릭스 총독을 각각 상면하여 그의 신앙을 증언함으로써 호의적 · 적대적 반응을 유발한 사례를 참조할 때, 종교적 구원과 정치적 해방을 상종 못할 관심사로 치부하는 것 역시 세상사의 심부를 꿰뚫기보다 그 언저리에서 변죽을 울리는 유아적 수준에 불과하다. 이렇듯, 멀찌감치 여로보암의 봉기와 예후의 혁명을 들먹이지 않더라도 성서시대에 정치와 종교는 서로를 견인하며 이용하는 삼투적 관계로 얽혀져 있었다. 종교의 기원을 주술적 정치조종술의 필연성에서 찾으려는 이론이 제출될 정도로 종교로써 정치하는 일이 상례화되었듯, 정치의 종교화, 즉 정치로써 종교적 카리스마를 연출하여 종교의 후광을 덧입고자 하는 일 또한 뻔질나게 잦은 것 또한 역사 속의 현실이다.

그런데 조명의 시좌를 우리가 활동하는 이 땅의 기독교 쪽으로 좁혀볼 때, 오늘날 신학적 정치학의 풍경은 몇 가지 문제점이 있다. 이른바 '정교분리'의 신념을 신줏단지처럼 떠받들던 진영에서 예전의 잠행 정치를 벗어던지고 이제 본격적으로 거리를 활보하면서 정치투쟁을 불사하는 모습까지 선보이기 시작했다.[1] 거기에는 보수기득권 세력의 카르텔과 한때 민주화운동이나 시민사회 운동에 몸담았다가 전향한 새로운 대안 이념 세력(예컨대, 뉴 라이트 집단)의 혼종적 동거라고 할 만한 경향이 엿보이는 것이 특징이다. 이를 뒷받침하는 보수교회 및 교단, 그리고 그것을 뒷받침하는 신학대학과 연합회 체제는 여전히 정교분리의 기존 신념과 신앙적 정체성을 앞세운 정치적 저항이라는 얼핏 모순된 지향 사이에서 행동의 추를 조율하고 있다. 그런가 하면, 거대권력의 폭압에 맞서 투쟁하던 쪽에서는 대체로 90년대 이후 제도적 민주화가 일단락된 뒤 바깥의 적을 놓치고 허둥대며 생태정치 등의 방향으로 각개 약진하다가 이제 촛불시대의 개막과 함께 주변을 추스르는 형국이다. 이른바 복음주의 진영의 일각에서 비록 미약할망정 개혁적 비전을 가지고 하나님의 의와 나라를 구하려는 움직임이 보태져 함께 약동하고 있는 것도 사실이다.

아니, 오늘날 기독교 안팎으로 진행되는 정치의 현실 상황은 이보다 훨씬 더 복잡하고 현란하다. 만인을 향한, 만인에 의한, 만인의

1) 이는 억압적인 강자에게 굴종하고 유화적인 약자에게 함부로 대드는 비루한 처세술의 변종으로 신학이나 교리의 명분에 기댈 사안이 아니다. 이러한 세태의 음지를 일별해보면 "위에 있는 권세자들에게 복종하라"에 나오는 로마서 13장의 권세가 그것을 떠받들며 정교분리의 성냥성을 옹호하는 전가의 보도처럼 활용하던 무리들에게 아무것도 아닌 자가당착의 장식품이었음을 알 수 있다.

정치 시대라고 할 만큼 특정한 신학적 이념과 신앙적 확신으로 규합된 세력이나 집단조차 미시적 정치 지형을 일별해보면 끊임없이 기존의 구조를 내파하면서 이합집산하는 역동적 풍경이 빤히 보이기 때문이다. 그러다 보니 싸늘한 탈정치의 내부에도 정치가 온존하고 뜨거운 정치판의 내부에도 정치가 실종되는 현상이 자주 목격된다. 기독교계 역시 복음과 정치가 일상적 삶의 리듬과 충분히 연동되지 못한 채 겉도는 기형적 흐름을 자주 노출한다. 사정이 이런 터에 대안정치의 논의는 늘 필연적이고 또 풍성하게 마련이다. 그 연장선상에서 오늘날 이 땅의 교회와 정치를 둘러싼 소문이 불길할수록 그 혼돈의 도가니를 파탈하여 새로운 희망의 정치로써 교회의 창조적 미래를 선도하기 위한 신학의 노력이 없을 수 없는 것이다.

그 노력의 일환으로 기원을 지우고 풍경만으로 보여주는 현금의 제반 신학적 정치학은 서늘하게 담금질되어야 한다. 그 기원의 일단을 세심히 살피고 재구성함으로써 틈새의 길을 찾는 모험은 그 신학의 명분과 방법이 아무리 불온할지라도 전적으로 타당한 노릇이다. 그 특별한 '노릇'이 우리 일상의 평범한 '버릇'이 되기를 꿈꾸며 이 논문은 여기에 신약성서를 태반으로 대안정치를 잉태하는 씨알 셋을 탐색해보기로 한다. 현재까지 숱한 신약성서 정치학의 논의에도 불구하고, 그것들은 대체로 국가와 교회의 정치적 관계나 예수의 비폭력 평화주의 노선에 집중하여 원론적 차원에서 연구되어왔을 뿐, 신약성서 내부의 신학적 정치학의 특징과 차이에 충분히 천착하지 못한 것으로 판단된다. 거기에는 특정 이념적 기준이나 윤리적 잣대에 고착된 관점의 시대적 강박도 작용했으려니와, 동시에 텍스트 내부의 복잡한 사정을 세밀하게 분별하지 못한 데도 일단의 원인이 있다. 인간의 구체적인 욕망과 결부된 정치의 지향이 단일하지 않듯, 그 정치적 욕망이 기동하는 방식과 그것이 만들어내는 지형 역시 몇 개의 간편한 정석으로 수렴될 수 없는 법이다. 이 논문에서는 이런 점을 고려하여 신약성서가 보여주는 대안정치의 핵심적 테마를 예수와 바울, 요한계시록을 중심으로 분석하고 신학적으로 재구성하는 데 초점을 맞추어볼 요량이다.

II. 탈주와 교통의 정치 — 예수의 경우

예수의 정치학을 그 실천방법에 국한하여 '비폭력적 저항' 의 '평화주의' 로 규정하는 것만으로는 충분하지 못하다.[2] 이러한 방식의 규정은 예수의 평화 지향적 정치학이 작동한 대상에 대한 세밀한 정치적 지형을 준별하지 않은 채 '평화' 라는 상식적 명분 속에 모든 논점을 수렴시킴으로써 환원주의의 오류를 내장하고 있다. 그 정치의 지형에서 간과되기 쉬운 것은, 예수의 신체가 일종의 정치적 동력으로서 그의 제자들과 더불어 움직이며 이동해간 '길' 과 '장소' 의 신학적 특수성이다. 예수가 만민에게 구원의 도로서 선험적(또는 선재적) '길' 이 되기에 앞서 그가 걸어간 구체적인 일상의 여정으로서 경험적 '길' 이 있었다는 역사적 사실이 강조되어야 할 이유가 여기에 있다.[3] 요컨대, 그는 부단히 움직이며 갈릴리의 그 척박한 길을 걸음으로써만 생명이요, 진리요, 바로 그 '길' 이 될 수 있었다는 것이다. 그 가운데 갈릴리 지역의 그 추상적 공간은 복음과 접속되어 의미심장한 사건을 담은 구

2) 이러한 관점에서 예수의 정치학을 조명한 대표적인 고전으로 존 하워드 요더, 권연경 · 신원하 옮김, 『예수의 정치학』(서울: IVP, 2007) 참조.

3) 이와 관련한 논지는 필자의 다음 논문에 수렴되어 있다. Cha Jung Sik, "Jesus' Travel Route and Its Theological Implications as Reflected in the Tao Concept", *Scripture and Interpretation* 2/2(2008), 190-199.

체적인 '장소' 로 거듭날 수 있었다.

복음서의 기록만으로 보면 예수는 당시의 중앙정치권력과 담쌓은 채 변두리를 잠행한 동선을 보여주고 있다.4) 물론 탄생과 죽음의 상황은 그것과 정반대로 당시 가장 민감한 정치의 한 복판에서 '왕' 의 기운을 풍기고 있었다. 그의 탄생이 메시아의 출현과 일치되면서 당시 팔레스타인의 분봉왕 헤롯의 심기는 매우 불편했다. 그러잖아도 적통이 아니라는 내면의 결핍감으로 시달렸을 그에게 그의 왕좌를 위협할 또 다른 유대인의 왕이 태어났으며, 그가 곧 이스라엘이 오래 기다려오던 메시아의 현신이란 소문은 그가 한 마을의 어린아이들을 살육할 만큼 광기를 부릴 만한 환경이었다. 물론 이 첫 크리스마스 이야기(마 2:1-8)에는 위대한 인물을 사후 승인적으로 위대하게 빚고자 하는 저자의 경건한 의욕이 반영된 것일 수 있고, 또 구약성서의 예언을 성취하는 구도로 예수의 일생을 해석하기 위한 의도로 투사된 텍스트와 기억의 합작품일 수도 있다. 그러나 마태복음의 동방박사 버전이든, 누가복음의 목자 전승이든, 그 예수 탄생 이야기의 저변에는 당시 식민지 백성으로 억압받아오던 열악한 현실을 떨치고 왕년에 다윗 임금이 그랬듯, 화끈하게 민족의 역사적 질곡에서 그들을 해방시켜줄 영웅적 인물에 대한 갈구가 복류하고 있었다.

예수의 생애 막판을 장식하는 십자가 처형 사건도 마찬가지이다. 그는 탄생의 아이러니를 다시금 그 생의 극점에서 다시 재현한 것이다. 정치적 이해관계의 결속으로 순식간 헤롯의 친구가 된 빌라도와 또 성전권력을 등에 업고 종교로 정치하기에 분요했던 산헤드린 그

4) 전후좌우의 근거리, 원거리를 순회한 그의 그 변두리 동선은 내 해석에 의하면 지리적 종족적 문화적 종교적 경계를 집적이며 넘어서고자 한 나름의 신학적 함의를 내포한 선교 동선이었다. 차정식, "생성기 그리스도교의 선교 지형에 비추어 본 지방화와 세계화의 문제", 『한국기독교신학논총』40(2005), 129-162 참조.

롭에 의해 정치범의 형틀에서 죽어간 예수의 죄명은 '유대인의 왕'이었다.[5] 비록 그가 왕성히 활동하던 때 식민정치의 심장부인 예루살렘이나 가이사랴, 또는 세포리스 등의 지역을 원거리로 선회하였을망정 그의 삶은 시종일관 정치의 포석에서 자유롭지 못했던 것이다. 따라서 당시 대다수 유대인들이 대망한 메시아가 언약의 회복을 실속 있게 이루어줄 이 땅의 정치적 메시아였지만, 예수 및 그 제자들의 메시아관과 하나님 나라 이해는 저 세상의 차원으로 뻗어 있었다고 간편하게 설명하는 것은 요령부득이거나 거의 무의미하다. 복음서의 교리신학적 변증의 덮개를 열어놓고서 보면, 예수든 제자들이든, 당시 식민지 백성의 삶의 현실과 무관할 수 없는 정황이 실감나게 포착된다.

실제로 예수의 사역은 부단한 탈주의 동선 가운데 진행되었지만 그의 주변에는 유리하는 양떼와 같은 민중들이 나름의 정치적 기대를 가지고 그와 함께 움직였다. 그들을 향한 예수 일행의 핵심 메시지는 '하나님의 나라'(또는 하늘나라)였다. 그것은 종말론적 구원의 표상으로 듣기에 따라 하나님의 의와 평강의 비전을 선포하고 구현하며 이 땅에 하나님의 주권에 의해 임하는 통치 질서였지만, 딴에는 일상의 자잘한 경험들을 통해 지적인 계몽과 각성의 결실로 내심 분별하고 향유해야 할 선물처럼 비치기도 했다. 그것은 곧 그 메시지를 듣는 사람이 주체로서 보고 들어가고 존재하는 삶의 씨알이었지만, 동시에 하나님의 제왕적 통치가 임하는 대상이었던 셈이다. 그 어떤 형식이든, 그 나라와 의의 세계는 로마체제를 통해 선전되던 당대의 가짜 평화와 가짜 제국을 폭로하면서 넘어서는 대안정치의 뜨거운 상징으로 유통되

5) 이 팻말의 죄명은 그의 성전 청결 사건 등과 함께 역사적 예수에 대한 제반 사실의 재구성에서 의심의 여지없이 확실한 항목으로 포함된다. E. P. Sanders, *Jesus and Judaism* (Philadelphia: Fortress Press, 1985, 『예수와 유대교』, 크리스챤다이제스트 역간), 294 참조.

었을 것이다.[6] 예수는 그 하나님 나라의 이름으로 가난한 자에게 복음을 선포했고, 상상력이 맥동하는 다양한 비유를 가르쳤으며, 굶주린 자들을 먹이고 병자들을 고쳐주었다. 뿐 아니라, 그는 완고한 종교형식주의자들과 논쟁하며 대화하는 동시에 그들의 종교적 위선을 질타하면서 '회칠한 무덤' 으로 까발렸다. 그러니 예수의 하나님 나라 운동은 요즘말로 '상생' 을 궁극적 목표로 삼아 '민생' 을 최우선 급선무로 챙기되, 촌철살인의 계몽으로 누추한 영이나 아집과 탐욕에 포박된 자들의 그 '정신위생' 까지 배려하는 포괄적 의미의 생명정치였다고 할 수 있다.

그러나 그 정치는 하나님 나라에 기반을 둔 정치적 행동의 내용이었고 정치적 이념의 지향점이었지 전략과 방법으로서의 정치 자체는 아니었다. 비록 그가 로마와 산헤드린, 헬레니즘과 유대교 등과 같은 주류 체계와 버성기면서 탈식민성의 지향점을 보여주고 있지만,[7] 이로써 그가 새로운 체계를 수립하고자 자신의 종교적 성채를 구축한 것은 아니었다. 그는 제자들과 함께 한 마을에서 다른 마을로 자꾸 이동함으로써 지리적 공간의 특정한 중심과 정치적 지형의 특별한 헤게모니를 허용치 않았다. 그의 활동이 잠행과 탈주라는 유랑적 동선으로 특징지어진다는 점이 이 점을 뒷받침해준다. 들뢰즈/가타리 식으로 말하면, 예수의 탈주 동선은 '바깥의 사유' 를 향해, 유대교와 함께

6) 이러한 관점에서 한 단계 더 나아가 예수를 단순히 한 시대의 주류 권력에 대한 저항적 '표상' 이 아니라 반제국적 저항운동의 지도자로 해석하기도 한다. 리차드 A. 호슬리, 김준우 옮김, 『예수와 제국』(서울: 한국기독교연구소, 2004) 참조. 그런가 하면 예수를 폭력적 저항을 실행한 젤롯당원들과 유사한 계통의 저항운동을 이끈 지도자로 보기도 한다. S. G. F. Brandon, *Jesus and the Zealots* (New York: Charles Scriber's Sons, 1967) 참조. 그러나 이러한 관점은 예수의 정치적 성향을 탈종교적인 차원으로 환원시키고 우호적 증거가 취약한 반면 반증의 자료가 강하기 때문에 설득력이 떨어진다.

7) 예수와 헬레니즘의 관계에 대해서는 H. D. Betz, "Hellenism", *ABD* vol. 3, 127-135; 차정식, "예수의 반헬레니즘과 탈식민성", 『한국기독교신학논총』 24(2002), 101-138 참조.

유대교를 넘어서면서, 종횡무진 번식하는 '리좀'의 방식으로, '기관 없는 몸체' 처럼, '나'를 넘어 '우리'로 나갔고, 마침내 '우리'를 넘어 '그들'의 경계를 집적거렸다.8) 예수가 유대교의 아들로서 그 종교를 신학적 숙주로 삼아 활동한 증거는 많다. 특히, 그는 체계화된 '기관'은 없을망정 그 '몸체'의 기동력을 높이기 위하여 유대교의 보상신학과 묵시주의적 비전을 활용한 것처럼 보인다. 가령, 그가 "현세에 있어 집과 형제와 자매와 어머니와 자식과 전토를 백배나 받되 박해를 겸하여 받고 내세에 영생을 받지 못할 자가 없"(막 10:30)다거나, "세상이 새롭게 되어 인자가 자기 영광의 보좌에 앉을 때에 나를 따르는 너희도 열두 보좌에 앉아 이스라엘 열두 지파를 심판하리라"(마 19:28)라고 말할 때, 그 약속들은 다분히 선동적인 울림을 준다.

다른 한편으로, 세례요한의 활동과 그 결과에 반영된 예수의 반헬레니즘과 그 현실태로서 반로마주의의 행태는, 비록 복음서의 증거가 취약하고 그 저자들이 그 강도를 낮추려 하였음에도 불구하고, 또 다른 반체제의 흐름을 형성한 것이 분명하다. 그러나 예수의 탈주 동선이 갈릴리 지역을 중심으로 근거리 및 원거리로 뻗어나가면서 펼쳐 보여준 '교통공간'의 확산은 그가 헬레니즘의 세계화와는 다른 차원의 세계질서를 구상한 흔적으로 비친다. 가라타니 고진의 지적대로, '바다'와 '사막' 같이 사위로 열린 '교통'(association)의 매개로써 세계종교의 태반이 형성되었다면,9) 예수가 죄인들까지 환대한 개방적 식탁교제와 활달한 사회적 교통을 통해 폐쇄적이고 배타적인 유대교 공동체를 집적이며 내파해나간 방식은 일종의 반정치의 정치행위로 자

8) '바깥의 사유', '리좀', '기관 없는 몸체' 등의 개념에 대해서는 질 들뢰즈 · 펠릭스 가타리, 김재인 옮김, 『천 개의 고원』(서울: 새물결, 2001) 참조.

9) 교통 공간의 개념에 대해서는 가라타니 고진, 이경훈 옮김, "교통 공간에 대한 노트", 『유머로서의 유물론』(서울: 문화과학사, 2002), 29-43 참조.

리매김된다. 다시 들뢰즈/가타리의 용어에 기대자면, 예수의 하나님 나라 선교는 농경적 정주에 용이한 '홈 패인 공간' 이 아니라, 유목적 방랑에 어울리는 '매끈한 공간' 에서 파편처럼 흩어지면서 벌어진 일이었다.[10] 이렇듯, 예수의 선교동선에 투사된 탈주의 동선과 교통의 작용은 변두리에서 멀찌감치 정치를 빗겨가는 그 특유의 탈중심적 동선으로 역설적이게도 정치의 신선한 씨알을 제공할 수 있었다. 그것은 한 체계를 허물고 또 다른 체계를 구축하기 위해 애당초 선의의 명분조차 기득권화 과정의 제물로 용해되는 기존의 정치 행태에 소박한 대안정치의 밑절미로 평가받을 만하다.

III. 접속과 조율의 정치 — 바울의 경우

주지하듯, 바울은 변용의 대가였다. 단지 신학적 개념의 수사적 변용뿐 아니라 그는 정치적 변용의 수완에도 능했던 것으로 보인다. 애당초 바리새파 출신의 열정적인 유대인으로서 바울이 그 종파와 선교적 경쟁선상에 있던 이방인 기독교 세력의 수장으로 변신한 내력은 이미 유명하다. 그런데 그것은 그가 이후로 평생을 경계선상의 존재로서 그 경계 바깥의 사람들을 향해 접속하고 그들의 차이를 조율해야 할 정치 외교적 지형을 예견하는 조짐이기도 했다. 이를테면, 바울에게는 로마의 시민권과 하늘의 시민권이 공존하였고, 유대인과 헬라인, 남자와 여자, 자유민과 노예 등과 같이 제국의 다채로운 구성분자들이 그 이항대립의 구도 가운데 바울의 선교 반경과 정치적 입지를 규정지었다. 그는 그만큼 만나서 설득하고, 대립하면서 화해하고, 견제하면

10) '홈 패인 공간' 과 '매끈한 공간' 에 대한 설명으로는 질 들뢰즈 · 펠릭스 가타리, 『천 개의 고원』, 907-953 참조.

서 다독여야 할 상대가 많았던 것이다. 그것은 부정적인 측면에서 그가 부활사건의 체험에 압도되어 예수의 역사적 유산을 탈락시킨 채 줏대 없이 휘청거리는 기회주의자의 인상을 끼칠 우려가 있었음을 상기시킨다. 동시에 그것은 긍정적인 맥락에서 그만큼 소통하고 화평케 해야 할 정치적 현실이 복잡했음을 시사한다.

바울의 선교 활동을 둘러싼 정치의 지형은 거시적 맥락과 미시적 맥락으로 세분해볼 수 있다.[11] 먼저 거시적 맥락의 정치 지형으로 유대교와 유대인 공동체, 로마제국과 공권력, 이방 신들과 그것에 결부된 종교권력 등을 설정할 수 있다.[12] 바울은 태생적으로 디아스포라 유대교와 유대인 공동체에서 출발한 인물로 알려져 있다. 그가 예루살렘 성전권력과 맺은 인연의 세밀한 내용은 알 수 없지만, 적어도 산헤드린 체제의 하수인으로 유대교 이단 세력을 척결하는 임무를 자청할 정도로 그의 모태종교를 향한 사명의식은 대단하였으리라 짐작된다. 그러나 그의 극적인 회심 이후에 유대교와 회당을 중심으로 한 유대인 공동체는 접속과 동시에 반목의 대상이 되었다. 마치 '파마르코스'(*phamarkos*)의 양면성처럼, 혹은 '스칸달론'(*skandalon*)의 이중성처럼, 바울에게 유대교의 토라는 현재 그리스도의 복음을 정당화해주는 존립 근거인 동시에 과거의 유산으로 재해석하면서 극복해야 할 대상이 되기도 하였다.

마찬가지로 유대인 회당공동체는 그의 일차적 선교 거점을 제

11) 이러한 양대 관점에서 바울 선교의 정치 외교적 지형을 분석한 논문으로 필자의 다음 졸고를 참조하라. 차정식, "바울 선교의 정치/외교적 지형과 역학관계", 『성서와 정치』, 한국구약학회 · 한국신약학회 공동 2008 춘계학술대회자료집, 333-347.

12) 이러한 정치 지형은 동시에 그 체계 안의 구성분자로서 남자와 여자, 노예와 자유인, 유대인과 이방인 등의 범주로 차별화된 인간관계를 어떻게 '그리스도 안에서' 통합하는가 하는 문제와 연계된 신학적 관심사이기도 했다. 이러한 전제하에 바울의 정치를 '해석'의 정치, '수사학'의 정치란 견지에서 해석한 연구로 Richard A. Horsely, *Paul and Politics* (Des Moinses, IA: Trinity Press Inc., 2000) 참조.

공하면서 소수의 우호적인 신자를 배출한 태반이었지만 동시에 그를 배격하고 방출하는 적대세력의 소굴로 기능하기도 하였다. 따라서 바울은 그들과 접속하여 그들에게 먼저 허여된 복음의 가치를 설파해야 했으며 동시에 그리스도 이해와 관련한 그들과의 차이에 따른 신앙적 정체성을 선명히 세워야 하는 복합적 과제에 직면해 있었다. 실제로 그는 사도행전과 자신의 서신을 통하여 유대교/유대인 공동체와 나름의 외교적 소통의 채널을 가동하면서 그 긴장관계 내에서 창조적 조율을 해나간 흔적을 보여준다. 예컨대, 그는 유대교의 정체성을 담보하는 언약신학과 토라의 가치를 십분 긍정하면서 이로써 기독교 신앙의 윤리적 토대 형성에 적극 활용하고자 하였다. 마찬가지로 갈라디아서(6:16)와 로마서(9:1-3)에서 그가 동족을 향해 보여준 극진한 애정의 표현은 정치적 긴장관계를 외교적 소통의 노력으로 해소하고자 한 노력과 무관하다고 볼 수 없다.

로마의 공권력과 관련하여 바울이 보여준 언행 역시 접속과 조율의 정치적 선택이 돋보이는 사례라 할 만하다. 그가 로마의 시민권자였다는 사실을 인정한다면, 그가 사도행전에서 서기오 바울이나 아가야 총독 갈리오, 그밖에 그의 체포와 수감, 호송으로 이어지는 사건 전개 과정에서 책임을 맡은 공권력 담당자들과 우호적인 관계를 유지한 배경에 대하여 당대의 집권층 세력을 의식한 저자의 정치감각의 반영으로만 해석할 일은 아니다. 그러한 후대의 기록에 나타난 우호적인 관계 묘사에서조차 바울의 정치적 신념이 반영된 측면을 간과할 수 없다는 것이다. 물론 그가 강조한 십자가의 복음이 반제국적 표상을 내포했다거나,[13] 권세자들에게 복종하라는 로마서 13장의 주요 내용

---

13) 닐 엘리엇, 김재성 옮김, "십자가의 반제국적 메시지", 『신학사상』 108(2000 봄), 120-146 참조.

이 기실 "로마제국 통치의 본질이 두려움으로 사람들을 위협하는 공포정치임을 간접적으로 드러내"[14]는 것이라는 주장 등과 함께, 바울 역시 로마제국에 대한 정치적 비판의 의도를 서슴지 않았음을 학계의 일각에서 지적하기도 한다.[15] 이러한 해석은 '주'(*kyrios*)로서의 그리스도 이해와 바울의 십자가 복음을 다분히 정치적 맥락에서 재해석하는 역사적 근거를 제공해주는 것이 사실이다.[16]

그러나 디아스포라 유대인으로서 그의 출신 배경이나 그가 사도로 활약하면서 제반 사무 처리에서 보여준 조율과 규제의 정치기술을 감안한다면, 로마서 13장의 배경을 그보다는 초기 신앙공동체의 생존과 안녕을 도모하기 위한 '정치적 정적주의'(political quietism)의 발로로 보는 편이 더 합당하다.[17] 바울이 예수의 '하나님 나라' 개념을 그의 신학 어젠다에서 거의 탈락시키고 그나마 몇 군데 사용한 곳에서조차 이를 교회론적 맥락에서 탈정치적으로 연성화한 것도 이러한 방면의 또 다른 사례라 할 수 있다.[18] 그것을 안일한 타협과 기회주의적 처신으로 치부하는 것은 현대적 기준에 따른 한 평가이겠으나, 그렇다고 그가 그리스도 복음의 고결한 가치를 훼손하면서까지 공권력을 떠받들어 섬긴 것은 아니었다. 주지하듯, 그는 로마제국의 상류층에 만연

14) 김재성, "바울과 로마제국의 정치학", 『신약논단』 13/4(2006 겨울), 947-984 참조.

15) 최영실도 로마서 13장을 12장과의 연속선상에서 새롭게 읽어내며 바울이 "그의 특유한 역설로 이 불의한 로마 제국의 관리들을 선한 일을 하는 '하느님의 일꾼'으로 내세움으로써, 그들이 하느님으로부터 권세를 부여받은 자들로서 선을 행해야 한다는 사실을 일깨우려고 한 것"이었다고 주장한다. 최영실, "제국의 권력과 그리스도인－로마서 12-13장을 중심으로", 『성서와 정치』, 24-40 참조.

16) 이러한 관점에서 바울의 신학을 '신선한' 관점에서 재조명하려는 시도가 최근 라이트에 의해 제출되었다. N. T. Wright, *Paul: In Fresh Perspective* (Philadelphia: Fortress Press, 2006) 참조.

17) 바울의 정치의식과 이 개념의 상관관계에 대해서는 James D. G. Dunn, *Romans 9-16*, WBC 38B (Word Books: Dallas, TX, 1988, 『로마서 [하]』, 솔로몬 역간), 759 참조.

18) 이와 관련해서는 정승우, "왜 바울은 '하나님 나라'에 대해 침묵하는가?", 『신약성서와 하나님의 나라』, 한국신약학회 2006년 춘계정기학술대회 자료집, 57-68 참조

한 도덕적 부패상에 대하여 신랄하게 비판적이었고(롬 1:18-32), 고린도 교회에서 제기된 우상제물의 문제가 로마의 황제숭배와 연관된 것이었다면 그것을 강제하는 공권력의 오만한 억압에 대하여 그는 응당 반대했을 것이다.

한편 이방신들과 결탁한 종교제의는 바울의 복음 선교와 정면으로 부대끼는 정치적 경쟁 국면을 형성하는 또 다른 변수였다. 이른바 '밀의 종교' (Mystery religions)라고 일컬어지는 그 세력들과 바울의 접속은 그 자체로 껄끄럽고 가장 이질적인 경험이었을 것이다. 마치 유대인들이 이방인들을 그들의 종교와 함께 죄인 취급하였듯이, 바울 역시 이러한 정서에 오랫동안 익숙해진 나머지 그들을 우상숭배 배격이란 차원에서 단호한 입장을 취했다. 그의 초기 서신인 데살로니가전서에서 제시하는 선교 케리그마에 "우상을 버리고 하나님께 돌아와서 살아계시고 참되신 하나님을 섬기는"(살전 1:9) 회심의 요소를 담은 것은 이러한 신학적 입장을 대변한다. 그러나 그들과의 대립 및 갈등은 이러한 선교신학적 차원에 국한된 것이 아니라 정치적 이해관계의 중첩에 연유하는 측면도 있었다.

이와 관련하여 가장 적절한 예는 에베소의 여신 아데미(Artemis) 숭배자들과 바울 일파 사이에 벌어졌던 정치적 소동과 법적인 송사 이야기이다(행 19:21-41). 바울이 우상을 배격하며 소아시아 일대에 많은 사람들을 회심시킴으로 그 영향이 에베소에 미칠 즈음, 은장색 데메드리오와 그에 딸린 직공들에게 여신 아데미를 통한 생계의 수단이 적잖이 위협받게 되었다. 이로 인한 갈등 양상은 바울의 선교가 에베소 시민들의 종교영업권을 침해함으로써 벌어진 정치적 세력 대결로 파악된다. 물론 바울은 이들과의 접속 현장에서도 그들이 섬기는 신이 비록 사신우상일망정 그 당사자들에게 나름의 '주' 와 '신' 으로 끼칠 영적 감염력의 실체를 수긍한 바 있다(고전 8:5). 또한 아레오바고의 연설에서 보듯(행 17:22-31), 아테네에 널린 우상들을 향한 감정적 격동이 누그러지면서 '범사에 종교성이 많도다' 라는 타자 존중의 자세 변화를 통해 그는 유대교의 신 야훼와 이방인들의 그 '알지 못하는 신' 을 소통시키는 문화신학적 변용 작업을 보여주기도 하였다.[19] 이렇듯, 바울은 이방종교 세력들과의 정치적 관계에서도 얄팍한 인식과 즉자적 충돌보다는 나름대로 깊숙한 접속을 통하여 비록 미약하지만 신학적 조율의 정치를 포기하지 않은 것이다.

외교적 접속과 조율이라는 바울의 정치기술은 그의 미시적 정치 지형에서도 십분 발휘된 흔적을 보여준다. 가령, 예루살렘교회와 유대인 기독교도는 큰 틀에서 함께 가야 할 그리스도의 몸 된 종말론적 구원 공동체였다. 그들과의 갈등은 자칫 기독교라는 신생종교의 내분을 부추기며 자체 내에서 와해될 위기로 번졌지만, 예루살렘 공의회와 안디옥 사건을 통해 전개된 이후의 국면은 그가 '예루살렘의 가난한 성도' 를 위한 모금 캠페인을 매개로 선교 영역을 공정히 분할하고 상호간의 리더십을 존중하는 대승적 통합의 정치를 추구했음을 보여준다. 뿐 아니라 그는, 바나바와 아볼로와의 관계가 극명히 예시하듯, 이방 선교의 동역자들과 경쟁자들을 견제하거나 포용하면서, 또는 결별하거나 초청하면서 고착된 정치적 지형을 재편하는 계기로 삼기도 한다. 이는 곧 바울의 선교 사역과 목회가 그의 리더십과 권위에 신학적 정당성을 부여하고 정치적 힘을 창출하여 상황에 따라 적절히 분배하고 발휘하는 방식과 밀접한 연관이 있었음을 시사한다.[20]

19) 이런 방향의 해석에 대해서는 필자의 다음 졸고를 참조하라. 차정식, "미지의 신을 위한 변명－바울의 아레오바고연설(행 17:16-34)", 『바울신학 탐구』(서울: 대한기독교서회, 2006), 135-163.

20) 이와 관련하여 막스 베버의 '카리스마' 이론에 기초하여 바울의 권력관계를 해부한 Bengt Holmberg,

이러한 개별적 소통뿐 아니라 바울은 그가 개척한 교회 내부의 대적들과의 관계에서 자신의 위상을 폄훼하려는 그들의 도전을 다각적인 방법으로 응전해나감으로써 역동적인 조율의 사례를 보여준 바 있다. 특히, 갈라디아교회와 고린도교회의 일부 세력들 가운데 바울의 복음 자체를 불신하고 그의 사도적 리더십을 거부하려는 도발적인 상황이 발생했음은 주지의 사실이다. 이는 신학적 사안의 대립과 함께 정치적 알력과 정서적 교착 등의 요소가 작용한 복합적 상황으로 바울은 이에 대하여 서신을 통한 질책과 권면, 사자 파송, 직접 방문 등의 방법으로 사태를 진정시키고 자신의 정치적 입지를 확립하는 방향으로 외교적 소통과 타개의 노력을 멈추지 않았다.[21] 이로써 그는 나름의 독자적인 리더십을 추구하면서 또 다른 선교의 주도권을 세워나가는 등 정치적 입지의 강화를 도모하였을 것이다. 그러나 그 활달한 외교적 접속과 조율의 과정은 결과적으로 초기 기독교가 소종파적 단위로 지리멸렬해지는 것을 제어함으로써 자연스레 보편주의적 신학의 지평을 개척해나가는 발판을 구축하는 데 이바지한 것으로 평가된다. 그러니까 그 보편성은 역사의 대세에 편승하여 손쉽게 얻은 것이 아니라, 다채로운 타자와 바깥을 향한 지속적이고 일관된 '말 건넴'의 행동을 통해 비로소 결실할 수 있었던 것이다.[22]

Paul and Power: The Structure of Authority in the Primitive Church as Reflected in the Pauline Epistles (Philadelphia: Fortress Press, 1978) 참조.

21) 특히, 바울의 사자 파송과 관련된 그의 외교적 기술의 역동성은 그레코-로마의 외교적 관행을 응용한 사례로 파악된다. Margaret M. Mitchell, "New Testament Envoys in the Context of Greco-Roman Diplomatic and Epistolary Conventions", *JBL* 111/4(1992), 641-662 참조.

22) 알랭 바디우는 그 접속과 보편성 창출의 상관관계를 '말 건넴'이라는 어휘로 조명한다. "사유는 그것이 다른 모든 타자들에게 말을 건넬 때만이, 그러한 말 건넴 속에서 힘으로서 실행될 때만이 보편적일 수 있다", 알랭 바디우, 현성환 옮김, 『사도 바울—제국의 윤리에 맞서는 보편주의 윤리를 찾아서』, (서울: 새물결, 2008), 210.

Ⅳ. 신원과 열락의 정치—요한계시록의 경우

요한계시록의 역사적 기원과 배경에 대해서 여러 이설이 있지만 학계의 다수는 여전히 도미티안 황제 때 소아시아 일대에 만연한 황제숭배제의에 대한 반발을 고도의 묵시적 상징세계를 통해 표현한 것이라는 주장에 동의하는 추세다. 그 연장선상에서 유대교도(또는 유대인 기독교도) 일부가 그 불측한 체제에 순응하여 기독교도를 향해 압박을 가함에 따라 생겨난 사회경제적 소외와 위기의식의 발로로 그 배경을 보완하려는 시도도 있었다.[23] 또한 동시에 강조되는 것은 요한계시록에 나오는 숱한 상징언어들과 예전언어들이 지니고 있는 정치적 성격과 특징이다.[24] 여기에는 당시 황제숭배가 한시적인 존재를 신으로 경배하는 우상숭배일 뿐이며, 결국 사탄의 대리인으로 하나님을 거역하는 행태라는 신앙적 판단이 전제되어 있다. 이에 대한 저자의 대항적 논지인즉, 진정한 예배는 영원하신 하나님과 어린양 예수를 향한 것이며 그것이 이 땅의 정치체제를 넘어선 천상예배를 통해 완성되리라는 것이다. 세속의 불의한 체제와 그 억압에 맞서는 일종의 대항공론장이며 그리스도인들의 예배가 핍박받는 약자의 해방을 선취하는 심판과 구원의 자리여야 한다는 논리가 여기서 추출된다.[25] 결국 가장

---

23) A. Y. Collins, *Crisis and Catharsis: The Power of the Apocalyptic* (Philadelphia: The Westminster Press, 1984) 참조.

24) 요한계시록의 상징 언어와 그 정치적 성격과 관련하여 유은걸은 다음과 같이 압축하여 설명한다. "이 상황(=유대인[크리스천]의 황제숭배 순응 및 제의 참여 종용)에 대하여 요한은 철저히 신학적인 관점에서 황제제의를 거부하며 로마를 사탄의 하수인으로 격하시킨다. …계시록은 '참여적' 인 대응을 주장하지 않으나(13:10), 로마의 현실 통치를 본격적으로 논구하며 대항하므로 '정치적' 이다. 따라서 종교적 상징세계가 '현실도피' 를 야기한다는 선입견은 거부된다. 요한의 신학은 '정치적' 이기에 역설적으로 '탈정치적' 인 색채를 띤다." 유은걸, "요한계시록의 황제제의－계 13장과 17장을 중심으로", 『성서와 정치』, 372-387.

25) 이병학, "요한계시록의 예전과 예배－우상숭배에 대한 저항과 정치적 유토피아", 『신약논단』 13/4(2006), 1015-1053 참조.

탈정치적이고 순수한 것처럼 보이는 예배가 기실 매우 정치적인 행위일 수 있다는 것인데, 문제의 핵심은 그 정치성의 바람직한 회복이 요한계시록에서 어떻게 나타나는가이다.

요한계시록의 정치와 관련하여 야브로 콜린스는 유대교의 역사 속에서 특히 안티오쿠스 에피파네스 IV세의 성전 훼손 이후 나타난 몇 가지의 대응양식을 범주화한 바 있다.[26] 하나는 마카비 혁명과 후대의 열심당 활동으로 전개된 혁명적 저항 방식이고, 다른 하나는 묵시문학 운동을 통해 대변되는 수동적 저항 방식이다. 이 수동적 저항 방식은 다시 압제하는 세력에 대한 대항 여부에 따라 '순수한 유형'(pure type)과 '신인협력적 유형'(synergistic type)으로 나뉜다. 전자를 대표하는 예가 다니엘서라 할 수 있는데, 이 책은 하나님의 섭리와 시간표에 따라 진행되는 종말론적 프로그램에서 선민이 수행할 아무런 역할도 없고, 따라서 압제세력에 대한 아무런 저항의 방식도 보여주지 않는다. 다만 그것을 분별하고 인식하면서 주어진 억압의 현실을 인내할 뿐이다. 이와 달리, 신인 협력적 형태의 수동적 저항은, 비록 폭력적 투쟁에 호소하는 행동주의적인 모습은 없지만, 성도들의 자발적 순교를 통해 하나님의 보복적 행동을 재촉하는 방식이다. 바로 모세의 승천서나 요한계시록이 이 범주에 해당된다. 물론 요한계시록에서도 '인내'(*hypomonē*)를 강조하지만(계 1:9, 2:2-3, 19, 3:10, 13:10, 14:12), 그것은 '증인' 또는 '순교자'(*martyr*)로서 목숨을 거는 도저한 자기희생을 전제로 할 뿐더러 반드시 신원의 요청으로 이어진다는 점에서 보통의 인내와는 다르다. 그 신원(vindication)의 어조가 워낙 강렬하기에 일각에서는 복수의 수사학으로 가득한 이 책의 내용이 용서와 사랑을 중시하는 기독

---

26) Adela Yarbro Collins, "The Political Perspective of the Revelation to John", *JBL* 86/2(1977), 242-245.

교의 핵심 교리에 배치된다는 의혹이 제기되기도 한다.[27] 그러나 신원이야말로 하나님의 정의가 이 땅에 궁극적으로 발현되는 방식이라는 점에서 요한계시록의 구원은 억울하게 죽거나 부당하게 억눌린 생명들을 향해 그 피해자와 가해자를 공변되게 심판하는 해방의 사건으로 자리매김된다.

온전히 실현된 하나님의 나라는, 요한계시록의 결론부에서 제시하듯, 지상의 삶이 겪어낸 '모든 눈물', 즉 사망과 애통하는 것, 곡하는 것, 아픈 것 등의 영구적 단절로 특징지어진다(계 21:4). 이는 평범한 이 땅의 육체적 삶이 겪게 되어 있는 통상적 질고와 자연사로서의 죽음을 딱히 배제하는 것은 아니다. 그렇지만 그보다는 제국의 권력으로 포장된 사탄의 파워구조에 눌려 핍박당하고 결국 피를 흘린 신앙적 증인들의 수난사를 암시한다고 보는 것이 더 합리적이다. 그 신원의 호소가 반드시 실현되리라는 확신은 이 땅의 억압체제가 영속하지 않고 언젠가 그 정당한 대가를 치르며 파멸하리라는 신적인 정의의 선포로서 정치적 무게를 갖는 셈이다.[28] 이는 또한 그 억압에 굴종하려는 신자들을 제어하며 독려하는 견제장치로서의 의미도 있다. 요한계시록 본문 가운데 순교자들의 입을 통하여 "땅에 거하는 자들을 심판하여 우리 피를 신원하여 주지 아니하시기를 어느 때까지 하시려나이까"(계 6:10)라는 신원의 호소는 마침내 "하늘과 성도들과 사도들과 선지자들아, 그를 인하여 즐거워하라. 하나님이 너희를 신원하시는 심판을 그에게 하셨음이라"(계 18:20)라는 응답으로 마무리되면서 서사의

27) 요한계시록의 '복수' 모티프에 대해서는 이달, "요한계시록에 나타난 복수의 수사학", 『신약논단』 8/2(2001), 129-154 참조.

28) 예수와 바울 역시 한 쪽에서 흘린 피를 다른 쪽에서 직접 보복하는 것에 대하여 제어한 것이지 궁극적으로 하나님이 최후의 심판을 통해 억울한 희생자들의 원한을 풀어주리라는 종말론적 희망조차 부인한 것은 아니었다.

흐름 속에 완성된다.

요한계시록이 조형하는 신원의 정치가 이 땅의 비극적 파멸을 예고한다고 해서 새 하늘과 새 땅의 도래를 근거로 현재의 땅과 하늘의 무의미성을 주장한 것은 아니다. 다시 말해, 요한계시록은 특정 권력을 정점으로 독점적 우상숭배의 정치경제가 만연한 이 땅의 현실에 대해 통상적인 묵시문학의 논조로 그 파국을 선포하지 않는다는 것이다. 외려 천상의 예배를 통해 들려오는 소리는 희망과 활기로 가득 찬 찬미와 열락의 '할렐루야' 이다. 그도 그럴 것이, 그리스도는 이 땅의 통치자들에게 '머리' 로 우뚝하고(계 1:5), 그의 피로 해방된 신자들은 "나라와 제사장" 으로서 이 땅에 장차 임할 그리스도의 왕국과 통치 가운데 나름의 역할을 감당할 것이기 때문이다(계 1:6, 11:15). 다시 말해, 그리스도의 왕국은 현재 이 땅의 통치권을 쥐고 있는 로마제국보다 더 우월하고, 진정한 하나님을 향한 예배의 열락은 현세의 황제숭배로 인한 억압적 고통과 비교할 수 없다는 것이다. 이에 따라 종말론적 환희와 열락의 정치는 현세 집착적 제국의 폭압적 정치를 초월하면서 압도하는 상징적 항체를 구축할 수 있었다.

신원의 정치가 하나님을 통해 이 땅의 압박을 버텨내는 우회적 견제구라면, 열락의 정치는 그 희망적 결과의 성취를 미리 내다보며 긴장을 해소하는 즉각적인 여유의 발산이다. 결과적으로 그 부드러운 여유가 딱딱한 조바심의 체계에 균열을 일으키고 허물어버리는 정치적 에너지로 작용한다. 아울러, 노래의 형식으로 제시된 그 열락의 분위기는 여전히 압제의 현실에 묶인 이 땅의 성도를 고무시켜 그 고통을 이겨내고 위로받게 하는 역할을 수행한다. 일각에서는 요한계시록의 찬양 장면이 그리스 비극의 합창 무대와 유사함을 지적하지만, 그 장면은 그 예전의 무대와 함께 단순히 사건의 해석이나 설명의 기능에 국한되지 않고 종말론적 관점에서 열락의 정치적 효과를 극대화시켜 주는 상징세계를 현시한다. 그것은 당시 소아시아의 핍박받는 신앙공동체의 원한과 고통을 집단적으로 승화시키는 두루뭉술한 보상이 아니라 하나님 나라의 종말론적 실재를 향하여 그 고난의 개별성과 개체성을 머금고 있는 파토스의 표현으로 보아야 한다.[29] 요한계시록의 찬양이 여러 사람의 공동찬양(계 4:8, 11, 5:9-10, 12-13, 6:10, 7:10, 12, 11:15, 17-18, 12:10-12, 15:3-4, 19:1-2, 5-8)뿐 아니라 개인의 찬양(12:10-12, 14:7-11, 15, 18, 16:5-7, 18:2-24, 19:18, 21:3-4)으로도 나타난 것은 이러한 구체성의 증거로 파악된다.

물론 그 찬양들은 대체로 천사들이나 이미 순교하여 천상의 예배에 동참하는 순교자들의 음조를 머금고 있다. 그렇지만 그것이 이 땅의 신자들에게 반향되어 지상의 폭압을 잠재우는 열락의 에너지로 분출되었으리라 상상해보면, 그 대안적 상징세계의 이 세상적 결속과 파급력을 무시할 수 없다. 더구나 이 찬양들이 예배의 무대와 함께 복수의 재앙 시리즈마다 나타나고 있는 점으로 미루어 이러한 예전적 언어가 제의적 수사학에 그치지 않고 정치적 수사학으로 작동하였음을 알 수 있다. 특히 18장의 노래를 민중들 가운데 구전된 시체에 대한 애도송의 배경에 비추어 '장송곡'(dirge)의 형식으로 취할 때,[30] 그것은 바빌론의 멸망을 부추기는 풍자적 조롱의 사회적 파장까지 염두에 둔

---

29) 피오렌자는 특히 11:15-19의 찬양이야말로 요한계시록의 핵심 주제라고 파악하면서, 이 책의 계시가 단지 '밀의적 비밀'(esoteric secret)이나 과거 역사와 미래의 사건을 담은 것이 아니라 하나님 나라의 궁극적인 승리와 그것을 위한 정치·사회·경제적 해방의 당위성을 표현한 것이라고 주장했다. Elizabeth Schüssler Fiorenza, *The Book of Revelation: Justice and Judgment* (Philadelphia: Fortress Press, 1985). 특히 "History and Eschatology in Revelation"(35-67), "Redemption as Liberation(Revelation 1:5-6 and 5:9-10)"(68-81) 참조.

30) Adela Yarbro Collins, "Revelation 18: Taunt-Song or Dirge?", in J. Lambrecht ed. *L'Apocalypse johannique et l'Apocalyptique dans le Nouveau Testament*, BETL 53 (Gembloux, Leuven, 1980).

고도의 정치적 충격요법에 해당된다. 이렇듯, 요한계시록의 상징정치는 기실 역사의 현실과 종말의 미래를 아우르는 수사학적 상황을 제시한다. 이는 특히 신원과 열락의 모티프를 중심으로 당대의 억압적 상황을 돌파하면서 감내하고, 초월하면서 개입한 웅숭깊은 묵시적 정치기술의 전범으로 평가받을 만하다.

V. 하나님 나라의 정치를 위하여

예수께서 짊어진 십자가의 정치가 하나님 나라의 실현 과정에서 이 세상의 현실 정치를 향한 급진적 전복의 표상으로 작동한다면, 그로부터 이어지는 부활의 영광은 세상 정치의 압제로 감염된 죽음의 질곡을 넘어 생명의 본래적 가치를 향유하는 종말론적 구원의 현실태로 기능한다. 예수의 신학적 정치학은 그 양 극단의 목표를 향해 예리하고도 집요하게 탈주하면서 넓게 퍼지는 '교통 공간' 을 그 실천적 원리로 삼았다. 그가 갈릴리 호수를 중심으로 전후좌우 종횡무진 기동하면서 움직여간 선교적 삶의 동선은 정확하게 예수의 그러한 탈주와 교통의 정치를 육화시킨 결과로 보인다.

바울이 뛰어난 조직가로 많은 교회를 개척한 것은 주지의 사실이지만, 더 중요한 것은 그렇게 개척한 교회들에게 부여한 신학적 이념의 정치성이었다. 그것은 개인적 차원에서 자신의 몸을 단련하는 '연습' (*enkrateia*)과 함께 각 조직과 그 성원들과의 끊임없는 접속을 통해 다양한 관계의 후유증을 외교적으로 조율하는 또 다른 정치의 기술을 요청했다. 이렇게 예수의 '기관 없는 몸체' 는 바울에 이르러 사람들의 훈기 속에 '그리스도의 몸' 이라는 기관을 얻었지만, 그 기관의 자율성은 오로지 숱한 정치적 도전과 응전을 통과한 연후에야 확보될

성질의 것이었다. 그리하여 그는 원근으로 부대끼고 샛길을 내면서 로마제국과 공권력, 유대교와 유대인 공동체, 이방인과 종교권력 등의 관계에서 파생된 거대한 정치적 지형을 돌파해나갔다. 뿐 아니라 그에게 신학적 모태인 유대인 기독교와 선교적 동역자, 나아가 자신이 개척한 교회의 일부 성원들이 곧 정치적 경쟁자나 적대자로 돌변하는 그 미시적인 카멜레온의 지형 역시 마냥 당혹스런 변태적 현실이 아니라 예의 접속과 조율의 작업을 통해 극복해야 할 혼종적 욕망의 심연이었다.

요한계시록의 묵시적 환상이 깔고 있는 정치적 배음은, 그 귀결이 긍정적이든 부정적이든, 오늘날의 경우에도 무시할 수 없는 정치적 현실이다. 황제숭배의 억압적 현실에서 그 제국의 황제와 다른 하늘의 왕을 섬기고자 한 사람들은 더러 목숨을 걸고 이 땅의 핍박을 감내해야 했다. 그것은 자신의 정치적 선택을 지탱하려는 의지의 표현이었으며, 그 혹독한 압제의 현실을 신앙의 자유로 극복하고자 하는 투쟁의 방식이었다. 주지하듯, 로마제국이 선전한 가짜 평화의 이면에는 특정 개인과 체제를 향한 주술적 숭배의 욕동이 팽배해 있었다. 초기 기독교도의 신앙 양심이 그것을 배격할 때 죽음을 무릅써야 했을 테고, 그 와중에 발생하는 희생의 현실은 어떤 식으로든 위무되어야 했다. 오늘날의 한풀이처럼, 마침내 이 땅에서 박탈당하고 억눌린 자유스런 찬양과 예배의 욕구는 화려한 천상의 자리로 부풀어져 신원의 제의를 완성시켰다. 그것이 곧 정치의 꽃이라 할 수 있는 찬미와 열락의 향연으로 나타난 셈이다.

정치는 '생물' 이라는 말을 더러 하지만, 그 생물도 질과 격이 문제시되는 시대에 우리는 살고 있다. 그 질과 격이 어떠냐에 따라 그 정치가 창조의 본래적 뜻에 따라 생명을 북돋우는 살림의 정치가 될 수도 있고, 반대로 그 생명을 압살하는 죽임의 정치가 될 수도 있기 때문이다. 신약성서를 관통하는 신학적 정치학의 공통분모를 하나님 나라의 정치에서 찾는다면, 그것은 곧 이 땅의 뭇 생명들을 향한 하나님의 주권적 직할통치에 따라 공의와 평화가 충만해지는 세상을 지향하게 마련이다. 아울러, 그 하나님 나라와 의에 스민 뜻을 살피고 헤아려 그 질서의 현실적 구축에 동참하는 사람들의 행위는 하나님과의 언약적 동반관계 하에 그 나라의 정치를 체현하는 요긴한 실천방식이 될 터이다.

이 나라의 한복판에 생활정치의 실험을 위한 뜨거운 화두로 부상한 촛불시위의 전개 국면은 신약성서의 곳곳에서 하나님 나라의 정치를 위해 설파한 사물의 이미지들에 잇닿아 있다. 가령 눈이 몸의 등불이지만 그 눈에 지각기능을 선사하는 내면의 빛이 몽땅 어둠일 수 있는 전복적 가능성에 경종을 울리는 예수의 어록(마 6:22-23), 종말론적 긴장이 해이된 상태에서 등불의 기름 준비를 하지 못한 태만한 처녀들의 아찔한 종말론적 교훈(마 25:1-13), 계몽된 열정을 강조하며 "밤이 깊고 낮이 가까웠으니 그러므로 우리가 어둠의 일을 벗고 빛의 갑옷을 입자" (롬 13:12)라고 선언한 바울의 파수꾼 윤리, 처음 사랑을 망실한 잘못을 회개하지 않으면 "네 촛대를 그 자리에서 옮기리라" (계 2:5)라고 에베소 교회를 향해 던진 요한계시록의 경고성 질책 등등 촛불의 정치신학을 향한 선구적 자료들은 적지 않다. 이것들은 곧 신학과 정치가 아무리 거칠게 부대끼더라도 호혜적으로 융합할 수 있는 선한 가능성에 대한 암시이기도 하다. 이제는 신약성서를 하나님의 말씀으로 고백하는 선남선녀들이 그 희미한 길을 개척하면서 신앙의 열조들이 걸어간 행렬에 긴 안목으로 신실하게 동참할 수 있을지 두고 볼 일이다.

제2장 _ 바울 선교의 정치 · 외교적 역학관계

I. 문제 제기: 신학과 정치 · 외교의 상관관계

오늘날 '정치' 라는 말은 고대에 다분히 통치의 개념으로 인식되었다. 폴리스 체제이든, 왕정이든, 귀족정이든, 공화정이든, 그것은 중앙권력의 테두리 내에서 거기에 소속된 신민들을 다스리는 차원에서 이루어진 권력의 행사였으며, 이에 응답하는 쪽에서는 그것을 생존권과 안전보장의 체계로 수용하였다. 이에 따라 국가와 체제의 경계선 안쪽에 있느냐 밖에 있느냐에 따라 정치의 정체 및 권한(*politeia*)이 규정되었다. 이런 기준을 바울에게 대입시킬 경우 그의 선교 활동을 '정치' 의 관점에서 조명하기 어렵다. 물론 예의 고전적 범주로 정치를 한정할 때, 우리는 바울과 관련하여 로마제국과 식민지 분봉왕 체제의 정치, 성전권력을 중심으로 한 산헤드린 공의회의 종교정치, 회당체제를 둘러싼 디아스포라 유대인 공동체의 사회정치 등이 거론할 수 있을 것이다. 그러나 이와 함께 바울 선교의 정치적 외연은 협소하게 줄어들 것이다.

그러나 이제 20세기의 권력담론이 이러한 고전적 정치 개념을 확대함에 따라 바울 선교의 정치적 면모도 포스트모던 계통의 좀더 다각적인 조명을 받을 수 있다. 20세기 후반에 풍미한 지성사의 전위에서 정치는 무엇보다 몸과 욕망을 매개로 한 권력관계로 자리매김되었다.[1] 아니, 그 '자리' 란 게 고정된 채 '매김' 되는 것이라기보다 유동적인 관계의 미로를 만들며 끊임없이 해체 · 재구성되는 것으로 특징지어졌다. 여기서 우리는 바울 선교의 맥락에서 정치의 거시적인 맥락을 살피면서 그 미시적인 그물망을 포괄할 수 있는 근거를 얻게 된다. 이 점에서 정치는 무엇보다 개인과 개인, 개인과 조직의 무수한 조합을 구축하고 조율하는 외교적 기술이라고 볼 수 있겠다. 그렇다면, 이에 관여한 바울의 역사적 '몸' 과 그 몸이 만들어간 선교의 동선인즉, 수많은 관계를 헤집으며 그것을 의미화하고 그 사이에 꼬인 매듭을 풀어 그의 신학적 이념에 맞추어나간 '정치적 기술' (political technology)의 실천이라 보아도 무방하다.[2]

여기서 내가 살펴보려는 것도 바로 바울 선교의 이러한 측면인데 이런 방면의 주제가 연구자들의 세밀한 주목을 받지 못한 것이 그동안의 현실이다.[3] 이를 위해 나는 사회과학의 특정분과에 의지하여

1) 이 방면의 권력담론을 대표하는 이론으로 미셸 푸코, 이규현 · 문경자 · 신은영 · 이영목 옮김, 『성의 역사』, 전 3권(서울: 나남출판, 2004); 『감시와 처벌』(서울: 나남출판, 2003); 콜린 고든 편, 홍성민 옮김, 『권력과 지식—미셸 푸코와의 대담』(서울: 도서출판 나남, 1991); 미셸 푸코 외, 정일준 편역, 『미셸 푸코의 권력이론』(서울: 새물결, 1994) 참조. 실제로 푸코의 권력이론은 바울신학의 맥락에 적용되어 연구물로 산출되기도 하였다. Elizabeth A. Castelli, *Imitating Paul: A Discourse of Power* (Louisville: Westminster John Knox Press, 1991) 참조. 국내에서 바울신학에 대하여 이러한 관점에서 집요하고 고독하게 천착해온 거의 유일한 성서학자는 김덕기이다. 그의 최근 연구저서, 『바울의 문화신학과 정치윤리』(대전: 이화, 2007) 참조.

2) 이 '정치의 기술' 은 개인의 신체적 욕망과 밀접한 관련이 있는데, 이 개념에 대해서는 미셸 푸코, 이희원 옮김, 『자기의 테크놀로지』(서울: 동문선, 1997) 참조.

그 이론적 대입과 적용을 일삼기보다 바울 관련 텍스트에 대한 분석과 해석을 통해 어떻게 이러한 정치 외교의 지형이 바울의 선교 무대에 펼쳐졌는지 그 유형학적 탐색을 시도하고자 한다. 이를 위해 나는 II, III에서 바울 선교를 둘러싼 거시 정치의 지형을 유대교와 유대인 공동체, 로마제국, 이방종교 등으로 대별하고, 미시 정치의 지형으로는 예루살렘교회와 유대인 기독교도, 이방선교의 동역자들과 경쟁자들, 이방교회 내부의 적대자들을 상정하여 그 정치 외교관계의 맥을 짚어보기로 한다. 마지막 IV에서는 앞의 분석에 기초하여 바울 선교 안팎에 포진한 정치적 갈등의 요소와 그 갈등 해소를 위한 신학적 외교의 잣대를 가지고 바울 신학이 지향한 정치 외교적 원리를 추출해볼 것이다. 그 결과 서로 인간의 삶 속으로 깊숙이 삼투해온 신학과 정치가 어떻게 아름답게 만날 수 있으며, 욕망과 외교가 어떻게 진통하며 상생의 관계로 진화할 수 있는지 나름의 의의와 암시를 얻어낸다면 이 글의 목적에 넉넉히 부응하게 될 것이다.

II. 바울 선교와 거시 정치의 지형

1. 유대교와 유대인 공동체

바울의 선교 활동에 가장 근접 거리에서 조직의 힘을 발휘했던

3) 그나마 꼽을 만한 이 방면의 연구로 다음의 저작을 참조하라. Bengt Holmberg, *Paul and Power: The Structure of Authority in the Primitive Church as Reflected in the Pauline Epistles* (Philadelphia: Fortress Press, 1980). 그는 바울 사역의 맥락에서 권력의 분배 체계가 세 층위에서 작동한 것으로 분석하였다. 즉, 바울과 예루살렘 교회 사이의 층위, 서신과 동역자 관계를 통한 지역적 층위, 지역교회 내부의 층위가 그것이다. 나아가 그는 막스 베버의 종교사회학 이론에 기초하여 초기 교회의 권위가 '카리스마적' 유형에서 사람들과의 상호작용, 직위의 확립, 교회 내부의 압박 등의 요소가 작용하여 점진적으로 제도화되어가는 단계를 밟아갔다고 파악하였다.

정치적 지형은 유대교라는 무형의 체계와 함께 그로써 연대한 유대인 공동체였다. 토라의 규범으로 뭉친 유대인 공동체는 그의 종교적 태반인 동시에 애당초 정치적 소속과 활동의 무대로 작용했다. 사도행전의 기록대로라면, 그는 산헤드린의 특사로 다메섹 교회를 분쇄해야 할 정치적 사명을 부여받은 격이었다(행 9:1-2). 물론 그 작업이 수포로 끝나고 그는 반기독교에서 친기독교의 회심과 전향을 경험했지만, 그 뒤로도 이 체계는 그에게 여러 모양으로 정치적 이해관계로 얽혀들었다. 그것은 마치 '파마르코스' (*phamarkos*)의 양면성처럼, 혹은 '스칸달론' (*skandalon*)의 이중성처럼, 그의 활동에 양가적으로 관여했다.[4] 주지하듯, 이방 선교에서 디아스포라 유대교의 회당은 그의 일차적 선교 거점이 되어주었다.[5] 신학적 지향에 앞서 종교와 종족 분류상 그는 여전히 유대인이었고, 유대교의 틀을 온전히 벗어난 것이 아니었기 때문이다. 바울이 거기서 소수의 우호적인 신자들을 얻었음을 부인하기 어렵다. 그러나 동시에 회당공동체는 그를 배격하고 방출하는 적대세력으로 기능했다.

사도행전에 의하면 바울의 반(反)토라 선교전선에 대한 소문이 디아스포라 유대인 공동체에 퍼지면서 그들은 그의 목숨을 노리는 주범이 되었다. 그것은 그의 선교 동선을 이끌었던 그의 몸과 그 몸에 어떤 식으로든 연루된 바울의 이방선교 체제가 유대교와 유대인 공동체의 강력한 정치적 규제를 받으면서 저항선과 탈주선을 형성한 사실을

4) '스칸달론' 은 내가 새로운 신학적 메타포로 탐구하고 있는 개념으로, 신약성서에서 이 어휘는 넘어뜨리고 좌절시키는 해체적 개념과 극복하고 승화시키는 창조적 개념으로 이중적 맥락에서 사용되고 있다.

5) 바울이 이방인 지역에서도 유대교의 회당을 선교의 거점으로 활용한 증거는 사도행전에 일관되게 풍성히 탐지되는 편이다(행 9:20, 13:5, 14-15, 13:43, 14:1, 17:1, 10, 17, 18:4, 7-8, 19, 26, 19:8). 그러나 후반부로 갈수록 회당은 바울의 선교에 적대적인 공간으로 종종 묘사된다(행 22:19, 24:12, 26:11).

암시한다.[6] 이는 때로 감정적인 격발과 함께 바울이 이 체제와의 단절을 의도하지 않았나 싶은 흔적도 엿보인다. 특히, 데살로니가에서의 고난은 그로 하여금 다음과 같이 저주스런 선언을 내뱉게 한 바 있다. "유대인은 주 예수와 선지자들을 죽이고 우리를 쫓아내고 하나님을 기쁘시게 하지 아니하고 모든 사람에게 대적이 되어 우리가 이방인에게 말하여 구원받게 함을 그들이 금하여 자기 죄를 항상 채우매 노하심이 끝까지 그들에게 임하였느니라"(살전 2:15-16). 이 진술을 액면 그대로 접수하면, 바울에게 유대인 공동체는 모든 사람의 대적이 될 만큼 반사회적이고 반인륜적인 집단으로 비친다. 아울러 그들은 하나님의 저주받은 백성이라는 성급한 일반화의 오류를 범할 수도 있다. 그러나 이는 데살로니가에서 바울이 겪은 정치적 경험에 대한 그의 사적인 정치적 토로로 읽는 것이 타당하다.[7]

성전체제와 관련하여 바울은 스데반의 성전 설교에 대한 정죄와 죽임의 현장 증인으로 본격적인 커리어를 시작하여 길게 우회한 그의 선교동선 끝에 마침내 그 성전에서의 율법 순종적 의식과 함께 체포되고 그의 공식 사역이 일단락되는 것으로 묘사된다(행 21:17-36). 이는 물론 사도행전 저자의 신학적 동기가 작용한 미지근한 바울의 초상이지만, 그 묘사를 에누리해서 보더라도 바울에게 유대교와 유대인 공동체가 외교적 소통의 채널을 유지한 채 그 긴장관계 내에서 창조적

6) 그 저항선과 탈주선은 사도행전에서 다음과 같은 바울과 바나바의 선언 가운데 예언의 실현으로 정당화된다. "하나님의 말씀을 마땅히 먼저 너희[=유대인들]에게 전할 것이로되 너희가 그것을 버리고 영생을 얻기에 합당하지 않은 자로 자처하기로 우리가 이방인에게로 향하노라"(행 13:46).

7) 데살로니가전서의 이 구절은 반셈족주의적 관점에서 매우 중요시되어왔는데, 결론은 그가 모든 유대인을 그렇게 보았다기보다 자신의 핍박당한 경험으로 인해 일부 유대인을 억하심정 가운데 그렇게 묘사했다는 것이다. 차정식, "동족의 빛과 그림자-바울과 이스라엘의 경우", 『바울신학 탐구』(서울: 대한기독교서회, 2006), 223-253 참조. 아울러, 이 특정 구절에 대한 연구로 G. E. Okeke, "1 Thesslonians 2.13-16: The Fate of the Unbelieving Jews", *NTS* 27(1980), 127-136 참조.

조율을 해나간 흔적으로 비친다. 그는 비록 '할례의 복음' 을 일관되게 반대하였지만, 토라의 가치를 수긍하는 데 인색하지 않았다(롬 7:14, 9:4). 그것의 구원론적 기능과 관련하여 물론 그것을 앞세워 그는 그리스도 신앙을 양보할 뜻이 없었다. 그러나 유대교의 정체성을 담보하는 토라 및 언약신학에 그는 충분한 애정을 표하면서 그것을 그리스도 신앙의 윤리적 토대 형성에 적극 활용한 것으로 보인다. 갈라디아서 후미부(갈 6:16)와 로마서(9:1-3)에서 그가 그의 동족을 향해 보여준 자기 희생적 애정의 표현은 단순히 정치적 수사로 치부하기에는 미흡하지만, 정치적 긴장관계의 외교적 소통의 노력과 무관하달 수 없다.

2. 로마제국과 공권력

바울이 선교 활동을 할 무렵 로마는 지중해 일대를 평정한 최강의 제국으로 그 위세를 떨치고 있었다. 로마의 평화(*Pax Romana*)는 비록 무력적 제압으로 비롯된 것이긴 하였지만 형식상으로나마 제국의 강역을 통할하는 제도적 안정을 가능케 하였고, 소수민족의 종교와 문화에 대하여 최대한 불간섭과 관용의 자세로 임함으로써 잠재적 불만과 소요를 사전에 다독이는 전략을 취했다. 바울이 로마의 시민권자였다는 기록은, 학자들 사이에 의심의 대상이 되기도 하지만, 어려서부터 그의 생활환경을 차지했던 디아스포라 배경을 감안한다면 가공된 픽션으로 볼 것만도 아니다. 실제로 그는 유대교와 유대인 공동체의 경우와는 달리 로마제국의 공권력과도 팽팽한 정치적 긴장 관계와 함께 유화적 외교 전략을 두루 구사한 것으로 보인다. 그가 구브로 총독 서기오 바울의 회심에 결정적인 기여를 하면서 맺어진 우호적 관계(행 13:4-12)와[8] 바울이 고린도에서 유대인들의 위협에 처했을 때 법적인 문제를 걸어 그를 구해낸 당시 아가야의 총독 갈리오의 호의적 처결(행 18:12-17)은,[9] 누가-행전의 신학적 구도에 비추어보면 다분히 친로마적 의도가 농후한 저자의 정치적 감각을 반영한다. 바울의 체포와 호송 과정에서 유대인들의 살해 시도를 로마의 군사력이 막아냈다는 사실(행 23:12-30)도 이러한 정치 감각의 연장선상에서 파악된다.

바울이 선교 현장에서 적어도 그런 수준의 정치 감각을 가지고 처신했으리라는 증거 또한 빈약하지 않다. 바울이 로마서 13장에서 "각 사람은 위에 있는 권세들에게 복종하라"(13:1)라고 명령했을 때, 그것은 무엇보다 로마의 제국적 권력을 행사하는 정치 일선의 공권력 담당자를 염두에 둔 것이었다.[10] 이로부터 이어지는 바울의 정치적 권고에 대한 해석은 '정치적 정적주의'의 표현에서 반제국적 저항의지에 이르기까지 극과 극을 달리고 있지만,[11] 바울은 선교의 결실이 채 이루어지기도 전에 정치적 소용돌이에 휘말려 자신의 사역이 무효가 되는 것을 심히 꺼렸을 것임에 틀림없다. 다시 말해, 그는 자신의 선교적 결실이 충분히 담보할 수 있는 현실 질서의 일환으로 로마제국의 공권력

8) 서기오 바울의 회심은 역사적 사실이었다는 고고학적 논증(Ramsay)과 함께, 당시 주변부 존재나 지위 불안정을 경험한 기독교도로 하여금 다른 종교 집단과 어깨를 나란히 할 수 있도록 독자들로 하여금 사회적 정당성을 갖도록 기능했다는 사회학적 관점이 제출되어 있다. Thomas W. Martin, "Sergius Paul", *ABD* vol. 5, 205-206 참조.

9) 갈리오의 존재는 유명한 스토아 철인 세네카와 혈육지간으로 바울의 선교 연대기를 구성하는 데 중요한 기준이 된다. 바울에 대한 갈리오의 호의적 처결은 당시 총독들이 흔히 가지고 있던 반유대적 편견에 기인했으리라고 추론된다. Klaus Haacker, "Gallio", *ABD* vol. 2, 901-903 참조.

10) 이 구절에 대한 다각적인 연구로 Lutz Pohle, 손규태 옮김, 『그리스도인과 국가—로마서 13장 연구』 (서울: 한국신학연구소, 1989) 참조.

11) 가령, 던(Dunn)은 그의 로마서 주석서에서 바울의 이러한 공권력 순응 자세를 억압받아온 소수민족으로서 유대인의 역사적 경험에 연계된 '정치적 정적주의'(political quietism)으로 규정하였다. James D. G. Dunn, *Romans 9-16*, WBC 38B (Word Books: Dallas, TX, 1988), 759. 반면 김재성은 최근의 연구에서 이 구절이 바울의 독자들을 보호하기 위한 수사적 표현이며, 외려 이 본문이 "로마제국의 통치의 본질이 두려움으로 사람들을 위협하는 공포 정치임을 간접적으로 드러내고 있다"라고 결론지었다. 김재성, "바울과 로마제국의 정치학", 『신약논단』 13/4(2006), 947-984 참조.

을 치안 유지 차원에서 인정했으리라는 것이다. 그러나 그가 "권세를 거스르는 자는 하나님의 명을 거스름"이라고 공권력의 명분을 세워주면서도 그 명분은 그 담당자가 "하나님의 사역자"로서 "선을 베푸는 자"라는 전제조건하에 작동된다. 바울은 그 권세자의 정치가 하나님의 사역자답지 않고 선과도 무관한 경우 성도들이 무엇을 어떻게 해야 하는지 침묵한다. 그 침묵의 의미는 곧 사도행전에 바울을 체포하고 호송하여 마침내 그 온건한 이미지를 접고 로마에서 바울을 처형한 공권력에 대한 사도행전 저자의 침묵에 잇닿아 있다.

이렇듯, 바울은 로마제국의 공권력에 대한 정치적 대응에서 예수의 반헬레니즘과 반로마의 대응전선만큼 선명하게 적대적이지 않았다. 그도 그럴 것이 그는 광야에서 익명의 대중을 향해 선포하는 자가 아니었고 특정 지역에서 선발한 소수제자들의 동아리에 집중하여 가르치는 자도 아니었다. 그는 무엇보다 이방인의 사도로서 선교활동에 매진하며 교회를 조직하고 건사해야 할 '열매'의 책임에 민감했다. 그만큼 그에게 로마황제의 권세 옆에 또는 위에 하나님의 주권을 앞세우며 그리스도의 왕국을 선포한다는 것은 정치적으로 매우 민감한 조심사항이었을 것이다. 따라서 그는 가급적 '하나님의 나라' 담론을 피하고 그것을 교회화하는 쪽으로 가닥을 잡았다. 그렇다고 바울이 제국의 권력 앞에 정치적으로 무력했다고 평가하는 것은 단견이다. 앞서 설명한 대로, 그는 외교적으로 능란하게 그 상황을 헤쳐 나갔으며, 그 정치적 지형을 최대한 유리하게 선교의 결실을 위해 활용하면서 지상제국의 권력을 넘어서는 하늘의 시민권을 내다보았다(빌 3:20). 아울러, 그는 로마의 상류층에 만연한 도덕적 부패상에 대해 신랄하게 비판적이었고(롬 1:18-32), 고린도교회에서 문제된 우상제물이 로마의 황제숭배와 연관된 것이었다면, 그러한 공권력의 오만한 억압에 대하여 반대하였다. 이러한 입장은 물론 신학적인 이유에서였지만, 그 신학은 하나님의 의가 그리스도를 통하여 발현된 것이었다는 점에서 이 땅에 횡행한 세속권력의 자기 의에 대립적인 정치 구도를 형성한 측면을 부인하기 어렵다.

3. 이방신들과 종교권력

종교의 정치는 정치권력이 종교적 후광에 비비며 자신의 존재를 성스럽게 포장하려 애써온 이력 못지않게 장구한 역사를 자랑한다. 그것은 곧 종교에 의한 정치, 종교를 통한 정치를 지칭하는 것으로 이미 제도화된 종교는 그 내부의 기득권을 수호하려는 정치적 장막으로 견고한 방어 체계를 구축해왔다. 이와 함께 그 체계의 힘은 세속의 정치권력뿐 아니라 새롭게 움트려는 다른 종교의 싹을 억압하는 일에 순치된 체질을 키워왔다고 할 수 있다. 예수가 자라난 유대교의 체계가 그의 비슷하면서도 다른 가르침과 행적을 불편하게 여겨 그를 죽였듯이, 바울의 이방 선교 활동은 그와 종교적 이해관계가 겹치고 부대끼는 이방종교 세력과의 정치적 마찰을 불가피하게 만들었다. 바울 역시 그가 전하는 복음의 옹호자로 자처한 마당에 그것의 정체성을 양보할 뜻이 없었고, 오히려 그 융성을 위해서라면 목숨을 걸 의기로 충만했다. 이를테면, 자신이 그리스도 안에서 새롭게 발견한 진리의 명분과 관련한 그의 입장은 "내가 사람들에게 좋게 하랴, 하나님께 좋게 하랴"(갈 1:10)라는 진술에 극명하게 드러난다.[12)]

---

12) 여기서 '좋게 하다' 라는 말은 설득의 기술을 의미한다. 인간을 향한 설득의 기술은 수사학의 본질과 연계되고, 하나님을 설득하는 것은 마법과 종교적 돌팔이를 겨냥한 것으로 인식된다. 특히 인간을 향한 설득의 노력은 당시 수사학의 핵심 사항으로 플라톤 이래 사람을 기쁘게 하는 허풍선의 짓거리로 부정적으로 인식되었다. H. D. Betz, *Galatians* (Philadelphia: Fortress, 1979), 54-56 참조.

바울의 활동 반경이 팔레스타인을 벗어나 이방 지역으로 확대되어나갈수록 선교 활동으로 인한 이방종교 세력과의 대립과 갈등은 충분히 예견할 만한 것이었다. 당시 지중해 연안 지역의 종교는 이집트와 근동의 동방종교, 희랍의 고대종교가 헬레니즘의 문화적 자양분을 태반 삼아 서로 습합, 변용되면서 지역별로 다양한 신들을 섬기는 제단과 성소를 만들어냈고, 이에 가담한 신봉자들의 종교 활동은 응당 그것과 결부된 경제적 이해관계를 창출했다. 특히, 당시 대중들의 종교 정서를 사로잡은 것은 흔히 '밀의종교' (Mystery religions)로 알려진 세력으로, 그것은 다신교적 풍토에 서식하면서 지역마다 다채로운 신과 여신 숭배자들을 낳았다.13) 그러나 그 모든 신들의 이름은 비록 그들 신앙 체계 내에서는 힘을 발휘하는 실세였겠지만, 유대교와 그 울타리 안에서 바울이 보기에 한 분 하나님의 권세 아래 굴복해야 할 사신 우상일 뿐이었다. 바울의 최초 서신으로 알려진 데살로니가전서가 바울의 초기 이방 선교 단계에 노정된 선교신학을 반영하고 있다면, "우상을 버리고 하나님께로 돌아와서 살아계시고 참되신 하나님을 섬기는" (살전 1:9) 방향 전환이야말로 그 대표적인 지향점이었다고 할 수 있다.

이에 따라 그는 우상에 대한 직접적 숭배를 거부했을 뿐 아니라, 그 앞에 바쳤던 제물을 먹는 문제에까지 민감한 반응을 보였다. 그것은 지식이 없고 믿음이 약한 사람들의 편에서 그 제물에 부착된 영적인 감염력을 의식한 측면도 없지 않지만, 이는 곧 그리스도의 영에 기초한 자신의 복음과 그 바깥의 다른 복음을 경계 지으며, 외부 세력의 침탈을 저어한 정치적 판단 역시 작용했으리라 본다. 그 대표적 증

13) 밀의종교에 대해서는 Marvin W. Meyer, "Mystery Religions", *ABD* vol. 4, 941-945; W. Burkert, *Ancient Mystery Cult* (Cambridge, MA: Harvard University Press, 1987); Jonathan. Z. Smith, *Drudgery Divine: On the Comparison of Early Christianities and the Religions of Late Antiquity* (Chicago: University of Chicago Press, 1994) 참조.

거로 꼽을 만한 것이 에베소의 여신 아데미(Artemis) 숭배자들과 바울 일파 사이에 벌어졌던 정치적 소동과 법적인 송사 이야기이다(행 19:21-41). 바울이 사신 우상을 배격하며 소아시아 일대에 많은 사람을 회심시킴으로 그 영향이 에베소에 미칠 즈음, 은장색 데메드리오와 그에 딸린 직공들에게 아데미 여신은 종교의 숭배 대상이기에 앞서 생계의 출처였다. 그들이 만든 아데미의 신상 모형은 적잖은 돈벌이 수단이 되었고, 바울의 선교는 에베소 시민들의 종교영업권을 침해하는 정치적 분쟁의 빌미를 제공했던 것이다. 이는 바울이 아테네의 아레오바고에서 행한 연설(행 17:16-31)의 신학적 소통 노력과 이로써 제시한 '알지 못한 신'의 변증 작업이 개별 종교의 문화적 접속과 변용이라는 개방적이고 진취적인 목표의 그늘 아래 서로의 영역 다툼이라는 정치적 분쟁의 소지를 떠안고 있었음을 시사한다.[14] 그가.고린도 교인들을 향하여 열거한 목록에 '동족의 위험'과 함께 '이방인의 위험'을 나란히 언급한 것(고후 11:26)은 그가 기실 유대교와 이방종교의 틈바구니에서 그리스도 복음의 길을 트고 그 입지를 확보하기 위한 정치적 고투의 역정이 녹록치 않았음을 고백하는 언사에 다름 아니다.[15]

14) 그랜트는 바울과 초기 기독교 선교사들, 이후 신학적 변증가들의 활동을 한 분 하나님을 섬기는 유대교/기독교의 유일신 전통과 여러 신을 섬기는 이교주의의 사이에 벌어진 경쟁과 갈등 및 점진적 통합의 과정으로 해석한 바 있다. Robert M. Grant, *Gods and the One God* (Philadelphia: The Westminster Press, 1986) 참조.

15) 사도행전에는 비록 유대인 동족의 위험에 비해 이방인의 위험이 훨씬 적게 나오지만, 이는 유대인을 주요 대적자로 간주하고 로마 관리들에게는 상대적으로 호의적인 반응을 보인 것으로 묘사하기 위하여 저자 누가의 신학적 동기가 작용한 결과일 가능성이 크다. 그러나 법정 소송, 대중 폭동을 통한 생명에의 위협이란 점에서 이방인의 위험 역시 치명적이었음을 바울은 진술한다. C. K. Barrett, *The Second Epistle to the Corinthians* (Peabody, MA: Hendrickson Publishers, 1973), 299 참조.

III. 바울의 선교와 미시 정치의 지형

1. 예루살렘교회와 유대인 기독교도

바울의 선교를 둘러싼 거시적인 정치 지형이 그리스도 신앙 권역의 바깥에 포진해 있었다면 그 미시적 지형은 그 내부의 관계망 속에 포착된다. 그 중에서도 예루살렘교회를 중심으로 한 유대 그리스도인 그룹은 바울과의 미묘한 정치적 긴장 관계를 형성하면서 긴급한 외교적 소통의 필요성을 제기한 바 있다. 그 정치적 긴장은 무엇보다 바울이 예루살렘교회의 핍박자로 활동하던 단계에 그에게 달라붙은 적대적 이미지와 이로 인한 부정적인 선입견의 발로였다. 그러던 그가 그리스도 신앙의 옹호자로 입장을 180도 바꾸었다는 소식에 대해 예루살렘의 교인들은 선뜻 신뢰를 보이기 어려웠을 것이다. 비록 "우리를 박해하던 자가 전에 멸하려던 그 믿음을 지금 전한다 함을 듣고 나로 말미암아 하나님께 영광을 돌리니라"(갈 1:23-24)라는 것이 바울의 관찰이었지만, 외견상의 그러한 우호적인 분위기와는 달리 내면적으로는 여전히 그러한 정치적 긴장이 흐르고 있었다고 보는 것이 외려 합리적이다. 바울에게 예루살렘교회와 유대 그리스도인 그룹을 향한 정치적 긴장은 그의 회심과 더불어 시작된 선교 활동의 기반을 굳이 그들과의 동역자적 연대에 두려 하지 않은 점에서 탐지된다. 이러한 맥락에서 그가 자신의 사도적 소명의 뿌리를 "사람들에게서 난 것도 아니요 사람으로 말미암은 것도 아니요 오직 예수 그리스도와 그를 죽은 자 가운데서 살리신 하나님 아버지"(갈 1:1)에게 둔 것은 유형의 정치적 권세를 무형의 영적인 권위로 대체하여 역으로 그의 정치적 입지를 살리려고 한 면밀한 기획의 의도를 암시한다. 이러한 의도의 연장선상에서 그는 회심 후에도 '혈육' 에 기대거나 예루살렘의 선배 사도들을 찾아 외교적 인사치레를 하지 않았다. 그 대신 그가 택한 길은 아라비아로의 어찌 보면 고독한 여정이었고(갈 1:16-17), 자신의 회심 이후 새로운 선교적 삶의 출발점이 된 다메섹으로의 귀환이었다(갈 1:17). 이러한 바울의 동선에는 물론 자신의 독자적 선교활동을 통해 성과를 올린 뒤 그로써 자신의 대외적 신뢰를 높이고자 하는 측면도 엿보이지만, 중앙의 권력에 대한 정치적 긴장을 통해 주변부적 존재로서의 가치를 높이며 자신의 고독한 피정과 함께 정치적 독립성을 도모하려는 우회적인 전략이었다고도 볼 수 있다.16)

그러나 바울은 이들이 기독교 신앙의 실질적 모체임을 충분히 알아차리고 있었다. 그가 다메섹 귀환 이후 3년 뒤 예루살렘을 방문하여 베드로와 상면하고 주의 형제 야고보와도 교제하며 15일을 머물렀던 것은 그 나름의 대국적 정치 감각과 적절한 소통의 '때' 를 겨냥한 외교적 인식의 수준을 반영한다.17) 이후 14년 후에 재차 예루살렘을 방문한 바울은 이미 바나바와 함께 이방인의 사도로서 자신의 정치적 입지를 상당히 확보한 상태에 있었을 터이다. 이 방문이 이른바 예루

16) 바울의 이 우회적 여로는 예언자의 상징적 전형이라 할 수 있는 엘리야의 경우를 호출한 것이라고도 볼 수 있다. 그것은 곧 엘리야의 상징적 권위에 의탁하여 자신의 독립적 리더십을 시위하는 정치행위로 해석될 여지가 있다. 엘리야 모델의 광야 피정과 바울의 아라비아행의 비교 연구는 N. T. Wright, "Paul, Arabia, and Elijah(Galatians 1:17)", *JBL* 115/4(1996), 683-692 참조.

17) 바울의 이러한 정치 감각과 관련하여 서중석의 해석은 흥미롭다. 그는 갈라디아서 2:7-9의 예루살렘 회의 보도가 갈라디아 교회의 문제를 해소하기 위한 희망사항의 차원에서 제출된 국면전환용 대응으로 보는 것 같다. 이에 따라 바울은 예루살렘 교회의 사도들을 향해서도 '연합' 과 '독립' 의 전략으로 대응해나갔다는 것이다. 서중석은 바울의 이러한 전략이 "자신이 사도들로부터 소외되고 있다는 소문과 자신이 사도들에게 예속되어 있다는 소문 등, 두 상반된 소문을 동시에 차단시키기 위한 것" 이라고 본다. 그러나 갈라디아서 어디에도 바울이 예루살렘의 사도들에게 예속되어 있었다는 소문의 흔적을 찾아보기 어렵다. 서중석, "바울의 예루살렘 회의 보도", 『바울 서신 해석』(서울: 대한기독교서회, 1998), 45-74 참조.

살렘 공의회의 참여를 위한 것이었다고 할 때, 그가 할례 받지 않은 디도를 동반한 것은 다분히 정치적인 책략의 성격이 농후하다. 이 회합이 할례 받지 않은 이방인의 구원 문제에 연계되어 있었다는 것을 간파하여 그는 자신의 신학적 입장과 함께 정치적 입지를 시위하는 방편으로 디도를 일종의 시험 케이스로 데려갔던 것이다. 예루살렘 공의회의 결론은 할례 받은 유대인과 무할례의 이방인들을 가르며 선교의 강역을 설정하고 베드로와 바울로 대표되는 리더십을 인정해주는 지점에서 타협적으로 일단락된 것으로 드러난다(갈 2:7-9). 물론 늦깎이 사도 바울이 이방인의 사도로 이렇게 인준을 받은 데에는 예루살렘의 가난한 성도를 기억하여 도와주기를 기대한 그들의 제안을 흔쾌히 수락한 것(갈 2:10)이 긍정적으로 작용한 측면이 없지 않았을 것이다.[18]

앞서 예시한 점들로 미루어 예루살렘교회와 유대 그리스도인 그룹을 향한 바울의 태도는, 그 신학적 명분과 별도로, 양수겸장의 정치적 고려를 짙게 반영한다. 그는 한편으로 자신의 정치적 입지를 살리는 차원에서 적극적으로 순응하고 타협하면서도 다른 한편으로 그들이 자신과 이방인 교회의 자유를 노리며 종으로 삼고자 한 '거짓 형제들'의 잠재적 온상으로 인식하기 때문이다(갈 2:4). 아울러, 그들의 기득권을 '유력한 이들'(갈 2:6), '지극히 큰 사도들'(고후 11:5)이란 호칭과 함께 그들이 지닌 권위를 존중하는 듯하면서도 그 호칭을 수사적으로 비틀어 외려 '거짓 사도요 속이는 일꾼'(고후 11:13)으로서의 부정적 이미지를 동시에 드러내고 있기 때문이다.

18) 이 모금 캠페인은 단순히 자선금의 기부 행위로 치부할 수 없다. 이는 에큐메니칼적, 교회론적, 종말론적 성격을 보여주는 동시에 후원자-피보호자의 사회문화적 관계에서 바울과 이방인 교회가 유대인 교회와 동등한 위상을 견지하려는 정치적 행위의 측면 역시 강하다고 볼 수 있다. 왕인성, "바울의 헌금 사역에 대한 사회-문화적 접근", 『신약논단』 14/4(2007), 1085-1119 참조.

2. 이방선교의 동역자들과 경쟁자들

모든 조직의 사회 생태적 특징이 대체로 그렇지만, 선교의 동역자 역시 잠재적 경쟁자이다. 그 경쟁은 많은 경우 '선의의 경쟁'으로 미화되지만, 그 선의가 꼭 악의를 배제하지 않는다는 점에서 경쟁이란 구도는 그 자체가 대타적 욕망을 매개로 한 정치적인 함의를 띨 수밖에 없다.[19] 바울의 경우에만 이러한 정치적 욕망의 구조가 예외적인 현실로 비껴갈 수 있었으리라고 보기 어렵다. 그에게는 이방 선교 현장에서 부대낀 적잖은 내부의 경쟁자들이 있었다. 물론 그 이방선교의 현장이 직전에 다룬 예루살렘교회와 그 리더십으로 표상되는 유대인 그리스도교도의 선교적 관심사와 전혀 동떨어진 것은 아니다. 도시에서 유대인과 이방인의 생활공간이 물과 기름처럼 엄격하게 분리되어 있는 것이 아니었듯, 할례자 유대인의 선교와 무할례자 이방인의 선교도 디아스포라의 현장에서 겹쳐지는 부분이 있었기 때문이다. 뿐아니라, 이방인 교회의 왕성한 개척과 발전에 비해 상대적으로 위축되는 예루살렘교회의 생존적 입지를 타개하고 모교회로서의 권위를 살리는 차원에서 명분상 분할해놓은 선교강역의 경계와 그 상징적 리더십은 쉽게 허물어질 수 있는 상황이었다. 예컨대, 바울이 개척한 고린도교회에 게바파가 생겨났던 사정에 베드로의 직접적 영향과 무관한 원거리의 소문만으로 가능했다고 보기 어려운 것이다.

바울 선교의 초기 단계에서 이방 선교 동역자로서 중요한 인물은 외려 바나바였다. 사도행전의 기록대로라면 그는 예루살렘교회에

19) 욕망의 기원을 '바라봄'의 주체에서 확대하여 타자로부터 '보여짐'의 매개 변수를 통해 현대적 개념으로 정립시킨 대표적인 학자는 라캉이다. 그의 단계적 욕망 이론은 오늘날 문예미학에서뿐 아니라 현대 사회의 중층적 구조와 정치권력의 복합성을 해석하는 데 유용하게 적용된다. 자크 라캉, 권택영 옮김, 『욕망이론』(서울: 문예출판사, 1994) 참조.

아무런 연고가 없고, 유대지역의 그리스도교도와의 아무런 외교적 관계가 없던 바울을 소개하여 명실상부한 지도자로 끌어준 은인이자 선배였다. 바울이 바나바와 함께 안디옥교회의 대표적인 파송 선교사로 입지를 굳힐 수 있었던 배경에는 바나바의 적극적 후원이 작용했다고 볼 수 있다.[20] 이어지는 소아시아 일대로의 1차 선교여행에서 이 두 사람은 긴밀한 동역자 관계 하에 이방지역의 순회선교를 무난히 감당하였고, 예루살렘 공의회에서도 이방교회의 대표 자격을 가지고 함께 참석한 것으로 보인다(갈 2:1). 루스드라에서 전도하다가 그들의 능력에 경탄하여 그곳 사람들이 바나바를 제우스로, 바울을 헤르메스라 칭한 것을 보면 바나바에게 둘려진 상징적 권위와 함께 바울의 언어 담론적 권위가 잘 포착된다.

그러나 2차 선교여행에 임박해서 그들은 1차 여행 때 도중하차한 바나바의 생질 마가요한을 데려가느냐 마느냐하는 문제를 놓고 의견이 나뉜 나머지 심하게 다투게 되었고 마침내 서로 갈라서게 되었다(행 15:36-41). 사도행전에만 기록된 이 사실을 놓고 용서와 사랑의 도덕이냐 공평과 정의의 윤리냐를 평가의 기준으로 들이대는 것은 부질없는 짓이다. 여기에는 각자 추구한 명분도 개입되었겠지만 무엇보다

20) 이방선교 사역에서 베드로, 아볼로, 빌립 등과 달리 바울과 바나바만 동역자를 대동하며 협력적 관계를 구축한 것은 그들이 도시 지역의 사회 생태적 요인들에 성공적으로 적용한 사례로 평가된다. 믹스(Meeks)는 그들이 이것을 안디옥 교회에서 배웠을 것으로 추측한다. Wayne A. Meeks, *The First Urban Christians: The Social World of the Apostle Paul* (New Haven and London: Yale University Press, 1983), 133 참조.

21) 이 '헤게모니' 다툼은 비단 바나바와의 관계에서뿐 아니라 선교 지역 전체 지형에 해당되는 요소이다. 본래 안토니오 그람시에 의해 계발된 이 개념은 지배집단의 통치 이데올로기를 선전하고 종속집단의 합의적인 지지를 이끌어내는 일련의 과정과 상황을 가리켰는데, 이후 사회이론의 중요한 논리체계로 현대 정치학, 사회학, 철학 등으로 파급되었다. 오늘날 이 개념은 지배계급뿐 아니라 모든 사회계급의 이데올로기적 기반으로 작용하고 있는데, 특히 긍정적 사회변혁 운동의 이념적 기반으로 주목을 받고 있다. 로버트 보콕, 이향순 옮김, 『그람시 헤게모니의 사회이론』(서울: 학문과 사상사, 1991) 참조. 바울에게 헤게모니 확보 차원에서 경쟁자 내지 대적자들을 상대하는 신학적 이념이 있었다면, 그

이방선교의 주도권을 놓고 상이한 정치적 욕망이 다투는 풍경이 그려진다.[21] 이 대목에서 바나바는 바울에게 과거의 선배 은인이자 현재의 동반자면서 동시에 미래의 경쟁자일 수 있었던 셈이다. 그러나 바울은 정작 자신의 서신에서 이 다툼의 사실이나 배경을 전혀 언급하지 않는다. 그는 다만 안디옥 사건, 즉 이방인과의 식사 자리에서 야고보로부터 온 사람들의 당도와 함께 바나바가 베드로 등과 함께 자리를 뜨며 외식한 사건을 공박하는 맥락에서 또 다른 갈등과 불화의 가능성을 암시할 뿐이다. 이후 마가 요한과 함께 그의 출신지 구브로(=키푸로스)로 들어간 바나바의 선교 여정은 바울 서신뿐 아니라 사도행전에서도 더 이상 나타나지 않는다.[22] 이는 이후의 역사 속에서 바울 일행이 이방선교의 정치적 주도권을 잡고 큰 흐름을 선도해나갔음을 암묵적으로 증언한다.

바울의 이방 선교에서 특히 고린도교회 내부의 분쟁은 무엇보다 정치적 리더십의 갈등에서 발단이 되었다고 볼 수 있다. 그 중에서 알렉산드리아 출신의 아볼로라는 인물은 바울 선교의 미시 정치적 지형에서 빼놓을 수 없는 또 다른 문제적 인물로 거론될 만하다. 성경지식이 풍부하고 언변이 뛰어난 자로 묘사된 그는(행 18:24), 바울의 묘사에 의하면, 바울이 고린도교회의 씨를 뿌린 뒤 부임하여 물을 주는 양육의 역할을 담당한 자로서(고전 3:6) 바울 스스로 '하나님의 동역자' 로

것은 유대인과 이방인, 자유민과 노예, 남자와 여자 등의 차이로써 차별의 장벽을 정당화하는 온갖 인습과 관행을 넘어 '그리스도 안에서' 하나 되는 세례와 구원의 보편주의였다고 할 수 있다.

22) 바나바의 이후 행적은 그의 이전 활동과 함께 후대의 전설상의 기록만으로 전해질 뿐이다. 이에 따르면 그는 예수의 지상 사역 기간에 로마에서 복음을 전파했고 로마의 클레멘트에게 기독교를 소개했다(*Ps.-Clem. Recogn.* 1.17-13). 또한 그는 예수에 의해 파송받은 70인 제자 중의 한 사람이었다는 설도 있다(Clement of Alexandria, *Str.* 2.20). 5-6세기 씌어진 '바나바행전' 은 그가 구브로에서 순교한 것으로 묘사한다. 그는 또한 '바나바서신' 의 저자로 거론되기도 한다. Jon B. Daniels, "Barnabas", *ABD* vol. 1, 610-611 참조.

인정했다(고전 3:9). 그러나 그의 파당이 생겨나면서 교회가 분열을 일으키자 바울은 고린도교회를 향해 아볼로 세력을 적극 견제하는 정치적인 전략을 구사한다. 그 견제의 방식은 두 가지의 수사적 장치 속에 포장되어 나타나는데, 그 첫째가 아볼로의 최대 장점이라고 할 수 있는 '지혜의 말' 을 '세상의 지혜' 로 누르는 대신 그 대안 가치로 '하나님의 지혜' 인 십자가를 제시한 것이다(고전 2:1-9). 아울러, 그는 "바울이나 아볼로나 게바나 … 다 너희의 것" (고전 3:23)이라고 말함으로써 교회공동체의 화합과 통일을 기도하지만 동시에 "그리스도 안에서 일만 스승이 있으되 아버지는 많지 아니하니 그리스도 예수 안에서 내가 복음으로써 너희를 낳았음이라" (고전 4:15)라는 진술과 함께 '스승' 과 '아버지' 사이에 그 차별적 위상을 은연중 강조하는데, 이것이 그의 둘째 정치전략이다. 이 범주에서 아볼로는 수많은 스승 가운데 한 사람으로, 바울 자신은 고린도교회의 초석을 놓은 유일한 아버지로 자리매김된다.

뿐 아니라, 바울은 자신이 키운 제자 동역자들과의 관계에서도 아무런 정치적 긴장관계 없이 태평했다고 보기 어렵다. 특히, 디모데와 디도가 그의 측근 동역자라고 할 수 있다.23) 비록 후대의 기록으로 간주되지만, 고린도 사역에 모금 캠페인을 비롯하여 혁혁한 성과를 올린 디도는 훗날 바울을 떠나 달마디아로 간 것으로 전해진다(딤후 4:10). 뿐 아니라 바울의 제자 동역자들로 짐작되는 데마와 그레스게 등도 각기 바울과 함께 동역하다가 그를 떠난 것으로 묘사된다(딤후 4:10). 비록 바울(또는 그의 측근) 입장에서 보면 그들이 바울을 저버리고 떠난 것이겠지만, 떠난 자들의 관점에서는 그들 역시 바울이 바나바를 떠나 갈

23) 그밖에 바울의 선교 사역에 중요한 동역자로 평가받을 만한 사람들로 고린도의 재무관 에라스도(행 19:22), 두기고, 에바브라, 실바누스(실라), 브리스길라와 아굴라 부부 등을 들 수 있다. 이들의 위상과 역할에 대해서는 Holmberg, *Paul and Power*, 57-67 참조.

라섰듯이, 나름의 독자적인 리더십을 추구하며 또 다른 선교의 주도권을 세워나간 것으로 볼 만한 여지를 남긴다.[24] 이와 같이 동역자와 경쟁자의 교집합 속에서 저버림이나 떠남이 독립과 주도권 개척이라는 또 다른 각도의 조명을 받을 수 있다는 데에 이러한 대인관계의 정치적 이중성이 있다.

3. 이방교회 내부의 반대 세력

바울 선교의 정치적 지형에서 바울에게 가장 큰 낙심을 안겨준 경우는 아마도 그가 개척한 교회 사람들이 등을 돌려 자신을 배척한 일이었을 것이다. 이는 특히 바울의 감정을 자극하며 격한 어조로 공박적 대응을 유발했다는 점에서 또 다른 정치적 관계로 자리매김된다. 바울이 개척한 교회 가운데 가장 격렬한 적대적 논쟁을 보인 곳은 갈라디아와 고린도의 교회들이다. 특히, 갈라디아 교인들의 일부가 '할례의 복음'에 미혹되어 넘어간 일은 바울의 이방인 선교사역 전체를 뒤흔들 만한 도전적 사건이었다. 갈라디아서신이 통상적으로 곁들이는 감사기도가 빠져 있고 그 대신 저주의 문구가 삽입되었거나(갈 1:8), 그 당사자들을 향해 '어리석은 바보'로 칭하며 심한 어조로 질타한다거나(갈 3:1), 할례 받은 자를 향해 쓰디쓴 희롱조로 거세의 주문을

24) 이는 물론 디모데후서의 바울 저작에 대한 역사적 진정성을 수용할 때만 사실이 된다. 그러나 다수의 학자들이 주장하듯, 이 서신을 후대의 서신으로 본다면, 이와 같이 '버림받음'(abandonment)의 모티프를 강조하는 것은 주로부터 받는 도움을 그것과 대립시키고자 하는 문학적 양식화의 한 예로 해석할 수 있다. 디모데후서의 역사적 기원과 관련한 이 구절의 의미에 대해서는 노태성, "디모데후서의 저작 상황—겉옷과 책, 그리고 데마가 떠난 이유를 중심으로", 『신약논단』 14/1(2007), 159-196 참조. 이 구절을 보면 바울의 동역자들이 그를 죄다 떠난 것 같지만 사실 그에게는 아직 상당수의 동역자들이 곁을 지키고 있는 것으로 드러난다(딤후 4:21). 다만, 정치적 역학관계라는 내 해석의 관점에서 그것이 양식화될 정도로 당시 현실 속에서 쉽사리 찾아볼 수 있는 경우라는 점에서 바울 선교의 정치적 갈등 정황을 역으로 추적해볼 수 있는 것이다.

하는 대목(갈 5:12)에 비추어보면, 바울의 신학적 변증은 매우 절박한 생존의 현실을 반영하고 있는 듯하다. 특히, 갈라디아서 앞부분에서 길게 자신의 선교적 이력을 회고조로 진술하면서 이방인의 사도로서 그가 지닌 정체성과 그가 그간 일구어온 선교적 자부심을 표나게 내세우는 수사적 전략 가운데는 자신의 정치적 입지를 고수하려는 강력한 의지가 엿보인다.

한편 고린도교회에서 바울을 초기에 민감하게 자극한 세력은 아무래도 게바파와 아볼로파에 속하여 그들의 미덕과 장점을 앞세워 바울의 단점을 공격하거나 비난하는 부류의 사람들이었을 것이다.[25] 바울은 비록 교회의 화목과 통합을 기하며 "모두가 같은 말을 하고 너희 가운데 분쟁이 없이 같은 마음과 같은 뜻으로 온전히 합하라"(고전 1:10)라고 권면하고 있지만, 그 통합의 기준과 관련하여 "너희는 나를 본받는 자가 되라"(고전 4:16)라는 말과 함께 자신의 권위와 리더십을 강조한다. 그러나 그 뒤에 그는 본받아야 할 모델로서 자신의 권위를 세우자마자 곧 정치적 협박에 가까운 언사로 반대세력을 향해 다음과 같이 매서운 경고를 날린다.

> 어떤 이들은 내가 너희에게 나아가지 아니할 것 같이 스스로 교만하여졌으나 주께서 허락하시면 내가 너희에게 속히 나아가서 교만한 자들의 말이 아니라 오직 그 능력을 알아보겠으니 하나님의 나라는 말에 있지 아니하고 오직 능력에 있음이라. 너희가 무엇을 원하느냐 내가 매를 가지고 너희에게 나아가랴 사랑과 온유한 마음으로 나아가랴 (고전 4:18-21)

25) 고린도전서 1-4장에 반영된 이 교회의 '분규'(*schisma*)가 종교적 이단이나 무해한 붕당의 문제가 아니라 권력투쟁에 연관된 정치적 분쟁이었음이 웰본에 의해 연구된 바 있다. L. L. Welborn, "On the Discord in Corinth: 1 Corinthians 1-4 and Ancient Politics", *JBL* 106/1(1987), 85-111 참조.

그 '어떤 이들'의 범주는 고린도교회 내부의 대적을 가리키려니와, 그들이 바울의 이러한 말로 일거에 제압된 것 같지 않다. 바울은 고린도전서를 써서 디모데를 파송하기까지 했지만, 그 이후로 고린도교회의 방문 계획이 수포로 돌아가는 등 적대자들의 기세에 밀려 배척당한 것으로 보인다. 이로 인해 그는 디도를 사자로 삼아 '눈물의 편지'(고후 10-13장)를 써 보내야 했고, 거기서 그는 적대자들을 향해 "다시 가면 용서하지 아니하리라"(고후 13:2)라고 최후의 통첩을 한다. 그 적대 세력에는 주동자가 있었는지 이후 상황이 진정된 시점에서 그는 그 특정 개인을 지목하면서 "너희는 그를 용서하고 위로할 것이니 그가 너무 많은 근심에 잠길까 두려워하노라"(고후 2:7)라는 진술로써 극진한 배려와 함께 그를 포용한다.[26)]

이렇듯, 그의 적대자를 향해 용서하지 않으리라는 결기와 용서하고 위로까지 하라는 권고 사이에 바울이 발휘한 정치적 수사의 진면목이 숨어 있다. 그는 최대한 대적들을 익명으로 다루면서 자신의 정치적 공박이 인신공격이라는 인상을 주지 않게 조심한 듯하다.[27)] 그러나 내부의 적대세력을 향한 그의 정치적 목표가 달성되기까지 그는 비록 서신의 형식으로나마 가급적 모든 수단을 동원하며 다음과 같은 독설을 퍼붓기를 마다하지 않는다.

26) 이처럼 바울과 지교회 사이의 역동적인 외교를 보여주는 대표적인 경우로, 특히 디모데와 디도를 사자로 파송하여 현안을 타개해나간 전략은 당시 그레코-로마의 외교적 관행을 응용한 사례로 파악된다. Margaret M. Mitchell, "New Testament Envoys in the Context of Greco-Roman Diplomatic and Epistolary Conventions", *JBL* 111/4(1992), 641-662 참조.

27) 이는 정치적 전략이란 견지에서 적대자들의 이름을 실명으로 언급하며 비판하는 바울의 후기 서신과 명백히 구별되는 특징이다.

> 만일 누가 가서 우리가 전파하지 아니한 다른 예수를 전파하거나 혹은 너희가 받지 아니한 다른 영을 받게 하거나 혹은 너희가 받지 아니한 다른 복음을 받게 할 때에는 너희가 잘 용납하는구나… 너희는 지혜로운 자로서 어리석은 자들을 기쁘게 용납하는구나. 누가 너희를 종으로 삼거나 잡아먹거나 빼앗거나 스스로 높이거나 뺨을 칠지라도 너희가 용납하는도다(고후 11:4, 19-20)

이 독설에서 바울의 미시적 정치 지형과 그의 외교적 탈주 전략을 간파하지 못한 채, 거룩한 이미지로 포장하거나 그의 정서적 불안만을 지적한다면, 그 또한 빗나간 정치적 모호함의 수사일 뿐이다.

Ⅳ. 사랑의 정치학과 외교적 소통의 원리

1. 배제와 분리의 원리

앞서 일별한 대로 바울의 선교 활동에 연루된 정치 지형 가운데 잠재적 또는 실질적 갈등이 적지 않게 생겨났다. 그 긴장 어린 현실 속에서 그는 일방통행의 강압적 권위를 추구하기보다 쌍방의 호혜적 소통을 기본 원리로 최대의 정치적 반사 이익을 겨냥했고, 나아가 그것이 그의 신학적 명분에 합치될 수 있도록 열심히 변증했다. 그러나 그 명분은 곧 이방인 교회의 정체성 확립이란 목표에 이어졌고, 그 정체성을 뒷받침하는 신학과 윤리의 토대는 불가피하게 배제와 분리의 선을 긋게 만들었다. 먼저 로마의 공권력과 관련하여 그는 그 권위를 신성한 기원을 갖는 것으로 인준하고 사법 치안상의 혜택을 추구하면서도, 그것이 그리스도 신앙에 근거한 교회공동체의 존재가치와 윤리규범을 대체하거나 하늘의 시민권을 대리할 수 있다고 보지 않았다. 비록 그 공권력이 하나님의 공의를 세우는 방식이나 그것에 역행하는 행태에 대해서는 모호한 입장을 보였지만, 그의 그러한 정치적 현실주의가 그의 신학적 이념을 송두리째 말아먹지 않은 것이 분명하다.

유대교와 유대인공동체의 관계에서도 바울이 비록 유대교의 신학적 전통 내에서 사유했지만, 그 정체성의 지표인 토라에 대하여 무조건적 승인을 한 것이 아니었다. 갈라디아서에 나오는 그의 신랄한 율법 비판적 언사는 그 대표적인 증거이다. 토라는 그 기원과 역사적 가치에 있어 그것에 선행하는 아브라함의 언약에 미치지 못하고, 절대로 구원론적 기능을 수행할 수 없다는 것이 그의 확고한 입장이었다. 이로 인해 그는 유대교 사회에서 공공의 적으로 낙인찍혀 적잖은 핍박을 받게 되지만 그것이 그의 신념을 양보하게 한 것은 아니었다. 로마서에 이르러 그는 비록 유화적인 입장에서 토라와 유대교의 유산을 평가하고 있지만, 그것이 그리스도 신앙을 대신할 수 없다는 점에서는 일관되게 단호한 배제와 분리의 선을 긋는다.

바울이 예루살렘교회와 유대인 기독교도들과의 정치적 긴장관계에서 취했던 여러 언행의 유형을 보면 거기에도 분리와 배제의 탈주선은 일관되게 포착된다. 특히, 갈라디아교회의 할례 문제에서 그는 자신의 복음과 그것에 거스르는 할례의 복음을 명쾌하게 양립시킬 정도로 극단적인 자세를 취한다. 안디옥 사건이 극명하게 보여주듯, 그는 게바와 바나바 등이 야고보로부터 온 사람들을 의식하여 취한 위선적 행동을 낱낱이 적시하며 비판하였다. 이는 이방인 신자들을 한 언약공동체 안에 포용하기보다 분리하려는 행태를 좌시할 수 없다는 또 다른 분리의 선언인 셈이다. 결국 이로써 바울은 예루살렘교회의 주도권과 무관하게 자신의 독립적 선교 리더십을 취할 수 있었던 것이고, 그 배제와 분리의 원칙은 율법과 복음 사이의 우유부단한 포지션을 넘어 이방인 교회 내부의 결속을 다지는 기능을 한 것으로 평가된다. 이는 내부의 혼돈 상황에서 특정한 희생양을 찾아 정죄하고 방출함으로써 그 혼돈을 평정한다는 지라르(R. Girard) 식의 이론에 비추어 보거나,[28] 외부의 적을 과녁으로 삼아 싸움의 전열을 구축함으로써 내부의 갈등을 잠재우는 식의 상투적 정략이 바울의 선교 현장에서도 작동된 흔적으로 비친다.

이러한 배제와 분리의 원리는 나아가 바울의 잠재적 경쟁자인 동역자나 그가 개척한 교회 내부의 적대 세력과의 관계에서도 여실히 탐지된다. 거시적 정치 지형을 향한 이러한 원리가 주로 이방인 교회의 생존과 정체성 확립과 직결되어 있었다면 미시적 정치 지형에서 그 원리는 바울 자신의 사도적 권위와 그의 정치적 입지에 밀접하게 연계되어 있었던 것으로 보인다. 고린도교회 내에 일정 세력을 얻은 아볼로나 게바가 각각 '일만 스승' 가운데 한 사람일 수는 있었지만, 그들이 이로써 그 교회에 토대를 놓은 유일한 '아버지' 로서의 바울을 대체할 수 없었다는 것이 그 대표적 증거이다. 바울의 정치적 감각과 교회의 신학적 질서에 관한 한, 스승과 아버지의 경계는 엄연했고 그 두 범주는 넘을 수 없는 분리된 영역을 갖고 있었던 것이다. 스스로 개척한 교회 내부의 대적들을 향해서도 그는 저주할 수밖에 없는 영역, 용서할 수 없는 영역을 가지고 있었다. 그것은 내부의 적들이 보인 행태가 바울의 인격을 무시하고 공적인 리더십이 존립할 수 없도록 그 생존의 근거를 허무는 시도였기 때문이다. 그때 그는 그 대상자들을 완고하게 갈라내고 온갖 독설로 공박하며 정치적 협박의 언사를 무릅쓰는 투사로 변신한다.

28) 이에 대한 그의 대표적인 저작으로 르네 지라르, 김진식 · 박무호 옮김, 『폭력과 성스러움』(서울: 민음사, 1997) 참조.

2. 통합과 포용의 원리

바울의 선교가 숱한 정치적 갈등의 요소를 내포했고 그로 인해 강력한 배제와 분리의 탈주선을 형성했다면, 그것을 외교적 소통의 채널로 이끈 신학적 동기 또한 없지 않았다. 이러한 배경에서 바울은 종종 통합과 포용의 수사를 구사하면서 상황을 타개하거나 이미 타개된 상황을 수습하는 모습을 보여주었다. 앞서 언급한 로마제국의 공권력이 하나님의 공의를 위한 것이라는 전제에서 그는 그것에 순응하며 복종할 것을 종용했다. 지상의 왕국을 하늘의 왕국과 이분화하여 저 하늘을 빌미로 이 땅을 내치지 않은 것이다. 유대교와 유대인의 회당공동체가 바울의 선교에 어떠한 통합적 기여를 했는지는 이미 앞에서 살펴본 바와 같다. 그것은 다시 말하면 선교의 전초기지였고, 그리스도를 통해 현시된 새 언약의 전제와 같은 것이었다. 그는 자신의 적대자들을 신랄하게 공박한 뒤에 갈라디아서 끝머리에 "하나님의 이스라엘에게 평강과 긍휼"을 기원함으로써(갈 6:16) 포용의 여지를 남겨놓은 것이다. 여기서 이 '하나님의 이스라엘'이 구체적으로 누구를 적시하는지 논란의 여지는 있지만, 혈통으로서의 이스라엘을 배제하지 않는다면, 바울은 여기서 아무리 자신의 복음을 적대하는 동족 이스라엘이라 할지라도, 또 그 일부가 하나님의 진노를 받고 저주의 대상이 된다 할지라도, 그들의 장구한 언약적 전통에 입각하여 하나님의 이스라엘임을 무시하지 않은 것이다.

이러한 통합과 포용의 원리에 따라 바울은 율법 아래 있는 자에게는 스스로 율법의 족쇄로부터 자유로운 상태였지만 그들 중 얼마를 얻기 위하여 율법 아래 있는 자들과 같이 할 의향이 있었다. 마찬가지로 그는 율법 없는 이방인들과 달리 그리스도의 율법 아래 있는 자였지만, 그들 중 얼마를 얻기 위해 그들과 함께 하고자 했다(고전 9:20-21).[29] 여기서 '얻는다'는 말이나 '같이 한다'는 표현은 그가 선교에서 열매를 얼마나 중시했으며, 사람을 얻는 그 현실적 목표를 향해 상이한 차이를 얼마나 과감하게 넘어서려 했는지 잘 보여준다. 마찬가지 맥락에서 바울은 우상제물 문제에서도 양가적인 입장을 취하면서 포용과 통합의 외교적 수사를 동원한다. 그의 개인적 견지에서 보면 지식이 있는 자들은 설령 그 음식이 우상에게 바쳐진 것이라 할지라도 개의치 않고 먹을 수 있다. 우상은 본래 허깨비이며 모든 것이 하나님께로부터 왔으니 그 하나님께 그 음식도 감사함으로 취할 수 있음을 알기 때문이다(고전 8:1-6, 10:23-27). 그런데 그런 '지식'이 없는 자들을 배려한다면, 그 음식을 먹지 않고 절제할 수도 있다는 것이 바울의 또 다른 입장이다(고전 8:7-13, 10:28-33). 연약한 자들의 '양심'을 위하여,[30] 그리고 교회의 화평과 일치를 위해 그리스도인의 자유가 그런 쪽의 섬김을 목적으로 선용될 수 있다는 것이다.

이러한 양가적 입장은 결혼과 이혼에 대한 소견과 은사에 관한 주장에서도 일관되게 드러난다. 신앙의 본질적 정체성과 상관없는 그 실천상의 세부적 이슈에서 바울은 그의 선호를 분명히 밝히면서도 열

29) '모든 것을 모든 이들에게!'라는 구호로 집약되는 바울의 이러한 선교전략은 기회주의적 처신이라기보다 기실 그가 추구한 보편적 선교신학의 핵심적 지향점을 대변한다. 이 구호에 대해서는 H. Chadwick, "'All Things to All Men' (I Cor. IX. 22)", *NTS* 1(1954), 261-275 참조.

30) 물론 여기서 '양심'의 개념은 오늘날 우리가 통상적으로 사용하는 '양심'의 개념과 비교하여 간과할 수 없는 뉘앙스가 있다. 기독교 신학의 발전 과정에서 희랍어의 '양심' (*syneidēsis*)이란 개념에는 대략 세 가지의 함의가 있는 것으로 드러난다. 1) 자의식, 즉 자신의 앎에 대한 성찰적 앎, 2) 무언가 잘못을 저질렀다는 것에 대한 고통스런 인식, 3) 자율적인 판단의 매개로서 하나님의 뜻에 따라 행동하도록 규정하는 도덕적 신념의 총체. 바울 서신의 다른 구절들(롬 13:5; 고후 1:12, 4:2, 5:11)에서 양심은 1)의 개념과 통하지만, 예의 고린도전서 본문(8:1-11:1)에서 동 어휘는 외려 2)에 근접한다. P. W. Gooch, "'Conscience' in 1 Corinthians 8 and 10", *NTS* 33(1987), 244-254; Robert W. Wall, "Conscience", *ABD* vol. 1, 1128-1130.

린 자세로 조정하는 탄력적인 관점을 보여준 것이다. 바울 선교의 포용적 원리가 가장 극적으로 나타난 곳은 그의 세례신학적 메시지가 농축된 다음의 공식 문구이다. "누구든지 그리스도와 합하기 위하여 세례를 받은 자는 그리스도로 옷 입었느니라. 너희는 유대인이나 헬라인이나 종이나 자유인이나 남자나 여자나 다 그리스도 예수 안에서 하나이니라"(갈 3:27-28).[31] 이 구원론적 선언은 인종과 문화, 성과 신분계급의 차이를 넘어서는 사회통합적인 전언을 담고 있거니와, 동시에 바울의 포용적 외교 원칙이 명백하게 드러난 증거라 할 수 있다.[32] 당시 바울의 선교권역에서 이 범주에 들어오지 못할 대상은, 나이 차이에 따른 어린이/어른의 또 다른 대립적 항목을 제외하면, 별로 없을 것이다.

이러한 보편적 원리 하에 바울은 한편으로 차갑게 내치며 절개해낸 유대인 동족들까지 하나님의 종말론적 구원의 섭리라는 보편적 범주 안에 품는 자세를 보인다. 자신의 저주를 담보로 갈망한 동족 이스라엘의 구원은 바울이 로마서를 쓰던 시점에서 아직 충분히 이루어지지 않은 미완의 과제였고, 앞으로의 전망도 불투명한 상태에서 하나님의 '비밀'로 남아 있었지만, 그가 그렇게 유대교와 기독교 사이의 관용적 다원주의적 가능성을 암시함으로써 포용의 반경을 넓혀간 것만은 사실이다. 상기한 여러 논제에서 바울이 포용과 통합의 방향으로 그의 선교 활동을 조율해갔다는 것은, 그가 타협과 승화의 외교술에 능했다는 표현에 다름 아니다. 타협과 승화의 원리는 배제와 분리의 극단적 카드로 자기의 입지를 세웠을 때 가능한 외교적 수완이다.

---

31) 베츠에 의하면 이 구절은 이미 바울 이전 단계에서 세례의식에서 하나의 예전적 고백문으로 유통되었던 '세례공식'(baptismal formula)으로 볼 수 있다. Betz, *Galatians*, 184.

32) 이 문구의 사회 정치적의 함의에 대한 분석으로는 김경희, "갈라디아 3:27-28을 통해 본 원시 기독교의 평등의 비전", 『신약논단』 7(2000), 48-82 참조.

다시 말해, 제 기준으로 세운 "불의를 기뻐하지 아니하며 진리와 함께 기뻐하"(고전 13:6)려는 제 나름의 기준이 확고해야 한다는 것이다. 동시에 그것은 상대방의 입지를 존중하면서 그 접촉점을 탐색하고 개방적 미래를 내다볼 때 실현 가능한 원리이다. 바울은 이 점에서 실제로 "모든 것을 참으며 모든 것을 믿으며 모든 것을 바라며 모든 것을 견"딘 것은 아니었지만(고전 13:7), 그것이 그의 미래, 그의 경쟁자, 적대자들과의 정치적 관계의 목표를 거기에 조준할 수 있도록 동기를 부여했으리란 점만은 확실하다. 그것이 그가 설파한 사랑의 정치학이었고, 희미한 현재의 청동거울에 비친 현상을 넘어가는 초월의 외교술이었다. 이는 곧 어린아이의 말과 깨달음과 사유를 넘어 장성한 사람의 수준을 내다볼 수 있는 하나님 나라의 정치였으리라 판단된다(고전 13: 11-12).

V. 요약 및 결론 — 정치화한 신학과 신학화한 정치의 상호전망

지금까지 살펴본 대로 바울의 선교 지형은 그 사회사적 배경뿐 아니라 구체적인 이해관계를 내용으로 작동한 정치 외교적 욕망의 구동축을 해석의 잣대로 개입시켜야 좀더 확연하게 파악된다. 바울의 경우 그것이 거시적 정치 지형으로 뻗을 때 그 욕망의 윤곽은 희미하게 비친다. 그것은 바울의 개인적 정치력으로 감당하기 어려운 거대 체계의 산물이었다. 그리하여 그것을 바꾸거나 대항하는 것이 그의 직접적 선교 목표도 아니었지만 그럴 수도 없던 상황인 터라, 그는 그것에 형식적으로 순응하면서 자기가 구축한 그리스도 신앙 공동체의 착근을 위한 외부적 변수로 관리한 것으로 보인다. 물론 긴장과 갈등의 소지는 늘 있었다. 이방종교와의 전투적 경쟁선상에서 바울의 선교는 이른바 우상숭배와의 대척점에서 양보할 수 없는 배제와 분리의 원리를 고수해야 했다. 게다가 자기의 신학과 선교적 생애에 태반을 제공해준 유대교 및 그 동족 공동체와의 신학적 불화와 정치적 생존 게임은 때로 애증의 기로에서 엇갈리기도 했다. 하지만 그는 살아생전 스스로 유대교와 그 공동체와 전혀 무관한 색다른 존재로 정치적 포지션을 규정하지 않았다. 다시 말해, 바울의 정치적 욕망이 지향한 배제의 원리가 외교적 소통의 노력까지 배제하지는 않았다는 것이다. 그 모든 이들 역시 '그리스도 안에서' 구원의 잠재적 대상으로 여전히 선교의 대상으로 현전했기 때문이다.

정치적 갈등 현실을 돌파해나간 이러한 신학적 동역학은 바울 선교의 미시적 지형에서도 동일한 패턴으로 반복된다. 그는 미시적 정치 지형이란 맥락에서 자신이 심혈을 기울이던 이방 선교와 그 결실로 개척된 교회공동체의 화합과 안정적 발전을 위해서 자기의 주도권을 민감하게 의식했고, 이에 따라 그의 사도적 리더십을 변증하며 옹호할 의지로 충만했다. 이러한 쟁쟁한 선교 현장에서 바울의 신학적 체계는 정치적 욕망과 따로 작동하지 않았고, 바울 개인의 정치적 싸움은 그가 추구했던 신학적 명분과 유리된 것이 아니었다. 요컨대, 그가 주변 사람들과의 다채로운 이해관계의 맥락에서 구사한 정치 외교적 전략은 그 전제와 과정, 결과에 이르기까지 충분히 신학화되어 있었고, 유대교와 헬레니즘 사이로 빚어낸 그의 신학 역시 깊숙이 정치화한 담론의 질서에서 탄생되었다는 것이다.[33] 이러한 바울 선교의 중층적 맥리는 그 이후 교회사에서 간단없이 변용·반복되어왔거니와, 오늘날도 여전히 교회 목회와 선교의 현장에서 되풀이되는 패턴으로 확인된다.

온건한 선택으로서 정교분리를 말하던 시좌에서도 교회는 탈정치의 정치를 수행해왔으며, 때로 뻔뻔스럽게, 때로 천연덕스럽게, 개인과 집단의 정치적 욕망을 신학화하는 일에 능란한 기술을 발휘해왔다. 그렇다면 기존의 상투적 인식에 꿰어 맞추어 정치의 있음이나 없음, 혹은 신학의 순수함이나 불순함을 좌우간에 갈라 치는 흉내를 반복하는 짓은 이내 식상할 뿐이다. 외려 그 창조적 미래는 점점 더 세밀해지는 인간 삶의 정치적 미로에서 맥동하는 그 욕망의 지형을 정치적으로 읽어내는 신학적 안목을 함양시키고, 그것을 합리적으로 조율하며 하나님의 나라 이념에 근접하도록 진보시키는 생활 정치의 감각을 연마하는 길에 달려 있다. 그것이 바울의 신학적 정치학의 한 갈래 유산이며, 그의 외교적 소통 노력이 물려준 신학적 동역학이다. 우리는 결국 복잡하게 얽힌 사회를 조직하고 구성하며 살 수밖에 없는 정치적 동물로서의 실존 세계를 떠나지 못한다. 다만 그것을 반성할 수 있을 뿐이며, 그렇게 성찰한 만큼 정치라는 이름으로 양산되는 욕망의 지형에 성숙하게 대응할 수 있을 따름이다. 그런 안목에 이르지도 못한 채 바울의 정치력 부재나 그 외교력 수준의 저열함을 타박할 수는 없는 노릇이다.

33) 그 신학의 질서를 간명하게 요약하자면 그 사상적 뿌리는 바울과 지교회 사이의 '신뢰와 우정의 코이노니아'로 특징지어진다. 그것은 곧 자신의 동종 그룹과 동반자적 관계를 맺기 위한 목적에서 초청, 영접, 연대라는 소극적 계통과 추천, 파송, 소통이라는 적극적 계통의 방식으로 실천된 것으로 보인다. 이와 관련하여 차정식, "연대와 소통, 혹은 코이노니아의 지형도―바울과 지교회 사이의 외교를 중심으로", 『신약성서의 사회경제사상』(서울: 한들출판사, 2000), 377-405 참조.

제3장 _ 신약성서를 통해 본 하나님의 경제

I. 문제 제기: 신앙과 경제는 어떻게 만나는가

'경제' 라는 말의 희랍어 어원은 '오이코노미아' (*oikonomia*)로 신약성서의 맥락에서 이 단어는 '청지기직' (stewardship), '경륜' (dispensation), '교화' (edification) 등의 의미로 해독된다. 경제라는 말의 이러한 신약성서적 함의를 고려한다면, 그것은 하나님의 활동에서 중요한 위상을 차지할 뿐 아니라 이 세상의 삶을 향한 인간의 책임과 의무를 총체적으로 규정하는 핵심 개념에 속한다고 할 수 있다. 단적으로, 경제는 하나님의 창조 세계를 향한 하나님의 경륜이 발휘되는 방식이다. 그것은 하나님의 신적인 통치와 지배, 생산과 유통, 관리와 조정, 보존과 보호, 그를 통한 질서의 유지로 구현된다. 생명의 창조주로서 하나님은 생명을 생명답게 교화하는 목적을 지향하거니와, 경제는 그 점에서 생명의 생존과 풍부한 향유를 위한 하나님의 창조적 지혜의 발현이기도 했다. 아울러, 인간은 그 지혜의 실천자로서 하나님의 창조 생명들, 특히 인간의 생명이 발 디디고 선 그 물질적 토대를 신실하고 책임 있게 관리하도록 청지기로 부름을 받았다.

그러나 인류 역사의 전개 과정을 통해 확인할 수 있듯이, 인간은 그 경제의 청지기직을 성공적으로 수행하지 못한 것으로 판단된다. 인류 문명이 창안하고 실행해온 가장 대표적인 경제 제도로 자본주의가 오늘날 전 지구적인 확산 추세로 융성하고 있지만 그 문제점 또한 만만치 않은 것으로 지적되어왔다. 그것은 특정 국가와 집단에 재화가 집중되고, 그 희소가치의 소유와 향유에서 배제된 이들은 일용할 양식을 위협받는 상태에 방치된 채 이른바 부익부 빈익빈의 현실이 점점 더 악화됨에 따라 심각해지고 있다. 자본주의의 그 제도적 구조적 모순은 인간의 소유 본능을 자극하고 탐욕을 극대화함에 따라 인간을 물질의 주체로 세우기보다 그 노예로 만드는 병폐를 양산한다. 이에 따라 삶을 위한 경제는 경제를 위한 삶으로 역전되는 형세이다.[1] 더욱이 심각한 문제는 그 자본의 맘몬화에 지극히 섬세한 분별력을 기르고 항체를 보존해야 할 교회조차 충분히 자본주의화되어 있는 현실이다. 오늘날 한국 교회가 이러한 현실에서 예외라고 자신 있게 말할 수 없는 게 또 다른 현실의 단면이다.

생명을 풍성하게 하는 것과 그 생명을 물질적 탐욕의 추구로써 저당 잡히는 것은 명백히 다른 차원이다. 예수와 바울을 위시한 신약성서의 주인공들은 인간 생명의 생명다운 영위를 위한 물질적 기초에 대하여 무지하거나 이를 무시하지 않았다. 그들 또한 자본주의 이전 시대에 살았음에도 자본의 횡포와 그 물신주의적 병폐로 인해 인간의 삶이 얼마나 황폐화되는지, 그러나 그것의 선용이 인간의 삶을 얼마나 아름

1) 오늘날 한국과 세계의 자본주의 체제가 양산하는 문제와 기독교의 관점에서 그 대안을 모색한 연구로는 다음의 것들을 참조하라. 강원돈, 『살림의 경제』(서울: 한국신학연구소, 2001); 아르투르 리히 지음, 강원돈 옮김, 『경제윤리 1: 신학적 관점에서 본 경제윤리의 원리』(천안: 한국신학연구소, 1993); 세계교회협의회 편, 이영재 옮김, 『오늘의 세계 경제와 기독교 신앙』(서울: 한국기독교교회협의회, 1993).

답고 윤택하게 하는지, 하나님의 경제라는 관점에서 파악하고 있었다. 다만 그들은 물질을 위해 물질을 말하지 않고 재화를 위해 재화를 논하지 않았을 뿐이다. 그들에게 물질은 곧 하나님의 선물이었고, 그것은 예수가 주기도문에서 명시한 '일용할 양식'이라는 소박한 욕망의 단위에 집중되었다. 그것은 곧 하나님의 창조 결과 삶의 보금자리로서의 에덴이 각종 실과와 채소를 제공하면서 "내가 모든 푸른 풀을 먹을 것으로 주노라"(창 1:30)라고 선포한 시혜적 언사에서 확인된다.

이에 따라 여기서 나는 오늘날 자본주의적 인간형을 반성하면서 그것이 놓치고 있는 경제의 신학적 토대를 신약성서의 틀에서 조명해보고자 한다. 이로써 한국 교회와 그리스도인들이 지녀야 할 경제에 대한 신앙적 안목을 성서적 전거를 통해 도출하여 오늘날의 현실을 극복하는 비판적 대안으로 삼고자 한다. 이를 위해 이 글은 예수의 경제 신학이 비교적 풍성히 나타난 비유 문헌을 중심으로 분석하고, 초기 기독교의 경제적 상황과 그 신학적 의미를 점검해보는 동시에 그에 대응하여 바울을 중심으로 한 이방인 교회가 벌인 모금 캠페인의 추이와 그 신학적 의미를 '하나님의 경제'라는 관점에서 해부할 것이다.[2] 그 논의의 결과 오늘날 바람직한 신학적 경제학의 진로를 궁리하면서 신앙이 경제와 어떻게 무리 없이 만날 수 있을지 그 실천적 방안을 탐색하게 될 것이다.

---

2) '하나님의 경제'는 하나님의 주권이 하나님의 백성과 맺은 언약을 통해 삶의 전 영역에 관철되어 마침내 인간 공동체의 샬롬이 보장됨으로써 생명의 충만함이 이루어지는 세상을 지향하는 개념이다. 그것은 하나님의 주권이 그의 왕적인 통치, 종으로서의 통치를 통해 정치적으로 행사된다는 점에서 정치 개념을 포괄하는 일종의 '정치 경제'(political economy)인 셈이다. 김용복, "하나님의 정치 경제—경제적 정의의 새로운 개념을 위하여", 채수일 편, 『기독교신앙과 경제문제』(천안: 한국신학연구소, 1993), 15-62 참조. 이 논문에서 필자는 정치 경제의 개념을 "하나님의 백성의 정치적 경제적 생활을 지배하는 하나님의 통치를 가리키는 말로 사용"하고 있다(15).

II. 예수의 비유 담론과 하나님의 경제

예수의 경제관은 재물관을 통해 그 일단을 드러낸다. 피상적으로 그의 재물 이해는 부정적으로 비치는 듯하다. 가령, 재물과 하나님을 겸하여 섬길 수 없다(눅 16:13)는 말씀과 부자가 천국에 들어가기가 낙타가 바늘구멍을 통과하기보다 더 어렵다(막 10:25)는 말씀, 그리고 부자에게 화를 선포한 말씀(눅 6:20, 24)은 그러한 이해의 관점을 대변하는 것처럼 보인다. 아울러, 예수가 그 제자들에게 사유 재산을 포기하고 따를 것을 종용한 것이나(눅 12:33, 14:33), 재산이 자신의 목숨을 늘여주지 못한다(눅 12:15)고 말한 것은, 재산이 인간의 생명과 구원 문제에 그 자체로써 별 효능이 없음을 시사한다. 그러나 복음서의 예수뿐 아니라 신약성서의 저자들에게 재산 그 자체가 악이라고 확언할 근거는 박약하다. 돈이나 재물 그 자체를 악으로 보기보다 그것을 어떻게 사용하느냐에 따라 얼마든지 참된 재물이 될 수 있음을 보여주기 때문이다. 실제로 예수는 누구에게나 소유물을 포기할 것을 요구하지 않았으며, 재산과 소유물에 엄격한 금욕주의적 입장을 취하지도 않았다. 예수는 그를 따라는 자들의 물질적 도움을 받았으며, 그들의 물질적 베풂을 단지 그들이 부요한 자라는 이유로 사양하지 않았다. 요컨대, 재물이 이웃 사랑을 위해 쓰이거나 예수의 하나님 나라 사역을 후원하는 데 사용되면 선하다는 논리인 셈이다.[3]

부정 대 긍정의 이분법적 재물관은 재물을 둘러싼 인간의 욕망

3) 경제 문제에 대한 신약성서의 신학적 이해는 한국신약학회의 1998년 정기 학술대회에서 공통 주제로 취급한 바 있다. 이때 발표된 논문들의 『신약논단』 제4권으로 편집되어 『신약성서의 경제유리』라는 제목으로 출간되었다. 이 가운데 특히 다음의 두 논문들을 참조하라. 김득중, "신약성서의 경제 윤리" (11-26); 장홍길, "신약성서에서의 재산" (30-54).

이 얼마나 복잡한 곡예를 하는지 심층적 통찰을 결여한 이분법적 윤리적 판단의 결과물이다. 나아가 이러한 관점은 예수에게 재물에 대한 금욕주의자의 누명을 벗겨줄망정 재물의 유통 채널이나 사용 방법에 대한 금욕주의적 족쇄는 여전하다. 예수의 재물관은 인간론을 포함한 신학적 경제 이해의 큰 틀 속에서 파악해야 그 단순한 부정-긍정의 시각을 넘어설 수 있다. 이에 대한 논리적 근거로 원용할 만한 자료는 예수의 비유이다. 이 자료 군에서 예수의 신학적 경제학은 재물을 단순히 그 자체로써 부정하고 긍정해야 할 대상이 아니라 하나님 나라의 확대를 위해 집중하여 투자하고 재생산해야 할 하나님 나라의 매개물, 심지어 하나님 나라의 비유적 등가물이 된다. 이를테면, 예수는 인간이 맘몬의 노예가 되는 현실 세계에서 인간 욕망의 실체를 통찰하지 않은 채 맘몬과 하나님을 동시에 섬길 수 없다고 말하지 않았다는 것이다. 또, 인간이 자신의 재물로 목숨을 연장할 수 없는 상식적 사실을 언급하면서 다른 한편으로 그는 그 재물을 천국에 투자함으로써 그 반대급부로서 충분한 보상의 기대를 저버리지 않는, 유대교의 보상신학에 물꼬를 댈 만큼 현실주의적 지혜에 익숙했다는 것이다.

먼저, 하나님 나라를 보물찾기에 견주어 이야기한 비유(마 13:44-46)를 살펴보자.[4] 이 비유는 밭에 감춰진 보화의 비유와 진주 찾아 길 떠나는 상인의 비유 두 가지로 구성되어 있다. 첫 번째 비유에서 아마도 소작농으로 남의 땅을 부쳐 먹었을 주인공은 그의 지루했을 일상적 노동을 성실히 감당하던 중 그야말로 쨍하고 볕드는 쥐구멍의 서생 같이 보물단지를 발견하는 경이로운 경험을 한다. 그가 그 보물을 발견

4) 이 비유와 연이어 논의되는 다른 예수의 비유에 대해서는 "현실주의적 지혜" 또는 "생존 지향적 지혜" 라는 신학적 경제학의 관점에서 분석한 다음의 졸고를 참고할 것. 차정식, "보물찾기와 신학적 경제학—마태복음 13:44-46의 비유 세계", 『신약성서의 사회경제사상』(서울: 한들출판사, 2000), 17-42.

하고 어떻게 표정 관리를 하고 어떤 윤리적 기준으로 그 땅을 자신의 전 재산을 팔아 사게 되었는지는 이 비유의 이면에 생략되어 있다. 그것이 화자의 주된 관심 대상이 아니었기 때문일 것이다. 여기서 화자와 독자 모두에게 주요한 관심거리는, 별 희망 없이 살아가던 식민지 백성이었을 그 무지렁이 농부가, 어느 날 갑자기, 예기치 않게, 그 보물단지를 발견했다는 기상천외한 사실이고, 그것을 단숨에 자신의 것으로 만들었다는 도발적인 사건이다. 이와 같은 그 주인공의 현 상태가 바로 천국에 비유되고 있는 것이다. 이를테면 천국은 발견의 기쁨, 보물처럼 떠받드는 가치의 발견과 소유를 아우르는 신앙적 변용물인 셈이다.

한편, 이어지는 진주 상인의 비유는 가장 값지고 귀한 진주를 얻기 위한 모험적 여정에서 투자 가치로서 천국의 이미지를 조형한다. 그는 불확실한 변수를 타산적으로 따지지 않고 그 먼 여정을 떠나는 모험을 감행했고, 그 결과 만난 그 진주를 자신의 소유를 다 팔아 샀다는 것이다. 여기서 천국의 물질적 변용물인 진주는 다른 모든 소유물을 처분해서라도 꼭 가져야 할 인간의 궁극적 관심사이다. 그리고 그 궁극에 다다르기까지 궁극 이전의 과정에서 통과해야 할 불확실한 모험의 여정은 그 대가로 응당 치러져야 할 투자 가치이다. 예수는, 아니 예수의 독자는 여기서 인간이 자신이 갖고자 하는 것을 갖기 위해 얼마나 집요하게 자신을 내던지는지 인간의 열정과 목표 의식의 함수 관계를 읽어낸다. 이 두 쌍의 비유를 통틀어 흥미로운 점 하나는, 모든 물질적 가치를 다 투자해서라도 얻어야 하는 그 궁극적 목표로서의 천국이 굳이 보물, 값진 진주로 빗대어 표현되고 있다는 것이다. 여기서 이런 재화 집중적 어휘들은, 결국 예수의 신화적 상상력 속에서 하나님의 경제가 결국 가치 우선권의 문제라는 시사점을 던진다.

한편, 불의한 청지기의 비유로 알려진 비유(눅 16:1-9)에서 화자인 예수는 불의한 재물의 효용성을 논한다.[5] 예수의 비유 중 가장 난해한 것으로 알려진 이 비유는 그 해석의 관점이 다양한데, 내가 새롭게 제시한 해석에 의하면, 이는 생존 지향적이고 현실주의적인 지혜 전승에 기초한 세계관, 인생관, 나아가 이에 근거한 신학적 경제학의 세계를 암시하고 있다. 불의한 청지기가 해고될 위기에 처한 상황에서 그의 직위를 최대한 활용하여 주인의 채무자들의 채무를 탕감해줌으로써 훗날의 환난에 대비했다는 이 이야기의 말미에 예수는 이 불의한 청지기의 지혜로움을 칭찬한다. 그러면서 그는 "불의한 재물로 친구를 사귀라. 그리하면 없어질 때에 저희가 영원한 처소로 너희를 영접하리라"(눅 16:9)라는 난해한 말을 남긴다. 이 말 속에서 우리는 맘몬의 정체가 탐욕이라는 어둔 측면과 더불어 생존이라는 필수적인 현실적 선택의 측면을 동시에 아우르는 속성을 지니고 있음을 간파한다. 아울러, 물질적 투자가 불확실한 미래에 대한 보험의 성격을 지닌 모험적 자기 배려를 지향하고 있음을 알 수 있다.

결국 이 비유는 재물에 대한 순진한 이분법적 발상을 경계하면서, 자본주의적 탐욕에 찌든 이 시대에 인간들에게 불의한 재물이 어떻게 불의한 인간을 만들며, 왜 그 와중에 재물이 전혀 청결할 수 없는지, 그 근본적인 질곡의 구조를 반성케 하는 메시지를 담고 있다. 그러한 치열한 통찰이 결여된 채 제기되는 청빈과 청부에 대한 논쟁은 맹랑하거나 어리석다. 중요한 것은, 부요함과 가난함으로써 누가 더 깨끗하냐는 배부른 논쟁이 아니라 자신이 소유한 재물로 어떻게 자신의 생존을 확보하고, 그조차 불투명한 종말론적 현실 속에서 어떻게 그

5) 이 비유 해석에 대해서는 다음의 졸고를 참조하라. 차정식, "맘몬과 생존의 현상학–누가복음 16:1-9의 비유 세계", 앞의 책(2000), 43-78.

생존을 위해 영리하게 배려하느냐 하는 점일 터이다.

그밖에 달란트의 비유(마 25:14-30)에서 예수는 인간에게 부여된 잠재력을 당시 화폐의 단위인 달란트에 빗대어 묘사한다.[6] 여기서 주인이 종들에게 나눠준 달란트의 차이는 하나님이 그의 자유 의지와 신적 주권에 따라 부여한 인간의 잠재력의 차이에 상응한다. 하지만 그 차이는 종들 간의 인격적 차별과 수직적 위계질서까지 상정하지 않는다. 문제는, 그 달란트를 어떻게 활용하여 얼마나 풍성한 열매를 맺느냐는 점일 것이다. 이 비유의 결말에서 슬피 울며 이를 가는 종은 자신의 처지를 비관하여 그 달란트를 땅에 묻어두는 소극적인 자세를 취하지만, 정작 이 비유를 통해 예수가 강조한 것은 적극적 활용과 투자 의식의 고취이다. 그 활용과 투자의 대상이 좁게는 달란트라는 재화이지만 넓게 보면 은총의 분깃으로서 하사된 삶 자체이다. 결국 그 삶은 적극적 활용과 투자의 요소를 포괄하는 신학적 경제 원리의 적용 대상이라는 것이다. 이 비유에서 주인은 각기 다른 양의 달란트를 맡김으로써 그들에게 경쟁의 원리를 적용하고 그 결과에 따라 차등적으로 보상한다. 그러나 그 보상의 기준은, 최선을 다해 그 달란트를 투자하고 활용했느냐 하는 과정의 신실함이지 그 결과 재생산된 재화의 절대치가 아니다.

달란트 비유에서 재화의 투자와 활용이 그 비유의 경제적 맥락으로 제시되고 있다면 채무, 채권의 요소와 노동의 요소가 경제적 변수로 전제된 비유도 있다(마 18:23-35; 20:1-16).[7] 전자의 비유에서 채무자

6) 이 비유 해석은 다음의 졸고를 참조하라. 차정식, "적극적 활용과 투자에의 초대— '달란트 비유' (마 25:14-30)의 비밀을 찾아서", 앞의 책(2000), 79-111.

7) 이 두 비유는 다음의 졸고에서 다루어지고 있다. 차정식, " '하나님 나라' 와 예수 신학의 유토피아적 지평—마태복음 18:23-35와 20:1-16을 중심으로", 앞의 책(2000), 113-142.

의 빚은 그 채무자가 불가피하게 채무 변제를 이행할 수 없을 경우 채권자의 입장에서 그의 인권을 억압하는 기제로 남용될 수 없음을 명시한다. 후자의 비유는, 노동의 총량과 무관하게 포도원이라는 당시의 노동 현장에서 고용주와 피고용자 사이 약속된 임금이 차별 없이 지불되어야 함을 역설한다. 이와 같은 비유의 사회 경제적 맥락은, 하나님나라의 비전이 막연한 관념의 차원에서가 아니라 당시 민중들의 일상적 삶의 구체적인 상황으로부터 도출되었으며, 그 구원론적 메시지가 역시 동일한 상황에 적용되어야 함을 암시한다. 이는 물론 그 노동 시간의 차등이 인위적 간계에 따른 술수의 결과가 아니라 불가피한 상황의 결과라는 전제하에 통용되는 논리이다.

이렇듯, 하나님의 경제는 예수의 비유 신학적 틀 속에 비추어 볼 때, 인간의 재화 지향적 욕망에 대한 현실적 이해를 그 밑절미로 깔고 있으며, 자본의 합리적 운용이란 견지에서 투자, 활용, 경쟁, 재생산, 채무, 노동 등의 경제 및 경영 요소를 담아내고 있다. 그러나 이로써 예수가 보여주고자 한 것은 그러한 경제적 요소나 그것이 야기하는 상황이 아니었다. 외려 예수는 그 비유의 상황을 신학적 메타포로 삼아 경제적 현실에 인간이 예속되고 소외되는 것이 아니라 그러한 제반 경제 관계를 통해 인간이 그 경제를 주체적으로 운용하며, 그 과정이 어떻게 하나님의 나라를 구현할 수 있는지 시위한 것으로 파악된다. 그러므로 예수에게 경제는 특정한 이념의 산물이 아니라 하나님의 세상 관리와 경영 섭리가 발현되는 방식이었다고 할 것이다. 이와 같은 예수의 신학적 경제학은 이 땅의 모든 재화를 하나님의 선물로 인식하고 그 선물의 효용성을 극대화하여 공동체 내에서 살롬의 인간관계를 증진하고 각 개인의 삶의 질을 제고하는 윤리적 결단의 문제로 제출되었던 것이다.

III. 초기 신앙 공동체의 경제적 상황과 그 추이

생성기 교회의 모체로서 예수 공동체는 스스로 경제적 생산에 종사하지 않은 상태에서 재정적 기반을 자발적 후원에 의지할 수밖에 없었다. 예수의 제자들은 자신의 가족들과 재산을 포기하고 예수를 따라나섬으로써 이른바 방랑하는 카리스마적 지도자 유형을 형성했다. 그러나 제자들의 그 자발적 포기가 기존의 배경으로부터 전적으로 절연한 이른바 불교식의 출가와 동일한 유형이었는지는 의문이다. 후일 바울의 회고에 의하면 베드로를 비롯한 사도들과 다른 형제들은 자신의 선교 여행에 아내를 동행하고 있었다(고전 9:5). 이는 예수의 갈릴리 사역 이후, 가족을 떠났던 예수의 측근 제자들이 예루살렘교회에 모여 정착하고 그 이후 다시 분산하여 선교 여행을 떠나는 과정에서 다시 가족들과 재회하였음을 암시한다. 그것은 단순히 가족들과의 육체적 정신적 재회뿐 아니라, 그들의 경제적 기반의 회복을 가능케 하였으리라 추론된다. 그렇다면 초기 신앙공동체의 재정적 기반 또한 일차적으로 예수의 측근 제자들과 그들과 연계된 직계 가족, 친인척들의 후원에 근거를 두었을 것이다.

이러한 가족 및 친인척의 뒷받침과 별도의 재정원은 각 마을마다 예수의 직간접적 인연을 맺은 자들의 자발적 도움에 있었던 것이 분명하다.[8] 가령, 막달라 마리아와 헤롯의 청지기 구사의 아내 요안나, 수산나, 그밖에 여러 여인들이 함께 예수 일행을 재정적으로 후원

8) 타이센은 이들을 앞에 언급한 "카리스마적 방랑 지도자들"(wandering charismatics)과 대조적인 맥락에서 "지역 공동체의 공감자들"(sympathizers in the local communities)라고 부른다. Gerd Theissen, *Sociology of Early Palestinian Christianity*, tr. by John Bowden (Philadelphia: Fortress Press, 1978, 『원시그리스도교에 대한 사회학적 연구』, 대한기독교출판사 역간) 참조.

한 것(눅 8:2-3)이 단적인 예이다. 그런가 하면 예수 일행에게는 베다니의 마리아 마르다 자매의 집과 같은 지역의 후원 거점이 있어서 그들의 음식 공궤를 받기도 했으며(눅 10:38), 예수로부터 감화를 받은 이들의 초대에 응함으로써 일용할 양식을 공급받을 기회를 얻기도 했다(눅 19:2-10). 이러한 예수의 자급자족 사례가 제자들에게도 일종의 선교 지침으로 전수되어, 그들은 전대에 금, 은, 동의 소유를 금지하였으며, 다만 "일꾼이 저 먹을 것 받는 것이 마땅"(마 10:9-10)하다는 원칙 하에 동가숙 서가식의 방랑 스타일을 추구하였다. 그러나 예수 일행이 공동체 단위의 생존을 지속하기 위해 저축의 노력이 전혀 없지는 않았던 것 같다. 가룟 유다에게 회계의 임무를 맡겨 돈주머니의 관리를 하도록 한 것(요 14:29)이 그 증거이다.

명목적으로 사유 재산을 포기하고 일용할 양식의 공급에 만족하며 유랑하는 삶의 스타일은, 예수의 부활 사건 이후 예루살렘에 제자들이 응집하여 교회 공동체로 발전하게 되면서 한 고비 탈바꿈의 계기를 얻는다. 그것은, 이른바 'Q 공동체'에 기반을 둔 유랑하는 제자들의 예언 활동과 가난한 삶의 스타일과 겹쳐지는 동시대적 흐름이었지만, 제도화된 교회 체제로서의 상징적 거점이 형성되었다는 점에서 차별화된다. 뿐 아니라 그 경제적 지형도에 있어서도 보다 진일보한 형태의 후원 체계를 보여준다. 사도행전에 묘사된 그 공동체의 경제생활은 예수 재림 신앙과 결부된 종말론적 열기에 깊이 침윤되어 왕성한 자발적 희사가 이루어지는 가운데 공동 소유와 공동 분배의 패턴을 띤 것으로 파악된다.

초기 예루살렘의 신앙 공동체는 상징적이나마 이스라엘의 12지파를 복원하는 12사도의 리더십을 주축으로 형성되었다. 그러한 리더십 구조로 이루어진 예루살렘교회는 오순절의 성령 강림 사건을 통해 본격적인 선교 단계로 진입하게 되는데, 사도행전은 예루살렘을 중심으로 한 초기 선교 활동이 수천 명의 군중들을 회심에 이르게 한 것으로 기록한다. 이때 예루살렘의 경제생활과 관련하여 기록된 사도행전의 대략적 서술에 따르면(행 2:44-47, 4:32-37), 예루살렘교회의 신자들은 제각각 재산과 소유물을 팔아 사도들의 발 앞에 바쳐 그것을 필요에 따라 분배하여 소비했다는 것이다. 물론 그것은 일사불란한 규율에 따른 강제 조치라고 보기 어렵다. 에세네파의 쿰란 공동체나 이집트의 테라퓨테(Theraputae) 공동체와 달리 예루살렘의 교회 공동체는 율법보다는 예수의 아가페 가르침에 근거하여 자발적으로 자신의 소유물을 처분하여 공동으로 상통했으리라고 보는 것이다.[9]

예루살렘교회에 재정적으로 기여한 부류에는 가령 바나바처럼 자신의 밭을 팔아 공동체에 흔쾌히 희사함으로써 신망을 얻은 이도 있었지만, 모두가 무소유의 가난을 자처한 것은 아니었다. 아나니아와 삽비라의 경우(행 5:1-11)처럼 매끄럽지 못한 사례도 없지 않았을 터이고, 그 분배 과정에서도 서로의 파당적 이해관계에 따라 형평성 문제가 불거지는 경우(행 6:1-7)가 있었기 때문이다. 그런가 하면, 예루살렘교회의 신도들은 오순절 사건 이후 매일 성전에서의 공동생활에도 불구하고 자신의 집을 별도로 가지고 있었으니(행 5:42, 12:12-16) 모든 재산과 물건을 다 공동으로 통용했으리라는 식의 인식에는 과장이 스며 있다고 보는 것이 자연스럽다.

뿐 아니라, 그 경제생활에는 공동 소유와 공동 분배는 있을망정 공동 생산으로까지 이어진 흔적을 찾아볼 수 없기 때문에 공산체 또는

---

9) 초기 신앙 공동체의 경제적 상황과 그 추이와 관련해서는 다음의 졸고 두 편을 참조하라. 차정식, "초기 예수 공동체와 가난의 유형학"; "'예루살렘 성도'의 가난, 그 배경과 내력", 『신약성서의 사회경제 사상』, 145-182; 183-221. 아울러, L. Keck, "The Poor among the Saints in Jewish Christianity and Qumran", *ZNW* 57(1966), 100-129 참조.

원시 공산주의 집단으로 명명하기는 어렵다.10) 그들은, 가령, 브리스길라 부부와 바울의 경우처럼 공동의 업을 가지고 공동의 일터에서 함께 일하면서 생계를 번 경우와 같이 조직적으로 재화의 공동 생산이나 공동 투자에 참여한 것 같지 않다. 그렇다면, 수천 명의 회심자로 표상되는 초기 예루살렘 공동체의 새 성원들은 기실 별 재정적 기여 없이 일부 집산된 재화의 분배에 한 몫을 챙기는 가난한 부류의 사람들이었을 것으로 짐작된다. 그들의 수적 증가는 교회의 재정 지출의 증가와 비례하여, 교회의 재화를 점점 더 고갈시키는 방향으로 작용했을 것이다. 더구나, 그들의 자발적 재산 희사를 유도했던 긴박한 종말 의식과 그 선행에 대한 반대급부로서 차후 보상의 기대감이 점차 둔화되어감에 따라 그나마 제한적이었던 자발적 후원자들의 확보가 여의치 않았을 터이다.

이러한 저간의 사정은 사도행전의 묘사대로 핍절한 자가 한 사람도 없었던 그 공동체의 경제적 현황(행 4:34)이 어째서 예루살렘의 성도들이 갑작스레 가난한 상황에 처하게 되었는지 그 수상한 변전의 내막을 엿볼 수 있는 일말의 근거를 제시한다. 사실, 그것은 '갑작스레' 발생한 상황이라기보다 앞서 기술한 예루살렘교회의 경제적 판도와 추이를 짚어보면 그 대강의 조짐을 예상할 수 있는 추세였다. 바울의 서신에서 예루살렘의 성도들은 이방인 교회의 재정적 후원을 요청하고 필요로 한 가난한 집단으로 묘사되어 나온다. 그 가난에 대하여 사도행전의 저자는 그 이유를 아가보의 예언에 근거하여 흉년의 탓으로 돌린다(행 11:28). 이에 대응하여 바울과 바나바는 안디옥교회의 부조금을 유대의 형제들에게 전해주는 역할을 맡아 수행한 것으로 기록되어

10) 가령, 트뢸취가 처음 명명한 이래 학자들은 초기 교회 공동체를 "사랑의 공산주의"(Libes-kommunismus)로 특징짓는 데 익숙하다. 장홍길, 앞의 논문(1998), 39, 각주 30 참조.

있다(행 11:29-30). 그러나 클라우디우스 황제 때 있었던 이 흉년은 유대 땅에만 국한된 것이 아니라서 '천하' 차원의 재난이어서 그 후원 프로그램의 필연성에 의문을 야기한다. 아울러, 베드로를 위시하여 초기 예루살렘교회의 주도적 리더십을 행사했던 사도들이, 야고보를 남겨 둔 채, 점차 예루살렘교회를 떠나 이방인의 땅으로 선교 영역을 확대한 점도 예루살렘교회의 경제적 위축 내지 붕괴의 상황을 역으로 짐작케 한다.

초기 예루살렘 신앙 공동체의 특수한 경제적 상황과 일련의 추이를 면밀히 살펴보면, 예수가 그 비유를 통해 설파한 신학적 경제 원리가 적용될 여지없이 과도한 종말론적 열기에 압도된 형세를 추리할 수 있다. 그것은 곧 재화의 적극적 활용과 투자 원리, 재화의 재생산을 위한 경쟁의 원리, 이 땅의 현실적 삶의 지형을 간파하여 인간의 탐욕을 제어하고 최소한의 생존을 구가하기 위한 재화의 사용에 대한 지혜 등을 심각하게 고려하지 못한 결과였다. 예수 일행의 하나님 나라 운동에서 그들이 추구한 유랑적 삶의 스타일과 무소유의 자세가 자발적 가난의 상징성에 그 신학적 토대를 두었다면, 사도행전의 예루살렘교회가 보여준 공동 소유와 공동 소비의 경제적 삶은 모든 하나님의 백성들이 그리스도가 가르쳐준 아가페의 이념 가운데 평등해지는 성령의 역사를 현시한 나름의 신학적 의미를 지닌다. 그러나 재화가 단순히 소유와 소비 개념이 아니라 다른 경제적 변인과의 복합적 관계 함수 속에서 그 다층적 의미가 구현되는 실질적 삶의 일부일진대, 예루살렘의 초기 공동체는 종말론적 열망 이후의 삶에 대한 신학적 통찰과 역사의식이 채 무르익지 않은 상태였다. 이에 따라, 그 공동체 초기의 선교 열정은 복음의 외연 확대 과정과 맞물려 그 주도권을 이방인 교회에 넘겨주어야 하는 새로운 국면으로 전이될 수밖에 없었던 것이다.

Ⅳ. 바울의 모금 캠페인과 하나님의 경제

예루살렘교회의 성도들을 위한 이방인 교회의 모금 캠페인이 최초로 언급된 곳은 갈라디아서 2장 10절이다. 여기서 바울은 이 모금 캠페인이 예루살렘 공의회로 알려진 공적인 모임의 자리에서 예루살렘교회의 지도자들로부터 요청받은 것으로 이해하고 있다. 그것이 이방인 교회 지도자들과 그들이 "오른손의 교제"를 나누고 이방인 교회를 선교적 동반 관계로 인정한 정치적인 반대급부였는지 여부에 대해서는 의심의 여지가 있다. 다만 그것이 공적인 차원의 약속일망정 이방인 교회를 향한 예루살렘 모교회의 일방적인 요구로 강제되었다는 근거는 어디에서도 찾아볼 수 없다. 다만 교회로서의 생존 및 경영 위기에 봉착한 예루살렘의 신앙 공동체는 "가난한 자들"의 필요를 외면할 수 없었을 터이고, 그들의 생계 문제를 대변하는 차원에서 이를 바울과 바나바에게 전달했을 것이다. 이 재정적 후원 사업에 경험자인 바나바의 경우는 이 일이 자신의 개인적 차원을 넘어 교회 차원의 협조와 연대로 발전할 수 있을 계기로 인식되었을 법하다. 바울도 이러한 후원 사업을 자신의 사도적 리더십과 함께 이방인 교회의 위상을 제고하는 기회로 활용할 수 있었을 터이다.

그럼에도 바울의 모금 캠페인은 형제에 대한 긍휼을 베푸는 차원의 신앙 윤리적 고려 사항이었지 법적인 권리나 의무와는 애당초 거리가 멀었다고 볼 수 있다. 그가 이 일을 회고하면서 그것을 '기억' 해야 할 대상으로 언급하며, 갈라디아서 집필 현재 시점에서 나름대로 신경 써서 열심히 이행하고 있음을 밝힌다. 그러나 이 모금 캠페인의 사역이 유대주의자들의 배반 행동으로 말미암아 일시적으로 소강상태에 들어갔을 가능성은 존재한다.[11] 그 이후의 선택은 갈라디아교회의 할례주의자들이 바울의 갈라디아서 메시지를 거부하여 저주의 대상이 되었는지, 그것을 수용하여 화해와 일치의 길로 돌아섰는지에 따라 결정되었을 것이다.

갈라디아교회와는 별도로 바울은 예루살렘교회를 위한 모금 캠페인을 다른 교회에서도 폭넓게 수행하였다. 그 일련의 추이를 확인할 수 있는 대표적인 교회가 고린도교회이다. 물론 고린도교회와 바울 사이의 갈등으로 이 사업도 일시적으로 중단되거나 우여곡절을 거쳤을 가능성은 없지 않다. 그렇지만 고린도전후서를 통틀어 비교적 풍성히 탐지되는 관련 구절들은 그 일에 임한 바울의 지속적인 열정을 확인하기에 충분하다. 먼저 고린도전서 16장 1-4절에 의하면 바울은 모금의 방법을 구체적으로 제시한 것으로 보인다. 그것은 갈라디아교회들에게도 적용한 공통된 모금의 원칙으로 매주의 첫째 날, 각자의 벌이대로 일부를 떼어 저축하여 두는 방식이었다(고전 16:2). 그것은 주의 날에 회중이 모이는 자리에서 일종의 기부금 형식으로 거두는 돈이었다. 그 모금의 용도는 "성도들을 위한" 것, 곧 가난한 그들을 구제하기 위한 것이었다. 바울은 이를 "너희들의 은혜"(*charis hymōn*)라고 표현한다(고전 16:3). 은혜라면, 그것은 성전세와 같은 율법적인 의무와도 다르고, 어떤 조건이나 대가 없이 제공되는 헌금의 성격을 띠었다고 봐야 한다. 또한 이는 바울이 그 현장에 당도할 때의 갑작스런 특별헌금과는 성격이 다른 것으로, 일상적인 나눔의 방식으로 이루어졌다.

고린도후서에서 바울은 이 모금 캠페인을 위해 별도의 서신을

11) 이러한 모금 캠페인의 추이에 대하여 포괄적인 연구로 다음을 참조하라. Keith F. Nickle, *The Collection: A Study in Pauline Strategy* (Naperville: Allenson, 1966); D. Georgi, *Die Geschichte der Kollekte des Paulus für Jerusalem* (Hamburg-Bergstedt: Reich, 1965) 참조.

쓸 정도로 이 사업에 일관되고도 지속적인 정성을 쏟았다. 고린도후서 8, 9장은 독립적으로 작성된 모금 독려용 행정서신으로 비평적 학계에 알려져 있다.[12] 이 서신들에서는 모금 캠페인에 담긴 바울의 경제 신학과 더불어 그의 실천적 전략까지도 상세하게 기술되어 있다. 아울러, 이 서신은 디도를 비롯하여 모금된 돈을 안전하게 전달해줄 형제들을 추천하는 내용도 포함하고 있다. 여기에서도 바울은 그 모금의 성격을 지속적으로 '은혜'로 표현한다(고후 8:1, 4, 7). 그런데 그 은혜는 이방인 교회의 성도들이 예루살렘교회의 유대인 성도들을 향한 수평적인 차원의 은혜일 뿐 아니라 그에 앞서 하나님이 그 이방인 교회의 성도들에게 베푼 "하나님의 지극한 은혜"(*hyperballousan charis tou theou*)라는 점에 주목해야 한다(고후 9:14). 이러한 맥락에서 바울은 이 모금 활동이 하나님께 드리는 예배의 헌신과 감사의 연장선상에서 진행되도록 한 것으로 보인다(고후 8:5, 9:14-15). 나아가 이 사역은 성도를 섬기는 '봉사'(*diakonia*)로 묘사되기도 한다(고후 8:4, 9:1, 9:12). 따라서 모든 봉사가 본질적으로 그러하듯, 이 기부금을 통한 봉사 또한 자발적인 사랑의 실천이어야 한다. 바울이 이 사업에의 참여로써 "너희의 사랑의 진실함을 증명코자 함"(고후 8:9)이라고 역설한 것은 그 때문이다.

바울은 이 모금의 원칙에 나름의 신학적인 근거를 제시하기도 했는데, 그 첫째가 예수 그리스도의 자발적인 가난이 그들을 부요케 하기 위한 결단이라는 주장이다(고후 8:9). 이에 따르면, 예수의 가난함은 그 자체로써 대속적인 가치를 지닌다. "그의 가난함을 인하여" 그들, 즉 이방인 교회의 성도들이 부요케 될 터이기 때문이다. 둘째는 균등의 원칙이다. 구약성서 만나 분배의 원칙(출 16:18)에 따라 바울은 공

12) 행정 서신으로서 이 두 서신의 독립적 위상과 그 기능에 대한 수사 비평적 연구로 다음의 주석서가 참조된다. H. D. Betz, *2 Corinthians 8 and 9* (Philadelphia: Fortress Press), 1985.

동체의 성원이 그 소속 여부를 떠나 여유분으로 부족한 부분을 보충함으로써 서로 평균케 되는 경제적 삶의 상태를 바람직한 것으로 간주한다(고후 8:13-14). 셋째는 자발적 시혜의 원칙이다. 바울이 미리 연보를 모금해 준비해두라고 부탁한 것은, 그것이 당일치기로 억지로 이루어지지 않고 자발적인 동기에서 비롯되어야 참된 연보라고 믿고 있었기 때문이다(고후 9:5). 아울러, 바울은 그렇게 자발적인 동기로부터 우러나온 연보일 때라야 그것이 인색하지 않고 후한 성과로 나타날 수 있으리라고 본 듯하다(고후 9:7, 13).

끝으로, 유대교의 보상신학에 기초한 다다익선(多多益善)의 원칙이다. 이에 따라 바울은 자연 법칙에 의거하여, "적게 심는 자는 적게 거두고 많이 심는 자는 많이 거둔다"(고후 9:6)라는 교훈으로 주의를 환기시키는데, 이는 기실 부유한 자들에게 구제활동을 독려하는 유대교의 전통적인 가르침(잠 11:24)의 변용이다. 이는 첫째 원칙과도 밀접한 상관관계에 있다. 즉, 하나님이 풍성한 은혜로 먹을 것과 쓸 것을 그들에게 베풀어주었는데, 그 부요함을 가지고 너그럽게 가난한 자를 구제함으로써 그 결과 그들의 '의의 열매'를 더하리라는 것이다(고후 9:8-11). 이는 바울에게 모금의 양을 높이기 위한 실천적 전략과도 잇닿아 있다. 곧 이방인 아가야의 성도들을 미리 칭찬하고 격려함으로써 흔쾌히 이 캠페인에의 동참을 유도하려는 시도가 그것이다. 그리하여 바울은 마게도니아 지역의 성도들에게 아가야 성도들의 열심을 자랑하고 그것을 다시 아가야 성도들에게 은연중 공지함으로써(고후 9:1-2) 서로 선의의 경쟁심을 불러일으키고 자긍심을 부추기는 방향으로 이 캠페인을 전략적으로 독려하기도 했다.

빌립보서에서 바울이 언급한 "향기로운 제물", "하나님을 기쁘시게 한 것"(빌 4:18)을 수감 중인 바울의 개인적 필요를 충당한 사실에 국한시켜볼 것인지, 아니면 예루살렘교회를 위한 바울의 모금 캠페인과 유관한 헌금을 포함한 것으로 이해할 것인지 불분명하다. 나는 바울이 그 캠페인에 빌립보 교회가 위치한 마게도니아 지역의 동참을 언급한 것(고후 9:2, 롬 15:26)으로 미루어 후자의 가능성이 크다고 판단한다. 그렇지만 분명한 것은, 바울이 빌립보서에서도 일관되게 그들의 자발적 재정 후원을 예전적인 맥락에서 신학화하되, 그들의 '열매' [=의의 열매?]를 풍성케 하는 지름길로 보상 신학적 해석의 잣대를 적용하고 있다는 점이다(빌 4:7-19).

바울의 모금 캠페인이 진일보한 신학적 경제학의 차원을 아우르는 것으로 나타난 대목은 로마서 16장 25-27절까지이다. 여기서 바울은 예루살렘의 성도를 섬기는 일(*diakonia*)과 관련하여 합리적인 채무/채권 관계에서 그 호혜적 성격을 평가한다. 말하자면, 이방인 교회의 구원이 예루살렘 모교회의 영적인 시혜의 결과였다면 이방인 교회의 재정 원조는 그 물질적인 반대급부로서의 마땅한 도리라는 것이다(롬 16:27). 이 쌍방의 코이노니아는 영적인 가치와 물질적인 가치가 서로 채무 변제의 성격으로 융통되는 차원을 보여준다. 이로부터 우리는 재화라는 경제적 가치가 곧 신앙과 인격의 담보물로서 효용력을 발휘하고, 종말론적 구원에 연계된 영적인 가치(*to pneumatikos*)가 물질적인 토대, 바울의 표현에 의하면 육신적인 것(*to sarkikos*)을 발판으로 삼아 이 땅의 현실에 착근할 수 있음을 확인하게 된다.

V. 요약 및 결론: 신학적 경제학의 지형과 진로

신약성서를 통틀어 재물의 경제 신학적 본질은 나눔과 섬김에 있다. 이는 재물이 생명을 구제하고 양육하는 데 소용되어야 함을 뜻한다. 이 점에서 강조되는 재물의 가치는 소유의 가치라기보다 소비의 가치에 가깝다. 그 소비는 그러나 소비만능주의의 소비 개념과 거리가 멀다. 그것은 생명의 건강한 보존과 성장을 위한 최소공배수로서의 '일용할 양식' 이 인간의 자연화된 욕망을 충족시키는 그 정상치의 필요로 설정되어 있기 때문이다. 그러므로 신약성서에서 일용할 양식의 수준을 넘어서는 재물의 잉여 소유는 탐욕의 조건으로 경계된다. 그 탐욕은 가난한 이웃을 결핍의 상태에 방치하고 소외시키며 하나님을 향하여 감사하지 않고 맘몬신의 족쇄에 채여 그것을 섬기는 불경의 인물형을 낳는다. 이러한 탐욕스런 인간의 한 전형은 이른바 '어리석은 부자의 비유' (눅 16:1-9)에서 적절하게 형상화되었던 바, 그 비극적인 종말은 곧 경제적 잉여 소유와 결탁한 탐욕의 종말임을 여실히 드러내준다. 이러한 측면에서 예수와 신약성서의 저자들은 재물에 대한 비판적인 시각을 드러낸다. 이러한 시각에 비추어 보면 재물은 가난한 자를 위해 얼른 처분하여 나누어주어야 할 대상으로 조명된다.

그러나 다른 한편으로 예수의 비유를 통해 조명할 때 재물은 효과적으로 분배되기 위해서라도 적극적으로 활용되어야 할 투자 가치로 긍정되기도 한다. '불의한 청지기의 비유' 에서 보듯, 그것은 누구에게나 생존의 토대이며 모든 인간관계의 밑절미이고, 하나님 나라 사역의 하부 구조이다. 재화는 또한, 일련의 천국 비유에서 확인할 수 있듯이, 천국 지향적인 메타포이며, 요한계시록에서 증명되듯, 천국을 구성하는 재료로서 보물로 된 천국의 이미지 그 자체를 형성한다.[13] 그러나 그 재물은 저절로 하늘에서 뚝 떨어지지 않고, 힘든 노동의 대가로 주어진다. 고용주와 피고용자, 채권자와 채무자 사이에 비유적으

13) 이에 대한 상세한 연구로 다음의 졸고를 참조하라. 차정식, "보석으로 된 천국의 세계관—마음의 천국에서 신천지의 새 예루살렘성까지", 『신약성서의 사회경제사상』, 407-435.

로 설정되는 하나님의 그 구원사적 드라마 속에서 노동의 대가로서의 재화는 곧 인간의 사회 경제적 해방과 인권의 문제에 개입하기도 한다. 그런가 하면, '달란트 비유' 에서 달란트는 투자 가치로서의 그 효용성을 인정받는다. 그리고 주인의 자유 의지에 따른 종들의 상호 경쟁과 그 결과에 따른 집중의 원칙이 하나님의 경제라는 견지에서 긍정된다.

예수의 승천 이후 출발한 초기 기독교 공동체, 특히 예루살렘의 교회 공동체에서는 이와 같은 재화의 다양한 가치 지향이 그 신학적 공변성의 자리를 얻지 못한 것으로 판단된다. 그것은 예수의 재림 신앙에 결탁한 긴박한 종말론적 시류가 공동체를 압도한 나머지 재물의 투자 가치와 재생산 가치를 외면한 채 분배 가치와 소비 가치가 득세했기 때문이다. 거기서 신앙과 경제를 소통시키는 지속 가능하고 튼실한 신학적 통찰과 공동체적 비전이 싹틀 여력이 없었다. 이른바, 유무상통의 공동생활을 통해 사유 재산을 처분하여 서로의 필요에 따라 나누어씀으로써 아무도 핍절한 자가 없는 이상적인 상생이 이루어지는 듯했지만 그것은 오래 지속될 수 없었다. 그리하여, 언젠가부터 예루살렘의 신앙공동체는 '가난한 성도들' 의 전당이 되었고, 그렇게 붐비던 수천의 신자들은 뿔뿔이 사방으로 흩어져야 했다. 피상적으로 하나님의 경제는 이로써 파국의 단계로 접어드는 듯했다.

그러나 바울의 리더십 하에 번성했던 이방인 교회는 예루살렘 모교회와 새로운 상생의 경제 신학적 모델을 가동함으로써 그 난국을 타개해나갔던 것으로 보인다. 그것은 구성 주체의 종족적 문화적 배경이 각기 상이한 교회와 교회 사이의 섬김과 나눔이라는 명분 하에 이방인 교회 쪽에서 그리스도의 아가페 정신을 대대적으로 실천함으로써 시동이 걸렸다. 바울이 주도한 이 모금 캠페인은 재물의 분배 가치와 소비 가치를 긍정하는 동시에 그 실천을 뒷받침하는 이념적 장치로서 재화의 재생산과 투자 가치를 하나님의 풍성한 은혜의 순환이라는 관점에서 신학적으로 정당화함으로써 가능했다. 이때 예루살렘의 성도들을 구제하기 위한 연보금은 하나님을 향한 감사예배의 일환으로 인식되었다. 그리하여 그것은 하나님께 향기로운 감사의 제물로 바쳐진 헌물이었고, 하나님의 '은혜'의 실현이었다. 그 과정에서 바울은 모든 부요함의 근저엔 예수 그리스도의 대속적 가치가 작용한다는 믿음을 신학적으로 정당화했다. 그밖에 그는 균등의 원칙, 자발적 시혜의 원칙, 다다익선의 보상 원칙을 제시하여 효율적인 모금 캠페인을 독려했다. 나아가 바울은 이 사업을 통해 영적인 가치와 육적인 가치의 호혜적 융통이라는 관점을 제시함으로써 이방인 교회와 예루살렘의 유대인 모교회 사이에 편향되지 않는 상징적 연합과 일치의 결실을 거둘 수 있었다.

오늘날 한국 교회가 신약성서의 신학적 통찰을 통해 하나님의 경제를 배울 수 있다면 교회 내에 깊숙이 침투된 자본주의의 무한성장 논리에 대한 통렬한 자기반성에서 출발해야 한다. 그리고 그 반성은, 자본의 생산과 소비 질서를 주도하는 성장 이데올로기가 이 지구의 생명 세계 전반에 끼치는 영향과 관련하여 비판적 성찰을 동반해야 한다.[14] 주지하듯, 오늘날 대세를 이루는 경제 법칙으로서 자본주의는 긍정적인 측면과 부정적인 측면을 두루 포함하고 있다. 사회주의도 현실 속에서 실패했지만, 그 실질을 두루 살피면 왜곡된 인간 이해에 기초한 퇴행적인 사회주의만 있는 것이 아니고 장려할 만한 사회주의

14) 이런 측면에서 시도된 고찰로 다음의 두 논고를 참조하라. 이삼열, "생명의 신학과 생명의 윤리"; 선순화, "생명의 위기와 기독교적 생명 운동", 이삼열 엮음, 『생명의 신학과 윤리』(서울: 열린문화, 1997), 11-49; 50-94에 각각 게재.

도 존재한다. 자본주의와 사회주의의 경제적 실험과 시험을 통해 드러난 공과에 대한 합리적 평가는, 자유와 평등의 원리를 경제 및 경영의 현장에 적절하게 통합시키고, 성장과 분배의 원칙을 생산과 노동의 현장에 균형 있게 조화시키는 실천적 전략을 요청한다. 이로써 자본이 인간의 생명과 자유를 저당잡음으로써 물신의 노예들을 양산하는 탐욕스러운 맘몬이기를 그치고 생존과 소박한 향유의 조건으로 인간의 얼굴을 한 자본으로 거듭나야 할 것이다.[15]

교회 또한 인간들의 회합이고 재정의 수입과 지출 체계에 영향을 받는 조직이다. 교회의 양적 성장과 팽창은 재화의 축적을 가능케 하고 그 경제적 부는 다시 성장의 동력으로 충천되기 마련이다. 이러한 자기 봉사적 순환의 틀을 깨고 어떻게 재화의 확대 재생산이 교회 내부적으로뿐 아니라 교회 외적으로, 나아가 교회와 교회 사이에, 효율적 분배와 건강한 소비를 촉진하는 방향으로 나가도록 이끌어야 할지 경제적으로 자립한 도시의 한국 교회들은 숙고해야 한다. 물론, 다른 한편으로 미자립교회는 분배할 재화의 생산을 위한 자립 기반의 구축에 실천적 지혜와 묘안을 궁리해야 할 것이다. 그리하여 재화가 근본적으로 하나님의 창조 선물로 인간들 사이에 순환할진대, 하나님을 믿는 백성들이 그것을 '은혜' 로 여겨 열심히 벌고 알뜰히 저축하고 지혜롭게 관리해야 한다. 교회는 그렇게 신앙고백의 연장선상에서 모아진 재화로, 일용할 양식이 모자라 고통당하는 형제들을 향해 성실하게 섬기고 후하게 나누며 적절하게 소비할 필요가 있다. 바로 그때, 그것이 탐욕에 찌든 소유의 가치를 넘어 생명력 넘치는 활용의 가치로

15) 인간의 얼굴을 한 경제로의 전환을 구상하는 차원에서 강원돈은 그 실천적 대안으로 '공(公)의 경제'를 시론화한 바 있다. 그 구체적 내용을 위해서는 다음을 참조할 것. 강원돈, "신학적 경제윤리 형성을 위한 시론", 채수일 편, 『기독교신앙과 경제문제』, 77-100.

변모하며 하나님을 기쁘게 하는 향기로운 제물로 거듭날 수 있을 것이다. 그 거듭남은 경제가 곧 신앙의 변두리가 아니라 그 중심에서 올곧게 바로 서며, 하나님이 선사하신 이 땅의 생명을 건강하게 보존하고 신실한 살림의 터를 일구는 이정표가 될 것이다.

제2부

인권과 사회복지의 미래

제1장 _ 신약성서와 인권의 기초

I. 성서신학적 인권 이해의 딜레마

'인권' (human right)은 다분히 근대적인 개념이다.[1] 권력이 군주나 귀족, 부르조아 관료 등과 같은 특정 개인이나 집단에 독과점되던 시대를 지나 민중이 역사의 주체로 그 진가를 찾아가던 시점에서, 자유와 평등과 박애 등을 주요 가치로 삼은 민주주의의 태동과 함께 인권의 개념도 본격적으로 조명을 받기 시작했다. 그러므로 성서를 인권 이해의 텍스트로 취할 때 근대적 가치를 고대적 작품에서 읽어야 하는 어느 정도의 시대 역행적인 관점의 도치를 감내해야 한다. 그러나 조금 더 시야를 넓혀보면 인권이란 말이 대중적인 용어로 사용되지 않았던 시대와 사상이라 해도 그 개념에 포괄적인 인권 의식이나 행동

1) 예컨대, '천부인권' 이란 개념은 18세기 계몽주의자들에 의해 창안된 결과물이었고, 계몽주의자들의 대다수는 합리적 이성으로 무장하여 당대의 기독교를 극렬히 공격한 비판적인 인물들이었다. 그 이후 그들의 인권 개념은 신학적 배경을 탈색시킨 채 인간 중심의 세계관과 접속되었고 점점 더 무신론적 인권 이해의 영역을 넓혀가게 되었다.

이 있을 수 있다. 하여 성서 텍스트의 문자적 회로를 넘어 그 신학의 통전적 범주를 아우른다면, 선구적이고도 계시적인 고대 문헌이나 인물을 통해 얼마든지 인권에 대한 논의를 시도할 수 있을 것이다. 예컨대, 인권 구현의 한 갈래 관심사로 이즈음에도 여전히 자주 주장되는 양성평등의 가치는 근대 인권운동의 전개선상에서 점점 더 활성화되고 있지만, 예수보다 5백여 년 앞선 인물 피타고라스는 그 가치를 자신이 개척한 종단의 제자 선발과 교육에서 십분 실천한 선구적인 인물이었다. 물론 그의 사상적 세례를 가장 크게 받은 플라톤은 여성을 매우 천한 존재로 폄하하는 퇴행적 시각을 견지했지만, 이렇게 일보 후퇴했다 이보 전진하는 것이 역사의 굴곡 많은 전개 양상일진대, 특정 가치를 특정 시대에 가두는 것은 연구의 입체적 관점 확보에 불리할뿐더러 인권 지향적 지성의 계발에도 장애가 된다.

이렇게 인권의 성서신학적 이해에 대한 부정적 선입견을 한 꺼풀 벗겨버려도 문제는 말끔히 정돈되지 않는다. 성서는 인간의 가치를 십분 긍정하면서도 인간을 역사의 주인공인 양, 제 존재의 주체인 양, 냉큼 인간 본위의 사상을 냉큼 수락하지 않기 때문이다. 성서의 주인공은, 아무리 인간의 꼴을 높이 세워보아도 여전히 하나님이고 예수 그리스도이며 성령으로 판정된다. 전통 신학의 관점에서 인간의 천부적 인권은 그 '천'에 해당되는 하나님의 후광 아래서만 존중받는다. 변신론이나 신정론의 통상적 결론 역시 인간의 모든 곤경과 관련하여 하나님은 아무 잘못도 없는데 오로지 인간의 심성이 죄악으로 물들어 패역했기 때문이라는 것이다. 이 점에서 '인간주의', '인본주의', '인문주의' 등으로 번역되는 휴머니즘(humanism)은 아무리 '기독교적' 이라는 관형어를 그 앞에 붙여도 인권의 사상적 기반으로 궁색하게 비친다. 이것보다 더 안전한 '인도주의'(humanitarianism)라는 말이 있지만,

이 어휘는 인간 대접을 충분히 받는 이들이 인간 이하로 취급당하며 짐승처럼 사는 자들을 향한 연민의 정서에 호의적인 반면, 인권에 대한 냉철한 논리적 추궁을 연성화시키기 십상이다.

그렇다고 성서가 인간을 전혀 업신여기지 않으니 저러한 또 다른 평가의 준거 틀에 매일 수는 없다. 비록 '하나님의 언약백성' 이나 '그리스도 안에서' 라는 수식적 선결요건이 붙긴 해도 인간을 천사보다(또는 신보다) 조금 못하게 하셨다는 시편 기자의 유명한 전언(시 8:5)이나, 인간이 장차 천사들까지 심판하리라는 종말론적 전망(고전 6:3)에는 인간이 하나님의 형상대로 지은 바 된 피조물의 한계 내에서 한없이 고귀한 존재라는 믿음이 깔려 있다. 그리고 때로 이해 안 되는 하나님의 무자비한 인간 심판과 징벌의 처사를 둘러싼 미궁의 안개가 걷히면, 밤하늘의 달과 별들조차 인간의 영광에 일조한다는 영탄이 나올 정도로(시 8:3-4) 인간을 향한 하나님의 은총은 무궁무진하게 비치곤 하는 것이다. 성서적 인권상은 바로 그 '무자비함' 과 '무궁무진함' 사이에 명멸하면서 신학적 딜레마의 긴장을 내포하고 있다. 요컨대, 하나님과의 관계에서 인권은 전적으로 하나님으로부터 부여되거나 겸손히 간청되는 것이지 스스로 당연한 권리인 양 주장하거나 쟁취하기 어렵다는 것이다. 그러나 억압적인 체제나 부당한 제도로 인해 인권이 박탈되거나 억압을 받을 때 이미 긍정된 그 천부적 인권은 적극적인 주장과 쟁취의 목표가 되기도 한다는 점에서 예의 딜레마는 이중적이다. 이와 같은 성서신학적 딜레마의 긴장을 유지하면서 나는 이 글에서 신약성서가 기여한 인권의 신학적 '태반' 에서 그것이 잉태하고 산출한 인권의 신학적 지향점을 아우른 뒤, 그 결절점에서 챙길 만한 '후광' 까지 최대한 경제적으로 조명하고자 한다. 그 논의의 결과 인권신학의 신약성서적 메시지를 오늘날 인권의 현실에 되먹임하여 그 현주소를 비판적으로 성찰하고, 성서와 함께 그 성서의 외관을 넘어 명실공히 인권이 양도할 수 없는 지고한 가치로 자리매김될 수 있는 희망적 미래를 전망해보겠다.

II. 예수의 인권 어록과 그 신학적 태반

생물학적 위계에 관한 한 예수는 적어도 인간을 공중 나는 새와 같은 일반 동물이나 들에 핀 백합화와 같은 식물보다 더 고귀한 존재로 전제하였다(마 6:26). 그러나 그 대상을 '너희들' 이라고 칭할 때 그것은 유대인, 그 중에서도 예수가 택한 제자들을 염두에 둔 범주였다. 당시 경건한 유대인들이 보수적인 선민주의 사상에 사로잡혀 언약백성인 '형제' 범주 바깥의 이방인들을 이교도/죄인으로 간주하고, 그들을 의사인간이나 무법한 짐승처럼 인식했다고 할 때, 유대인으로서 예수의 인간 이해와 보수적인 유대교의 인간 이해가 어느 지점에서 통하고 어디서 갈라지는지 민감한 사안이 아닐 수 없다.[2] 그 양자의 범주를 전혀 차원이 다른 양 따로만 볼 수 없는 까닭은, 산상수훈의 맥락에서 예수의 초기 인간 이해가 이방인의 열등함과 유대인(특히 제자 그룹?)의 우월함을 명백하게 대비시키고 있기 때문이다(마 5:47, 6:7, 6:31-32).

이러한 측면이 유대교와 유대인이라는 예수의 태생적 배경에 국한된 인간 이해의 관점이라면, 다른 한편으로 그는 하나님의 주권과 은총의 절대성과 관련하여 악인과 불의한 자를 포함하여 모든 인간이 이 땅에 태어나 사는 한 그 생존과 생명의 향유에 최소한의 존재

2) 유대인 예수의 관점에서 그의 사상적 면모를 당대의 유사 패턴의 인물들과 비교 연구한 대표적인 저작으로 Geza Vermes, *Jesus the Jew: A Historian's Reading of the Gospels* (Philadelphia: Fortress Press, 1973) 참조.

이유가 있음을 통찰함으로써 보편주의적 신학적 인간론의 길을 열어두기도 하였다. 즉 그가 이해한 하나님은 "해를 악인과 선인에게 비추시며 비를 의로운 자와 불의한 자에게 내려주"(마 5:45)시는 분으로 이와 같은 일반 은총에 관한 한, 그 어느 인간도 생명의 존엄성을 인정받을 수 있다는 것이다. 이러한 양가적 입장에서 예수는 자신의 병약한 딸을 고쳐달라는 수로보니게 여인의 요청에 대하여 "[이스라엘] 자녀의 떡을 취하여 개들에게 던짐이 마땅치 아니하니라"라는 뜨악한 반응을 보였는가 하면(막 7:27), 당시 유대인에게 금기의 대상이었던 사마리아 사람, 그것도 남자관계가 복잡했던 한 무명의 여자에게 멀쩡한 대낮에 말을 건네며 스스럼없이 대화하는 열린 자세를 보여주기도 하였다(요 4장).

이러한 예수의 양면적인 인간 이해는 그의 역사적 현존과 그에 대한 초월적 신앙심이 뒤섞여 산출된 결과라고 볼 수도 있을 것이다. 그러나 그 어느 쪽의 관점을 취하든, 예수의 인간 이해, 나아가 인권과 관련된 언행을 살펴보면 일관된 동선과 신학적 지향점이 탐지된다. 그것은 한마디로, 그가 꾸준히 자신에게 부여된 지리적, 종족적, 종교적 경계를 넘고자 하는 도전적 집적임을 보여주었다는 사실이다. 그것은 곧 전통 유대교의 보수적 배타주의에 대하여 그가 언제부턴가 사뭇 비판적인 입장을 견지하게 되었음을 의미한다. 특히, 유대교의 정결예법에 따라 음식의 정결과 부정을 구분하는 규례가 인간에게 확대 적용된 나머지 인간을 그렇게 차등짓고, 그 차별적 규준에 입각하여 억압하는 종교체제의 정당성에 그는 심각한 의문을 품었던 것으로 보인다. 유대교 공동체 내부에서도 병들어 사회의 중심부에서 소외 · 격리되거나 여자와 어린아이 같이 인간으로서 제대로 대우받지 못하던 사회적 약자들을 향해 예수는 관대한 포즈를 취한 것으로 드러난다.

예수의 주요 행적이 병들거나 귀신들린 자들을 치유하고 축귀한 것에 집중된 것이 전자의 사례에 단적인 증거가 되려니와, 그가 하나님 나라에 들어가는 기준으로 순전한 신뢰의 표상인 어린아이를 거론한 것(막 10:13-16)은 후자의 사례에 적절한 근거로 볼 만한다. 가령, 예수는 나병환자의 치유 이야기(막 1:40-45)에서 모세의 율법대로 제사장에게 그 성해진 몸을 보이고 예물을 드려 자신의 위상을 입증받으라고 명한 점에서 보듯, 인간의 회복을 육체적 건강 차원에서뿐 아니라 사회적 갱생과 재활이란 복지의 측면에서 이해하였다.[3] 뿐 아니라, 그는 음행의 연고 없이 남성의 편의에 따라 자행되는 이혼을 금지하고(막 10:1-12/마19:1-12) 자신의 하나님 나라 사역을 후원하는 자들 가운데 적잖은 자원 여성들을 동반할 정도로(눅 8:2-3) 당시 취약한 여성의 지위와 권리에 대하여 비교적 선구적인 입장을 취한 것으로 보인다. 사회적 소외층에 대한 예수의 이러한 친근한 관심은, '고아의 아버지' 와 '과부의 재판관' (시 68:5)으로 자처한 구약성서의 하나님 이미지를 차용한 예수의 '하나님 닮기' (*imitatio Dei*) 전략의 일환으로 판단된다. "나는 의인을 부르러 온 것이 아니요 죄인을 부르러 왔노라" (막 2:17)라는 그의 어록은 그 신학적 전략을 생생하게 육화시킨 증거이다.

하나님의 나라를 앞세운 예수의 경계 넘기는 당시 죄인들 중의 죄인으로 분류되어 천대받던 사람들, 예컨대 세리들까지 식탁교제에 동석하고 창기들까지 인간으로서 대접을 받는 파격적 사례도 연출하였다(막 2:16; 마 21:31-32). 주지하듯, 당시 식민지 시대의 유대인 세리들은 동족을 약탈하고 학대하는 공공의 적으로 낙인찍혀 극악무도한 존재로 천시되었고, 창기들 역시 마찬가지로 인간 이하의 취급을 받았

3) 이러한 관점에서 해당 본문을 해석한 글로 나의 다음 졸고를 참조하라. 차정식, "치열한 연민, 혹은 치유와 갱생의 회로", 『묵시의 하늘과 지혜의 땅』(서울: 대한기독교서회, 2001), 163-176.

다.[4] 세리 삭개오의 경우에 잘 나타나듯(눅 19:1-10), 이러한 개방된 식탁교제는 그 영접과 환대의 과정에서 '회개의 열매'를 부산물로 얻어내기도 하였다. 그런가 하면 죄인이었다는 익명의 여인이 예수 앞에 깨트린 값비싼 향유 옥합(막 14:3-9/마 26:6-13/요 12:1-8)은 선물의 주고받음이 어떻게 한 인간의 누추한 자의식을 고양시켜 숭고한 존재로 거듭나게 하는지 극적으로 드러내준다. 배타적 경계를 넘어가는 이 모든 사건이 예수의 개방된 식탁교제 현장에서 생겨났다. 그것은 종말론적 메시아의 향연을 선취하는 하나님 나라의 현실태로서 인간에 대한 평등심을 고취하고 이로써 인권의 일상적 향유를 추구하는 중요한 기제로 작용하였다고 볼 수 있다.

사회적 인간관계의 재구성이란 견지에서 인권의 평등성을 조명할 때 예수의 경우 특기할 만한 점은 혈통가족에 대한 치열한 신학적 반성이다. 인권이 냉철한 이성의 합리적 판단의 문제라기보다 다분히 '정서'(sentimentality)의 문제라는 리처드 로티의 통찰을 참조한다면,[5] 지금도 그렇듯 예수 당시에도 인간의 가치와 인권의 경계는 무엇보다 혈통적 가족 개념과의 원근법적 거리에 따라 규정되는 측면이 강했다. 그것은 인간의 동물적 본능과 생래적 욕망의 지향에 따른 자연스런 결과로 보인다. 그러나 그것은 동시에 하나님 나라의 실현을 향한 혁신적 의지와 신앙적 결단이란 측면에서는 타개하고 극복해야 할 과제에 속한다. 이에 예수는 혈통적 가족주의에 차라리 균열과 불화의

---

4) 창기와 세리에 대한 부정적 통념의 형성과정과 죄인으로서의 정체성과 관련한 성서적 배경을 총괄적으로 이해하려면 다음의 글을 각각 참조하라. Elaine Adler Goodfriend, "Prostitution(OT)", *ABD* vol. 5, 505-510; John R. Donahue, "Tax Collector", *ABD* vol. 6, 337-338; J. R. Donahue, "Tax Collectors and Sinners: An Attempt at Identification", *CBQ* 33(1976), 39-61; W. O. Walker, "Jesus and the Tax Collectors", *JBL* 97(1978), 221-238.

5) Richard Rorty, *Human Rights, Rationality, and Sentimentality, Truth and Progress* (Cambridge, UK: Cambridge University Press, 1988) 참조.

불을 던지면서 '하나님의 가족' (*familia Dei*)이라는 대안 가족을 통한 인간관계의 재구성을 천명하였다.6) 그것이 바로 "누구든지 하나님의 뜻대로 행하는 자가 내 형제요 자매요 어머니이니라" (막 3:35)라는 예수의 급진적 어록이 지향하는 인간관계의 새로운 전망이었다. 이러한 예수의 '하나님 가족' 선언은 제자들의 출가 사건과 밀접한 연관이 있다. 그런데 그것은 혈육의 단절을 강조하는 불교의 출가 개념과 다르고 자녀의 공동양육과 훈련에 대한 국가의 의무를 전제한 플라톤의 가족해체론과도 구별된다. 이는 예수가 제자들을 혈통 가족과 격리시키기보다 그들을 신앙 가족으로 견인하는 촉매제로서 출가의 목적을 이해했고, 하나님의 나라라는 대의명분하에 출가하지 않은 재가가족들의 혈통적 동거를 존중했기 때문이다.

예수에게 인권 선언의 백미이자 '기독교적 휴머니즘' 이란 꼬리표를 붙여줄 만한 근거가 있다면 그것은 다음의 어록에서 현저하게 탐지된다. "안식일이 사람을 위하여 있는 것이요 사람이 안식일을 위하여 있는 것이 아니니 이러므로 인자는 안식일에도 주인이니라" (막 2:27-28). 예수의 이 선언은 안식일을 유대인의 종교적 민족적 정체성의 표지로 삼았던 당시의 사정을 감안할 때 가히 충격적이라 할 만하다. 이 어록은 예수의 제자들이 안식일에 밀밭 사이로 지나다가 이삭을 잘라 먹은 것을 두고 바리새인들이 비난할 때 예수가 응수하면서 제시한 결론구이다. 예수는 제자들의 행동을 정당화하면서 다윗이 그 일행과 함께 다니다가 시장할 때 하나님의 전에 들어가 제사장만 먹을 수 있는 진설병을 먹고 그 일행들에게 나눠준 예를 들었다. 율법의 규례가

6) 신약시대를 통하여 '하나님의 가족' 개념이 어떻게 변용, 전개되었는지에 대해서는 다음의 졸고를 참조하라. 차정식, "가족 해체와 통합의 신학적 변증법—초기 기독교 공동체의 경우", 「신약논단」 13/3(2006), 693-747.

아무리 중요하다 해도 생명의 가치에 선행할 수 없다는 논증인 셈이다. 아울러, 본문에서는 언급되지 않았지만, 일용할 양식을 챙기지 못하는 가난한 자들을 위해 추수할 때 이삭을 남겨두라는 율법 조항(레 19:9-10, 23:22; 신 24:19-22)을 염두에 둘 때, 제자들이 그 밀 이삭을 몇 개 잘라먹은 일이 딱히 정죄 받아야 할 짓은 아니었다.

그러나 사태의 관건은 이 일이 안식일에 행해졌다는 점에 집중된다. 전통적으로 안식일은 하나님이 세상 창조 후 일곱째 날에 쉬셨다는 출애굽기의 전승(출 20:11)과 이스라엘이 애굽에서 종살이하다가 해방된 역사적 사건을 부각시킨 신명기의 전승(신 5:15)에서 그 신학적 근거를 찾는다. 그것은 하나님의 안식과 이스라엘 민족의 안식을 준거로 안식의 대상이 이스라엘 백성들과 그 종들, 문안에 체류하는 나그네들, 심지어 가축과 토지로까지 확산되는 규정으로 제시된다. 이는 다시 말해 하나님과 그 피조물이 한가지로 어우러져 쉼으로써 생명의 복된 향유에 동참하는 거룩한 행위이다. 따라서 안식일의 거룩함은 그 쉼의 행위에 있고, 그 쉼의 제의화 또는 제도화가 곧 안식일, 안식년, 희년 등이다.7) 물론 그 쉼의 대상은 인간에게만 국한되지 않고 숨 쉬는 모든 피조세상의 물상들을 포함한다. 이러한 배경을 숙고한다면 예수의 저 선포는 그만의 고유한 발명이라기보다 이미 존재하던 안식일 신학의 참뜻을 갱신하여 그 규정의 근본정신을 되살려낸 결과인 셈이다.8) 어쨌든 예수 당시 안식일, 할례, 음식 규례 등은 유대교의 정체성을 공고히 확립하는 데 기여했지만, 동시에 그 배타성을

7) 이 방면의 주제에 대한 고찰로 이종록, "제의와 쉼, 그리고 삶—온전한 사회적 쉼을 실현하기 위하여", 「신학과 사회」 9(2005), 257-290 참조.

8) Adela Yarbro Collins, *Mark: A Commentary*, Hermeneia (Minneapolis: Fortress Press, 2007), 203-204.

가중시킴으로써 인간의 생명과 그 복지를 위해 생겨난 제도와 종교가 거꾸로 그 생명을 억압하는 부정적 기제로 작용하였다. 그 가혹한 현실의 한복판에서 예수는 자신의 가벼운 멍에를 제공하며(마 11:28-30) 무거운 율법주의의 멍에 아래 허덕이던 민심을 세심하게 살피고 그 자유의 갈망에 부응함으로써 인간 존중의 신학적 태반을 형성하기에 이른 것이다.

III. 바울의 통합 인간론과 그 인권적 지향

바울의 인간 이해와 인권 신학적 지향은 그의 출신 배경과 정체성에 긴밀하게 연동되어 있다. 그는 유대인 부모 밑에서 태어나 유대교의 법도대로 난 지 팔일 만에 할례를 받았지만, 나아가 디아스포라 세대로 이방도시 다소(Tarsus)에서 자라면서 헬레니즘의 문화적 세례를 경험하였다. 예루살렘에 유학하여 랍비 가말리엘 문하생으로 바리새파의 율법 전통을 수학한 그는 열정적인 선교의 사명으로 충일하였다. 그러나 이내 다메섹 사건을 계기로 그의 바리새적 열정은 그리스도의 복음을 전하는 열정으로 변환하였고, 이후 그는 유대인으로서 이방인의 사도를 자처하면서 활동하게 되었다. 그는 바리새적 유대교의 전통과 함께 언약백성의 일원으로서 자긍심으로 충만하였을 테지만, 동시에 헬레니즘 사조의 영향 하에 사해동포주의(cosmopolitanism)의 분위기를 몸으로 익혔을 것이다. 이와 같은 그의 태생적 배경과 문화적 체험의 복합성은 그가 이방인의 사도로 선교의 일선에서 숱한 지리적 종족적 문화적 신학적 경계를 넘는 데 실질적인 효능을 발휘하였으리라 짐작된다.[9]

바리새적 유대교에서 기독교적 유대교로의 사상적 전향은 바울로 하여금 박해자라는 자의식 가운데 '죄인 중의 괴수'(딤전 1:15)라는 자의식에 시달리게 했을 가능성이 있다. 아울러, 율법의 모든 것을 완벽하게 지키고자 했던 바리새파의 전력 탓이었는지 그는 그리스도의 종이 되고 나서도 '곤고한 자' 로서의 실존적 곤경 속에 탄식해야 했다(롬 7:21-24). 그는 곧, 이 세상에 "의인은 없나니 하나도 없다"(롬 3:10)라는 인용 진술에서 엿보이듯, 죄인으로서의 인간 이해에 도달했고, 그리스도 안에서 속죄받은 새로운 피조물로서 인간 구원의 보편적 교리를 정초했다. 그는 유대인들이 선민으로 부르심을 받았지만 그들의 계몽되지 않은 열정과 지식으로 인해 자신이 선포한 가르침을 위반하는 자가당착의 수준으로 전락한 점을 꼬집었다(롬 2:17-24, 10:2). 그런가 하면 그가 보기에 이방인들은 자연만물을 통해 하나님을 알 만한 조건이 주어졌음에도 불구하고 하나님을 진정으로 예배하는 실천적 각성에는 이르지 못한 채 도덕적 타락에 방치되고 말았다(롬 1:18-23). 따라서 이방인이든, 유대인이든, 다 죄악 아래 있다는 실존적 환경에는 차이가 없고(롬 3:9), 그리스도 안에서 구원받아야 한다는 점에서도 동일하다는 것이다(롬 1:16). 이 점에서 바울에게 그리스도인은 유대인과 이방인으로 양분된 종족적, 종교적 정체성을 넘어서는 제3의 대안범주에 해당된다고 볼 수 있다.

그러나 바울은 이와 같은 죄인으로서의 인간 실존을 앞세워 그 인간을 강박하며 그 존재 가치를 부인하지 않았다. 인간이 비록 본질상 죄인이고 하나님의 심판 아래 있지만 그럼에도 불구하고 그는 구원

9) 바울의 출신 배경과 성장 환경이 바울의 신학과 사상에 끼친 제반 영향에 대해서는 Bruce Chilton, *Rabbi Paul: An Intellectual Biography* (New York: Doulbleday, 2004), 6-47; Jürgen Becker, *Paul Apostle to the Gentiles*, tr. by O. C. Dean Jr. (Louisville, Kentucky: Westminster/John Knox Press, 1993, 『사도 바울』, 한국신학연구소 역간), 33-56 참조.

받을 수 있는, 구원받아야 마땅한 인간의 종말론적 미래에 희망의 방점을 찍었다. 바울은 숱한 교회의 개척자이자 선교 지도자였지만, "헬라인이나 야만인이나 지혜 있는 자나 어리석은 자에게 다 내가 빚진 자"(롬 1:14)라는 의무감으로 가득 차 있었다. 이와 같이 바울이 지녔던 빚진 자로서의 채무의식은, 그것이 선교적 관계를 염두에 둔 것이든, 교회 공동체의 질서 확립을 위한 목회원리적인 의도를 전제한 것이든, 그의 인간 이해에 중요한 요소가 된다. 그것은 모든 인간이 하나의 개체로 투기된 존재가 아니라, 그 처지와 형편을 막론하고, 하나의 유기체적 관계 아래, 서로 세워주어야 할 지체로 결속되어 있음을 나타내기 때문이다. 그 망가진 관계, 해체된 인간관계를 하나의 질서로 편입시켜 그리스도 안에서 갱신시키려 애썼다는 점에서 바울의 인간론은 통합적이다.[10] 그 통합을 가능케 하는 것이 억지나 강압이 아니라 그리스도의 복음이었고, 그것의 작동 원리가 그리스도의 이타적인 삶과 죽음에 기초한 사랑(*agapē*)의 의무였다는 점에서 그의 인권 이해는 다분히 그리스도론적이라 할 수 있다.

바울은 구약의 율법을 "네 이웃 사랑하기를 네 자신 같이 하라"(19:18)라는 레위기 구절 한 마디로 응축시켜 이 계명이 모든 율법의 완성이라고 해석했다(갈 5:14). 아울러 그것은 이웃의 짐을 나누어지는 관심과 배려, 사랑의 실천이란 견지에서 '그리스도의 법'(갈 6:2)이라 칭할 만했다. 요컨대, 바울은 이런 방향으로 구약의 율법을 윤리화한 셈이다. 이 점에서 바울은 예수의 하나님 나라 운동을 통해 시도된 작업의 연장선상에서 유대교에 고유한 특수한 규정의 배타적 해석과 적용

10) 인간론뿐 아니라 바울의 신학 역시 한 분 하나님, 한 주님, 한 성령, 한 믿음, 한 세례 등으로 확산되면서 통합적인 측면이 두드러진다(엡 4:3-6). 이 주제와 관련해서는 통일사상의 관점에서 바울의 신학을 조명한 필자의 다음 논문을 참조하라. 차정식, "바울신학에 나타난 통일사상", 「한국기독교신학논총」 17(2000), 51-89.

을 비판적으로 해체함으로써 그 경계를 넘어 이웃의 개념을 더 넓은 범위에 적용하고자 노력했다고 볼 수 있다. 예수에게 안식일 법과 음식규례가 문제시되었다면 바울에게는 이러한 것들과 함께 할례 조항이 특히 장애물이 되었다. 일련의 갈라디아 논쟁에서 확인할 수 있듯, 바울은 갈라디아 이방인 교인들이 할례의 가르침에 미혹되어 구원받은 그리스도의 언약백성으로서 새로운 정체성이 훼손되는 비상사태를 '저주'의 힘을 동원해서라도 막아야 했다(갈 1:8). 그 일련의 갈등은 사람이 의롭게 되는 것이 율법의 행위에 있지 않고 그리스도를 믿는 믿음에 있다는 개혁신앙의 권리장전으로 부각되었다. 그런데 그 선언의 이면에는 새로운 인간으로 거듭난 이방인 신자들이 그리스도인이라는 새 정체성을 허물고 할례를 미끼로 다시 죄인이라는 인간 이하의 굴레를 쓰는 것을 방지하고자 한 인권적 차원의 투쟁이라 볼 만한 요소가 탐지된다. 성령으로 획득한 새로운 신분의 정체성을 할례와 음식규례 등과 같은 의문의 조항으로 훼손하고 결과적으로 그 영의 자유를 속박할 때, 그것은 종교가 인간 본연의 가치와 권리를 압살하는 퇴행적 기제임을 천명하는 것과 다를 바 없었기 때문이다.

바울의 언약공동체는 세례라는 제의적 절차를 통해 그 공식적인 정체성이 인준된 것으로 보인다. 이때 바울이 소개한 세례신학적 공식은 바울의 통합적 인간론을 응집시켜 드러내면서 구원받아야 할 존재로서 누구에게나 평등한 인권적 가치를 극명하게 설파한다. "누구든지 그리스도와 합하여 세례를 받은 자는 그리스도로 옷 입었느니라. 너희는 유대인이나 헬라인이나 종이나 자유인이나 남자나 여자나 다 그리스도 예수 안에서 하나이니라"(갈 3:27-28).[11] 이 위대한 세례신학의 선언은 종종 세례 교육에서 탈락되거나 그리스도인들의 신앙생활 현장에서 쉽사리 망각되곤 한다. 그래서 여전히 세례받은 자들이 모이는 교회의 회중들 가운데도 '하나' 에 못 미치는 균열과 차별의 모습이 드러나곤 하는 것이다. '그리스도로 옷 입었다' 는 것은 초대교회 당시 세례의식 중에 물에 들어간 뒤 젖은 옷을 벗어던지고 새 옷을 입는 행위의 상징적 연상 이미지로 볼 수 있거니와, 이는 곧 생래적으로 주어지거나 인위적으로 구축된 모든 관계를 파탈하고 새로운 인간의 탄생을 선포하는 진술이다. 인간관계는 종족적 언어적 문화적 배경에 따라 유대인이나 헬라인 따위로 분할되고, 사회계층이나 계급에 따라 노예와 자유인으로 그 신분이 엄연하게 갈린다. 또한 성별에 따라 인간은 모두 남자이거나 여자이니, 그것은 인간이 자유롭게 선택할 수 있는 범주가 아니다. 태어나면서 그러한 종족적 계급적, 성적 귀속이 결정되는 것이다.[12)]

이 세례신학적 선언을 통해 바울은 모든 인간관계의 속박을 그리스도 안에서 새로운 인간 존재로 승화시켰다. 그리스도 예수 안에서 저러한 관계의 장벽을 넘어 '하나' 라는 말은, 그 모든 관계가 사회적인 습속과 관행에 따라 장벽이 되지 않고 소통된다는 말에 다름 아니다. 그 소통적 관계의 천명은 곧 생래적 차이를 온갖 인위적 차별의 조건으로 삼는 구태의연한 인간 이해를 넘어 평등한 인권의 지평을 개척했음을 시사한다.[13)] 이렇듯, 바울의 세례신학은 그리스도론과 통하고, 그리스도론은 구원론을 매개로 인간론에 접속된다. 뿐 아니라, 나

11) 이 구절에 대한 국내의 대표적 연구로 다음의 논문을 참조하라. 김경희, "갈라디아 3장 27-28절을 통해 본 원시 기독교의 평등의 비전", 「신약논단」7(2000), 48-82.

12) 물론 재물을 많이 축적하여 그것으로 신분상승을 기도하거나 권력의 혜택을 받아 노예해방을 성취하기도 했고 그 역으로 신분이 저락하기도 했지만, 그렇다고 그 불평등한 관계의 근본 구조가 소멸하는 것은 아니다. 오늘날과 같은 자유민주주의 시대에도 빈부의 세습과 극심한 연고주의 행태로 인해 태어나면서 그 신분이나 사회적 위상이 결정되는 경향은 점점 더 심화되고 있기 때문이다. 마찬가지로 성전환 수술이란 기술의 개발에도 불구하고 이 세상의 호모 사피엔스를 가르는 남녀의 인간학적 구도가 흔들리지는 않는다.

의 상기 해석에 일리 있다면, 그의 인간론은 결국 탄식할 만한 그 암울한 실존의 지평을 넘어선 곳에 고귀한 인권의 가치를 지향했다고 볼 수 있다. 이러한 통합적 인간론에 기댄 인권적 지향점은 바울의 유명한 '몸-지체'의 교회론적 맥락에서도 적절히 설명된다(고전 12:12-31). 교회 공동체의 모든 성원들이 서로 하나의 지체로 상합하여 그리스도의 몸을 이룬다고 할 때 그 다양한 지체들은 서로를 필요로 하고 몸의 구성에 필수적인 부분이기에 예외 없이 소중하고 귀하다는 것이다. 더구나 그 지체들이 로마시대에 인간으로 대접을 받지 못했던 야만인으로서의 이방인과 여자들, 심지어 재산처럼 사고팔았던 노예들의 신분적 위상을 염두에 둔다면 바울의 인간론에 반영된 저러한 인권적 지향이야말로 획기적인 방향 제시였다고 평가할 수 있다.

물론 바울의 저러한 선언이 실제로 교회 사람들의 생활세계에 어떻게 드러났는가가 또 다른 평가의 잣대가 될 터이다. 바울이 인권운동가로서 예의 인권적 가치를 추구했다면 그는 응당 당시 제국의 체제와 버성기며 노예제도 등과 같은 불평등한 제도와 싸워야 했을 것이다. 그러나 그의 주된 관심사는 그런 쪽보다 더 많은 사람들이 그리스도의 복음에 접하여 하나님과 화평하며 구원을 받는 데 있었다. 사실 그가 당시 노예제도에 대하여 어떤 입장을 견지했는지는 극단적인 판단이 엇갈리고 불분명한 게 사실이다. 그렇다고 그의 평등한 인권 의식이 실제 상황에서 전혀 무용지용이 된 것은 아니었다. 빌레몬서를 통해 잘 알 수 있듯, 그는 빌레몬의 도망노예 오네시모와 관련하여, 비록 그가 재산상의 손괴를 입히고 도망친 노예였을망정, 이제 그리스도

13) 이 점에서 바울이 이 선언을 단지 '유토피아적 이상'이나 '윤리적 요청'이 아니라 '성취된 사실'로서 간주한 점을 포착한 베츠의 지적은 시사적이다. H. D. Betz, *Galatians* (Philadelphia: Fortress Press, 1979), 189 참조.

안에서 회심한 마당에 형제로 받으라고 권고함으로써 더 이상 노예로 취급하지 말 것을 은근히 종용한 바 있다(몬 1:16-17). 아울러, 그는 디모데와 디도, 실라 등과 같은 남성 동역자들 이외에도 브리스길라, 뵈뵈, 유오디아와 순두게, 루디아 등등의 여성들과 선교 일선에서 긴밀하게 협조하며 동역한 흔적을 보여준다.

바울의 진보적 인권의식에 대한 이러한 후한 평가에 물론 아킬레스건이 없는 것은 아니다. 가령, 그는 노예가 스스로 자유민으로 해방을 받는 문제(manumission)에 대해 난해한 입장을 취하며,[14] 오히려 부름 받은 자리에서 부르심 그대로 지내라(고전 7:20)는 식의 보수적인 사회윤리를 견지한 구석이 엿보이기 때문이다. 게다가 여성들이 교회에서 가르치는 것을 허용하지 않고 반대로 남편에게 종용히 배우며 침묵하라는 지시(고전 14:34-35)는 그 어록의 배경과 의도 등에 관한 다각적인 해석에도 불구하고,[15] 여전히 모호하고 수상한 대목이 아닐 수 없다.[16] 동성애자들에 대한 바울의 정죄적 평가 일변도의 시각(롬 1:27; 고전 6:9)도 바울의 인간 이해와 인권 의식을 평가하는 데 부담이 되곤 한다. 이러한 일부 부정적인 예들을 과장하면 바울은 영락없이 수구적인 가부장주의자가 되고, 동성애자들이나 고린도교회의 성령 충만한 여자 교인들은 그의 가부장적 권위에 짓눌린 채 불평등하게 취급받

14) 그 난해한 입장의 핵심적인 근거는 고린도전서 7장 21절 하반절이다. 이 구절을 어떻게 번역하느냐에 따라 "네가 자유롭게 될 수 있다면 [그 노예해방의 기회를] 활용하라"와 "네가 자유롭게 될 수 있음에도 불구하고 오히려 [부르심을 받은 그 상태 그대로] 지내라"는 정반대의 의미가 산출되기 때문이다. 이에 따라 노예제도에 대한 바울의 입장도 종말론적 급진주의와 사회개혁적 비전 사이에 상이하게 해석된다. 이 구절의 장구한 해석사에 대해서는 S. Scott Bartchy, *MALLON CHRESAI: First Century Slavery and the Interpretation of 1 Cor. 7:21*, SBLDS 11 (Missoula, MT: Scholars Press, 1973) 참조.

15) 이 구절과 관련된 여러 가지 학설은 서중석, "바울의 여성 침묵", 「기독교사상」 466(1997/10), 81-92 참조.

16) 이 구절의 메시지는 이른바 후기 바울서신에서 가부장적인 규례에 의해 정형화되는데(딤전 2:11-15; 엡 5:22-24; 골 3:18), 이로 인해 바울이 보수적 가족윤리를 견지한 것으로 인식되는 경향이 강하다.

은 피해자로 묘사되기 쉽다.[17] 그러나 1세기 유대인 남성인 바울의 신학에서 21세기의 인권적 가치를 현상하여 공시적으로 평가하려는 시도는 시대 도착적일 뿐더러 불공정하며 무모하다. 따라서 바울의 인권적 지향이 남겨준 유산 가운데 향후 더 탐구해야 할 중요한 과제는, 어떻게 바울 신학의 핵심 메시지를 오늘날의 상황에 재맥락화하고, 어떻게 그 사유의 결실을 진보적 가치에 되먹여 전유하는가 하는 점일 터이다.

Ⅳ. 야고보서의 경제 인권과 그 신학적 후광

인권의 구성 요소는 신체적, 정신적 영역 등에 걸쳐 다양하지만 그 마지막 보루는 무엇보다 인간으로서 최소한의 체통을 유지하며 살아남는 것이다. 그것은 곧 인간을 인간답게 하지 못하는 극악한 경제 여건과의 싸움을 전제로 한다.[18] 유대교 신학의 전개과정에서 '가난한 자'가 '경건한 자'와 동일시된 전통도 있어왔고, 예수 역시 이러한 전통에서 가난한 자의 종말론적인 복을 설파하기도 하였다. 가난한 자의 위상을 높이는 이런 유의 진술에는 다분히 목자 없이 유리하는 양떼와 같던 당시 기층 민중들을 향한 예수의 치열한 연민(*splanchna*)이 작용한 정신적 위무의 요소도 없지 않았을 것이다. 이 땅의 불평등한 체제와 구조적 질곡이 종말의 심판 자리 또는 내세의 삶에서 극적으로 뒤바뀐다는 역전의 발상은 이 땅의 열악한 현실을 감

17) 이러한 관점에서 바울이 투영한 고린도교회 여성들에 대한 그의 억압적 태도와 그 여성들의 해방적 태도를 대비시켜 연구한 논문으로 다음을 참조하라. 앤 와이어, 조태연 편역, 『원시 기독교의 잊혀진 여성들』(서울: 대한기독교서회, 2001), 특히 2부(111-162).

18) 이러한 관점에서 인권 개념을 조명한 저서로 Thomas Pogge ed. *Freedom from Poverty as a Human Right: Who Owes What to the Very Poor?* (New York: Oxford University Press, 2007) 참조.

내하도록 부추기는 상상적 대리만족의 종교적 기제로 곧잘 활용된다. 아울러, 덩달아 선포된 부자를 향한 화의 경우에서 보듯(눅 6:24), 그들의 활수한 시혜적 행위로써 사회안전망을 확충하려는 고도의 정치 조종술적 의도가 작용한 것으로 해석할 수도 있다. 기실 모든 사회의 인간복지 정책에는 체제 유지와 안녕을 위한 이러한 요소가 개입하는 것이 상례이다.

경제적 실존과 관련하여 예수는 가난한 자와 부자에 대한 예의 종말론적 선포와 별도로 그의 대표적 기도문에 일용할 양식을 인간이 인간을 위해 구해야 할 첫 번째 항목에 포함시켰다. 그런 그와 그의 제자들에게 가난은 하나님 나라 건설의 소명에 부응하기 위한 자발적 선택의 결과였고, 복된 종말론적 삶의 표상이었다. 이는 가난한 삶을 자처하며 그것을 하나의 스타일로 길들여간 하나의 신학적 노선인 셈이다. 바울의 경우는, 예수 그리스도께서 "부요하신 이로서 너희를 위하여 가난하게 되심은 그의 가난함으로 말미암아 너희를 부요하게 하려 하심이라"(고후 8:9)라는 논리 하에 가난한 예루살렘의 성도를 '은혜'의 명분으로 구휼하는 모금 캠페인에 주력하면서 가난 타개의 신학적 노선을 견지했다.[19] 그것의 궁극적인 목표는 "너희의 넉넉한 것으로 그들의 부족한 것을 보충"하고 "후에 그들의 넉넉한 것으로 너희의 부족한 것을 보충하여 균등하게 하려 함"(고후 8:14)에 있었다. 이는 곧 부족함도, 과도한 잉여도 없이 피차 나눔으로써 이루는 균등한 코이노니아의 관계를 상정한 것으로 예수의 일용할 양식 개념과 상통한다.

19) 이와 같은 예수와 바울의 가난에 대한 신학적 관점은 필자의 다음 논문을 참조하라. 차정식, "초기 예수 공동체와 가난의 유형학", 『신약성서의 사회경제사상』(서울: 한들출판사, 2000), 145-182.

이러한 경제적 삶과 신앙의 교통은 인권이란 맥락에서 중요한 시사점을 던진다. 야고보서는 이러한 논점을 역동적으로 수용하면서 초기 교회공동체가 당면한 경제인권의 현안을 조형한 흔적을 가장 뚜렷이 보여주는 문헌이다. 야고보서는 그 기독교적 색채가 여리고 유대교의 지혜문학과 별로 다를 바 없는 전통적 지혜의 교훈들로 가득 차 있다. 그래서 이 서신의 교훈들은 서사적 흐름이 배제된 일종의 수집물처럼 비치기도 하지만, 그 틈새로 초기 교회의 경제적 상황이 짧지만 생생하게 조명되고 있는 점이 특징이다.[20] 나아가 그 상황이 인권 억압이란 현실을 방치하고 있기에 저자의 논조는 격렬하고도 급진적이다.

먼저 독립된 지혜의 어록처럼 제시된 다음의 구절들은 예수의 가난 신학에 잇닿아 있는 통상적 교훈처럼 비친다. "부한 자는 자기의 낮아짐을 자랑할지니 이는 그가 풀의 꽃과 같이 지나감이라"(약 1:10). 그러나 2장 1절 이하에 이어지는 에피소드는 한 회당공동체에서 실지로 벌어진 상황을 압축하여 묘사한 듯 생동감 있게 제시된다. 저자는 먼저 "주 예수 그리스도에 대한 믿음"을 가진 형제들에게 "사람을 차별하여 대하지 말라"라는 강한 명령형의 진술로 말문을 연다(약 2:1). 이 명령의 배경으로 제시된 회당은 "금가락지를 끼고 아름다운 옷을 입은 사람"과 "남루한 옷을 입은 가난한 사람"이 혼재된, 여전히 불평등한 모습이다(약 2:2). 교회가 회당에서 유대교 세력에 의해 출교당하기 전 단계의 상황이라고 할 때, 이 예배공동체의 현실은 예수의 자발적 가

20) 야고보서의 배경에 깔린 당시 사회경제적 상황, 특히 가난과 부의 문제와 관련해서는 Martin Dibelius, *James*, tr. by Michael A. Williams (Philadelphia: Fortress Press, 1975), 39-44 참조. 아울러, Donald J. Verseput, "Genre and Story: The Community Setting of the Epistle of James", *CBQ* 62/1(2000), 96-110 참조.

난의 종말론적 신념도, 바울의 가난 타개의 코이노니아 신학도 실현되지 않은 상태로 보인다. 더욱 더 심각한 문제는 그 불평등을 방치하는 데서 그치지 않고 더욱 조장했다는 것이다. 가령, 회당에 모이는 사람들이 아름다운 옷을 입은 부자를 호의적으로 환대하고 상석에 앉히는 데 반해 가난한 자를 서 있게 하거나 자신의 발등상 아래에 앉힘으로써 수치와 모멸을 안겨주었기 때문이다(약 2:3).

뿐 아니라, 이러한 차별의 상습적 관행은 회당 바깥의 일상생활에도 더 악랄하게 연결되어 부자들은 교인들을 억압하며 법정으로 끌고 가서 못살게 한 전력이 있었고(약 2:6), 밭에서 추수한 노동자들의 품삯을 제대로 지불하지 않는 부당한 행태를 일삼았다(약 5:4). 사치와 방종으로 제 마음을 살찌게 하는 삶의 스타일로 특징지어지는 이들 부자의 횡포는 나아가 의인을 정죄하고 죽이는 데까지 미쳤다(약 5:5-6).[21] 여기서 비판의 대상이 되는 '너희'는 부자들과의 관계에서 피해자인 동시에 가해자로 묘사된다. 이는 야고보서가 염두에 둔 교회공동체의 지도자들이 한때 세속의 지배층으로부터 핍박을 받았지만 마음을 바꾸어 그들에게 아부하면서 가난한 자의 차별과 학대를 더 심화시키는 데 일조하였으리라는 심증을 가능케 한다.

이러한 상황에 대한 야고보서의 비판적 질책은 간단하다. 그 핵심인즉, 가난과 부의 물질적 기준에 따라 "너희가 사람을 차별하며 대하면 죄를 짓는 것"(약 2:9)이라는 주장이다. 이는 또한 "네 이웃 사랑하기를 네 몸과 같이 하라"라 최고의 율법을 위반하는 불법에 해당된다(약 2:8). 하나님의 뜻은 이와 반대로 "세상에서 가난한 자를 택하사 믿

21) 여기서 그 '의인'의 존재를 특정한 인물과 동일시하여 추론할 수도 있겠지만, 그보다는 가난한 의인에 대한 부자의 횡포라는 지혜문헌(잠 1:11; 사 3:10[LXX]; 솔로몬의 지혜서 2:10, 12)의 통상적 소재를 빌어 사용한 것이라고 보는 쪽이 더 설득력이 있다. Dibelius, 앞의 책, 239 참조.

음에 부요하게 하시고 또 자기를 사랑하는 자들에게 약속하신 나라를 상속으로 받게 하"려는 것이다(약 2:5). 재물의 집중과 전횡으로 인한 이러한 파행은 결국 그 공동체의 성원들에게 부여된 '아름다운 이름'이 이 세상의 권세자들에 의해 비방받는 결과를 초래한다.22) 그 이름이 무엇이든 간에 이러한 이름의 추락은 곧 그 이름이 표상하는 인간의 존엄이 가난하다는 이유로 훼손되는 결과와 맞물린다. 그러므로 아름다운 이름의 회복과 존엄한 인권의 회복은 불가분리적 관계로 얽혀 있다고 볼 수 있다. 이에 대한 해결책은 오로지 하나님이 인정한 인간 본연의 가치 이외에 여타의 다른 기준, 특히 물질적 부를 기준으로 인간을 차별하는 '불법적' 행태를 금지하는 데서 비롯된다.

이와 같은 저간의 상황에 대한 현실비판에 의거하여 야고보서의 해결책은 강온의 전략을 두루 구사하면서 전개된다. 강공의 드라이브는 예수의 종말론적 선언과 유사한 어조로 부자들을 향한 저주 어린 화의 선포 형식으로 나타난다. "들으라 부한 자들아. 너희에게 임할 고생으로 말미암아 울고 통곡하라. 너의 재물은 썩었고 너희 옷은 좀먹었으며 너희 금과 은은 녹이 슬었으니 이 녹이 너희에게 증거가 되며 불 같이 너희 살을 먹으리라. 너희가 말세에 재물을 쌓았도다"(약 5:1-3). 말세에 재물을 쌓은 채 저 홀로 사치하고 방종하는 것이 죄악이듯, 그 재물을 예수의 교훈대로 가난한 자에게 나누어주는 것이 그 죄악을 해결하며 진정한 의미의 종교적 경건에 입문하는 지름길이다. 이 지점에서 야고보서는 온건한 권고의 형식으로 활수한 베풂을 통한

22) 디벨리우스는 그 아름다운 이름을 간단히 '예수'로 해석한다. 고대 종교문화적 통념과 신학적 인식에 의하면 신성의 권위가 부여된 특정한 이름과 그 이름을 지니고 다니는 이들은 서로 속해 있다고 생각했다. 본문의 맥락에서 가난한 자들은 그 이름을 지닌 자들이고 부자들은 그렇지 못한 자들로 전제된다. Dibelius, 앞의 책, 140-141 참조.

구제를 독려함으로써 구체적인 자비를 통한 믿음의 실천을 강조한다. 가령, “형제나 자매가 헐벗고 일용할 양식이 없는데 너희 중에 누구든지 그에게 이르되 평안히 가라, 덥게 하라, 배부르게 하라 하며 그 몸에 쓸 것을 주지 아니하면” 아무 유익이 없으리라는 것이다(약 2:15-16). 이에 따라 저자는 “하나님 앞에서 정결하고 더러움이 없는 경건”을 정의하면서 “자기를 지켜 세속에 물들지 아니하는” 정신적 영적 수양의 측면을 배제하지 않으면서 동시에 “고아와 과부를 그 환난 중에 돌보”는 적극적인 구제활동을 핵심 실천사항으로 부각시킨다(약 1:27).

이렇듯, 야고보서의 인간 이해는 경제 인권을 중심으로 작동하며 공동체의 사회정의란 시각에 밀착되어 있다. 이러한 시각은 곧 신앙과 윤리가 겉돌지 않고 통전적으로 맥동하는 실천의 현장에서 빛을 발한다. 인간의 경제적 생존권이 어떻게 그 존재의 정체성을 규정하는 ‘아름다운 이름’과 접맥되어 있으며, 물질주의적 탐욕과 외관에 기댄 차별이 어떻게 그 이름을 파괴하는지 야고보서는 신명기적 경제신학에서 예수의 신학적 경제학으로 이어지는 전통을 되살려 당대의 현실에 적용한다. 그러나 바울의 경우와 달리, 야고보서는 잉여와 결핍의 요소가 쌍방 간 호혜적 코이노니아의 관계로 조정되는 균등의 낙관적 미래를 상정하지 않는다. 외려 그 종결부의 논조는 비관적이고, 가난한 자의 상황은 그 관계의 대등한 파트너로 존립할 최소한의 근거마저 박탈된 듯 보인다. 그러므로 야고보서의 경제인권 옹호에는 은혜의 담보물이 없다. 그것은 조건 없이 주고 잊어버리는 경건의 본질에 상응하는 가치로서 일종의 ‘후광’에 해당된다. 뒤에서 발하는 빛을 내 머리는 의식하지 못한다. 그러나 그 후광의 은택은 신학과 인권의 상부상조에 말없이, 은밀히 기여하게 마련이다. 그것이 야고보서의 경제인권이 조형하는 신학적 특질이라 판단된다.

V. 인권신학의 미래: 성서와 함께, 성서를 넘어

성서가 인권의 교본이 아닌 마당에 아무리 그 모든 메시지에 불을 지펴도 인권의 미래를 온전히 감당할 수는 없는 노릇이다. 내가 굳이 성서를 앞세우며 인권의 '태반'과 '후광'을 강조한 이유도 바로 여기에 있다. 신약성서의 경우만 해도 현대적 인권의식 고양을 위해 인용과 참조의 선택, 나아가 그 적용방식에 신중해야 할 만큼 조심스런 구석이 있는 게 사실이다. 앞서 살핀 대로 예수의 어록에 슬쩍 비치는 유대교적 배경과 유대인으로서의 선민적 자의식, 그리고 가부장주의적 요소로 의혹의 눈길을 끈 바울의 특정 언설은 여전히 아킬레스건으로 그들의 정체를 혼미하게 할 가능성이 있다.[23] 야고보서의 경제인권 개념 역시 유대인 기독교도의 집단에 국한된 그들만의 잔치로 국한될 경우, 그 공동체 바깥의 이질적인 타자들을 향해 얼마나 열려 있었는지 지극히 의문시될 공산이 크다.[24] 그러나 그 냉혹한 비평의 잣대를 접고 좀더 관용 어린 역사적 시각에서 보면 종교와 신학의 현장에서 그들의 삶과 죽음을 통해 개척된 인권 향상의 공로는 지대하다고 볼 수 있다. 특히, 그들이 뿌린 씨앗으로 면면히 이어져온 평등과 자유의

---

23) 이는 구약성서의 경우에도 예외가 아니다. 가령, 씨받이로 이용당했다가 사라에게 핍박받아 내쫓긴 하갈과 이스마엘, 압살롬 반란 당시 예루살렘 궁전에 남겨두었다가 나중에 압살롬에게 유린당한 뒤 다윗에게도 버림받은 익명의 후궁 10명, 요시아의 종교개혁 때 지방 산당에서 제의를 담당하다가 예루살렘에서 차별적으로 대우받은 지방 출신 제사장들 등등, 비록 성서는 정당한 것인 양 넘어가고 있지만 오늘날 인권적 차원에서 비판할 만한 적지 않은 사례들이 발견된다. 이은애, "'경계 밖' 사람의 눈으로 보는 성서—오늘의 인권 문제와 비판신학 3: 크리스차니티(성서)", 제3시대기독교연구소 엮음, 『차별금지법 국면에서 인권으로 신학하다』(서울: 평화나무, 2007), 43-59.

24) 실제로 근대 인권 개념의 태동과 그 전개과정에는 그 선동자들이 속한 집단의 파당적 논리에 치우쳐 숱한 정치적 위선과 파행이 있었던 것으로 보인다. 인권문제가 정치권력의 소용돌이 가운데 제멋대로 이용당하면서, 주장된 인권의 내용과 그 현실이 겉도는 경우가 적지 않았던 것이다. 가령, 인권의 이름으로 전쟁을 일으켜 또 다른 인권을 파탄에 이르게 한 일이 그 대표적인 사례라 할 수 있다. 커스틴 셀라스, 오승훈 옮김, 『인권, 그 위선의 역사』(서울: 은행나무, 2003) 참조.

정신, 민주의식, 그리고 사회복지의 전통은, 중세의 음지를 통과한 연후 이 땅에 근대적 인권개념을 산출하는 중요한 태반이 되었음을 부인하기 어렵다. 요컨대, 신약시대의 그들이 그들 나름의 방식으로 그들이 처한 역사적 삶의 환경에서 인간의 존엄을 높이는 데 최선을 다하고 인간의 이름만으로도 양도할 수 없는 생명을 지닌 각자의 고유한 권리를 함양하는 데 최대치로 이바지했다면, 그것으로 충분하다고 평가할 수 있다.

문제는 성서와 함께 그 성서를 넘어 인권신학의 미래를 조명하고자 할 때 무수히 분기하고 확대되는 인권의 하위주체들을 향해 오늘날 기독교가 얼마나 그 울타리를 넓혀갈 수 있겠느냐 하는 점이다.[25] 단적으로 잘라 말해, 이 땅의 기독교는 성서의 인권정신을 교회 내부에서조차 실현해나가기에 역부족이다. 교회들이 그 내부에 축적한 자본의 맷집에 따라 위세를 부리기도, 제풀에 기세가 꺾이기도 하는 현실이다. 과잉 자본을 감당치 못해 안달하며 몸부림치는 메가톤급의 교회가 있는가 하면, 제 식구들 입에 풀칠하기조차 어려워 난감해하는 교회도 많기 때문이다. 그런데, 그 교회 바깥에 신약성서의 '지극히 작은 자들' 보다 더 작은 미미한 소수자들의 인권에 대한 배려를 할 만큼 오늘날 성서의 독자들과 수혜자들은 충분히 관대한지 심각하게 묻지 않을 수 없는 것이다. 정규노동자의 숫자를 상회한다는 800만 명 이상의 비정규직노동자, 소년소녀가장, 독거노인, 신체기형자와 장애인들 앞에서 성서를 하나님의 말씀으로 받들어 섬기는 이 땅의 기독교

25) 이와 관련하여 한국 기독교의 주류를 향한 김진호의 진단은 사뭇 비관적이다. 그는 식민지 시대, 한국전쟁, 반공규율사회, 돌진적 근대화를 거치면서 한국교회는 그러한 하위주체들을 향해 격리와 배제, 차별과 망각의 제도화에 편승하여 인권 유린에 암묵적으로, 때로 노골적으로 동조해왔음을 고발하고 있다. 김진호, "국경들 너머의 짐승들 혹은 인간들—오늘의 인권 문제와 비판신학 1: 내셔널리티", 제3시대기독교연구소 엮음, 『차별금지법 국면에서 인권으로 신학하다』, 7-27

는 '인권' 의 이름으로 무슨 말을 할 수 있을까. 여전히 차별의 음지에서 신음하는 여성들에 대한 교회의 인권적 배려는 성서의 기본 정신에만 비추어보아도 민망한 수준이 아닌가.

더구나 학력, 가족형태 및 가족구성, 출신국가, 병력, 범죄 경력, 성적 지향, 언어 등의 기준에 따른 차별조항은 근래 제정된 차별금지법의 규정에서 삭제되었을 만큼 우리 사회의 인권의식은 여전히 금기와 배제의 원칙에 순치되어온 체질로부터 자유롭지 못한 상태이다. 특히, 교회가 앞장서 성적 지향에 관한 조항을 담지 못하도록 압력을 행사한 것은 동성애를 성서의 문자적 지침에 근거하여 그들의 존재 자체를 사회악으로 규정했다는 점에서 심각한 인권신학적 성찰을 요한다.[26] 게다가 성서를 최고 권위로 여기는 교회가 사형제도 존폐문제에 대한 인권적 지침 하나 제대로 확립하지 못하는 형편이니 이 또한 부끄러운 현실이다.[27] 그 현실의 부끄러움은 나아가 우리네 인권의식의 위험한 수준을 대변한다. 하나님의 언약백성, 그리스도의 몸 된 교회가 인권의 사각지대에 방기된 채 짐승처럼 취급되는 새로운 하위주체들을 포용하지 못할 때, 특정 사안에서 성서가 인권의 장애물이 될 수 있는 역설적 상황이 포착되기 때문이다.

이와 같은 이 땅의 인권 현실에 입각하여 성서신학적 맥락에서 그 미래를 조명하면서 결론적으로 나는 다음의 두 가지 신학적 전략이 주효하리라 본다.

첫째는 예수께서 그리했듯이 통상적 습속의 규준에 따라 죄와

---

26) 이숙진, "성에 관한 억압과 폭력, 그 침묵의 카르텔을 깨기—오늘의 인권 문제와 비판신학 2: 섹슈얼리티", 제3시대기독교연구소 엮음, 앞의 책, 28-42 참조.

27) 사형제도와 인권의 상호관계에 대해서는 유석성, 『사형과 인권의 존엄』, 개정증보판(서울: 한들출판사, 2008) 참조.

악으로 용인되어온 범주를 좀더 정밀하게 신학적으로 해부하여 그것으로 인간의 자유를 억압해온 체계의 논리를 혁파해나가는 전략이다. 그것은 종교와 신앙이 각종 금기와 나름의 자폐적 인습으로 오늘날에도 여전히 인권을 교묘하게 압박하는 역할을 수행한다는 혐의에서 비롯된 제안이다. 오늘날 성서와 결탁한 이 시대의 종교적 열정은 '더 나은 의'의 지평을 향해 더욱 계몽되어야 하며, 동어반복의 자기최면에 머무는 온갖 신앙적 수사들은 치열한 신학적 성찰 속에 꾸준히 담금질되어야 한다. 그때 인권에 족쇄 채우는 인습적 금기로 순치된 이 시대의 불안한 자의식은 하나님이 인간으로 오셔서 인간을 섬긴 성육사건을 통해 인권이 극진한 사랑의 연장선상에 놓인 가치라는 사실에 눈을 뜰 수 있을 것이다.

둘째, 이 시대의 현명한 지성들은 바울의 통합적 인간론을 참조하여 조속히 인간의 외관에 따른 차별의식을 제거하는 문화신학적 전략을 수행해야 한다. 바울은 유대인/헬라인, 남자/여자, 노예/자유인이란 차별의 항목을 제시했지만, 그 항목은 더욱 세분화되어 이 시대의 사회 구석구석에 적용되어야 한다. 그때야 비로소 구원은 조직 관리에 편리한 인간공학적 구호나 수사적 선언에 그치지 않고 일상적 삶의 실질에 부응할 수 있다. 이로써 행함이 없는 믿음의 병통도 극복할 수 있게 된다. 그렇게 성서의 해석학적 변통과 맞물려 하나님에 대한 인식의 수준도 더 확대 · 심화되고 마침내 만물 위에서 만물과 함께 만물을 충만케 하시는 하나님의 우주적 충만을 예비하는 신학적 사유를 발전시켜나간다면, 그 가운데 우리의 구원은 현재성과 보편성을 확보할 수 있을 것이다.

제2장 _ 신약시대의 과부와 가난한 성직
여성복지적 관점에서*

I. 청빈과 성직의 뫼비우스

모름지기 성직자는 가난해야 한다고, 이구동성으로 이야기들 한다. 신부나 수녀든 목사든, 그들의 가난한 삶은 긴 변론이 불필요한 고금의 당위적 상징처럼 인구에 회자되어왔다. 물론 나는 잘 알고 있다. 이 시대의 성직자라는 사람들이 대부분 경제적으로 절대 빈곤과는 거리가 멀다는 것을.(물론 그 '대부분' 에 속하지 않는 예외적인 성직자들이 아주 없지는 않을 터이다) 또 예언자인 양 행세하는 사람들도 더 이상 광야에서 메뚜기와 석청을 먹으며 마냥 유리하는 가난한 방랑자가 못 된다는 사실에도 익숙하다. 간혹 대중 매체에 허풍스레 '영원한 재야' 떠벌리는 것도 그만큼 정치 사회적 소외와 경제적 빈곤을 평생의 신조로 삼

* 이 논문은 본래 "가난한 성직의 한 내력—신약시대의 과부들을 중심으로" 라는 제목으로 『신약성서의 사회경제사상』(서울: 한들출판사, 2000), 257-285에 수록된 것으로, 이 저서와 주제 적합성이 있기에 내용의 일부를 수정 · 보완하고 참고자료를 대폭 확대하여 이곳에 재수록한다.

고 살아내는 이들이 거의 없거나 극히 적은 현실을 빗댄 구호처럼 울린다.[1)]

그런 현실이 일각에서 예리하게 질타 당하든 말든, 사람들의 통념 속에 가난은 여전히 성직의 언저리에 당위적 이념으로 머문 채 떠날 줄을 모른다. 대형 아파트에 기거하며 고급 승용차를 모는 목사들이 숱한 상황에서도 사람들은 여전히 그들이 청빈한 삶의 표본을 보이길 은연중 기대한다. 그것은 정신분석학적으로 가학적 심리의 변용이란 의심을 가능케 만든다. 즉, 내가 겪는 삶의 고통에 내 영혼을 돌보는 현장의 성직자들이 어떤 식으로든 동참해주길 바라는 것이다. 그러기에 내 고통이 심할수록 성직자들이 유복한 환경에서 즐거움에 겨워 쾌재를 부르는 꼴을 곱게 봐주지 못한다. 오히려 반대로 그들의 삶이 지극히 가난하면서도 청결한 모범 속에 그 가난의 현실을 감내해 나갈 때 이로써 '나'의 유복한 삶은 반성의 공간을 얻고 '나'의 고통스런 실존은 위안을 받게 된다. 그때 가난한 성직은 신앙의 대상을 중개하는, 명실공히 주님의 현신이 된다.

성직의 이러한 가난 지향적 속성은 신학 윤리적으로 일종의 도피성과 같은 존재다. 세속의 사람살이에 닳아빠진 남루한 영혼이 숨

1) 이러한 시대적 추세에 발맞추기라도 하는 양 한국교회는 몇 년 전 전통적인 청빈의 가치에 맞서 이른바 '청부론' 논쟁을 호되게 치러내야 했다. 여기에 맨 처음 불을 붙인 사람은 복음주의 진영의 개혁파 주자로 알려진 김동호 목사로 그의 책 『깨끗한 부자』(서울: 규장, 2001)는 성직자의 청빈이라는 전통적인 가치를 고수하려는 사람들에게 꽤 맹렬한 비판적인 반응을 야기했다. 한편 김영봉은 『바늘귀를 통과한 부자』(서울: IVP, 2003)라는 책에서 청부론의 장점을 존중하면서 그 단계를 넘어서는 또 다른 대안으로 '영성적 가난' 이란 화두를 제출하기도 하였다. 이러한 논의의 흐름은 교계의 집중적인 관심으로 증폭되면서 마침내 2003년 4월 23일 「기독교 방송」, 「기독교사상」, 「뉴스앤조이」 3개 기관의 공동 주체로 "깨끗한 부자냐, 자발적 가난이냐" 라는 주제 하에 공개토론회가 개최되었다. 그 연장선상에서 「기독교사상」 535(2003/7)는 "청부론 어디까지 가나" 라는 주제로 특집호를 꾸미기도 하였다(22-68). 여기에 필자로 참여한 사람들의 명단과 글은 다음을 참조하라. 김영봉, "청부론은 다만 시작일 뿐입니다" (22-42); 한종호, "청부(淸富)와 훌륭한 거부(巨富) 곁에서 서성대는 예수" (44-59); 박명철, "내 인생의 목사님들, 그들은 '가난의 힘' 을 가르쳐주지 않았다" (60-68).

다시피 찾은 곳의 주관자가 속기에 찌든 모습으로 떠오를 때 거기서 생기는 좌절과 상처는 참으로 난치의 병통이 아닐 수 없다. 그러므로 성직의 윤리적 의무를 온전히 수행하기 위해서라도 가난은 필수적이다. 한데, 그 가난은 이를 극복하기 위해 안간힘을 쓰는 데서 생기는 추악한 인간적 욕망조차 감추거나 절제해야 할 성질의 가난이다. 다시 말해, 성직의 가난이 생활의 구질구질함을 최대한 넘어선, 깨끗한 가난일 필요가 있다는 것이다. 그 청빈한 성직은 그때 하나의 윤리적 이념형으로 자리잡아 상처받은 세상 사람들을 끌어안는 넉넉한 도피처의 역할을 감당할 수 있게 된다.

나는 이 글에서 일단 그 윤리적 이념형으로서 세간에 정착된 가난한 성직이란 현상에 관심을 표한다. 그러나 그 이념형의 당위성을 되풀이 강변하거나 그 수준에 못 미치는 우리네 현실을 비관, 질타하고자 하지 않는다. 그것은 설교자의 몫이려니와, 엄격히 말해, 설교자로서도 자발적 가난의 결기를 꼿꼿하게 세우고서야 수행할 만한 부담스런 과제가 아닐 수 없다. 그 부담스런 일에 정면으로 뛰어들 자신이 없는 나로서는 신약성서학자와 역사학도의 푼수에 걸맞게 그 가난한 성직의 역사적 뿌리를 신약성서와 그 주변 텍스트를 통해 유추하는 작업에 초점을 맞추기로 한다.

이러한 각도에서 특별히 과부라는 독특한 범주의 사람들이 그 해석의 축이 될 것이다. 이를 위해 역사적으로 전형화된 과부상을 먼저 해부하고 이를 극복하고자 애쓴 과부들의 사례들을 요약적으로 점검하면서 그 역사적 의의를 새롭게 평가할 필요가 있다. 나아가 과부가 단지 소외된 사회적 신분이나 특정 부류의 인간 집단으로 무력하게 방치되지 않은 채 성직의 반열에 등재된 내력과 그 의미를 밝힐 것이다. 뿐 아니라, 종교적 지위 상승을 통한 사회 경제적 신분의 열악성 극복이라는 차원에서 이를 추동한 동시대적 배경과 과부 공동체 세력의 교회사적 추이를 재구성함으로써 이 연구의 목적에 부응하고자 한다.

이러한 일련의 해석적 작업은 초기 기독교의 발전과 관련하여 사회 변천사적 맥점을 제공할 수 있으리라 본다. 말하자면, 주변부의 소외 계층이 어떻게 교회의 제도화 과정 속에서 그 일부로 편입되어 갔으며, 가부장주의적 교권과의 껄끄러운 관계를 또 어떻게 조율해나 갔는지, 부분적이나마 일정한 암시를 던질 수 있을 것이다. 그 결과, 우리는 가난한 성직의 역사적 기원과 관련하여 '과부의 사상' 이라고 일컬을 만한, 초기 교회의 독특한 사상사적 풍속도 한 편을 접하게 되리라 기대한다.

II. 과부, 가난과 소외의 대명사

과부는 동서고금을 막론하고 가부장적 사회 질서가 만연한 곳에서 그리 달갑지 않은 신분으로 통했다. 우리 나라의 전통사회에서도 과부는 불우한 범주의 사람들을 일컫는 '환과고독' 의 일부로 손꼽힐 정도로 사회적으로 열악한 처우를 받았다. 그나마 장성한 자식들을 두어 뒷받침을 해주는 경우는 비교적 나았지만, 그렇지도 못한 경우, 즉 자식이 없거나 있어도 어린 경우, 그들은 갖은 고초를 홀몸으로 감당해야만 했던 것이다. 물론 가정 경제의 주도권이 남편에게 쏠려 있는 가부장 사회의 특수성이 그 홀몸의 고초를 더욱 더 가혹하게 만든 측면을 부인할 수 없다.

과부에 해당되는 헬라어(*chēra*)의 함의대로, 과부는 결혼한 여인으로서 남편의 사망 또는 이혼으로 말미암아 혼자가 된 상태를 이른다. 고대 사회에서 과부는 남편의 집안과의 재산상의 결산이 이루어지면 친정집으로 돌아가 머무는 것이 상례였다. 남편의 집안에 계속 거하는 경우도 없지 않았지만 이는 더 심한 굴욕과 수치를 감내해야 하는 조건에서나 가능한 일이었다.2) 고대 헬라 사회에서 과부들을 위한 사회 복지적 차원의 배려는 거의 발견되지 않는다. 고작해야 친정집으로 되돌아가 몸을 의탁하는 정도의 불운한 운명으로 치부된 것이다. 로마 사회에서 그들을 향한 법적 보호 장치가 없지 않았지만 이는 재산 상속에 한정된 것으로 그들의 사회 경제적 위상을 총체적으로 고려하는 데까지는 미치지 못했다.3)

이에 비해 과부를 고아와 더불어 사회적으로 돌보아야 할 약자로 구별하여 비범한 관심을 보인 고대 이스라엘 사회는 이례적이다. 야훼 하나님의 이름으로 선포한 과부 보호의 율법은 다음과 같이 엄정하다. "너는 과부나 고아를 해롭게 하지 말라. 네가 만일 그들을 해롭게 하므로 그들이 내게 부르짖으면 내가 반드시 그 부르짖음을 들을지라. 나의 노가 맹렬하므로 내가 칼로 너희를 죽이리니 너희 아내는 과부가 되고 너희 자녀는 고아가 되리라"(출 22:22-24). 요컨대, 구약성서는 사회적 약자를 '고아와 과부'로 특징짓고 하나님을 그들의 보호자 내지 신원자로 본 것이다(신 10:18; 시 68:6, 146:9; 사 1:17). 특히 자손을 이어야 사회적 신분이 보장되는 당대의 현실에서 자녀를 두지 못한 상태에서 과부가 된 여인들을 위해 '형사취수제'(levirate law)라는 독특한 관습이 있었거니와(창 38장; 신 25:5-10, 룻 4장),4) 이 역시 과부를 위한 사회복

2) Stählin, "χήρα", *TDNT* vol. 9, 442 참조.

3) 앞의 글, 같은 쪽; 아울러, 이 당시 여성의 사회적 위상에 대한 총체적 개관을 위해 Sarah B. Pomeroy, *Goddesses, Whores, Wives and Slaves: Women in Classical Antiquity* (New York: Schocken Books, 1975) 참조.

4) 이는 비단 이스라엘의 역사에만 국한된 것이 아니라 고대 우리나라 역사에서도 발견되는 풍습이었다. 이 법규와 관련해서는 Richard Kalmin, "Levirate Law", *ABD* vol. 4, 296-297; D. W. Manor, "A Brief

지적 배려와 여성인권의 존중이라는 견지에서 주목되는 법규이다. 이러한 율법의 정신에 근거하여 구약성서에는 과부 등의 약자를 향한 억압이나 부당한 처사에 대한 예언자적 비판이 넘쳐나고 있다(신 24:17, 27:19; 사 1:23, 10:2; 렘 5:28, 22:3; 겔 22:7; 욥 24:3; 시 94:6; 슥 7:10).

그렇다고 과부에 대한 사회적 통념이 마냥 긍정적인 것은 아니었다. 오히려 그 역이 더 현실에 근접했을 것이다. 더구나 저러한 사회정의법조차 과부들에 대한 도덕적 존경과는 무관한 것이었다. 오히려 그들로 인한 사회적 불안을 미연에 방지하는 차원에서 정책적으로 강조된 측면이 없지 않다. 그도 그럴 것이, 당시 과부들은 여전히 수치의 표상으로 인식되어온 것이다(사 47:8, 54:4). 그것은 정상적인 사회생활에 장애물이 된 과부 신세에 대한 불편함과 억울함을 호소한 것이려니와, 동시에 자신들의 과부됨이 근본적으로 하나님의 징벌에서 비롯된 것으로 믿은 까닭이다(출 22:25).5)

고대 이스라엘 사회에서 과부들의 수치를 적나라하게 드러내는 대표적인 예는 그들에게 강요된 특수한 의복이다(창 38:14; 유딧 8:5, 10:3, 16:7). 이러한 풍습이 시공간적으로 얼마나 광범위하게 유포되었는지 불분명하지만, 좋든 싫든, 그들은 이 의복을 걸침으로써 부끄러운 과부임을 표해야 했던 것이다. 또한 과부들은 대제사장들(또는, 포로기 이후 일반 제사장들)의 배우자 후보에서 제외됨으로써, 그 사회적 신분에 있어 창녀와 다를 바 없는 열등한 취급을 받은 것으로 드러난다(레

History of Levirate Marriage as it Relates to the Bible", *Near East Archaeological Society Bulletin* 20(1984), 33-52 참조.

5) 물론 당시 유대인 여성들의 사회적 삶의 현실을 '과부'란 범주 하나에 국한하여 일반화할 수 없다. 당시 여성들을 다양한 범주에서 유형화하여 다양한 기준으로 그들의 삶의 자리와 위상을 평가할 필요가 있는 것이다. 그러나 이것이 이 글의 주된 방향은 아니므로 이와 관련한 주요 연구 자료로 다음을 참조하라. Tal Ilan, *Jewish Women in Greco-Roman Palestine* (Peabody, MA: Hendrickson Publishers, 1996).

21:14).[6] 이러한 불평등한 현실에도 불구하고 과부들의 체면을 살려준 것은 이러한 사회적 장애를 넘어 지혜와 신실한 섬김, 용맹 등으로 명성을 떨친 예외적 인물들이었다. 그 가운데 손꼽히는 과부들로 유다의 며느리로서 그의 자식을 잉태한 다말(창 38), 극도의 가난 속에서도 선지자 엘리야를 공궤한 사렙다의 과부(왕상 17), 유딧(유딧 8:4-8, 16:1-25) 등이 거론된다.

공관복음서에서 예수와 만나거나 또는 그의 이야기 속에 등장하는 과부들도 예의 전통적인 과부상과 비슷한 면모를 보인다. 먼저 예수가 메시아로 오심을 고대한 끝에 만난 여선지자 안나는 다말과 사렙다 과부, 유딧의 계보를 잇는 신실한 과부의 범주에 해당된다(눅 2:36-38). 여기에 속하는 또 다른 예로 회당의 연보 궤에 두 렙돈의 돈을 넣은 익명의 한 과부(막 12:42)를 들 수 있다. 예수의 평가에 의하면, 그녀는 과부들의 가산을 삼키는 서기관들과 대조되는 모델이다(막 12:40). 자신의 생활비 전부를 희사할 정도로 순전한 경건의 모범을 보였기 때문이다.[7]

그런가 하면, 누가복음에 등장하는 또 다른 두 명의 과부는 소외와 가난의 환경에서 고투하는 약자들의 표상으로 비친다. 먼저 나인성의 과부는 마지막 보호자인 듯한 독자를 잃은 채 슬퍼하는데(눅

6) Stählin, "χήρα", 446 참조.

7) 물론 이에 대한 다른 해석들도 나와 있다. 가령 최근 이 주제로 논문을 발표한 김성희에 의하면, 이 과부 이야기는 당시의 타락한 현실을 반영해주는 반면교사의 기능을 수행한다고 한다. 요컨대, 이 이야기는 "사회경제적으로, 정치적으로 가장 약하고 억압받는 사람들의 대표라고 할 수 있는 과부들에 대한 서기관들의 억압과 착취를 드러내주는 증거"라는 것이다. 이러한 관점에서 "이 여인은 이 세상 제국의 종말을 인지하였고, 다가오는 하나님 나라를 바라보며, 이 세상의 것을 완전히 버린" 것이다. 나아가 그가 가진 "모든 것을 성전에 던진 행위는 가이사의 것을 가이사에 되돌려준 반제국주의적 저항의 행동이며, 예수께서 그의 수난을 통해 완성시킬 하나님 나라의 성격을 제대로 이해했던 과감한 행동"으로 해석된다. 김성희, "가난한 과부의 헌금과 로마제국(막 12:41-44)", 「신약논단」 14/2(2007), 347-385 참조.

7:11-17), 그 죽은 아들을 기적적으로 일으킨 예수는 과부의 신원자인 야훼 하나님의 역할을 대행한 셈이다. 한편, 예수의 한 비유 가운데 주인공으로 나오는 과부 역시 자신의 원한을 풀기 위해 집요하게 불의한 재판관을 찾아가 공략하는 사회적 약자로 묘사되고 있다(눅 18:2-5). 그녀에게 자신의 소원을 성취할 방도인즉 지속적으로 목표를 향해 정면으로 부대끼는 은근과 끈기 외에 달리 없었던 것이다.[8)]

예수 주변의 과부들은 이렇듯 사회적 소외와 경제적 궁핍이라는 전통적 과부상의 언저리를 맴돌고 있다. 그들은 약자로서 하나님의 보호가 필요한 대상들이다. 동시에 나름의 신실한 미덕으로 신분적 제약을 넘어서는 몇몇 예외적 과부들이 나타난다. 율법의 정신을 바로 살릴 때 그들에게 공동체적 차원의 돌봄이 요청되는 것은 당연하다. 그러나 그들을 위한 그러한 각별한 배려가 당위적 차원에서만 되풀이되어왔을 뿐, 그것이 실현된 뚜렷한 예는 구약성서로부터 예수 당시에 이르기까지 발견되지 않는다. 오히려 그들을 향한 억압과 학대의 기록만이 두루 탐지된다. 심지어, 예수의 비판을 액면 그대로 수용한다면, 당시의 종교 지도자들조차 그들을 배려한 율법의 규정 사항을 망각한 채 역으로 그들의 억압자로 행세한 격이다. 그도 그럴 것이, 앞선 시기의 상기 텍스트에 과부들은 대체로 뿔뿔이 흩어져 사는 개별자로 등장한다. 하여 사렙다 과부와 엘리야의 경우처럼 개인적인 차원의 교류와 후원은 있었을지언정, 집단을 대상으로 한 공동체적 차원의 배려는 아예 배제되어왔다. 그때 개인적 과부들의 선행이나 미덕은 과부들의 서러운 정서를 다독이는 위안물로 유통되었을 법하다. 하지

8) 이 비유에 대해서는 다음의 졸고를 참조하라. 차정식, "끈끈한 욕망, 끈질긴 기도—한 억울한 과부의 경우(눅 18:1-8)", 『마음의 빛을 부르는 기도』(서울: 대한기독교서회, 2003), 201-249 참조.

만 그러한 소극적 기능으로는 과부 보호와 관련된 율법의 정신을 되살리고 이를 실천하는 데까지는 미칠 수 없었을 것이다. 또한 이로써 그들을 폄시하고 억압하는 사회적 구조를 바꾸는 동력으로 삼을 수 없었음은 당연한 노릇이다.

III. 교회의 과부들이여, 단결하라!

예수의 제자들을 중심으로 교회가 생겨나면서 사정은 점차 달라지기 시작했다. 먼저, 예루살렘교회의 발전은 공동체의 지속적 운영을 위한 기본 체계와 조직을 요구하게 되었다. 사도행전(1:21-26)에서 재구성된 대로, 교회의 상징적 초석으로 12제자의 리더십이 복원되었고, 교인들은 성령 강림이라는 엑스터시의 체험을 통해 교회의 선교적 팽창을 위한 영적 에너지를 확보하기에 이르렀다. 그러나 이러한 리더십 체계의 상징적 면모와는 별도로 예루살렘교회의 실세는 바울에 의해 '기둥들' 로 불려진 게바(=베드로), 요한, 야고보의 삼두 체제로 대표되었으리라 여겨진다.

이어서 교회 내의 행정 및 재정 담당 업무를 관할할 목적으로 7명의 일꾼들이 선발된 것으로 나온다(행 6:1-6). 그런데 여기서 그들을 후대에 생겨난 교회 내 직책 '집사' 로 이해하는 것은 부당하다.[9] 그들이 '집사' 라는, 후대의 일부 성직 체계의 근원이 된 것만은 사실이지만, 7명의 조직이 이른바 12사도 집단의 하부구조를 이루지는 않았으

---

9) 실제로 그들을 묘사하는 본문에서도 '집사' 를 가리키는 전문 용어(*diakonos*)를 사용하지 않고 있다. 대신 쓰인 단어는 '섬기다' '사역하다' 라는 의미의 부정사(*diakonein*)인데(행 6:2), 이는 굳이 그들에게 국한된 역할로 볼 수 없다. 이어지는 구절에서 사도들의 사역을 가리켜 같은 뿌리의 단어— '말씀의 사역' (*diakonia tou logou*)—를 사용하고 있기 때문이다(행 6:4).

리라는 점 또한 분명하다. 그들이 애당초 목적에 부응하여 교회내의 행정 및 재정 사무를 맡아 봉직한 예를 보여주는 증거가 발견되지 않기 때문이다. 오히려 그들은 여기저기서 사도들이 하는 것과 대등한 선교 업무(전도, 설교, 세례)에 종사하고 있었던 것으로 묘사된다. 일각에서 양쪽 집단을 귀속적 통합 관계로 보지 않고 중층적 긴장 및 경쟁 관계로 파악하는 것은 바로 이 때문이다. 그들은 종교 문화적 배경뿐 아니라 성전이나 율법 등에 관한 신학적인 입장과 정치적인 위상에도 12사도 집단과 구별되는 독특한 자리를 점하고 있었으리라 추리된다.10)

어쨌든, 12사도들과 7집사들은 모두 남성들이었다. 여기서 간과하기 쉬운 것은 여성들로 구성된 또 다른 조직이 예루살렘교회 내에 존재하고 있었다는 사실이다. 이른바 과부집단의 존재가 바로 그것이다. 그들은 가부장적 교권의 영향으로 표면상 비록 소극적으로 묘사되곤 있지만 나름의 응집력을 가진 교회 내 하부 조직으로 자리 잡고 있었으리라 여겨진다. 그들은 상이한 출신 배경과 후원 그룹에 따라 두 개의 집단으로 나뉘어져 예루살렘교회 내에 공존하고 있었다. 실제로, 7명의 헬라파 지도자들이 선발된 직접적 원인도 그 과부집단들 사이의 긴장 관계를 해소하는 차원에서 찾아볼 수 있다.

히브리파 과부 집단의 기원은 두 갈래로 나누어 추적하는 것이 가능하다. 먼저 예수의 갈릴리 사역 당시부터 이런 저런 인연으로 예수를 따르던 무리 가운데 많은 여성들이 있었고(눅 8:1-3), 그 가운데 일부는 과부였으리라 추정된다. 그들의 주된 업무는 예수 집단의 생계를 뒷받침해주는 재정 및 살림 봉사적 차원이었을 터이다. 그런데, 그

10) 조태연 · 차정식 · 유승원, 『뒤집어 읽는 신약성서』(서울: 대한기독교서회, 1999), 148-158 참조.

들 가운데 예수의 측근 제자가 아니었다면, 예수를 따라나선다는 것은 자발적으로 남편이라는 경제적 후견인 또는 가정 자체를 포기해야 하는 다소 무모한 선택이었다. 따라서, 이 범주에 속하는 이들은 대체로 비교적 운신이 자유로운 과부 신분에 해당되었을 것이다. 그들은 예수 사후에도 예루살렘에 모여 교회의 살림살이 운영에 일조했으리라 짐작된다.

또 다른 히브리파 과부집단의 구성분자는 이른바 공동 소유와 공동 소비라는 예루살렘교회의 생활 스타일과 밀접한 연관이 있는 듯하다(행 2:44-45, 4:34-35). 내 것 네 것 따지지 않고 함께 그 필요에 따라 나누는 공동체적 삶의 모델은, 그 이상화된 도식의 작위성을 감안하더라도, 외적인 표방만으로도 상당한 대중적 호응을 얻을 수 있는 프로그램이었다. 그때 모여든 수많은 사람들은 선교사적인 맥락에서 날마다 더해진 구원받는 백성들이었겠지만(행 2:47), 그 가운데 상당수는 그 활수한 나눔의 현장이 제공하는 물질적 혜택을 입고자 찾은 가난한 자들이었던 것이다. 거기에는, 가령, 오순절 명절에 먹을거리를 얻기 위해 몰려든 거지나 행려병자도 많았겠지만, 몸을 의탁할 곳을 찾던 고아나 과부들 또한 없지 않았을 것이다. 그들 또한 나름의 투철한 신앙심으로 무장하고 부지런한 봉사 정신을 발휘하여 히브리파 과부집단의 일원으로 최소한의 생계유지는 보장받을 수 있었으리라 보는 것이다.[11]

---

11) 당시 소외된 빈민들은 유대 사회에서 두 종류로 나뉘어 구제받도록 제도적인 장치가 마련되어 있었다. 먼저 그 지역 주민인 경우엔 매주 금요일에 한번씩 14끼니 분의 돈을 제공받았고, 외부로부터 일시적으로 유입된 빈민들은 매일 일용할 양식을 공급받았다. 그러나 초기 예루살렘교회의 과부 공궤는 이것과는 별도로 나름의 운영 체계를 확보한 상태에서 이루어지고 있었으리라 추측된다. Ernst Haenchen, *The Acts of the Apostles: A Commentary* (Philadelphia: The Westminster Press, 1971) 261-262 참조.

헬라파 과부 집단의 형성 과정과 내력을 파악하는 일은 한층 더 어렵다. 사실 해당 텍스트(행 6:1)에서 복수로서 과부들을 언급한 경우는 헬라파에 한정되어 있다. 히브리파 과부집단의 존재는 이로부터의 유추와 정황 증거의 개연성에 근거해서 재구성한 것에 불과하다. 예루살렘교회 내에 그들의 존재는 헬라파 교인들의 그것과 맞물려 있는 것으로 볼 수 있다. 디아스포라 유대인으로 살던 그들이 예루살렘에 정착하게 된 데에는 여러 가지 사연이 있었을 것이다. 그들이 종교적인 목적으로 명절에 성전을 일시적으로 찾은 것이 아니었다면, 일부는 사업상의 이유로 일정한 기간 정주한 것으로 추측된다. 나머지는 필경 외지의 이민 생활을 정리하고 고국으로 되돌아와 새 삶의 터를 일군, 이른바 역이민자들이었을 것이다.12)

그들은 대체로 헬라어와 헬레니즘 문화에 익숙한 자들이었을 터이고, 그간 축적해온 일정한 재산도 지녔을 법하다. 그들 가운데는 예루살렘교회의 공동체 정신에 동참하여 자신의 재산을 사도들에 발 앞에 두었을 경우도 상정해볼 수 있다. 그러나 나이든 여자로서 자식 없이 홀로 된 경우, 전적으로 그들의 생계를 교회에 의탁할 수밖에 없는 노릇이었다. 헬라파 교인들이 희사한 재산으로써 나름대로 기여한 점을 감안할 때 교회로서 그 무의탁 과부들을 외면할 수 없었을 것이다. 더구나 외지에서 고국으로 귀환한 자들로서 나름의 온정과 넉넉한 처우를 기대한 측면도 없지 않았을 터였다. 디아스포라 출신의 헬라파 교인들이 자신들 쪽 과부 집단의 음식 공궤 문제에 민감했던 일

12) 이들 헬라파의 기원과 정체에 대한 대표적 연구로 Martin Hengel, "Between Jesus and Paul: The 'Hellenists', and the 'Seven' and Stephens(Acts 6.1-15; 7.54-8.3)", *Between Jesus and Paul: Studies in the Earliest History of Christianity* (Philadelphia: Fortress Press, 1983), 1-29; Thomas W. Martin, "Hellenists", *ABD* vol. 3, 135-136 참조.

단의 이유가 바로 여기에 있다. 그들을 향한 소홀한 대접은 바로 헬라파 교인들의 교회 내 입지가 허약해지고 이에 따라 그 정치적 위상이 위축됨을 암시하는 것이었기 때문이다.

이렇게 구성된 과부 집단은 현재적 의미의 조직 개념과는 거리가 멀었겠지만, 교회 내에서 나름대로의 집단적 정체성을 키워간 것으로 판단된다. 예루살렘교회에서 그 단초가 엿보이던 과부집단은 그와 유사한 형태로 좀더 뚜렷한 윤곽을 선보이면서 다른 곳으로 확산되어 나타난다.

욥바의 기독교 공동체를 주도한 다비다(=도르가) 휘하에 있던 과부집단도 마찬가지의 맥락에서 주목된다. 사도행전(9:36-43)에 나오는 이 이야기는 다비다라는 경건하고 선량한 여인이 병들어 죽었는데, 근처를 방문중이던 베드로의 도움으로 되살아났다는 기적담의 형식으로 전개된다. 문학 비평적인 관점에서 이 이야기는 불우한 여인을 돕거나 위기에서 구조해내는 전형적인 플롯의 변용으로 보인다. 이 형식의 계보에는 이미 엘리야와 사렙다 과부, 엘리사와 수넴 여인, 예수와 야이로의 딸, 나인성 과부의 이야기 등의 전례가 있다.[13]

그러나, 시각을 달리하여 이 이야기 속에 내장된 당시의 교회사적 풍경은 초기 교회에 자생적으로 존재한 과부들의 공동체를 보여준다. 이로부터 얻을 수 있는 단서는 다비다와 같은 경건한 과부의 리더십을 중심으로 일반 '성도들' 과 별도로 '과부들' 이 공동체의 한 축을 이루면서 함께 움직였다는 점이다(행 9:41). 구체적으로 그들이 나름의 협력 체계 속에 의복을 만들어 불우한 이들을 공궤하는 적극적인 역할을 담당하고 있었다는 사실도 탐지된다(행 9:39). 과부들이 단순히 공동

13) 앞의 책, 339 참조.

체의 양식만 축내는 소비자들이 아니었다는 것이다. 뿐 아니라 그들의 섬김 활동이 교회의 부흥을 추동하는 촉매제의 역할을 수행한 점도 확인된다(행 9:42).

이 대목에서 특히 주목할 만한 점은 과부들이 더 이상 개인으로 흩어져 등장하지 않고 그들끼리 단결하여 나름의 영향력을 발휘했다는 사실이다. 이를 가능케 한 가장 중요한 조건은 다비다로 표상되는 리더십의 확립이다. 그가 그렇게 여러 과부들을 거느리고 함께 의복 공궤 사역을 감당할 수 있기 위해서는 나름의 재력이 뒷받침되어야 했음은 물론이다. 동시에 그녀는 자신의 가정에 얽매이지 않은 채 다른 과부들과 '함께' 생활할 수 있는 과부로서, 그 신분상의 제약을 사역의 선결 조건으로 전환한 것이다.

이처럼 과부의 신분으로 초기 교회의 선교 사역에 적극 동참한 다비다 계통의 여성 지도자로 추론되는 이들은 적지 않다. 가령, 예루살렘교회 살림의 산파역을 맡은 듯한 마가의 어머니 마리아(행 12:12), 빌립보 교회의 초석을 놓은 루디아(행 16:11-15), 고린도교회의 파당분쟁 소식을 전한 전령 글로에(고전 1:11), 바울의 후견인으로 로마교회에 천거된 겐그레아교회의 사역자 뵈뵈(롬 16:1-3), 그밖에 또 다른 마리아(롬 16:6), 드루배나와 드루보사와 버시(롬 16:12) 등등.[14] 이들의 대체적인 특징으로는 자신의 사업이 있었고 직업상 비교적 여행이 자유로웠다는 점 따위를 지적할 수 있다. 신분상 이 부류에 가장 근접하는 부류가 당시 과부였음은 두말할 나위 없다. 물론 그들이 모두 과부 집단의 지도자였다는 가시적 증거는 없다. 그럼에도 불구하고 교회 내 그들의 물질적 정신적 기반은 늘 유사한 여성집단의 조직을 가능케 하는 동인

14) Stählin, "χήρα", 451 각주 107 참조.

이 되었으리라는 점만은 분명하다.

그러나 그들의 그러한 헌신적 기여를 순전히 신앙적인 동기에서 보기에는 미진한 구석이 있다. 자신의 재산과 직업을 통한 선교 사역에의 적극적 동참은 그들에게 사회적 신분 상승이라는 반대급부를 되돌려줄 수 있었을 것이기 때문이다. 역으로, 이는 근로 여성들인 그들로 하여금 초기 기독교 활동에 선도적인 자세로 동참케 만든 사회적인 흡인 요인이라 볼 수 있다.15) 교회 내에서 그들이 일선의 전도자들에게 후견인으로 자처하거나, 자신의 집을 집회의 장으로 내어주는 일은 자신의 사회적 명예 향상과 자긍심의 제고와 무관치 않았던 것이다. 부분적으로 이러한 까닭에 그들은 당시 이교도 사회와 유대인 공동체로부터의 경멸과 적대적인 분위기에도 불구하고 교회의 사역에 열심을 아끼지 않았던 것으로 보인다. 예루살렘교회의 과부들은 표면적으로 음식 공궤를 받는 소비일변도의 집단으로만 묘사되고 있다. 그러나 주변의 정황 증거를 적용해볼 때 그들 또한 의식주와 같은 일상사에 관련된 일에 나름대로 밥값을 했으리라 추정된다. 마가의 어머니 마리아가 과부였다면 그 적절한 증거로 삼을 만하다. 그렇다면, 교회 내 재정 집행의 일선에서 손발로 뛰었던 현장의 일꾼들은 바로 그 목적으로 선출된 7명의 헬라주의자 일꾼 등이었다기보다 바로 그 과부집단의 지도자였을 가능성이 높아진다.

이렇듯, 과부의 계보상으로 자리매김한다면 생성기 교회의 과부 집단이야말로 고래로부터 전승된 신실하고 용감한 과부의 맥을 이어받았다고 할 수 있다. 그들은 전통적 과부상이 보여준 가난과 소외

15) Hugo Montegomery, "Women and Status in the Greco-Roman World", *Studia Theologica* 43 (1989), 115-124 참조.

의 구질구질한 외투를 벗어 던지고 자체의 생산성을 확보한 상태였던 것이다. 나아가 경건한 과부들이 산발적으로 보여준 그 예외적 개별성 내지 소극적 개체성을 극복하고 단결된 응집체로서 교회의 대사회적 역할 분담에 획기적인 돌파구를 연 공로가 인정된다.

Ⅳ. 금욕적 과부들의 발자취

과부들의 집단적 정체성은 이방인 교회에서 다소 양상을 달리하여 나타난다. 고린도전서 7장으로 대표되는 이방인 교회의 과부들에 대한 기록은 의식주를 둘러싼 교회의 살림살이나 섬김의 문제와 다른 차원에서 과부의 위상을 조명해준다. 요컨대, 그것은 과부들의 영적인 권위 제고와 관련된 생활 스타일과 관련되어 있다. 그 비평적 전제인즉, 고린도교회의 일부 여성들이 영적인 권능을 행사하면서 예언자 역할을 함으로써 교회 내 나름의 영향력을 끼치고 있었다는 것이다.[16] 특히 고린도전서 7장에서 제기된 고린도교회의 문제는 매우 복합적인데, 간략히 정리하면 결혼과 금욕주의란 논제로 집중된다. 결혼은 이혼과 재혼의 문제와 상관되며 금욕주의는 그런 각각의 행위를 정당화하거나 정죄하는 잣대로서 기능한다. 바울은 여기서 고린도교회 내에 이미 독신의 삶을 작정한 과부들과 결혼을 포기한 처녀들이 존재함을 전제한다. 그들의 금욕주의적 구호인즉 아마도 "몸과 영을 다 거룩하게"(고전 7:34) 보존하자는 식이었을 것이다. 그것이 개별적인 서원의 문제였다면 그들의 금욕주의가 교회 내에서 굳이 공론화될 필요가

16) 이러한 측면에서 영향을 끼친 고린도 교회의 열성적 여성들에 대한 바울의 비판적 묘사와 이에 대한 여성주의적 재해석의 관점으로는 앤 와이어, 조태연 편역, 『원시 기독교의 잊혀진 여성들』(서울: 대한기독교서회, 2001), 111-162 참조.

없었을지도 모른다. 그러나 고린도교회는 이미 공적인 채널을 통해 이 문제에 관해 바울의 목회적 처방을 요구하고 있던 터였다(고전 7:1). 그렇다면 이 문제의 이면에는 예의 금욕적 여인들이 집단적으로 세력화하여 결혼과 성교를 금하는 과격한 주장을 내세운 의혹이 짙게 깔려 있다. 이는 당시 처녀성에 특별한 종교적 의미를 부여하거나 처녀들을 중심으로 구성된 종교 제의(Vestal virgin cult)가 성행한 시대적 배경과도 일맥상통한다고 볼 수 있다.[17]

이에 대한 바울의 처방은 그답게 포괄적인 균형 감각 속에 제시된다. 그 또한 독신자로서 그 금욕적 과부들과 처녀들의 입장을 일단 원론적인 차원에서 수긍하는 듯하다. 그 신학적 근거가 긴박한 종말의식이라고 한다면(고전 7:25-31) 그 신앙 실천적 이유는 남편과 주님을 동시에 섬기고자 할 적에 생기는 마음의 이반 현상이다(고전 7:32-35). 그러나 다른 한편으로, 그는 세세한 경우의 차이를 무시하고 일률적으로 그런 주장을 강요할 수 없다는 지론을 편다. 즉, 불같은 성욕을 주체할 수 없는 경우에는, 성적인 방종이라는 유혹을 사전에 방지하는 차원에서 결혼을 하는 것이 바람직하다는 것이다(고전 7:2, 9). 이러한 원칙에 입각하여 그는 결혼을 해야 할 경우와 하지 않아도 좋은 경우를 구별하고 있다.

여기서 유추해볼 수 있는 한 가지 현상은, 초기 기독교의 종말론적 메시지가 과부와 처녀들의 결혼을 장려하지 않는 방향으로 전달되어 여성들의 자발적 과부화와 노처녀화를 촉진했다는 것이다. 그리고 그들의 교회 내 위상을 강화하는 방편으로 금욕주의적 실천이 일반

---

17) 이에 관하여는 다음의 졸고를 참조하라. Jung-Sik Cha, "The Ascetic Virgins in 1 Corinthians 7:25-38", *AJT* 12/1 (1998), 89-117.

기혼자들이나 결혼 예정자들에게까지 적잖은 위력을 발휘했다는 것이다. 물론 교회의 질서 유지란 견지에서 바울은 그 극단적인 경향으로 인해 벌어질 부작용을 미리 차단코자 애쓴 것으로 보인다. 하지만 '더 거룩한 삶'을 지향하는 과부집단의 금욕적 수행은 이미 '처녀과부'(virgin widow)까지 끌어들여 틀어막기 힘겨운 큰 흐름을 형성하고 있었다.[18]

특히, 고린도교회 내에서 그들이 독특한 영적 위력을 발휘하여 교회의 질서 유지에 난맥을 조성한 흔적은 뚜렷하다. 가령 공중예배의 자리에서 영적인 열광의 상태에서 머리 위의 베일을 집어던진 여성들의 경우(고전 11:2-15)가 그 대표적인 사례려니와, 방언 등의 은사가 과도하게 표출됨으로 인해 생긴 부작용(고전 14:26-40)의 현장에도 여성 교우들의 열정적인 활약상이 은근히 내비친다. 이런 와중에서 바울은 여자가 남자의 영광이고 여자가 남자에게서 났으며 여자가 남자를 위해 지음을 받았다(고전 11:7-8)는 식의 남녀불평등론을 정당화할 전략적 필요를 느낄 법도 했다. 어쨌든, 가정교회로서 당시 고린도교회의 크지 않은 규모를 감안할 때 그러한 맹렬한 여성 교우들이 고린도전서 7장에 등장하는 금욕적 처녀과부집단의 일부거나 이와 밀접히 유착된 부류로 판단해도 크게 어긋나지 않을 것이다.[19]

과부들의 금욕주의는 이렇듯 그들로 하여금 교회 내에 소극적인 봉사의 기능에 국한되지 않고 적극적으로 교회의 영적인 문제에 동

---

18) 오늘날의 상식으로 처녀와 과부는 상이한 부류의 집단으로 인식되지만, 금욕주의적 경향이 농후한 당시의 교회사적 맥락에서 주의 사역에 전적으로 헌신코자 자발적으로 결혼을 포기한 상태의 처녀들을 '과부'라는 범주에 포함하여 이해하였다. 물론 이때 과부라는 명칭은 통상적으로 쓰이는 개념이 아니라 종교적 사명의 수행을 위해 부여된 직분으로서의 성격을 지닌다. 처녀과부들의 이러한 역사적 배경과 관련하여 다음의 논문을 참조하라. Charlotte Methuen, "The 'Virgin Widow': A Problematic Social Role for the Early Church?", *HTR* 90/3 (1997), 285-298.

19) Jung-Sik Cha, "The Ascetic Virgins in 1 Corinthians 7:25-38" 참조.

참하는 계기를 제공한 듯하다. 이는 특히 디아스포라의 개방된 공간에서 활동한 이방인 교회의 과부들에게 교회의 리더십 확보를 위한 순기능으로 작용하였으리라 여겨진다. 또한 그들의 금욕적 실천이 적절히 수렴되어 세속적 가치들로부터 신앙적 가치를 보존하면서, 이로써 교회의 정체성을 공고히 다지는 외부적 경계 지표로서의 역할도 없지 않았을 것이다. 그러나 교회의 신학적 경향이 그들의 영향력에 지나치게 감염될 경우 교회는 반사회적이고 반인륜적인 집단으로 매도될 위험을 안고 있었다. 동시에 교회가 양적, 질적으로 발전하고 가부장적 교권이 확립되어감에 따라 바울 이후 지나치게 비대화된 그들의 세력이 경계의 대상으로 떠오를 만했다. 그들의 열성주의적 활약이 대내외적으로 체제 유지와 조직화를 지향한 교권의 위계질서에 해악을 끼칠 가능성도 짚어보지 않을 수 없었던 것이다.

후대의 교회는 이러한 추세에 대응하여 한편으로 제도권의 안정에 해악을 조장하는 과부들을 비판하면서 다른 한편으로 그들을 과부성직단으로 편제하여 교회 내의 제한된 사역을 담당시키는 방향으로 조율해나간 듯하다. 그때 그들의 삶은 가난과 정결의 실천을 통해 주어진 임무를 수행하는 성직의 길로 특징지어진다. 이로부터 일탈된 과부들은 이른바 외경 문헌을 통해 그들 나름의 독특한 신앙 세계를 펼쳐 보이거니와, 이는 후대의 역사 속에서 제도권 밖으로 밀리는 선택을 강요받기에 이른다.

V. 성직이 된 '참 과부'

예루살렘교회에 그 뿌리를 두고 있는 과부 집단의 활동은 금욕주의 정신의 기치 하에 그 소극적 위상을 극복하면서 이방인 교회로까지 큰 호응을 받았던 것 같다. 여기에 덧보태진 종말론적 메시지는 결혼 거부 및 가정 경시의 풍조를 확산시키는 데 상당한 위력을 발휘하였다. 게다가 예수를 따르기 위해 가족을 떠난 제자들의 유풍이 끼친 간접적 영향도 무시할 수 없는 요소로 파악된다. 어떤 것에도 얽매임 없이 복음 선포라는 대의를 위해 유랑의 삶을 마다하지 않은 그들의 제자도 정신은 하나의 이상형으로 고착되어 다음 세대의 귀감으로 유포되었을 터이기 때문이다.

이러한 흐름을 대변하는 일례로, '바울과 테클라 행전' 의 서두에서 바울의 메시지를 듣기 위해 몰려든 많은 여인들을 들 수 있다.[20] 개중에는 테클라처럼 약혼자가 있음에도 불구하고 과감히 이를 떨쳐버린 자발적 여성 독신자들도 적지 않았을 것이다. 이른바 처녀과부들 또는 젊은 과부들의 가세는 초기 교회 공동체의 활력을 충원하는 결과를 가져왔을 것이 분명하다. 그러나 앞서 지적한 대로, 이러한 추세에 편승하여 몰려든 과잉의 과부 인구는 교회에 만만치 않은 부담으로 작용했을 가능성이 크다. 먼저 교회가 그들을 먹여 살려야 하는 현실적 의무로 인한 재정적인 압박이 컸을 것으로 사료된다. 초기 예루살렘교회의 전통에 준하여 과부들을 공궤하는 것이 당연지사로 여겨지거나, 그들의 희생적 금욕주의에 근거한 영적 은사의 실천을 대가로 교회 쪽에서 최소한의 생계 보장을 책임져야 할 입장이었던 것이다. 또한, 결혼과 음식 문제에 관한 금욕주의적 규율의 지나친 강조는 교회를 세상으로부터 고립된 반사회적 단체로 만들 위험을 내포하고 있었다.

그리하여 바울 다음 세대의 교회사적 관심이 반영된 목회서신

---

20) 이 외경문헌은 바울의 유산이 그 후일담을 통해 어떻게 다각도로 전승되어갔는지 그 궤적을 탐색하는 데 중요한 자료가 된다. Dennis R. MacDonald, "Acts of Thekla", *ABD* vol. 6, 443-444 참조.

(the Pastoral Epistles)에서 과부를 포함한 여성들에 대해 보수적인 입장이 표명된 것은, 가부장적 교권으로선 어쩌면 자연스런 시대적 흐름에 부응한 결과였다. 기독교가 더 이상 유대교의 변방에서 기생하는 사이비 종파가 아닌 단계에서 교회가 대책 없이 세상과 불화 일변도의 관계를 고수할 수 없었던 것이다. 복음의 체계화와 교회의 제도화에 걸맞은 자체 정비가 요청되는 마당에 영적 은사에 따른 열정의 발현이라고 해서 뭇 여성들의 모든 활동을 수수방관할 수만은 없었던 것이다. 아울러 늘어나는 모든 과부들의 생계를 교회가 무조건 떠맡을 수는 없는 노릇이었다. 아무리 희생적 헌신이라고 해도 공동체의 안위와 평온한 생존을 위해 한계 설정이 필요했던 것이다.[21]

특히, 여성들의 경우 남편에 대한 순종과 교회에서의 침묵이 미덕으로 요구된 것으로 나타난다(딤전 2:11-12). 그 요구를 정당화하기 위해 저자는 대물림된 하와의 허물까지 지적하면서 창세기의 근거를 들이댄다(딤전 2:13-14). 그 허물을 벗고 구원받는 길과 관련하여, 믿음과 사랑, 성결과 겸양의 신앙적 미덕에 아이 출산이라는 가정적 의무를 이행함에 있다는 기이한 단서가 붙는다(딤전 2:15).[22] 이런 극약처방을 내려야 할 만큼 당시 신앙 지상주의적 신념에 목매달고 가정의 가치를 사소히 여기는 풍조가 팽배했던 것이다. 결혼하지 않고 정상적인 관계에서 아이를 낳을 수 있을까? 과연 저자는 결혼을 금하는 극단적인 금욕주의자들에 대해 비판적인 의견을 개진한다(딤전 4:3). 그들은 성적 금

---

21) 이는 특히 예수의 출가 전통이 후대 교회의 제도화 과정에서 어떻게 약화되고 그것과 반비례하여 혈통가족의 보존과 안착이 강조되었는지 가족해체와 가족통합의 변증법적 전개과정에서 적절히 이해된다. 차정식, "가족 해체와 통합의 신학적 변증법—예수와 초기 기독교 공동체를 중심으로", 『예수의 신학과 그 파문』(서울: 대한기독교서회, 2007), 301-344 참조.

22) 이러한 극단적인 처방은 당시 출산을 영적인 진보를 가로막는 사탄의 장애물로 간주한 영지주의자들의 가르침이 그 논쟁적 배경으로 깔려 있다. Martin Dibelius & Hans Conzelmann, *The Pastoral Epistles*, tr. by Philp Buttolph & Adela Yarbro (Philadelphia: Fortress Press, 1972), 49 참조.

욕뿐 아니라 음식에 대한 까다로운 제약을 두어 교인들로 하여금 순탄한 사회생활을 어렵게 만드는 장본인이었던 모양이다(딤전 4:3-5).

이러한 가부장적 교권의 입장에서 과부들을 향해서도 마냥 관대할 수만은 없었을 것이다. 그들의 청빈과 헌신적인 봉사 활동에도 불구하고, 지나친 열성으로 인한 부작용을 고려하지 않을 수 없었던 것이다. 여성들에 의해 이루어지던 교회 내 가르침의 활동이 제도적으로 원천 봉쇄되는 마당에 과부들 또한 운신의 폭이 위축될 수밖에 없었다. 이에 따라 그들끼리 따로 모이는 '사랑방 모임' 식의 자리에서 나누었을 법한 재미있고 영웅적인 여성 교우들의 신앙 만담은 교권에 의해 '허탄한 신화와 늙은 부인네들의 이야기들' (딤전 4:7)로 치부되기 시작했다. 교권의 억압이 심해질수록, 남성 지도자들보다 과부나 금욕적 여성들이 주인공으로 등장하는 그러한 '사랑방 이야기' 식 부인네들의 만담은 점차 외경의 세계로 확산되어갔으리라 추정된다. 그들은 교회 내에서 풀지 못한 신앙의 잉여 열정을 그러한 문학적 상상력을 통해 해소해나간 것이다. 동시에, 역으로 그들의 영웅적인 신앙 실천의 역정이 외경문학(특히 행전 류)의 통로로 수렴되어간 것으로 볼 수도 있다. 그곳에서 그들은 가정의 억압적 굴레로부터 벗어나 정서적 해방 공간을 즐기는 가운데, 소심하거나 난폭한 남성들을 해학과 풍자로써 극복해나가면서 나름대로 위안과 치유를 추구했으리라 짐작된다.[23]

---

23) 외경행전에 집중적으로 나타나는 이러한 경향은 창세설화의 특정 해석에 의존하여 남녀의 영적인 합일을 추구한 영지주의 신학과 분명한 차이를 드러낸다. '그리스도 안에서 남녀의 차별 없이 하나' 라는 바울의 진술은 이와 같이 상이한 해석적 전승을 낳았다. 가부장주의적 교권의 보수 세력은 그것을 이 땅의 사회 질서와 무관한 사후의 영혼 구원 차원에서 받아들였고, 영지주의 세력은 앞서 언급한 대로 남녀의 육체적 한계를 넘어선 영적인 합일을 통해 태초의 온전한 인간을 회복하는 차원에서 재해석하였으며, 이와 달리 외경행전은 남성 일변도의 가부장 체제를 비판하면서 여성들도 남자처럼 굳세게 자신의 운명을 재창조하는 주체로서 자아를 실현해나가는 투쟁적이며 선교적인

그렇다고 해서 그들이 제도권의 교회에 등을 돌린 채 배타적 성벽만을 쌓을 수는 없는 노릇이었다. 교회로서도 과부들의 활동 반경을 제한하는 반대급부로 신실한 과부들이 공동체 사역에 이바지할 수 있는 제도적 장치를 마련해줄 필요가 있었다. 이런 맥락에서 나온 것이 바로 과부 집단을 과부성직단으로 재정비하는 방침이었다. 아울러 이를 운영하는 규율도 제정되었다. 먼저 '참 과부'(*ontos chēra*)를 선별하는 작업이 요청되었다. 과부로 자원한다고 교회가 그 모두를 과부로 용인할 수 없었기 때문이다. 그 기준으로는 나이가 최소한 60세 이상이고 한번만 결혼한 적이 있으며 나름의 선행을 통해 검증된 자라는 조건이 붙었다(딤전 5:9-10). 선행의 내용으로는 자녀 양육, 환대, 성도들의 발을 씻은 경험, 곤경에 빠진 이를 도운 경력, 기타 선한 사업에 헌신적으로 동참한 일 등이 고려되었다. 이러한 조건에 합당한 과부들은 일정한 심사를 거쳐 나름의 서원을 한 것으로 보인다. 그 서원은 물론 개인의 내면적 고백으로만 이루어진 것이 아니라 회중들 앞에서 일정한 의식을 갖추어 치러진 것으로 보인다(딤전 5:12).

그 뒤 그들은 교회 내의 '명부'에 등재되어 교회 내의 성무에 부분적으로 동참하는 것이 허락되었다. 여기에 사용된 헬라어(*katalegein*)는 징집 등과 같은 특정한 목적을 위해 선발되어 명부에 오르는 것을 일컫는 전문 용어이다. 교부 테르툴리아누스(Tertullianus)는 이를 '성직으로 수용하다'(*adlegere in ordinem*)라는 의미로 의역한 바,24) 당대적 맥락의 함의를 적절히 반영한 해석으로 판단된다. 이로

맥락에서 변용해나갔다. 이는 주체적 여성복지란 견지에서 주목할 만한 역사적 근거이다. 이와 관련한 역사적 배경과 신학적 논의로는 Dennis Ronald MacDonald, *There is No Male and Female* (Philadelphia: Fortress Press, 1987); Michael L. Satlow, "'Try To Be A Man': The Rabbinic Construction of Masculinity", *HTR* 89/1(1996), 19-40 참조.

24) Martin Dibelius & Hans Conzelmann, *The Pastoral Epistles*, 75 참조.

써 '참 과부'는 특정한 사회적 신분을 지칭하는 보통명사에서 교회 내 성무에 관여하는 고유한 직책을 뜻하는 특수명사로 탈바꿈하게 된 것이다. 이는 연장자를 지칭하는 '장로'(*presbyteros*)라는 말이 교회 내의 치리와 훈육을 담당한 지도자의 타이틀로 굳어지게 된 내력과 엇비슷하다. 이렇게 제한적으로 선발된 과부들은 실제로 후대 교회사에 나타나는 '회중의 과부들'이라는 성직단의 한 전례로 성도를 위한 일반적인 봉사 임무를 수행하였다. 그들에게 부과된 그 사역의 내용인즉 기도와 간구, 음식 접대, 병자 방문 등과 같은 부대적인 역할에 집중된 것이었다.

그밖에도, 비록 제한적이긴 하지만, 가르치는 사역도 일부 담당한 것으로 보인다. 여자로서 그들에게 금지된 것은 가르침 그 자체가 아니라 남자를 가르치는 창조론적 월권 행위였다(딤전 2:11-15). 그러나 60이 넘게 살면서 쌓아온 지혜와 경륜을 통해 교회의 발전에 이바지하는 방향으로 젊은 여자들을 가르치는 것까지 금할 필요가 없었던 것이다. 그들은 오히려 "선한 것을 가르칠 것"(*kalodidaskalous*)을 종용받는다(딛 2:3). 그 가르침은 물론 "그 남편과 자녀를 사랑하며 근신하며 순전하며 집안일을 하며 선하며 자기 남편에게 복종하게 하"는 보수적인 내용으로 채워져 있다(딛 2:4-5). '밤낮으로' 교우들을 위해 기도하는 임무를 부여받은 것으로 미루어 그들은 무의탁 과부로서 교회를 거처 삼아 주로 그곳에 상주하였으리라 짐작된다.

그들의 선발 과정에서 일차적으로 탈락될 수밖에 없는 자들은 이른바 젊은 과부들 또는 처녀과부들이었다. 그들은 아직 혈기 왕성하여 세속의 유혹에 민감히 노출되어 있다는 구실로 차라리 재혼하여 아이를 낳고 일상적인 삶에 충실할 것을 권고받았다(딤전 5:11-14). 이러한 처방을 내린 것은 과부성직단의 명부에 등재된 일부 젊은 과부들이 그 명예를 내팽개치고 세속의 욕망을 따라 '파계'(?)하곤 하는 현실이나 그 잠재적 가능성에 기인한 바 컸을 것이다(딤전 5:15). 실제로 당시 교회의 재정에 생계를 의탁한 과부성직단은 디모데의 에베소나 디도의 그레데뿐 아니라 서머나와 빌립보 등 여러 곳에서 발견된다. 일부에선 전혀 결혼한 적이 없는 처녀과부들로 구성된 경우도 있었지만(Ignatius, *Smyrneans* 12), 목회서신에서 보듯, 결혼한 뒤 남편의 사망으로 홀몸이 된 늙은 과부들을 포함한 경우도 발견된다. 과부성직단의 구성원에 대한 엄격한 제한과 규율의 적용이 확산되기 이전까지 그들은 곳곳에서 매우 왕성한 활동을 벌인 것으로 추론된다.

이를테면, 그 과부들은 금욕적 처녀들과 더불어 무리를 지어 곳곳으로 돌아다니면서 활발한 전도 활동에 임했던 것으로 나타난다. 그러나 그들의 그러한 적극적 복음 캠페인은 그 활동의 직접적 결실과 무관하게 금욕주의적 용맹을 지나치게 과시함으로 말미암아 교회 밖의 사람들로부터 사회적 비난을 자초할 가능성이 있었다. 이에 대한 초기 교부들의 대응은 그들의 행동을 사전 검증 및 승인 절차를 밟게 함으로써 적절히 통제하는 것이었다.[25] 교회가 불필요한 비난의 과녁이 되어 대외적인 이미지 실추를 자초할 필요가 없었기 때문이다. 이에 따라 교권이 그 통제를 실속 있게 하기 위해 취한 조치는 그들의 자격 요건을 대폭 강화하고 그들에게 경제적 기반이 된 교회로부터의 생계 지원을 차단한 것이다. 이런 식으로 교회에 기대고 있던 과부들의

---

25) 가령 이그나티우스는 폴리카르푸스에게 보낸 편지에서 다음과 같이 말한다. "과부들을 소홀히 여기지 말라. 주님을 따라 네 스스로 그들의 감독자가 되어라. 네 승인 없이 그들로 하여금 아무일도 하지 말게 하라"(Ignatius, *Polycarp* 4:1). 특히, 그들의 과잉 행동으로 말미암아 생긴 비방과 조롱에 대한 경고와 관련하여 Polycarp, *Philippians* 4:3, 5:3; Ignatius, *Polycarp* 5:2 참조. Dennis Ronald Macdonald, *The Legend and the Apostle: the Battle for Paul in Story and Canon* (Philadelphia: The Westminster Press, 1983), 74에서 재인용.

상당수를 솎아냄으로써 교회는 재정적인 부담을 덜 수 있었다. 아울러 일상 업무에 충실히 복무하는 가정들을 더 많이 확보함으로써 교회의 제도적 안정을 도모하는 동시에 사회적 이미지 개선에도 한몫 했을 터이다. 다른 한편으로 그들은 자녀 출산을 통해 교인수의 증가에 일조하면서 자연스레 교회의 재정 소모자에서 중요한 재정원으로 탈바꿈되었을 가능성이 크다.

'참 과부' 로 분류된 이들이라고 해서 교회가 모두 생계 지원을 하는 것은 아니었다. 참 과부들 가운데 장성한 자녀나 손자가 있는 경우엔 그들로 하여금 참 과부인 모친이나 조모를 부양토록 조처한 것이다(딤전 5:4). 뿐 아니라, 친척들을 둔 참 과부도 그들에게 생계를 담당하여 그들로 인한 교회의 과중한 부담을 덜라는 것이다(딤전 5:8, 5:16). 다시 말해, 가족이나 친척들의 생계 지원이 보장된 경우, 참 과부라 하더라도 무보수 봉사를 요구한 것이다. 이는 '일꾼이 그 삯을 받는 것이 마땅하다' 고 하여 장로들을 부대조건 없이 유급 직책으로 인정한 처사(딤전 5:18)와는 사뭇 대조적이다. 이로써 교회의 짐 떠넘기기란 인상을 주지 않기 위해 목회서신은 가족이나 친척에 의한 과부 부양을 기독교 신앙의 차원에서, 짐짓 위협적으로, 정당화한다. 이를테면 "누구든지 자기 친족, 특히 자기 가족을 돌아보지 아니하면 믿음을 배반한 자요, 불신자보다 더 악한 자" (딤전 5:8)라는 것이다. 이렇듯, 후대의 교권은 과부 구제를 그 가족 및 친척에게 맡기고 이를 신앙 행위의 중요한 일부로 평가함으로써 교회의 하부구조인 가족의 안정을 도모했다. 그 결과, 참 과부를 추려 제도권 내 성직단의 일원으로 재편한 정책은 교회의 구조적 정돈과 재정적 안정을 이루는 일석이조의 효과를 노릴 수 있었던 것이다.

VI. 비제도권 과부들의 행방

저러한 일련의 과정을 거쳐 초기 교회 내의 일부 늙은 과부들은 그 청빈과 정결을 대가로 교회의 생계 보조와 함께 일정한 성직의 임무를 부여받게 되었다. 그러나, 이로써 몸과 영을 모두 거룩하게 지키고자 하는 금욕적 젊은 과부들의 왕성한 활력을 아주 꺾어놓을 수는 없는 노릇이었다. 그들은 점차 교회의 제도권으로부터 소외되는 길을 밟았겠지만, 그로 인해 변방에서 나름의 사역을 수행할 수 있는 또 다른 방안을 모색한 것으로 보인다. 이는, 이를테면 욥바의 과부들을 모아 구제한 다비다와 같은 경제적 후원자의 출현으로 가능해졌을 터이다. 열정적인 젊은 과부들을 위한 교회의 생계 지원이 끊겼을지라도 제2, 제3의 다비다가 나오지 말란 법은 없었던 것이다.

예컨대, 바울행전에 나오는 트루패나(Tryphaena)는 부유한 과부로서 그의 딸을 잃은 뒤 처녀 테클라(Thecla)를 자녀로 입양하여 그녀를 비롯한 여러 처녀들과 결혼을 포기한 여인들(*agamoi*)에게 은신처를 마련해 주었다(바행 27-29)[26]. 이로써 그녀는 몸과 영을 거룩하게 지키면서 복음 사역에 애쓰고자 하는 정열적 과부들을 위한 유력한 후견인으로 자처한 셈이었다. 이를테면 그녀는 과부공동체의 물주로서 제도권 교회로부터 소외된 과부들, 금욕적 처녀들에게 기본 생계는 물론 별도의 안식처를 제공한 것이다. 이처럼 외경행전 이야기 속의 여인들은 대체로 단결하고 공조하며 상호 협력한다. 심지어 사자 중에서도 암사자는 여자 편에 서서 그들의 후원자로 대적들과 싸운다.[27] 그러나 트루패나

---

26) 여기서 외경행전의 약어는 다음과 같이 표기하기로 한다. 바울과 테클라행전(바행), 베드로행전(베행), 요한행전(요행), 도마행전(도행).

같은 후견인이 모든 비제도권의 과부들에게 존재했다고 보는 것은 지나친 확대 해석이다. 오히려 그 역이 현실에 가까웠을 것이다. 트루패나의 과부공동체는 예외적인 경우에 해당되려니와, 나머지는 궁핍한 경제적 삶을 감내하면서 그것을 자신들의 금욕적 신앙 이념을 실천하는 마땅한 조건으로 정당화했을 것이다. 그러면서도 내심 현재 교권에 대한 불만이 간접적으로나마 적극 토로되었을 법도 하다. 실제로 외경행전들을 보면 공통적으로 당시 교권을 대표하던 감독, 장로, 집사 등의 직책이 거의 나오지 않거나 간혹 나오더라도 특별한 비중이나 역할이 부여되지 않는다.[28] 무시나 외면이 불만이나 비판의 토로를 대신한 셈이다.

반면, 예수 시대의 사도들은 유랑전도자의 모습으로 종종 등장하되, 금욕적 과부 처녀 집단과의 유대가 돈독하게 묘사되고 있다. 하여 그들의 권위 하에 과부들을 후원키 위한 목적으로 재물이 공급되거나 과부들을 돌보는 일에 소홀한 점을 비판하기도 한다. 바울의 경우가 그렇고(바행 4), 베드로와 도마, 요한의 경우도 마찬가지다(벧행 7:19-20; 8:28-29; 도행 6:59; 요행 30). 특히, 외경행전은 공통적으로 교권의 혜택이 미치지 못하는 과부공동체를 향해 재정적인 안정과 구성원들의 건강 문제에 각별한 관심을 표하고 있는 것으로 나타난다.[29] 이는 그들이 여전히 교회 쪽의 후원에 대한 기대를 포기하지 않았던 증거로 볼 수 있다.

---

27) 나는 한 글에서 이를 '범생물적 페미니즘' 이라는 맥락에서 분석한 적이 있다. 차정식, "테클라의 사랑— '바울과 테클라행전' 의 바울 짜깁기", 『미지의 신을 위한 변명: 바울신학 비평』 (서울: 대한기독교서회, 1998), 461-511, 특히 489 참조.

28) Stevan L. Davies, *The Revolt of the Widows: The Social World of the Apocryphal Acts* (Carbondale & Edwardsville: Southern Illinois University Press, 1980), 78-79 참조.

29) 앞의 책, 77 참조.

뒤집어 해석해보건대, 이는 당시 소외된 과부공동체가 처한 열악한 삶의 정황을 암시한다고 할 수 있다. 궁핍할수록 이를 극복하고자 하는 열망도 커지는 법! 그들은 그 열망을 동시대 교권 주도자들의 바로 앞 세대에 해당되는 사도들의 유랑적 삶과의 연대 아래 해소했다. 가난에 굴하지 않고 그 현실과 싸워가면서 복음전도를 위해 고군분투한 그들의 영웅적 삶의 모습 속에서 현재 자신들의 가난과 금욕의 모델을 찾았던 것이다. 말하자면 그들은 사도들의 적자로서 자부심을 살리면서 현재 가부장적 교권이 주는 억압적 정황을 넘어서고자 한 것이다. 이에 따라 그들에게 금욕주의 정신은 더욱 강고해져서, 내부적으로 그리스도의 순결한 신부로서 예비된 자로서의 우월한 신앙적 정체성을 고수할 수 있었다.[30] 더구나 몸과 영의 총체적 성결이란 전통적 이상은 외부적으로 제도권의 교회가 점점 세속의 가치와 타협해가는 현실을 비판하는 견제구로서의 역할을 할 수 있었다. 또한 외경행전에서 공통적으로 묘사된 대로, 그 경건한 금욕적 여성들은 종종 주를 환상 속에서 접하는 신비한 능력을 발휘함으로써, 그들의 영적 권위를 제도화된 교권에 두기보다 직접적인 체험의 현장에서 찾았음을 미루어 짐작할 수 있다.

요컨대, 목회서신과 외경행전에 반영된 과부공동체는 나름의 뚜렷한 집단적 정체성과 신앙 이념을 지닌 그룹으로 그 뿌리를 생성기 예루살렘교회에 두고 있었다. 그들은 역동적인 영적 은사의 수혜자로서, 서서히 교회의 재정을 축내는 구제 대상이란 소극적인 이미지를

30) 물론 오늘날 이러한 이미지가 늘 긍정적인 것은 아니다. 후기 바울서신에 근거한 '그리스도의 신부' 이미지에 대한 여성주의적 비판은 Carolyn Osiek, "The Bride of Christ(Ephesians 5:22-23): A Problematic Wedding", *BTB* 32/1(2002), 29-39 참조. 그는 이 이미지의 수사학적 고착이 가령 여성의 능력 개발과 남녀평등에 부정적 신학적 메시지를 공급하는 폐단이 있음을 지적한다.

벗어 던지고 탄탄한 응집력을 확보한 열정적인 선교집단으로 탈바꿈하기 시작했다. 그런데 여기에 동조하는 자발적 과부들이 불어나면서 교회와의 관계에서 재정적 원조의 여부와 그 정도가 문제로 부각된 것이다. 이에 대해 교회는 일단 과부들의 선발조건을 까다롭게 설정하고 그 자격 조건에 해당하는 이들조차 그 가족이나 친척에 생계 위탁을 요청함으로써 교회의 재정적 부담을 줄이는 식으로 정책의 방향을 정했다. 동시에 젊은 처녀과부들의 재혼을 독려하여 정상적인 가정으로 구성된 생산력 있는 교인들을 확보하는 목회 전략을 구사한 것으로 보인다.

이러한 정책에서 소외되거나 교회의 과부성직단에 편입되길 거부한 열정적인 과부들의 일부는 나름의 후원자를 찾는 자구책을 선택했다. 아울러 그들은 자신들의 상징적 후견인으로 사도들과 연대한 것으로 드러난다. 한편, 그들은 당시 제도권 교회와의 부분적 협력과 긴장 관계 속에 자신들의 금욕적 이상을 과격하게 밀어붙임으로써 정체성 유지에 진력한 것으로 판단된다. 그 가운데, 교회의 후원 여부와 무관하게, 그들에겐 고작 생계를 유지하는 차원의 가난한 성직의 수행이 있었을 따름이다. 교회의 방침대로 기도와 도고를 하든, 부엌일이나 환자 방문을 하든, 또는 젊은 부인네들의 부덕 향상을 위해 권고와 훈계를 하든, 일단 그런 사역이 성무로서 교회의 공적인 인증을 받았다는 점이 중요하다. 그러나 일부 처녀과부들은 그런 소극적 역할에 만족하지 않은 듯하다. 그들 가운데에는 남장을 한 채 곳곳을 떠돌며 복음을 전하고 공동체의 전체 살림을 주관하는 등 유랑 전도자나 과부공동체의 지도자로서 순전한 열정을 발휘한 예가 더러 있었다.[31]

---

31) 이런 삶의 스타일을 대표하는 전형적인 인물이 바로 앞서 다룬 테클라이다.

그 비제도권의 과부공동체는 교회의 사회적 삶이 세속의 규준에 맞추어 평준화되어가는 추세에 이를 견제하는 재야의 세력으로 기능할 수 있었으리라 여겨진다. 나아가 교권에 의해 편협하게 재단되고 정경화된 사도적 전승과 별도로, 그들의 영웅적 행적과 가르침을 풍부한 전설 속에 재생산하게 된 데에는 그들의 공이 자못 크다. 그러므로 사도들과의 영적인 연대 의식 속에 그리스도의 정결한 신부를 자처하면서 세상과 교회의 현실에 도전한 그들 또한 가난한 성직의 이름으로 적극 평가되어야 할 것이다. '허탄한 신화와 늙은 부인네들의 이야기' 라는 교권의 일방적인 시각은 이제 청산되는 것이 마땅하리라 본다.[32]

VII. 대안공동체로서의 과부성직단

가부장적 교권이 그 막강한 권세를 행사해온 이후의 역사를 통틀어 잦은 개혁의 목소리에도 불구하고 지배와 군림의 속성은 쉽사리 사라질 기미를 보이지 않는다. 체제의 근본이 뒤집어지지 않고서는 아마도 그 교권의 전통적 아성은 별고 없이 장수하게 될 것이다. 더구나 그 체제의 근본을 뒷받침해온 금력과 정치권력이 이 자본주의의 전성기에 끗발을 올리고 있는 마당에 천지개벽의 혁명을 꿈꾸는 것은 비현실적이고 짐짓 허황되기까지 하다. 그렇다면 기존 체제를 뒤집겠다고 어설픈 변죽을 울리기보다 그 대안공동체를 구상해보는 것이 훨씬 바람직하다.

---

32) 맥도날드는 이러한 바울 신학의 유산을 바울 우파적인 것으로 평가함으로써 외경행전에 근거한 바울 좌파적인 유산과 구별한 바 있다. 바울의 정통성을 주장하며 이들 전승은 제각각 그 나름의 승리의 역사를 일구어나갔지만, 그는 목회서신보다 바울과 테클라행전과 같은 전설상의 자료 쪽이 더 바울 신학의 핵심에 더 근접하는 것으로 평가한 바 있다. Dennis Ronald Macdonald, *The Legend and the Apostle*, 98.

가부장적 교권은 그 체질상 수직적인 구조 속에 지배와 군림의 경향을 노출해왔다. 게다가 체제 내의 질서 유지란 차원에서 이른바 보수와 정통의 노선을 견지하지 않을 수 없었다. 그러다 보니 개방적 포용의 길보다는 폐쇄적 배타의 틀 속에 안주함으로 인해 생기는 폐단이 적지 않았다. 신학적 보수주의의 최대 강점은 기존의 전통에 대한 애정 어린 긍정에 있다. 바로 그것이 급작스런 충격이나 변화를 꺼려하는 보통 사람들로 하여금 교회의 기틀을 세우고 현행 체제의 허용범위 안에서 안정을 희구하게 만드는 내적 동인으로 작용한다. 그러나 지배와 군림의 구도 속에 진정한 의미의 안돈(安頓)과 보양(保養)이 활성화되기 어렵다. 그 정치적인 타산의 틀 속에 이물스런 요소들을 깊이 품어주는 생명복지의 낙관적 전망을 기대할 수 없기 때문이다. 상처받은 영혼들을 따스하게 포용하고 치유하며 왜곡된 내적 욕망들을 다독여 바로잡아 주는 넉넉한 품이 그 가부장적 교권 속에 자생하기 어려운 것이다. 이에 비해, 지금까지 살핀 과부공동체, 특히 목회서신과 외경행전들의 배후에 피어난 과부성직단들의 행로는 그 대안적 희망을 제공하고 있다.

예의 과부집단은 몇 가지 근거로 적어도 현재 기독교의 한 대안공동체로 고려될 만하다. 먼저 금력과 정치권력이 결탁하는 치부로부터 그들이 자유스러웠다는 점을 지적할 수 있다. 그들이 나름의 성무를 떠맡아 활동하는 대가로 제공된 것은 의식주와 관련된 최소한의 생존 조건이었다. 과부라는 개인적 운명으로 인해 피치 못해 가난해졌든, 아니면 결혼과 안온한 가족이라는 평범한 길을 포기한 채 자발적 가난을 선택했든, 그들은 그야말로 하나님께 소망을 두고 살 수밖에 없는 처지에 놓여 있었다. 따라서 그들이 금력이나 교회 정치의 주도권을 잡는 일은 애당초 불가능했던 것이다.

그러나 그들은 가난을 그저 사회 경제적 박탈이란 부정적 가치로 여긴 것이 아니었다. 그들은 생계를 위해 안면 몰수하고 교회에 공궤를 구걸하는 애물단지가 되길 거부한 것이다. 오히려 그들에게 가난은 예수와 그 직계 제자들의 유랑적 삶의 스타일과 결부되어 신앙이 신앙다워지기 위한, 또 성직이 성직다워지기 위한 지당한 환경으로 비쳤을 법하다. 극도의 가난으로 인해 빚어지기 쉬운 현실적 위험이 도리어 성직의 위엄을 세우는 가치로 전환되기에 이른 것이다. 교회의 재정적 원조를 받든, 제도권 교회의 밖에서 별도의 후원자를 구하든, 그들은 나름대로 생존을 위한 청빈의 살림을 꾸려가는 길을 택한 것이다. 거기에 재물로 인한 탐욕이 서식할 만한 여건은 제도적으로 원천 봉쇄된 것이다.[33]

그렇게 열악한 생존 조건을 견뎌내기 위해서라도 과부공동체는 집단적 응집력과 이념적 정체성을 확고히 할 필요가 있었다. 몸과 영의 정절을 최우선으로 하는 금욕주의적 이상이 강조된 것은 그러한 배경에 연유하는 바 컸으리라 생각된다. 이는 제도권의 교회 쪽에서 보면 그리스도교의 반사회적 면모를 부각시켜 교회의 사회적 위상 제고에 치명적인 걸림돌이 될 수 있었다. 가정의 분열이나 해체 또한 교회의 안정을 위해 해가 되면 되었지 득이 될 수 없었다. 이 점에 관해서는 당시 로마의 지배 권력과 가부장적 교권의 이해관계가 맞아떨어졌다. 하지만 과부공동체의 입장을 고려할 때 금욕과 정절 우선의 원칙

33) 이러한 견지에서 오늘날 한국교회는 성직을 맡은 자의 삶의 모범적 기준이 청빈이냐 청부냐, 혹은 영성적 가난이냐는 식의 도덕적 당위론에 머물러 에너지를 소모하기보다 가난과 부의 영성적 가치가 역사적 현실과 맞물려 어떻게 변질되고 왜곡되어왔는지에 주목하여 그것을 교회 내부의 제도 속에 합리적으로 안착시키고 탄력적으로 운용할 수 있는 실천적 지혜를 계발해야 할 것이다. 가난과 부를 삶의 현실로 살아가는 사람들의 생활세계에는 특정한 도덕적 신학적 명분에 따른 취사선택에 앞서 그 내부에 이미 수많은 편차가 존재하는 것이다.

은 열악한 생존의 환경과 싸워나가면서 신앙의 자긍심을 부추기는 이념적 뒷심으로 작용하였음에 틀림없다.

예의 과부공동체는 그 사역의 어느 부분에도 지배와 군림의 흔적은 발견되지 않는다. 오히려 적극적 포용과 연대의 노력이 뚜렷하게 떠오른다. 그들은 사도들과 연대하고 과부의 속사정을 끼리끼리 헤아리는 심정으로 피차 협력하며 후원한다. 기존의 교권에 대한 침묵의 비판은 있을망정 대놓고 정죄의 목청을 높이지도 않는다. 악독한 남성들이 더러 등장하지만 외경행전의 과부들, 처녀들은 그들을 향해 악을 악으로 되받아치는 어리석음을 범하지 않는다. 하나님께 악의 심판을 맡기는 정도(正道)를 택한 것이다. 자신들이 소홀히 취급받는 현실에 대한 원성이 왜 없었으랴마는 이로써 신앙의 정절을 훼손할 정도로 추한 모습을 드러내지 않는다.

오늘날 과부성직단에 근접하는 그룹이 개신교의 권사회나 가톨릭교회의 수녀회 쯤 될 것이다. 당시의 과부성직단에 비추어, 전자의 경우 집단적 응집력과 신학적 정체성이 약하다면 후자는 그 개방적 포용성에 다소 인색하다. 전자가 노령에 대한 형식적 예우 차원의 성격이 짙다면, 후자는 평범한 과부들이 의지처로 기대기엔 지나치게 성스러운 분위기로 포장되어 있기 때문이다. 그럼에도 '영원히 여성적인 것' (das Ewigweiblichkeit)[34]의 구원 가능성을 믿고 싶은 나로서는, 이런저런 현재의 여성공동체가 옛적 과부공동체의 생성과 발전 과정을 참조하여 청빈한 성직의 태반을 이 시대에 돌려줄 수 있길 기대해본다.

34) 주지하듯, 이 말은 괴테가 그의 걸작 『파우스트』 전편의 말미를 장식한 "영원히 여성적인 것이야말로 우리를 고양시킨다"는 문장을 통해 우리에게 익숙해져 있나. 이 말 역시 해석하기에 따라 오해의 소지가 없지 않지만, 광포할 정도로 남성화된 오늘날 한국교회의 지배구조와 관리체계의 가부장적 천편일률성을 비판적으로 극복하고자 하는 차원에서 창조적으로 사용될 수 있다.

그것은 곧 생명의 태반인 여성에 대한 통전적 복지의 전제 없이 미래 인간의 양육과 구원이 가능하지 않으리라는 판단에 근거한 희망이다. 그리하여 교회의 안팎으로 탐욕스런 맘몬이 횡행하는 세태 속에서, 나는 깨끗한 가난이 성직의 위엄으로 거듭나는 꿈을 포기할 수 없다. 성직이 금력과의 결탁으로 정치 권력화된 우리네 현실 속에서, 늙은 과부처럼 힘없고 약한 이들이 성직의 반열에서 감화의 영력을 추동하는 세상을 나는 희망한다. 그 희망이 이루어지는 날에서야 비로소 우리 모두 교권과 성직의 환골탈태를 경험할 수 있으리라.

Theology of Social Welfare in the New Testament

제3부

사회복지와 일상의 향유

제1장 _ 음식과 식사의 신학적 지형학

신약성서를 중심으로

I. 식사의 풍경, 그때와 지금

먹고 마시는 일은, 모든 인간에게 가장 공통된 것으로 개인에게 고유하며 타인과 나눌 수 없는 무엇이다. 한 사람이 아는 것을 다른 사람이 알 수 있고, 한 사람이 보고 듣는 것을 다른 사람이 보고들을 수 있는 것과 달리, 한 개인이 먹는 것을 다른 사람이 먹을 수 없다. 이 점에서, 짐멜의 통찰에 의하면, 먹고 마시는 행위야말로 인간에게 "독특하게도 가장 이기적인 것이며, 그야말로 절대적이고 매우 직간접적으로 개인에게 한정된 것이다."[1] 그 배타적이고 이기적인 속성을 감추기 위해 식사행위는 공동식사를 통해 초개인적인 의미의 영역으로 고양되어왔으며 수많은 규칙과 규범의 창출을 통해 개인의 욕구를 사회화

1) 게오르그 짐멜, 김덕영, 윤미애 역, "식사의 사회학", 『짐멜의 모더니티 읽기』(서울: 새물결, 2005), 142.

해왔다. 그 사회화는 다시 개인의 식욕을 '미학적 양식화'를 통해 승화시키고, 그 미학적 양식화는 다시금 식사의 사회화를 촉진한다는 것이 짐멜의 통찰이다.[2] 여기에는 숱한 음식의 금기 조항과 급식을 통한 음식 권력의 행사, 식사 시간의 규칙성, 식탁 매너의 규제와 미학적 원리의 표준화 등의 요소가 작용한다.

물론 신약성서 시대와 오늘의 시대에 일상의 일부로 나타난 식사의 풍경은 꽤 다를 것이다. 메뉴의 종류뿐 아니라 식사의 관습도 다르다. 오늘날 가족들이 함께 나누는 식사가 드물어질 뿐 아니라, 대량생산되고 대량 소비되는 음식의 규격화에 따라 맛 역시 개성을 상실해 가고 있다. 아울러, 패스트푸드의 전성기를 맞이하여 식사의 종교·제의적 의미와 그 신학적 의의가 망실된 채, 먹기 위해 사는지, 살기 위해 먹는지 음식 요리와 식사에도 속도가 중요한 변수로 개입하기 시작했다. 음식의 규격화와 식사의 속전속결 식 풍조는 그만큼 먹고 마시는 행위의 향유적 가치가 감퇴되고 그 미학적 양식화의 문화적 두께 역시 엷어졌음을 뜻한다. 물론 다른 한편으로, 웰빙 시대의 갈망에 편승하여 건강하고 섹시한 몸만들기와 다이어트 열풍에 연루된 각종 생태적 보신술이 그 이론과 실천의 춘추전국 시대를 구가하고 있지만, 이 시대의 식사들은 그리 성스럽지도 아름답지도 못한 채 대체로 밋밋한 풍경을 연출하고 있는 듯하다. 그만큼 식사의 미학적 양식화를 발전 심화시킬 만한 공동식사의 자리가 희소해졌고, 그나마 존속되는 것들조차 요식업소의 자본제적 상략에 편입된 상투적 관행의 반복일 경우가 많다. 그때 식사는 권태로운 욕망의 지루한 자맥질이거나 제 새끼 살찌우기 차원의 동물적 영양학의 무성찰적 답습, 또는 늙어가는

2) 앞의 책, 141-151 참조.

제 육신을 달래기 위한 쓸쓸한 자위의 매개로 전락한다. 이 세 종류의 식사 풍경 가운데서도 단연 우리의 일상에 복류하는 식사의 풍경은 세 번째의 유형이다. 가령 시인 황지우가,

> 몸에 한세상 떠넣어주는
> 먹는 일의 거룩함이여
> 이 세상 모든 찬밥에 붙은 더운 목숨이여
> 이 세상에서 혼자 밥먹는 자들
> 풀어진 뒷머리를 보라
> 파고다 공원 뒤편 순댓집에서
> 국밥을 숟가락 가득 떠넣으시는 노인의, 쩍 벌린 입이
> 나는 어찌 이리 눈물겨운가[3)]

라고 늙은 사람의 식사 풍경을 눈물겹게 조형할 때, 그것은 세간의 식사가 먹는 일의 거룩함을 개인적 실존의 쓸쓸함 속에 감추는 모습으로 드러난다. 이렇듯 우리 몸을 관통하는 먹을거리의 여정은 가장 보편적이고 낮은 포즈로 생의 다채로운 의미를 조명한다. 배설물이라는 썩을 대로 썩은 추함에 다다르기까지 신의 은총을 머금고 출발한 이 음식의 사회문화사 가운데 식사의 신학적 지형학이 펼쳐질 수 있으리라는 기대가 이러한 맥락에서 포착된다. 여기서 논의의 초점을 맞추기 위해 신약성서를 그 해석의 반경으로 삼을 테지만, 신약성서가 어찌 먹는 일의 규범적 경계를 한정할 수 있으랴! 실제로 신약성서에 제시된 식사의 신학적 동역학은 공고히 화석화되었던 기존 규범을 해체

3) 황지우, 『어느 날 나는 흐린 酒店에 앉아 있을 거다』(서울: 문학과지성사, 1998), 30.

하고 새로운 지평을 개척하는 중요한 촉매제가 된 것으로 보인다. 아울러, 이 논의의 끝부분에서 음식이 어떻게 새롭게 미학적 양식화의 채널로 유통되면서 바람직한 사회화의 경로를 밟을 수 있는지 그 대안적 희망을 제공할 수 있으리라 기대한다.

II. 음식의 유형과 식사의 관습

인간이 먹을 수 있는 음식과 먹을 수 없는 음식을 구분하기 시작한 것은 장구한 경험의 축적과 관련 있을 것이다. 해로운 요소가 들어 있어 몸을 상할 수 있다는 판단은 그 시행착오의 경험이 온축시킨 지혜의 산물이었을 것이다. 그러나 그 경험은 단순히 민간의학적 상식에 따른 건강상의 유 · 불리에 그치지 않고, 특별한 신념과 교훈을 가미하여 사회적 규범으로 유통되기에 이른다. 그 과정에서 고대 사회의 종교적 기제가 작동하였음은 물론이다. 물론 종교는 그 규범을 내파하면서 새로운 도전과 응전의 과정 속에 식사의 신학적 의미를 심화시켜온 것으로 판단된다.

1. 음식의 종류와 금기의 규율

신약시대의 음식들은 구약성서의 음식 규례에 기반을 둔 유대교적 전통에 준하여 그 내용이 분류되고 그 가짓수가 파악된다.[4] 농경사회의 배경 하에서 그들은 밀이나 보리와 같은 주요 곡물을 수확하여 빵을 만들어 먹었고, 조와 귀리도 밭농사의 곡물로 심어(사 28:25) 식용

4) 이에 대한 구약성서적 배경의 상세한 내용은 서명수, "구약성경과 식생활", 「성서마당」 66(2004), 4-8 참조.

으로 삼았다. 신약성서에 등장하는 무화과, 포도, 올리브, 겨자 등을 통해서는 과육뿐 아니라, 음료와 기름, 조미료 따위를 얻었을 것으로 짐작된다. 창세기의 천지창조 기사에서 하나님이 인간에게 허락하신 "온 지면의 씨 맺는 모든 채소와 씨 가진 열매 맺는 모든 나무"(창 1:29)의 수확물을 식용으로 삼은 전통은 예나지금이나 비등했을 것이다. 이집트의 포로생활 당시 이스라엘 백성들이 먹었던 음식의 목록에는 오이, 참외, 부추, 파, 마늘 등이 향수의 대상으로 포함되어 있었는데(민 11:5), 그것들이 팔레스타인의 정착 생활 이후에도 내내 식사메뉴로 지속되었을지는 의문이다. 다만 참외만이 잠시 언급되는데(사 1:8; 렘 10:5) 그것과 함께 부추나 파, 콩 등의 일부 채소류가 식용으로 재배되었을 가능성은 높아 보인다. 그밖에도 구약성서에 언급되는 사과(욜 1:12; 아 2:5)와 석류(민 13:23, 20:5; 신 8:8) 등도 무화과만큼 대중적이지는 못해도 더러 식용으로 사용되었을 것으로 짐작된다. 단맛을 선사하는 대표적인 음식 품목으로 야생으로 채취한 꿀을 들 수 있다. 세례 요한이 먹었던 음식이 이 꿀과 함께 메뚜기라는 기록(막 1:6)에 비추어볼 때 당시의 생활이 정착생활이었지만 수렵과 채집 경제의 유산을 가미하여 야생으로 식물을 취하기도 했음을 알 수 있다.

갈릴리 호수와 지중해의 어족자원을 대상으로 각종 어류의 수확물이 음식물의 또 다른 공급원이 되었을 것이다. 예수께서 잡수신 음식 메뉴로 다른 무엇보다 물고기가 언급되는 것은 그 신학적 함의와 별도로 갈릴리 호숫가 주변에서 주로 활동하신 그 지리적 생활반경으로 미루어 자연스런 일상의 일부였으리라 여겨진다. 제물로 바쳐진 소와 양과 염소 등으로부터 수육과 우유를 얻었을 것이다. 그러나 구약시대와 마찬가지로 신약시대에도 일반 서민들이 고기 맛을 보기란 쉽지 않았을 것이다. 가축을 잡아 수육을 취하면 농경노동 공급에 차질이 생길뿐더러 치즈와 우유 생산의 자원을 없애는 격이었기 때문이다. 구약시대에도 제사장만이 제물로 바쳐진 것들 가운데 고기를 취할 수 있었다. 종교적 축일이나 민족 단위의 명절을 기해 시장에 유통되는 고기를 사먹을 수 있을 기회가 있었겠지만, 그 또한 간접적 우상숭배의 위험으로 인해 경건한 유대인들 사이에 꺼려하는 분위기가 조장되었을 것이다.[5]

일반 대중들은 그렇게 부족한 고기음식을 조류 중 유일하게 제물용으로 언급된 비둘기 등속을 통해 취했을 가능성이 높다. 예수와 그 제자들이 수육을 먹는 장면은 복음서에 그려지지 않는다. 삭개오 등과 같이 부유한 집에 초대받았을 때 고기를 대접받았을 가능성이 없지 않지만, 자세한 내용은 확인할 수 없다. 그의 마지막 만찬에서조차 당시 유월절 명절 분위기에도 불구하고 양고기를 취한 흔적은 보이지 않고, 고작 무교병이나 포도주 정도가 그 식탁의 주요 메뉴로 등장한다. 이방 지역을 멀리 순회하면서 전도한 사도 바울 등과 같은 원거리 선교사들이 고기를 좀더 자주 먹었을 가능성이 상대적으로 많겠지만, 고린도교회의 우상제물 문제에서 볼 수 있듯, 바울은 고기 먹는 일로 공동체를 해치는 일이 생긴다면 평생 고기를 먹지 않겠노라며 선언한 바 있다(고전 8:13). 이 대목에서 바울이 염두에 두었던 관심사는, 흔히 주장하듯 고린도교회의 연약한 자들이 자신의 신앙적 양심에 반하여 행동하게 만들 죄라기보다 그들이 우상숭배를 용인하여 그것에 동참하게 할 죄였던 것으로 보인다.[6]

---

5) 그밖에도 유대교의 음식규례에는 위생상의 이유와 종교적인 이유 등으로 그 요리법과 관련해서도 여러 복잡한 조항들이 있었다. Gene Schramm, "Meal Custom: Jewish Dietary Laws", *ABD* vol. 4, 648-650.

6) Gregory W. Dawes, "The Danger of Idolatry: First Corinthians 8:7-13", *CBQ* 58/1(1996), 82-98 참조.

음식의 금기조항은 특정한 전통과 종교적 규율에 기인한 바 크다. 구약시대에 가장 오래된 금기 전통은 민족의 조상인 야곱이 환도뼈를 상하는 경험을 한 뒤 생겨난 허벅지 관절 부위의 힘줄을 먹지 않는 전통이다(창 32:33). 이는 특정한 인물에 대한 공경과 의리에 기반을 둔 금기조항으로 이스라엘 민족의 시조에 대한 예의와 과거의 신산한 역사에 대한 기억의 채널로 용인받고 정착된 것으로 보인다. 역사적 기억의 전승 차원에서 정착된 또 다른 금기는 출애굽 당시의 유월절 음식 규정이다. 여기서 야훼의 말씀은 피 흘린 어린양을 불에 구워서 무교병과 쓴나물과 아울러 먹으라는 지시와 함께 발효시킨 유교병과 그 양고기를 날것으로 먹거나 물에 삶아먹는 것을 금지했던 것이다(출 12:8-9). 그런가 하면 노아의 언약 전통에 따라 고기를 먹되 그 피째 먹지 말라(창 9:4)는 규례는 산 동물에게서 잘려나간 지체를 식용으로 금하는 전통을 낳았다. 아울러 목매달아 죽인 동물 역시 피가 빠져나가지 않는다는 이유로 식용으로 금하기도 했는데, 사도행전에서 이방인의 기독교 합류를 위해 피해야 할 선결조건으로 제시한 것도 네 개 조항—우상제물, 피, 목매어 죽인 것, 음행(행 15:29)—가운데 두 개가 이와 연관된 음식에 대한 규정이었다.

무엇보다 광범위하고 체계적인 유대인의 음식규례(*kosher*)에 전범이 된 것은 레위기 11장의 금기조항이었다. 거기에 보면 수육의 경우는 굽이 갈라진 것과 새김질 하는 것의 여부로 정결한 짐승과 부정한 짐승을 나누었고, 어류의 경우는 지느러미와 비늘의 유무에 따라 식용과 비식용을 구별하였는데, 패류는 이 범주에 해당되지 않으므로 당연히 비식용으로 인식되었다. 조류는 비둘기 종류 외에 대체로 식용이 금지되었고, 파충류와 양서류는 물론이려니와, 곤충 가운데서도 메뚜기, 베짱이, 귀뚜라미, 팥중이 종류 외에 혐오스런 것으로 취급되었다. 이 규정은 유대교의 음식 관행에 막대한 영향을 끼쳐 신약시대에도 돼지고기를 즐기는 이방인들을 이 기준에 빗대어 혐오스럽게 여길 정도였다. 고넬료 에피소드(행 10장)가 암시하듯, 베드로가 환상으로 본 혐오스런 짐승들을 신적인 권능으로 정결하게 하였으므로 먹을 수 있다는 새로운 관점은 이방선교의 정당성을 뒷받침하는 상징적인 메시지였을 것이다. 비록 유대인 기독교도와 이방인 기독교도 사이에 세부적 차이는 있었을지라도, 실제로 초기 기독교 공동체 내부에서 그런 짐승을 구별 없이 자유스럽게 먹는 풍토가 조성된 것은 아니었을 것이다.

2. 식사의 관습과 신학적 도전

음식의 종류를 신중히 선택하여 먹는 문제와 관련하여 유대교 전통 속에 공고히 규범화된 예의 관습은 유대인 사회의 일상적 식사를 지배하는 원리였다. 예수는 모든 음식이 깨끗하다고 선언하였다(막 7:19). 그는 밖에서 들어가는 것이 아니라 안에서 나오는 것이 인간을 더럽게 한다고 유대교의 음식규례를 비판하였지만(막 7:20), 그렇다고 그가 아무것이나 구별 없이 마구 먹었을 리는 없다.[7] 바울 역시 모든 음식이 하나님께로부터 난 것이기에 감사기도와 함께 먹으면 문제

7) 야브로 콜린스에 의하면, 모든 음식의 깨끗함을 선언한 예수의 말씀은 유대교의 음식규례를 지키는 것이 예수의 제자들에게 의무사항이 아님을 나타낼 뿐, 복음서 저자와 그의 모든 청중(독자)들이 그런 규례를 포기했다는 증거로 과도하게 해석되어서는 안 된다. 오히려, 마가공동체는 음식 관련 율법을 지키는 사람들과 지키지 않는 사람들이 혼재되어 있었을 가능성이 높다. Adela Yabro Collins, *Mark: A Commentary*, Hermeneia (Minneapolis: Fortress Press, 2007), 356 참조. 유사한 관점에서 또 다른 연구자는 여기서 예수가 모든 유대적 성결제의 시스템을 거부한 것이라기보다 대안적 성결의 개념을 두 가지 예로 제시한 것이라고 보았다. Yair Furstenberg, "Defilement Penetrating the Body: A New Understanding of Contamination in Mark 7.15", *NTS* 54(2008), 176-200 참조.

될 것이 없다고 했지만(고전 10:30; 딤전 4:4), 그렇다고 당시 그리스도인들에게 모든 것들이 예외 없이 음식물이 된 것은 아니었다. 예수의 경우는 손을 씻고 음식을 먹어야 한다는 정결예법에 대한 비판적 반론의 차원에서 이해해야 하고, 바울의 경우는 이방사회에서 우상 제물로 드려졌을 가능성이 있는 수육의 식용 여부와 관련한 논평으로 비치기 때문이다.

물론 앞서 살핀 대로 사도행전의 고넬료/베드로 이야기에서 그 모든 레위기의 규정이 철폐된 것처럼 구약을 넘어 새로운 언약의 지평을 활짝 열어두는 것처럼 보이지만, 이는 이방 선교의 본격 도래를 시사하는 차원에서 보편주의적 선교신학이 투사된 사건으로 해석하는 것이 온당하다.[8] 이후 예루살렘 공의회를 통해 강조되는 노아언약의 음식규례라든가,[9] 이방인 교인들과의 식사교제에서 베드로와 바나바 등이 야고보로부터 파송받아 온 사람들의 눈치를 본 나머지 그 식사의 자리를 뜨게 되면서 발생한 이른바 '안디옥 사건', 그밖에 바울서신에서 지속적으로 등장하는 음식문제와 관련한 각종 논란 등은 초기 기독교 내부에서 전통적 음식규례의 완전한 철폐와 개방을 선포하기엔 시기상조였음을 보여주는 증거들이다.[10]

예수께서 음식과 관련하여 관심을 집중한 부분은 음식 자체라

---

8) 그 보편주의적 선교신학의 궁극적 지향은 결국 예수의 이웃사랑 정신과 연계되어 있다. 김경진은 신약성서의 식생활과 관련하여 논하면서 여기서 표상된 음식문화의 신학적 지향이 "이웃사랑의 한 표현"이라고 적절하게 짚은 바 있다. 그런데, 그는 그 역사적 기원을 예수의 개방된 식탁교제로 소급하여 분석하기보다 예루살렘 공회, 고린도교회, 로마교회의 사례를 들어 그 이후의 식탁교제를 중심으로 논하고 있다. 김경진, "신약성경의 식생활-이웃사랑의 한 표현으로서의 음식문화", 「성서마당」 66(2004/5), 9-13 참조.

9) 사도행전 10장에 나오는 베드로의 부정한 음식 환상은 사도행전의 사도회의 보고에서 규정한 해당 본문의 이방인 그리스도교도의 준칙, 이른바 노아의 언약 코드와 상충되는 것처럼 보이지만, 양자는 이방인을 향한 정결예법이란 전통적 배경을 공유한다. Clinton Wahlen, "Peter's Vision and Conflicting Definition of Purity", *NTS* 31(2005), 505-518 참조.

기보다 그 음식을 통해 사람을 차별하는 문제였다. 음식의 정결과 부정의 기준이 사람의 정결과 부정을 결정짓는 원리로 작용하였던 것이다. 이와 관련된 예수의 일관된 언행은 그 차별하는 마음이 생명의 존엄을 외면하고 종교적 기득권을 자폐적으로 지속하는 종교체제의 타락상에 대한 비판과 개혁의 발로였다고 볼 수 있다. 주지하듯, 세례 요한은 유대교의 음식규례에 충실하였을 뿐 아니라 그 이상의 금욕적 자세로 음식을 대했다. 약대털옷을 입고 음식물로 메뚜기와 석청을 취했다는 기록으로 미루어 그의 이러한 생활스타일은 공동체의 일상적 음식 메뉴와 거리가 멀었다. 이에 대하여 기존의 종교적 기득권 세력들은 그의 금욕주의적 삶의 행태에 대하여 비판적인 입장을 취한 것으로 보인다. 이와 달리 예수는 먹고 마시는 일에 대하여 자유스러운 행동을 보였다. 그것은 당시의 종교적 주류 세력들의 눈에 또 다른 극단으로 비쳤을 가능성이 큰데, 이는 세례 요한의 경우와 또 다른 기준으로 예수를 비난하는 빌미가 되었다. 이 모든 정황과 관련하여 가장 중요한 증거는 다음의 어록에 숨어 있다.

> 인자는 와서, 먹기도 하고 마시기도 하니, 그들이 말하기를 "보아라, 저 사람은 먹기를 탐하는 자요, 포도주를 즐기는 자요, 세리와 죄인의 친구다" 한다(마 11:9, 표준새번역)

이 어록에서 확인할 수 있는 당시 식사의 관행은 종교적 지도자로서 먹기를 탐하는 것은 악덕이었다는 것이다. 아울러 포도주를 마

---

10) 그런가 하면 다른 측면에서 볼 때, 이 안디옥 사건은 바울의 이방인 기독교와 예루살렘교회의 전통에 뿌리를 둔 유대적 기독교 사이에 노정된 신학적 토대와 지향점의 차이를 반영한다고 볼 수 있다. 조태연, "갈라디아 논쟁을 통해 본 예루살렘교회", 『예수운동—기독교 기원의 탐구』(서울: 대한기독교서회, 1996), 85-109 참조.

시는 것 자체는 문제가 안 되더라도 그것을 과도하게 즐기는 자는 술꾼처럼 인식되었다는 사실도 알 수 있다. 더 중요한 사실은, 그러한 식사의 행태가 죄인과 세리의 부류로서 인식될 만큼 음식을 대하는 자세가 그 사람의 품격과 자질을 결정짓는 중요한 잣대였다는 것이다. 당시 죄인이라 함은 유대교 언약공동체 안에 들지 못한 자로서 복음서에 나오는 창기와 사마리아 사람, 나병환자를 비롯한 각종 고질병에 걸린 자들, 그밖에 다른 신을 숭배하는 이교도로서의 이방인 전체를 싸잡아 일컫는 범주였다. 그 중에서 '세리'를 별도로 특기한 것은 그가 죄인과 다른 범주의 사람이어서가 아니라, 삭개오 이야기를 통해서 보듯, 죄인이 이방인 세력에 빌붙어서 동족을 수탈하는 행실로 인해 특히 악질적인 부류로 인식되었기 때문이다.

예수는 자칭 경건한 종교인으로서의 관습을 깨고 그 죄인들과 더불어 어울림으로써 특정한 부류의 사람들끼리 특정한 종교적 기득권을 공유하며 나누던 그 배타적 식탁을 개방하였다.[11] 그는 당시 세리라는 죄인의 오명으로 다른 사람들이 가까이 하기를 꺼리던 레위나 삭개오 같은 세리와 함께 식탁교제를 마다하지 않았고, 죄인들과 더불어 어울리며 먹고 마시기를 마다하지 않았다. 그것은 경계 없는 하나님 나라의 보편성을 시위하는 의도적 행위였으며, 음식규례에 적용된 정·부정의 원리를 인간사회에 확대·적용시킴으로써 배타와 차별의 장막을 고착시키려는 체제의 자기동일성에 반대하여 이를 변혁하려는 대안정치의 발현이었다.[12] 이로써 예수는 사회의 변두리 인생들에게 부과된 죄인의 딱지를 제거하고 생명의 본질을 돌려준 것이다. 아

11) 문화인류학적 관점에서 볼 때 예수의 이러한 파격적 식사행위는 예수를 '대중적 영웅' 뿐 아니라 '전복적 현자'로 비치게 한다. Dieter Neufeld, "Jesus' Eating Transgressions and Social Impropriety in the Gospels of Mark: A Social Scientific Approach", *BTB* 30/1(2000), 15-26 참조.

울러, 음식이 하나님의 은총의 선물로서 모든 인생들에게 차별 없이 분배되는 것이 마땅하다는 창조의 이치를 설파한 셈이다.

예수는 이러한 일관된 신념으로 굶주린 생명들이 유랑하면서 떠돌 때 그들을 먹이는 음식의 민생정치를 실천하였으며, 그것은 오병이어, 칠병이어의 광야 식탁 사건을 통해 재현되곤 하였다. 또한 그는 왕의 큰 잔치 비유(눅 14:15-24)를 통해 애당초 만찬의 초청 대상에 낄 수 없었던 거리의 장애인들을 흔쾌히 불러들여 왕의 잔칫상에서 함께 먹고 마시는 개방적 소통의 메시지를 들려줌으로써 어떻게 평등한 식탁의 회복을 통해 구원이 발생할 수 있는지 보여주기도 하였다. 이러한 사례들을 통해 우리는 식사가 사회적 교제와 소통의 매개 역할을 수행하는 동시에 인간관계의 배타적 경계를 넘어 하나님의 구원을 선취하는 일상적 삶의 자리를 확인할 수 있다.13)

III. 일용할 양식과 분배의 문제

예수는 양식의 메뉴보다 그것의 일상적 용도에 주목하여 '일용할 양식'을 하나님께 간구할 것을 기도로 가르쳤다. 이 단순한 기도문

12) 차정식, "평등한 식탁, 식탁의 구원—마가복음 2:13-17", 『예수와 신학적 상상력』(파주: 한국학술정보, 2008), 273-293 참조. 물론, 예수에게 유대교 전통의 정결 개념이 전무한 것은 아니다. 그가 세례요한의 세례를 수용했다거나 나병환자의 치유를 제사장에게 확인받으라는 지시(막 1:44), 그리고 성전청결 사건(막 11:15-19) 등은 유대교적 정결법의 흔적을 나타내 보이기 때문이다. 그러나 이러한 외관상의 양면성에도 불구하고 예수는 그러한 정결법상의 관심사를 하나님의 새 이스라엘이라는 정체성의 핵심적 요소로 간주하지는 않았다. James D. G. Dunn, "Jesus and Purity: An Ongoing Debate", *NTS* 48(2002), 449-467 참조.

13) 예수의 식탁교제가 하나님 나라의 포용성과 개방성에 어떻게 잇닿아 있는지 그 긴밀한 상호관계는 이미 숱하게 강조되어왔다. John Dominic Crossan, *The Historical Jesus: The Life of a Mediterranean Jewish Peasant* (San Francisco: Harper, 1991, 『역사적 예수』, 한국기독교연구소 역간), 341-344. 그는 이 식탁교제의 실천을 당시 로마 제국주의적 브로커에 의해 매개되지 않은 하나님 나라의 평등주의적 지향에 비추어 해석하였다.

에는 양식의 공공재적 성격이 드러나 있으며, 동시에 어떻게 그 양식이 '우리'의 양식으로 균등하게 분배되어야 할지 그 문제의식이 반영되어 있다. 양식에 대한 이러한 신학적 통찰은 구약성서의 '만나' 양식으로 소급되거니와, 동시에 이후 초대교회 공동체의 전통으로 고착되어갔다.

1. 왜 '오늘' '우리의' '일용할 양식'인가

음식의 문제는 무엇보다 생명의 문제이다. 그것의 적절한 조달과 섭취 여부가 생명의 지속과 단절을 결정한다. 구약시대에 볼 수 있듯, 한 부족의 기근은 그 부족 전체의 멸망을 초래할 수 있는 최대의 생존 위기로서 그것을 타개하기 위해 그 공동체의 삶의 뿌리를 뽑아 다른 곳으로 이주하는 일을 감수해야 하는 현실이었다. 창세기에 나오는 야곱 가족들의 이집트 이주와 룻기에 나타난 나오미 가족의 모압 이민과 가나안 역이민이 그 대표적인 사례라 할 수 있다. 한편 전쟁과 같이 극단적인 기아의 현실 속에서는 제 한 목숨을 보존하기 위해 인육을 식용으로 삼을 만큼 절박하였는데, 특히 자식을 잡아먹는 하극상의 현실이 실제로 발생했던 것으로 보인다(애 4:10). 그런가 하면 일상의 식욕은, 사냥이든, 농사든, 매일의 노역을 통해 채워져야 할 생명 유지와 신체 에너지 확보의 기본 동인이었기에 오늘날과 달리 재화 축적의 용도보다는 즉각적 사용가치가 절박하였다. 에서가 야곱의 팥죽한 그릇으로 장자의 명분을 판 일이나(창 25:27-34) 야곱이 아비 이삭이 즐기는 별미를 만들어 바침으로써 그의 축복을 받은 것(창 27:1-29)은 고대사회에 두루 해당된 양식의 절박한 필요성을 대변한다. 그렇게 음식을 취하고 이삭이 아들 야곱을 축복한 내용도 먹고 마시는 양식의 풍요함에 대한 것이었다. “하나님은 하늘의 이슬과 땅의 기름짐이며 풍성한 곡식과 포도주를 네게 주시기를 원하노라” (창 27:28).

이러한 연유로 인간의 생명을 나타내는 어휘(*nepesh*)가 양식과 동일한 의미로 통하고,14) 하나님과의 언약을 일컫는 단어(*berit*)가 어원론적으로 ‘먹다’ 라는 뜻을 가진 단어(*barah*)에서 비롯되었다는 주장이 제기되기도 한다.15) 그만큼 일용할 양식의 문제는 절실한 생존의 관심사였을 뿐 아니라 하나님과의 언약관계에서도 본질적인 위상을 차지하는 운명의 문제였다는 것이다.

신약성서 시대에도 먹고사는 일의 일상적 문제는 절박한 현실이라서 가족공동체를 떠나거나 남편이 일찍 죽어 과부가 되는 경우에는 먹고사는 일을 안정되게 해결할 수 없었고 이로 인해 생사의 기로에 봉착하게 되었다. 탕자의 비유에 투영된 대로 아버지의 집을 떠난 아들이 그 가산을 탕진하면 가장 먼저 떠오르는 걱정이 ‘굶주려 죽는’ 문제였다(눅 5:17). 뿐 아니라 불의한 청지기의 비유에서도 그 주인공이 주인한테서 해고되면서 닥친 가장 큰 근심도 ‘땅을 파자니 힘이 없고 빌어먹자니 부끄럽다’ 는 먹고사는 문제였다(눅 16:3). 예루살렘에 최초로 세워진 초대교회의 공동체 생활에서 가장 먼저 불거진 내홍 역시 헬라파와 히브리파 과부들의 밥그릇 싸움이었다(행 6:1). 과부들을 음식으로 공궤하면서 특정 그룹에 편중됨에 따라 또 다른 그룹을 소외시키는 문제가 발생한 것이었다.

그러나 일용할 양식의 신학적 의미와 관련하여 무엇보다 가장 중요한 문구는 예수께서 친히 기도문까지 만들어 설파한 다음의 청원

14) Alan W. Jenks, “Eating and Drinking in the Old Testament”, *ABD* vol. 2, 250-254, 특히 251 참조.
15) 서명수, “구약성경과 식생활”, 6.

구라 할 수 있다. "오늘 우리에게 우리의 일용할 양식을 주옵소서". 이 청원구는 예수의 주기도문에서 하나님을 위하여 세 가지(아버지의 나라, 이름, 뜻)를 구한 뒤에 이어지는 인간을 위한 간구 중 첫 번째 항목을 차지한다. 죄의 용서(빚의 탕감)와 시험과 악으로부터의 구원에 대한 간구에 선행하여 예수께서 일용할 양식의 필요를 거론했다는 점이 주목된다. 이 기도문은 얼핏, "사람이 떡으로만 살 것이 아니요 하나님의 입으로부터 나오는 모든 말씀으로 살 것이다"(신 8:3; 마 4:4)라는 교훈이나 "무엇을 먹을까 … 염려하지 말라"(마 6:25)라는 예수의 가르침에 어긋나는 것 같지만, 그만큼고대사회에서 일용할 양식의 문제가 절박한 관심사였음을 반증하는 역설로 볼 수도 있다.16) 다시 말해, 일용할 양식에 대한 과도한 집착으로 그 이상의 삶의 지평을 보지 못하는 인생들을 안타깝게 여긴 것은 분명하지만, 그 일용할 양식의 문제에 대한 적절한 해결 없이 생명이 온전히 건사될 리 없고, 그런 상태로 죽어버린다면 죄의 용서와 시험이나 악의 문제가 전혀 문제시될 수 없다는 것이다. 이러한 엄정한 삶의 리얼리즘을 직시한 예수께서 인간을 위해 간구해야 할 첫 항목으로 '일용할 양식'을 하나님 아버지께 구하라고 한 것은 지당한 노릇이었으리라 보인다.17)

이 문구의 해석과 관련하여 일각에서는 그 양식이 육적인 양식뿐 아니라 영적인 양식까지 포함한다고 보면서 외려 후자에 더 비중을 맞추려 하는 시도가 없지 않지만, 이는 일용할 양식과 관련된 예수의 리얼리즘을 관념화할 우려가 있는 불필요한 과잉 해석과 적용이다.

16) 고대사회에서 '빵'으로 표상되는 양식의 중요성에 대하여 다음의 논문을 참조할 것. M. J. Brown, " 'Panem Nostrum' : The Problem of Petition and the Lord' s Prayer", *JR* 80/4(2000), 595-614.

17) 주기도문의 이 구절에 대한 연구로 차정식, "그 '뜻'이 이루어지는 이 땅의 자리—주의 기도 탐구 2", 『마음의 빛을 부르는 기도』(서울: 대한기독교서회, 2003), 97-130 참조.

아울러, 이 양식이 '오늘'의 필요에 충당되어야 할 '일용할 양식'이라는 점에 주목할 필요가 있다. 이 점을 너무 야박하게 생각한 나머지 '내일의 양식'까지 추가하는 변이본이 생산되기도 했지만, 이는 예수의 하나님 나라 운동에서 나타난 신학적 지향을 너무 가볍게 본 결과이다. '일용할 양식'이라는 문구를 통해 예수는 음식을 축적의 대상이나 권력의 매개로 구하지 않았음이 분명하다. 그것은 오늘의 필요에 맞추어 매일매일 양식을 넉넉히 베풀어주시는 아버지로서의 하나님에 대한 절대적인 신뢰를 기반으로 한 청원인 것이다. 그렇지 않고 내일의 양식까지 축적하는 행위는 내일은 어려울지 모른다는 불신의 정도를 반영하는 셈이다. 아울러, 그 양식이 '우리의' 양식으로 표현되었다는 것은, 그것이 나와 너의 배타적 범주에 머물지 않고 모두에게 공통의 가치를 지니고 있다는 의미이다. 그 양식이 우리 앞에 공동의 식사로 베풀어지기까지 개입한 하나님의 선한 은총은 물론이려니와 농부, 제분업자, 제빵업자의 노동과 상인들의 수고, 나아가 그것을 식탁에 올려놓기까지 개입한 부모의 노동까지 포함하는 '우리의' 노력이 두루 담겨 있다는 것이다.[18] 그러므로 그것은 그 '우리'의 포용적 범주에 합당하게 넓게, 활수하게 나눠져야 마땅하다. 배타적 '그들'이 아닌 포용적 '우리'의 범위에서 유통되고 취해질 만큼 하나님은 이 땅의 자원 가운데 넉넉한 매일의 양식을 예비해두었으며, 그것을 책임지고 관장하는 아버지로서의 창조주 하나님께 그것을 구하는 것이 자녀된 자로서의 자연스런 도리라는 농경 신학적 관점이 여기에 반영되어 있는 것이다.

18) 앞의 책, 105.

2. 균등한 분배를 실현하는 자리

'일용할 양식' 에 대한 이러한 신학적 원리는 결국 음식과 식사의 문제를 '분배' 의 관점에서 조명해야 할 당위성을 제기한다. 그것은 결국 특정한 부류의 사람을 위한 것이 아니라 모든 '우리' 를 위한 양식이기 때문이다. 하나님이 선한 자와 악한 자, 의인과 불의한 자 모두에게 햇볕과 비를 내려주시는 이치대로(마 5:45) 그 은총의 분깃이 일용할 양식을 취하여 생명을 연장해나가는 일상의 신진대사에까지 머문다고 볼 수 있다. 그리하여 구약의 율법 가운데 가난한 자를 위하여 밭의 곡식을 거둘 때 이삭까지 다 줍지 않고 일정 부분 자투리로 남겨 사회적 약자들의 양식을 삼도록 함으로써 최소한의 안전망을 설치했던 것이다(레 19:9-10, 23:22; 신 24:19-22). 이러한 사회정의와 사회복지의 신학적 지향은 신약시대에도 유효했으리라 여겨진다. 특히 로마제국의 식민지 압제가 기승을 부리고 그것에 빌붙어 권력을 유지했던 헤롯일당과 산헤드린 종교체제가 민생의 현장에 억압적으로 작용함에 따라 그러한 정의와 평화의 갈증은 더욱 깊어졌으리라 추측된다.

예수의 하나님 나라 사역은 이러한 열악한 생존 현장에서 먹고사는 문제와 영 무관한 하늘의 신령한 질서만을 강조할 수 없었다. 실제로 그의 사역이 취약한 민중의 생존 여건을 고려하여 건강한 몸을 회복시키고 함께 나누는 식사의 코이노니아를 중시한 흔적은 많다. 그의 비유들이 당시 1세기 팔레스타인의 생업 현장과 긴밀히 연동된 것은 그의 핵심 메시지인 하나님의 나라가 일상생활의 현실과 무관치 않았음을 방증한다. 뿐 아니라, 목자 없이 유리하는 양떼들의 뿌리 뽑힌 삶을 애끓는 긍휼함으로 대하면서 예수는 그들과의 즉각적인 식탁교제를 광야의 풀밭에서 실시할 정도였다(막 6:30-44). 이른바 오병이어, 칠병이어의 기적으로 전승된 이 이야기의 주된 신학적 메시지는 관대한 나눔과 이로써 성취되는 풍성한 누림의 삶이라 할 수 있다. 저자는 광야처럼 척박한 인간의 현실에서 푸른 풀밭의 생기를 기반으로 적은 양식을 공평하게 나누어먹음으로써 어떻게 하나님의 은혜가 모두에게 풍성한 일용할 양식으로 나타나는지 보여주고자 했을 것이다.[19]

또 다른 맥락에서 제자들이 안식일에 밀밭 사이로 지나가다가 밀 이삭을 잘라 먹은 것을 두고 바리새파 사람이 비난하자 이에 대하여 예수께서 하신 말씀 역시 음식과 관련된 분배의 정의와 생명의 우선성을 강조한 것이다(막 2:23-28). 주지하듯, 예수와 그 제자들은 무소유의 유랑 선교를 추구했다. 그들은 사회경제적으로 박탈된 삶을 살면서 율법의 규례대로 그 굶주림을 해소하기 위하여 이삭 정도를 베어 먹을 권한이 있었다. 물론 그 때는 안식일이었지만, 안식일에 일용할 양식을 챙겨먹지 못하는 생명이 그 어떤 안식도 누릴 수 없음을 감안할 때, 그것은 우선권의 문제에서 정당화될 법한 처신이었다. 예수의 답변은 성서에 근거하여 다윗과 그 일행이 굶주렸을 때 제사장들 밖에 먹을 수 없는 제단의 떡을 취한 사실을 상기시켰다. 다윗이 제사장 떡의 관례를 위반하면서 그것을 먹었고 일행들에게도 나누어주었지만, 그로써 하나님의 징벌을 받은 것은 아니었다. 일단 주려죽는 극단의 비극을 피함으로써 양해하고 양해받을 만한 사안이었기 때문이다.

이 구약성서의 에피소드를 당시의 사안에 적용하면서 예수께서 선포하신 결론의 말씀은 매우 급진적인 인권 선언이라 할 만하다. 요컨대, 안식일이 사람을 위하여 생긴 것이지 사람이 안식일을 위하여 생긴 것이 아니라는 것이었다(막 2:27).[20] 안식일은 창조 후 하나님의

19) 복음서의 이 신학적 모티프에 대해서는 차정식, "광야의 풀밭 식탁", 『묵시의 하늘과 지혜의 땅-예수 신학 비평』(서울: 대한기독교서회, 2001), 190-204 참조.

안식을 기리며 제정된 것(출 20:8-11)인 동시에 출애굽의 구원 사건을 기리는 역사적 의미가 있다(신 5:12-15). 이 계명을 준 원초적 맥락에 의하면 그것은 하나님의 안식과 더불어 인간의 안식, 나아가 모든 생명 있는 피조물들의 안식이 동시적으로 발생해야 한다. 그런데 그 규정이 밀 이삭 몇 개 잘라먹는 것조차 금지함으로써 굶주린 생명에 대한 억압으로 작용할 때 선택과 판단의 우선권은 안식일이라는 명분보다 생명의 보존과 굶주림의 해소라는 실질적 필요에 있어야 한다는 것이다. 그것은 이 세상의 음식들이 모든 피조생명의 공생공영을 위한 '우리의 양식'이 되어야 한다는 하나님의 창조 질서와 그것들이 사회적 약자를 포함하여 모두에게 균등하게 분배되어야 한다는 정의와 복지의 법규에 맞아떨어진다.

균등한 분배의 원리를 구현하는 하나님 나라의 신학적 이념은 초기 교회공동체의 일상적 삶에 재현된 것으로 보인다. 모두가 각 사람의 필요에 따라 재화를 분배하며 "날마다 마음을 같이하여 성전에 모이기를 힘쓰고 집에서 떡을 떼며 기쁨과 순전한 마음으로 음식을 먹"(행 2:45-46)었다는 기록은, 비록 그 이상적 유형을 제출한 것이라고 해도, 당시 교회공동체의 현실 반영적인 측면을 단적으로 보여준다. 여기서 특기할 만한 점은, 합심하여 성전에서 모이는 예배의 행위가 집에서 떡을 떼는 일상적 행위와 유리되지 않았고, 기쁨과 순전한 마

20) 이 어록은 유대교 랍비 시몬 벤 메나시아(Simon b. Menasiah)의 다음과 같이 유사한 어록이 발견되는 만큼 예수의 고유한 원리라고 보기는 어렵다. "안식일이 너에게 주어진 것이지 네가 안식일에 주어진 것이 아니다"(*Mekilta de-Rabbi Ishmael*). 다만 이러한 원리를 적용하는 실천 방식상의 차이점이 존재했을 가능성은 있다. 한 평자는 예수가 사람의 어떤 필요가 절박하든 그렇지 않든, 자비가 없는 행위가 안식일로 인해 정당화될 수 없다는 입장을 취한 것으로 보았다. 실제로 예의 본문이 예수의 신학적 입장을 액면 그대로 대변한 것이었는지 불분명하지만, 적어도 본문에서는 사람의 일상적 유익과 편의를 위해 안식일 법을 철폐할 수 있다는 일반적 권리를 단언한 것으로 보인다. Adela Yabro Collins, *Mark*, 204, 각주 137, 138 참조.

음의 정신적 감성적 영역이 음식을 먹는 육체적 영역에 깊이 연동되어 있었다는 점이다. 이와 같이 음식과 식사 자체가 목적이 되지 않고 그로써 공동체의 연대를 공고히 하는 노력들은 교회 내부에 국한되지 않고 교회간의 후원적 관계에서도 드러나는데, 바이방인 교회들과 예루살렘의 가난한 성도를 사이를 중개하며 모금 캠페인을 벌인 바울의 사역이 대표적인 예이다. 이는 이방인 교회의 물질적 여력을 가지고 열악한 형편에 처한 예루살렘교회를 돕는 재정적 후원관계를 상정한 것이지만, 음식의 균등한 분배라는 메타포로써 그 신학적 의미가 새겨진다는 점이 흥미롭다.

고린도후서 8-9장의 이른바 행정서신은 일부 학자들 사이에 순전히 모금 캠페인을 위해 작성된 별도의 독립적 서신이라고 알려져 있다. 이 서신에서 일차적으로 흥미로운 것은 씨 뿌림과 수확의 관계라든지(고후 9:6), 심는 자에게 씨와 먹을 양식을 주시는 하나님의 이해 방식이라든지(고후 9:10), 연보의 원리를 설명하는 방식이 농경신학의 이미지들에 의지하고 있다는 점이다.[21] 그 모든 농경신학의 이미지들이 맞닿는 꼭짓점은 '균등'이라는 원리인데, 이 개념은 "너희의 넉넉한 것으로 그들의 부족한 것을 보충함"으로 정의된다(고후 8:14). 바울은 이 균등의 이치를 설득력 있게 논증하기 위해 구약성서의 만나 이야기에서 유추한 양식의 공정한 분배 원리를 인용문으로 제시한다. "많이 거둔 자도 남지 아니하였고 적게 거둔 자도 모자라지 아니하였으니라"

21) 당연히 바울의 농경신학(agrarian theology)은 그만의 고유한 것이 아니라 유대교와 고대 헬라문화를 통해 전승된 것이다. 농경신학의 씨알은 인간이 농경을 일삼던 시대에 배태되었을 것이니 그것들보다 훨씬 이전 단계로 소급된다고 봐야 할 것이다. 실제로 고대사회에서 농경은 단지 농사일에 관한 실천적인 관심이 아니라 자연을 개간하면서 얻은 대중적 지혜와 잇닿아 있었고, 그 배경에 종교와 철학사상이 자리 잡고 있었다. 고린도후서의 해당 본문에 나오는 심는 대로 거두는 원리니 하나님이 그 곡물을 자라게 하신다는 종류의 농경신학과 관련한 상세한 논의는 H. D. Betz, *2 Corinthians 8 and 9* (Philadelphia: Fortress Press, 1985), 98-100 참조.

(고후 8:15). 일용할 양식의 신학적 원리는 구약성서의 만나 이야기에 그 전모가 드러나 있다. 하나님의 선물로서 베풀어지는 오늘의 양식은 모든 사람에게 균등하게 분배되어야 합당하다는 것, 필요 이상의 양식을 챙기는 것은 하나님의 약속에 대한 불신과 탐욕의 결과로 곧 부패할 수밖에 없다는 것, 바로 이러한 관점에서 예수께서는 일용할 양식의 공동체적 나눔과 균등한 분배의 원리를 역설하였던 것이다.

Ⅳ. '마지막 식사' 와 종말론적 향연

예수는 이 세상을 떠나기 전에 유월절을 기하여 제자들과 마지막으로 식사를 나누었다. 그것은 '마지막' 식사였기에 각별한 자리였는데, 예수는 여기서 제자들과의 이별을 앞두고 삶과 죽음을 초월하는 상호 연대와 자신의 죽음에 대한 '기념' 의 제의적 토대를 구축하였다. 그것은 기독론, 구원론, 종말론, 교회론, 심지어 창조론 등의 신학적 제 분야에 비추어 다각도로 분석할 요처가 있는 중요한 사건이지만, 이 행사의 원초적 파토스는 죽어가는 자의 마지막 생명을 그 식욕에 기초하여 달래는 문화사적 배경에 걸쳐져 있다. 이 장에서는 그동안 별로 주목하지 못했던 식사의 이러한 문화사적 측면과 함께, 사후의 내세에서 가장 화려한 식사의 향연을 꿈꿔온 인간의 갈망이 '메시아의 향연' 이라는 종말론적 주제와 어떻게 연계되는지 살펴보기로 한다.

1. 마지막 식사의 신학적 의의

인생의 가장 큰 즐거움으로 먹고 마시는 행위를 꼽은 전도서의 관점(전 2:24, 3:13, 5:18, 8:15, 9:7-9)을 상기시키지 않더라도, 식욕이야말로 최후의 순간까지 추구되는 끈질긴 생명의 욕구일 뿐 아니라 누려야 할 가장 즐거운 생명의 복락을 대변한다. 그리하여 죽음에 임박한 생명들은 고래로 가장 먹고 싶은 음식을 취할 수 있도록 주변의 배려를 받았던 것이다. 이러한 관행은 단지 인간의 본능적 욕구의 발로로 머물지 않고 장구한 문화사적 전통을 지니고 있거니와, 여기에 첨가된 다양한 모티프는 마지막에 나누는 식사의 특별한 의미를 부각시키는 방향으로 일조하였다. 가령, 그레코-로마시대의 맥락에서 한 시대를 풍미한 영웅이나 역사가 평가한 특정 인물들은 죽음에 임박하여 마치 개인의 제의적 의식을 치르듯 공통된 궤적을 보여주는데, 그 중에 평소 친애하던 친구들이나 가족들과 함께 음식을 차려 식사하는 대목이 포함된다. 그 자리에서 만찬을 베푼 사람은 자기의 평생을 통해 가장 추억할 만한 삶의 부분을 회상하면서 더불어 즐겁게 나누며, 상호간의 대화를 통해 그 사건을 의미화한다. 마치 자신의 유언을 남기듯, 생의 가장 보람차고 의미심장한 기억이나 성취를 특정한 이미지나 문구에 새겨 자화상으로 조형하는 작업도 이와 함께 이루어진다.[22]

이러한 마지막 식사의 자리는 자신의 삶이 비록 꺼져가는 촛불처럼 위태롭게 죽음에 걸려 있을망정 그 마지막 순간을 생명의 소중한 가치로 긍정하는 동시에 자신의 삶을 정리하며 맺힌 것을 풀고 이 세상과의 특별한 인연이나 여러 사람들과의 관계를 회복하는 차원으로 이어지기도 한다. 아울러, 이러한 계기는 식사라는 특수한 행위를 통하여 삶의 욕망을 달래는 동시에 가장 원초적인 생의 가치를 향유하는 상징적 의미도 부여받을 수 있다. 특히 그것이 '마지막' 식사라는 점

22) 이러한 문화사적 모티프에 대해서는 필자의 다음 학위논문에서 연구된 바 있다. Jung-Sik Cha, "Confronting Death: The Story of Gethsemane in Mark 14:32-42 and Its Historical Legacy", Ph.D. diss. The University of Chicago, 1996.

에서 생의 의미는 더욱 극대화되기 마련이고, 식사를 매개로 한 그 대화의 자리에서 그 의미는 더욱 극적으로 표현되기 십상이다. 이는 동시에 죽음을 감당하는 주체가 개체 생명이라는 점에서 자신의 그 최후 운명과 싸워야 하는 그 고독에 들기에 앞서 생의 친근한 동반자나 평생 동일한 신앙적 지향이나 정치적 이념, 또는 학문적 신념을 나누었던 동무들과 더불어 자신의 그 운명을 위무하는 소통적 연대의 의미를 내포한다고 볼 수 있다.[23]

예수의 마지막 만찬은 바로 이러한 문화사적 맥락에서 새로운 조명을 요한다.[24] 그 역사적 기원이 유대교의 유월절 식사에 있든, 그레코-로마의 저녁만찬(symposium)으로 소급되든, 혹은 평소 소외된 이웃들과 함께 나눈 열린 식탁교제의 연장이든, 부인할 수 없는 점은 그것이 공적으로 배설된 예수의 마지막 식사였다는 사실이다. 앞서 제기한 마지막 식사의 문화사적 의미들이 예수의 이 경우 직접 표면에 돌올하지 않을지라도 그것이 그 배후에 사상적 태반으로 깔려 있음을 미루어 짐작할 수 있다. 예수 일행이 모인 그 다락방은 유월절 명절을 기하여 모인 식사의 자리였지만, 거기에 전통적으로 용인된 불에 구운 어린양 고기나 쓴 나물 등속이 메뉴로 배설되었다는 증거를 찾아볼 수 없다. 그 대신 나눈 음식은 아마도 무교병이었을 빵과 함께 포도주가 전부이다. 예수가 의식하였든, 후대의 해석과정을 통해 추가적으로 의미가 부여되었든, 아무래도 어린 양 고기는 그 빵과 함께 그 상징적 의

23) 굳이 죽을 때라는 특정한 시점을 전제하지 않더라도 이와 같이 우의적 연대의 강화는 생명의 에너지를 공급하는 물리적인 차원의 식사 목적 이외에 가장 대표적인 식사의 사회적 기능이라고 할 수 있다. Alan W. Jenks, "Eating and Drinking in the Old Testament", 250-254 참조.

24) 이러한 종교문화사적 관점에서 한 여인에 의한 기름 부음 사건과 예수의 마지막 만찬을 조명하려는 시도는 필자에 의해 최초로 시도된 바 있다. 차정식, "향유(香油), 그리고 향유(享有)", "마지막 만찬과 함께 이별을", 『묵시의 하늘과 지혜의 땅—예수신학 비평』, 287-298, 299-311.

미가 부여된 예수의 몸이었을 것이다. 아울러 죽음의 세력이 침투하는 걸 막기 위해 문설주에 뿌린 그 어린 양의 피는 예수가 새 언약의 잔과 포도주를 통해 상징적 의미를 부여한 바로 자신의 피였을 것이다. 여기까지 유월절의 신학적 후광은 빛을 발하며 예수의 마지막 식사의 의미를 증폭시키는 매개로 작용한다. 물론 빵을 먼저 나누고 이후에 잔을 나누는 순서, 하나님께 드리는 감사기도 형식에 착안하여 이를 함께 식사를 하고 주연을 행했던 그레코-로마 시대의 만찬 관행에 비추어 분석할 여지도 없지 않다.[25]

그러나 이러한 여러 식사 모델의 구조적 상징적 영향 관계 외에도 예수께서 제자들에게 남긴 다음의 유언은 이 마지막 식사가 생사를 넘어서는 제자들과의 치열한 유대관계를 정초하는 또 다른 의미를 낳고 있다.[26] "… 이것을 행하여 나를 기념하라 … 이것을 행하여 마실 때마다 나를 기념하라 … 너희가 이 떡을 먹으며 이 잔을 마실 때마다 주의 죽으심을 그가 오실 때까지 전하는 것이라"(고전 11:24-26). 예수의 몸과 피를 빵과 포도주의 상징적 의미에 담아 표현한 것의 이면에는 이른바 '혈맹'의 우정관계를 다짐하며 각자의 피를 섞어 함께 나눠마셨던 사례가 변용된 측면을 엿볼 수 있다. 그러나 상기 본문에서 보듯, 이러한 혈맹의 유대관계는 단순히 '우정'의 차원을 넘어 예수 그리스도를 주님으로 섬기는 반복적 제의로서 '기념'되어야 할 성격을 띤다. 그리고 그것은 장차 죽음 이후의 내세적 재회를 기약하며 주님으로서

25) 그레코-로마의 '심포지엄' 식사 관행에 대해서는 Dennis E. Smith, "Meal Customs: Greco-Roman Meal Customs", *ABD* vol. 4, 650-653, 특히 652 참조.

26) 종교사회학적 관점에서 볼 때 고린도교회에 소개, 적용된 바울의 '주의 만찬'은 하나님과 반대되는 혼돈된 복잡성의 세계, 즉 마귀와 잡신들이 들끓고 우상제물이 만연한 이 세상과의 경계를 설정하여 그리스도의 몸이라는 상징체 안에 통일된 성스러운 세계를 구축하는 연대의 제의라고 할 수 있다. Wayne A. Meeks, *The First Urban Christians: The Social World of the Apostle Paul* (New Haven and London: Yale University Press, 1983), 157-163 참조.

예수의 죽음을 다시 오실 때까지 전해야 할 종말론적 선교 사명을 부여받는다. 바울의 이 서신에서는 그 종말이 예수의 재림 모티프와 연계되어 나타나지만, 마가복음의 버전에서 예수의 마지막 말씀은 그 종말을 하나님 나라에서의 상봉과 더불어 나눌 메시아적 향연으로 특징짓는다. "내가 포도나무에서 난 것을 하나님 나라에서 새것으로 마시는 날까지 다시 마시지 아니하리라"(막 14:25).[27] 여기서 우리는 예수의 '마지막 식사'(the last meal)가 추가적 해석과 의미 부여를 통해 '주의 만찬'(the Lord's Supper) 단계를 넘어 '거룩한 성찬'(the Holy Communion)으로 제의화되어가는 과정을 엿볼 수 있다. 그 제의적 상징성 가운데 반성전적 모티프가 가미되어 있는지의 여부는 논란의 여지가 있지만 전통적 희생제의의 요소가 영적인 맥락에서 응용된 흔적은 부인하기 어렵다.[28] 나아가 그것이 종말의 시점에서 나눌 내세적 만찬으로 '메시아의 향연'(the messianic banquet)의 모티프와 융합된 접점을 확인할 수 있다.

2. 메시아의 향연과 식사의 미래

식사와 관련하여 사람들의 오래된 관심은 죽은 자의 내세적 삶의 양태에 결부된 것이었다. 그래서 고대 사회의 일각에서 시행된 장례식 연회가 장차 내세의 식사를 미리 즐기는 종말론적 사건으로 풀이되기도 한다. 그것을 배제하더라도 죽은 자의 무덤벽화에 식사 장

27) 포도주를 마시는 행위는 종종 종말론적 완성의 상징으로 제시된다(사 25:6-8; 바룩2서 29). 또한 이 모티프는 하나님 나라에서 아브라함과 이삭과 야곱과 함께 만찬에 참여하여 먹는 이미지(마 8:11-12; 눅 13:28-29)와 유비적 관계에 있다. Adela Yarbro Collins, *Mark*, 657 참조.

28) Jonathan Klawans, "Interpreting the Last Supper: Sacrifice, Spiritualization, and Anti-Sacrifice", *NTS* 48(2002), 1-17 참조.

면을 그려놓는다든지, 사자를 위해 제물 봉헌과 함께 주기적으로 제사를 지낸다든지 하는 관행은 죽은 이후에도 식사 행위가 지속되리라는 종교적 희망사항을 대변한다고 볼 수 있다. 이러한 희망은 종교제의에서 신의 거룩한 음식을 함께 먹고 마시는 열락의 종말론적 환상으로 이어졌거니와, 혼인 잔치 등의 모티프를 통해 신과의 공동식사를 꿈꾸는 내세적 모델이 이러한 배경에서 창출되었다. 이러한 내세지향적 식사 모델은 유대사회뿐 아니라 그레코-로마시대에도 특히 오르페우스, 디오니소스 종교의 영향 하에 축제적 연회가 열락의 내세에 대한 상징으로 활용되기도 하였다. 이러한 종교사적 맥락에서 '메시아의 향연' 이란 개념도 좀더 입체적으로 이해할 수 있다.[29] 요컨대, 현생의 식사 행위를 내세의 희망으로 연장시켜 투사하거나 내세의 그 종말론적 식사의 희망을 현생 속에서 선취하는 일환으로 최후의 날, 이 세상의 모든 대적들을 평정하고 구세주 메시아와 함께 먹고 마시는 성대한 잔치의 비전이 메시아의 향연이란 개념으로 태동되었으리라는 것이다.

메시아의 향연 개념이 태동하기까지 이른바 '성스러운 음식' (sacred foods) 전통이나 '성스러운 식사' (sacred meals)와 연관된 각종 신화적 배경이 거론되기도 하지만,[30] 구약성서의 다음 구절이 그 원조격의 증거 자료로 종종 언급된다.

> 만군의 여호와께서 이 산에서 만민을 위하여 기름진 것과 오래 저장하였던 포도주로 연회를 베푸시리니 곧 골수가 가득한 기름진 것과 오래

29) 메시아의 향연과 관련해서는 Dennis E. Smith, "Messianic Banquet", *ABD* vol. 4, 788-791 참조.

30) 그레코-로마시대의 '거룩한 음식' '거룩한 식사' 개념에 대해서는 Dennis E. Smith, "Meal Customs: Greco-Roman Sacred Meals", *ABD* vol. 4, 653-655 참조.

저장하였던 맑은 포도주로 하실 것이며 또 이 산에서 모든 민족의 얼굴을 가린 가리개와 열방 위에 덮인 덮개를 제하시며 사망을 영원히 멸하실 것이라 주 여호와께서 모든 얼굴에서 눈물을 씻기시며 자기 백성의 수치를 온 천하에서 제하시리라. 여호와께서 이같이 말씀하셨느니라(사 25:6-8)

이러한 계통의 텍스트에는 메시아의 향연을 구성하는 기본 모티프로 죽음과 같은 원초적 대적과의 싸움에서 승리, 영원히 즐거운 축제, 풍성하고 기름진 음식, 메시아의 현존과 심판, 열방의 순례 등이 등장한다. 이러한 관점에서 조명하면 복음서의 각종 음식 관련 일화들은 메시아의 향연을 구현하는 소품들처럼 보인다. 예수의 음식 기적들(막 6:32-44, 8:1-10; 요 2:1-11)이 그렇고, 굶주린 자가 배부름을 얻는다는 어록(눅 6:21) 역시 그렇다. 뿐 아니라 큰 잔치의 비유(마 22:1-10/눅 14:16-24)와 예수의 개방적 식탁 교제도 이러한 맥락에서 메시아의 향연을 선취하는 예변적 행동으로 해석할 수 있다. 특히 열방의 순례와 심판의 모티프는 다음의 예언문구에서 분명히 탐지된다.

또 너희에게 이르노니 동 서로부터 많은 사람이 이르러 아브라함과 이삭과 야곱과 함께 천국의 식탁에 기대어 앉으려니와 그 나라의 본 자손들은 바깥 어두운 데 쫓겨나 거기서 울며 이를 갈게 되리라(마 8:11-12)

이러한 열방의 쇄도는 이스라엘을 중심으로 열방이 함께 뭉쳐 한 분 하나님을 경배하는 예배의 공동체를 전망한 초대교회의 이상과 통하거니와,31) 그 예전이 아무리 아름다운 음악과 풍경 속에 펼쳐진다 한들, 음식 없이, 식사 없이 허전하지 않겠는가. 그리하여 요한계시록은 이사야 55장 1-2절에 반향하면서 교회와 그리스도의 종말론적 혼인 잔치의 자리에 성령과 신부의 목소리로 구원받은 백성들을 초청한다. "오라…듣는 자도 오라 할 것이요, 목마른 자도 올 것이요, 또 원하는 자는 값없이 생명수를 받으라"(계 22:17). 이 땅에서 먹고사는 수고의 가장 큰 비용은 단지 음식을 위한 육체노동의 땀에 국한되지 않는다. 그것은 노역의 임금을 지급하는 고용주와 고용자들 사이의 복잡한 정치사회적 체계와 경제적 구조로 인해 발생하는 '치욕'이라는 정신적 비용까지 지불되어야 얻을 수 있는 소득이다. 그런데, '값없이' 영원한 생명수를 누구에게나 나눠준다니 삶의 수고가 제거된 채 그 본래의 목적인 향유적 가치가 다시 극대화된다는 말일 터이다.

이러한 즐김과 누림의 차원에서 초대 기독교도들은 메시아를 주인공으로 종말론적 향연을 꿈꾸었다. 그것은 곧 이전의 고단한 육체적 삶을 위무하고 그것을 보상받고자 한 신학적 이념의 발로이자 인간적 욕망의 산물이었다. 이러한 목적으로 요한계시록은 묵시문학적 맥락에서 처음 하늘과 땅, 바다를 대체하는 새 하늘과 새 땅을 전망하였다. 그 가운데 단장된 거룩한 성 새 예루살렘이 이스라엘의 역사적 총화라면(계 21:1-2), 어린양의 보좌로부터 발원하는 수정 같이 맑은 생명수의 강과 그 강 좌우에 위치한 생명나무 열두 실과들은 태초의 낙원 에덴의 재현으로 파악된다(계 22:1-2). 이 모든 것이 선악과의 타락 이전 단계를 회복시키는 오염되지 않은 천연음식이려니와, 설사 죄악으로 오염되었다 할지라도 그 나무 잎사귀가 만국을 치료할 수 있으니 그야말로 열방의 순례행렬을 맞이할 온전한 잔치의 구비 요건은 다 충

31) 이러한 신학적 이상은 바울에게도 나타나는데, 그는 특히 로마교회의 유대인 기독교도와 이방인 기독교도의 연합이 열방의 이방인들이 주의 백성 곧 이스라엘과 함께 모여 주께 감사하고 주의 이름을 찬송하는 구약성서적 예언에 비추어 예배의 공동체 구현되길 기대하였다(롬 15:8-13).

족하고 있는 셈이다.

V. 식사의 신학적 양식화를 위하여

한때 이 땅에서 불길 같이 번진 촛불시위의 행렬은 정부를 향하여 축적된 불만이 폭발한 측면이 강하지만, 시민들의 먹을거리에 대한 생활 정치적 감수성이 기폭제가 되었다는 점에서 중요한 상징적 사건으로 자리매김된다. 그토록 경미하다는 미국산 쇠고기 식용자의 광우병 발생 확률에도 불구하고 시민들은 자신과 그 자손들의 미래적 위험에 그토록 민감하게 반응한 것이다. 물론 이 촛불시위 사건의 위대한 상징성 이면에 가려진 그늘도 없지 않다. 시위대의 가장 큰 목소리는 미국산 쇠고기 수입 자체를 반대하는 것이 아니라 20개월, 또는 30개월 미만의 안전한 살코기 위주로 수입하면 환영한다는 것이다. 국민건강을 가장 우선적으로 배려해야 한다는 목소리도 그 연장선상에 있다. 검역주권을 둘러싼 애국적 관심 역시 그 '안전'과 '건강'을 위해 필요한 부대적 요소일 뿐이다. 이러한 관심과 그 논리적 추궁은 하등의 오류 없이 정당한 것처럼 보인다. 그러나 논의의 지형을 한우를 키워 먹고사는 축산농가와 수육소비자를 위해 천문학적 규모로 비참하게 도살되는 가축생명들의 현실을 감안하면 그 안전과 건강의 논리는 제 몸의 안녕에 몰두하는 집요한 중산층의 욕망을 대변하는 계급적 파당적 논리라는 제약을 갖는다. 이는 음식과 식사의 지형이 때로 권력과의 순치와 길항이라는 역동적 관계를 형성한다는 증거이기도 하다.[32] 거대도시를 중심으로 하는 중산층 위주의 자기 건강과 안전에 대한 배려는 점점 더 황폐해지는 이 땅의 축산농가에 대한 배려를 사장하고 있으며, 동물들을 단순히 '먹이'로 보지 않고 하나님 나라의 도래를 위해 함께 탄식하며 동행해야 할 이웃생명으로 보는 생명정치의 신학적 안목(사 11:6-9; 롬 8:19-22)에 미치지 못하는 형편이다.

물론 그 건강과 안전의 논리가 빛을 발하는 대목도 있다. 내가 특히 이 글의 핵심 논지와 연결지어 강조하고 싶은 부분이 이 지점인데, 그것은 안전한 먹을거리에 대한 욕구가 기존의 '더 많이' '더 싸게'의 물량주의적 천박성을 넘어 하나님의 창조법칙에 근접하는 생태적 삶의 관심을 제고하고 있다는 것이다. 이제 사람들은 점점 더 자신의 몸을 아무것이라도 먹고 살아남아야 할 고깃덩이가 아니라 소중히 돌보고 양생해야 할 고귀한 영성적 존재로 파악하게 된 것이다. 이로부터 신앙적 접속이 가능하다면, 바울의 통찰대로, 그들은 자신의 몸을 함부로 굴리지 않고 '성령이 거하시는 전'(고전 6:19)으로서의 가치를 발견할 수 있을 것이다.

이러한 발견에 이르기까지 오늘날 음식과 식사 문제와 관련하여 우리가 그려내야 할 지형학은 기본적으로 신학적 양식화를 피해갈 수 없다. 그것은 음식의 기원을 묻는 데서부터 시작하여 그 음식의 선택과 가공법, 섭생의 방식, 식탁교제의 제반 규칙 등의 요소를 아우른다. 먹을거리가 백화제방의 추세로 증가하는 시대에 그것의 자본제적 값에 휘둘려 속전속결로 먹어치우기보다 그것의 인간학적 가치를 진작시키고 그 각각의 신학적 의미를 살려 소박한 메뉴로 천천히 음미하며 취하는 감사와 향유의 자세가 필요하다. 물론 그렇게 받는 식단은

32) 이와 관련하여 초기 기독교 역사에서 감옥에 갇힌 순교 대기자들에게 교회 측에서 음식을 풍성히 공급함으로써 순교자들과의 특별한 영적인 후원 관계를 도모하거나 그들 스스로 금식을 단행함으로써 권력에 대한 암묵적 저항의 상징행위를 보인 사례를 참조할 만하다. Andrew McGowan, "Discipline and Diet: Feeding the Martyrs in Roman Carthage", *HTR* 96/4(2003), 455-476 참조. 고대 교회사에서뿐 아니라 오늘날도 '식량전쟁'이라는 말의 배경이나 '단식투쟁'이라는 정치적 저항의 상징행위를 통해 음식과 식사가 어떻게 권력관계와 접속되는지 그 풍성한 실례들을 찾아볼 수 있다.

건강 유지에 부응하여 균형 잡히고 영양분이 풍성한 것이어야 한다.[33] 아울러, 많이 먹고자 하는 식욕을 넘어 덜 먹고자 하는 절제의 연습이 필요하며, 더 화려하고 맛있게 먹고자 하는 욕망을 다독이며 천연의 맛 그대로 담백하게 먹고자 하는 욕망을 증폭시키는 생태적 마인드가 절실하다. 아울러 이러한 먹을거리에 얽힌 잡다한 욕망들의 심리적 지향성과 신학적 정당성 사이에 발생하는 균열을 조율하는 지혜가 동시에 요청된다.[34] 불량식품과 우량식품을 분별하는 상식의 통찰도 우리 사회에 확산되어 더 이상 먹을거리로 생명을 장난치는 부패한 세력들이 발을 붙이지 못하도록 해야 한다.

그러나 무엇보다 중요한 신학적 양식화의 지침은 예수께서 몸소 체현하고 초대교회 지도자들이 설파한 대로, 그 모든 양식이 '오늘'의 양식으로 배설되는 종말론적 신앙의 회복이 절실하다. '내일'의 양식을 위해 질주하는 세태는 분명 하나님이 '우리의' 아버지로서 모든 양식을 매일매일 넉넉히 베풀어주시리라는 창조주에 대한 신뢰를 저버린다. 그 아버지가 오늘은 빵과 생선을 줄지라도 내일은 돌과 뱀을 줄지 모른다는 깊은 불신이 그 신뢰를 대신해버리는 것이다. 그것은 양식의 무신론이라 할 만한, 하나님을 상실한 세대의 고질적인 병통이다. 특히, 이즈음 자본천하의 사탄적 문화가 그러한 병통을 더욱 부추기고 있다.

아울러, 그 양식이 '우리의 일용할 양식'으로 나눠져야 한다는

33) 한 고찰에 의하면 모든 사람들에게 똑같이 통용되는 유일한 표준식단은 없다. 각자의 체질과 형편에 따라 자연 생태 그대로의 천연 영양소를 기본으로 편중되지 않은 균형 잡힌 식단이 필요할 뿐이다. 나혜복, "기독교인과 식생활", 「성서마당」 66(2004), 14-17 참조.

34) 실제로 음식의 문화적 특질들은 개인별 집단별 심리적 기제의 영향을 받으면서 형성되어왔다. 리언 래퍼포드, 김용환 역, 『음식의 심리학』(서울: 인북스, 2006) 참조. 이점에서 음식의 사회문화사는 음식 소비자들의 복잡다단한 심리적 경향성을 따져야 비로소 신학적 지형학의 진경을 풍성히 그려낼 수 있을 것이다.

사실은 아무리 강조해도 지나치지 않다. 오늘날 재화의 대부분을 차지하고 있는 나라와 사람들은 소수이다. 그 소수가 독과점한 과잉 양식들이 이 세상에 골고루 분배될 때 먹을거리를 향한 하나님의 창조적 섭리는 실현 가망성이 높아진다.[35] 그러나 여전히 우리의 양식은 진정한 의미의 '우리' 양식이 되지 못한 채 '나'와 '너'의 양식, 고작해야 우리 '가족'의 양식일 뿐, 양식의 신학은 일천한 수준에 머물고 있다. 그런 상태에서 우리 교회들조차 부익부 빈익빈의 양식 불균등을 부채질하여 양식 양극화 현실에 편승한다면, 우리의 성만찬은 전혀 성스럽지 못하고, 마지막 식사를 넘어 내세의 성대한 메시아의 향연을 꿈꾸는 종말론적 희망은 야무지다 못해 가증스럽다.

모든 음식은 하나님이 주신 것으로 감사함으로 받으면 버릴 것이 없다. 바울의 이 명제는 보편타당성을 띤다. 입으로 들어가는 것이 아니라 입에서 나오는 것들이 부정하다는 예수의 어록도 여전히 유효하다. 그 음식의 음식다움을 위해서 그것이 오늘 우리 모두의 양식으로 나눠져야 함은 물론이다. 이를 위한 양식(糧食)의 신학적 양식화(樣式化)는 요긴하다. 그것은 먹을거리가 단순히 일회용 인스턴트 물질이 아니라 그 이상의 신학적 가치를 갖는다는 표현이기 때문이다. 이렇듯, 우리의 음식이 신령한 하나님의 은혜스런 선물일진대, 하나님을 안다는 사람들이라면 오늘의 먹을거리가 내일의 배설물이 되기까지 그 모든 내력과 절차에 대한 좀더 섬세한 통찰과 배려가 필요하지 않을까?

---

35) 서명수는 성서의 이러한 식사교훈을 '공생공식주의'(共生共食主義)라 부르고 있다. 서명수, "구약성경과 식생활", 7.

제2장 _ 중독의 병통과 해독의 복음
정신위생을 위한 복지상담적 성찰

I. 중독증과 '에피투미아'(*epithymia*)의 체계

오늘날 각종 중독증은 때로 보이는 현상으로 격렬하게, 때로 보이지 않는 경로로 고요하게 우리 삶의 한 가운데를 향해 침식해 들어오고 있다. 대대로 오랜 역사의 뿌리를 간직한 중독증으로 알코올중독, 마약중독, 도박중독 등의 병증도 항간의 관심을 끌어왔지만, 기계문명의 극점에서 이즈음 그 심각성을 더해가는 인터넷 중독, 게임 중독 등도 심각한 사회문제로 확산되고 있는 상황이다. 신학적으로 말하자면, 모든 중독증은 삶의 근원이자 중심이 되어야 마땅한 창조주 하나님을 상실한 상태에서 그 궁극적 관심의 대상을 여타 피조물 가운데 찾으면서 그것을 자신도 모르게 우상화하는 사태의 한 현상이다. 그것은 물신주의의 한 극단적 형태로서 우리 심신을 한군데로 집중시켜 얽어맬 뿐 아니라 일상적 삶의 온전한 기능을 마비시키기도 한다.

그러한 움직임이 때로 필사적이고 맹목적이라는 점에서 중독증은 감정의 일시적인 편향성이나 욕망의 편집증을 넘어 거의 종교적 수준의 광증에 비견될 만하다. 종교적 신앙을 '아편'에 비유한 마르크스의 진단이나 '집단강박증'의 한 형태로 치부한 프로이트의 통찰[1] 앞에 조금 겸손해질 수 있다면, 종교중독 또한 중독증의 폐해에서 자유롭지 못하다. 그것은 스스로 절대화한 '도그마'의 체계에 대한 과잉 열정이나 특정한 신앙 스타일의 고착화로 말미암아 열린 신학적 사유와 성찰의 여백을 제거해버린 데서 비롯되는 병증이다. 그 내면의 중독된 종교적 특질은 자신을 억압할 뿐 아니라 타인들에게 폭력적으로 발산된다는 점에서 아무리 순진한 열정을 가장하더라도 위험한 중독의 증상과 무관하지 않다.

이렇듯, 오늘날의 중독 현상은 기성 종교의 안과 밖을 넘나들면서 우리 삶을 좀먹는다. 특히, 오늘날의 중독증은 하나님과 전통적인 공동체를 상실한 현대인의 특수한 삶의 환경을 틈새로 파고들면서 우리사회의 저변에 급속도로 확산되고 있다. 예를 들어 인터넷 중독증이나 게임중독증의 내막을 뜯어보면, 거대한 체계의 부속품으로 살면서 주체적 자아를 망실한 현대인들이 사이버공간의 특수한 미덕에 의탁하여 새로운 종교세계를 구축하는 게 아닌가 하는 의문이 들 정도다.[2] 인터넷의 가상세계는 상호 익명성을 통해 현실 공간에서 억압된 자신의 감정이나 비밀을 드러낼 수 있도록 마치 내밀한 고해성사와 같은 보호 장치를 제공한다. 그 안에는 또 누구도 차별받지 않는 평등성이 주어지고 폭력이 합법적으로 용인된다. 거기서 네티즌과 게이머들은

1) 지크문트 프로이트, 이윤기 옮김, 『종교의 기원』, 프로이트 전집 13권 (서울: 열린책들, 2004) 참조.

2) 최근 그 심각성을 더해가고 있는 인터넷(사이버게임) 중독증에 대해서는 킴벌리 S. 영, 김현수 옮김, 『인터넷 중독증』(서울: 나눔의집, 2000); 스티븐 O. 와터스, 이소희 옮김, 『인터넷 중독의 이해』(서울: 학지사, 2003); 이형초 · 심경섭, 『인터넷중독 완전정복』(서울: 시그마프레스, 2006) 참조.

여러 개의 아이디로 다중인격의 스릴을 맛보면서 그 공간에서 손가락 열 개로 유영하며 내면의 창조성을 발휘하고픈 충동에 이끌린다.

그 과정에서 이 기계 속의 사이버공간은 무한한 우주와 절대의 환상을 유통시키고 그 참여자들은 실제의 현실보다 더 현실적으로 그 공간에 탐닉하게 된다. 억눌린 욕망의 배설이 제한 없이 허용되는 그 지존의 쾌락장치는 통제의 기제가 없는 가운데 그 독성에 함몰된 수많은 기계적 자아를 양산해낸다. 그러나 인간이 아무런 동기 없이 허깨비로 그 중독의 세계로 몰입하는 것은 아니다. 거기에는 몸의 기관을 통해 구체적으로 작동하는 욕망이란 요소가 개입한다. 욕망의 반복적 충동이 집중을 낳고 그 집중의 반복이 집착을 낳으며, 그 집착의 유형화된 행태로서 중독이라는 병통을 유발하는 것이다.[3]

중독은 이처럼 평범한 욕망의 지향에서 비롯되는 여러 겹의 '가면' 을 가지고 있다. 성서에서 중독의 어원적 뿌리를 탐침해보면 '에피투미아' 의 개념에 부닥친다. 이 개념은 중성적인 의미로 보면 '욕망' 을 가리키지만, 그것이 '생의 바퀴' 를 굴러가게 한다는 점에서 '의욕' 이라는 긍정적 의미로 해석할 수도 있다. 그러나 성서, 특히 신약성서에서 이 어휘는 좀더 빈번하게 부정적인 맥락에서 사용되는데, 이 경우 그 함의는 '욕심' '정욕' '탐욕' 등의 범주를 포괄한다.[4] 이러한 개념의 스펙트럼을 두루 아우를 때, 모든 중독은 평범한 욕망에서 출발하여 그 방향을 역동적인 생의 의욕으로 잡지 못한 채 선회하여 필요 이상의 욕망에 충동적으로 집착하면서 그것의 반복적 패턴이

3) 이와 같이 중독에 관여하는 신체적 욕망에 초점을 맞추어 거기서 벗어나기 위해 무리하게 싸우지 말고 중독으로 이끄는 욕망을 넘어설 또 다른 대안적 열망을 개척하라는 권고가 제출된 바 있다. 인도의 전통의학에 기초한 이 치유법에 대해서는 디팩 초프라, 최승자 옮김, 『중독보다 강한』 (서울: 북하우스, 2004) 참조.

4) 이 희랍어 개념에 대해서는 Büchsel. "ἐπιθυμία", *TDNT* vol 3, 168-171.

고착됨에 따라 발생하는 '에피투미아'의 변종 체계인 셈이다. 문제는 우리 삶의 정상적 '필요'와 과도한 '욕구' 사이의 거리가 멀지 않고, 평범한 '욕망'과 이상한 '탐욕'의 경계가 모호하다는 것이다. 그래서 중독도 부지불식간에 나 자신에게로 침투한다.

Ⅱ. 중독의 예비적 징후와 자기 권력화

1. 우상숭배로서의 중독

중독의 예비적 징후는 한 마디로 특정한 대상을 향한 집중과 집착이다. 사실 모든 개체의 존재는 누구나 무엇이든, 그 존재의 고유성 안에서 특별하고 특정하다. 그러나 관심의 촉수가 특정 대상으로 쏠리며 집중되고, 그것의 반복적 행태는 자연스레 그 관심의 열정이 골고루 분배되어야 할 다른 대상을 소외시키는 차별을 낳는다. 이러한 정서적 흐름에 반비례하여 특정 대상을 향한 비정상적인 집중의 반복은 결국 집착의 징후를 낳는데 이러한 징후는 그 대상을 유일한 관심사로 우선시한다는 점에서 맹목적 증상이다. 신학적인 관점에서 보면, 이러한 삶의 자세는 그 무엇보다 집중하여 마음과 뜻과 정성을 다해 섬겨야 할 신앙의 대상으로 하나님을 배제하고 제 몸처럼 사랑해야 할 이웃을 외면한다는 점에서 일종의 우상숭배이다. 요컨대, 중독은 신학적 본질상 그것의 빌미를 제공하는 동인이 제 내부의 주관적 욕망이든, 외부의 매혹이든, 생명 질서의 샬롬을 깨트리며 온전한 일상의 체계를 파괴하는 우상숭배적 개념인 것이다.

우상숭배로서의 중독은 두 갈래의 변인을 거느리며 삶의 저변에 침투한다. 그 첫째가 탐심이라면 그 둘째는 불안이다. 실제로 이 두 요소는 쌍생아처럼 뒤얽혀 부정적인 방향으로 상호 작용한다. 나는 이 대목에서 탐심의 변인에 대하여 성서의 두 사례를 조명하고, 나아가 불안의 변인에 대하여 또 다른 관련 사례를 분석함으로써 중독의 심리 구조를 탐색해보고자 한다.

첫째, 하와와 아담의 경우에서 보듯 중독의 저변 요소로서 탐심은 우발적인 계기를 통해 찾아든다. 에덴에서 첫 인간을 향해 베푼 창조주 하나님의 은총은 최대한의 향유와 최소한의 금기로 표현되었다. 그러나 이들에게 향유의 조건은 최대치로 허용되었기에 당연시되었고 금기의 조건은 선악과나무라는 단 하나로 최소화되어 나타났기에 더 매료되었다. 그 금기의 매혹은 그들에게 "먹음직도 하고 보암직도 하고 지혜롭게 할 만큼 탐스럽기도 한"(창 3:6) 이미지로 현시되었다. 인간의 원초적 본능인 식욕과 가장 민감한 감각기관인 시각에 자극을 받은 것이다. 이와 더불어, 뱀의 말로 매개된 '지혜'의 요소가 특히 그들을 유혹했던 것으로 보인다. 그 지혜는 그들이 그 과일을 먹을 때 "눈이 밝아져 하나님과 같이 되"리라는 것이었다. 다시 말해, 그들의 탐심은 이중적 모방 체계에 의해 추동되거니와, 하나님이 그 하나라면 그 하나님을 끌어들인 뱀의 언어가 또 다른 하나이다.

인간은 누구나 자신이 선망하는 대상이 욕망하는 것을 욕망하는 성향을 지닌다. 그 점에서, 지라르의 통찰대로, 모든 욕망은 모방의 욕망이다.[5] 마찬가지로 아담과 하와도 자신의 창조주인 하나님이 자신을 배제하면서 욕망하는 그것을 욕망한 셈이다. 그 욕망의 체계에 기름을 부은 것은 그 욕망을 부추긴 뱀의 말이다. 그 뱀의 말이 매혹적인 것은, 자신이 지닌 기존의 앎을 배반하고 전혀 새로운 앎을 전달하

5) 지라르의 모방적 욕망 이론에 대해서는 르네 지라르, 김진식 · 박무호 옮김, 『폭력과 성스러움』(서울: 민음사, 1997), 특히 제6장 "모방 욕망에서 무서운 짝패까지"(215-252) 참조

였기 때문이다. 그 앎은 그 과일을 먹는 날에 그들이 죽기는커녕 하나님과 같이 된다는 기대와 함께 탐심을 주입시켜준 것이다. 그 기대가 탐심인 것은, 최대치의 향유적 조건에 눈 감고 최소치의 금기를 위반함으로써 그들은 창조의 질서를 훼손하는 일에 맹목이 되었기 때문이다. 이처럼 중독은 감각의 일상적 자극에서 시작된다. 도박 중독이 그렇고 마약 중독이 그러하며, 알코올 중독이 또한 그렇다. 성찰 없이 발산하는 감각적 충동의 훗날은 아무도 기약할 수 없는 파괴적인 미래를 몰고 온다. 그 과정에서 경고가 있고, 그 어둠의 사슬로 부추기는 악의적인(종종 선의로 포장된) 충동을 일삼는 측근의 동무가 있다.

그 측근의 동무가 부추기는 충동질의 악성에 관한 한, 이세벨의 우편에 나설 자는 많지 않다. 그 악질의 근성이 가장 적나라하게 드러난 사례가 나봇의 포도원 이야기(왕상 21:1-29)이다. 아합 왕은 한 나라의 제왕으로서 부귀와 권력에 관한 한 최고 지위에 있었다. 그런데도 그는 왕궁 곁에 위치한 나봇의 포도원을 갖고자 탐하였다. 그것을 조상의 유업이기에 팔 수 없는, 나봇에게는 유일한 땅이었을 것이다. 합법적으로 그 땅을 얻을 방도가 막히자 그는 탐심의 포로가 되어 자신의 현실을 과장하며 안달하기 시작한다: "아합이 근심하고 답답하여 왕궁으로 돌아와 침상에 누워 얼굴을 돌리고 식사를 아니하니…"(왕상 21:4). 이 상황을 확인한 이세벨은 결국 나봇을 무고하여 죽이는 방식으로 그 땅을 탈취하여 아합에게 쥐어주는 극단적인 선택을 한다. 왕과 왕비였던 그들에게 권력은 본래 하나님의 정의를 이행하는 데 목적이 있었지만, 그들은 그 권력을 이웃의 포도원을 사기와 살인이라는 무도한 방식으로 뺏는 데 악용한 것이다. 나봇의 포도원에 눈이 멀어 중독된 아합의 눈에는 그것보다 더 좋은 포도원들이 보이지 않았기에 탐심이 결국 돌이킬 수 없는 죄악으로 증폭된 사례라 할 수 있다.

2. 불안에서 중독으로

불안은 중독 이전과 이후에 일관되게 중독자의 심성을 사로잡는 정서적 상태이다. 모세가 호렙산에서 내려오는 것이 더뎌지자 이스라엘 백성이 불안한 나머지 아론을 부추겨 금송아지 우상을 만들고 그 앞에서 신으로 경배한 사건(출 32:1-6)은 오늘날 종교적 신앙의 건강상태를 관계 중독증의 차원에서 진단하는 데 중요한 단서가 된다. 그들은 특정 대상을 향하여 집착한 나머지 그의 장기간 부재가 실존의 위기의식을 낳았다. 그들은 눈에 보이는 신의 존재와 그 신을 표상하는 우상화된 지도자의 현존이 그들의 불안을 달래줄 종교 제의적인 체계로 필요했다. 하나님은 그들에게 충분조건이 아니라 자신의 불안을 달래주는 필요조건, 즉 '기계장치로서의 신'(*deus ex machina*)에 불과했다. 그래서 금송아지 우상을 만들어놓고 그 앞에서 제의 절차를 행할 때에야 그들은 비로소 "먹고 마시며 일어나서 뛰"노는 축제의 황홀함 속에서 그 불안을 망각할 수 있게 된 것이다.

이렇듯, 그들은 하나님을 믿고 따르기 전에도 불안했고, 믿고 따른 뒤에도 불안했다. 그들의 신앙 깊은 속에 자리 잡은 우상화된 자기중심적 종교가 있었기 때문이다. 그러한 기계적 신을 매개로 하여 그들은 끊임없이 종교라는 체계를 통한 관계의 네트워크로 요청했다. 그것은 결국 그들을 타자와의 관계가 단절된 광야에서 현실을 버티는 유일한 위무 수단이었고, 결국 금송아지라도 만들어 그 앞에서 사랑받고 싶었던 것이다. 이는 자기 동일성의 욕망을 타자로 호출함으로써 관계에의 폐쇄적 중독증을 드러낸 상징적 사건이었다. 이때 중독은 불안을 망각하고 그로부터 도피하고자 하는 욕망을 탐심으로 바꾸어 자기 권력화를 추구하는 우회적 방편에 다름 아니다.

대인관계에서 나타나는 집착과 중독의 관계는 삼손과 들릴라의 관계에서도 확인된다. 기드온을 비롯한 여타 사사들과 달리, 그는 늘 혼자 싸웠다. 혼자 머물렀고 혼자 살았다. 그가 경험한 나실인 제도로 인해 차별화된 위상이 유년기 때부터 그를 주변 환경과 소외시켰는지 모른다. 정상적인 사회관계의 부재는 그로 하여금 특정한 관계에 집착하게 만들었다.[6] 그 특정한 관계는 자신이 자라온 생래적인 배경을 벗어나 이국적이고 이질적인 대상에 관심의 초점을 맞추면서 형성되기 쉬운데 삼손의 경우가 꼭 그랬다. 삼손은 굳이 이방인인 블레셋 사람의 딸들 가운데 딤나의 한 여자를 좋아하여 아내로 삼았다. 그러나 그가 자신의 수수께끼를 대적자들이 맞추도록 답을 빼내어주자 그 아내를 친구에게 주어버렸다. 결국 그 첫 이방인 아내는 시작과 끝이 진지하지 않고 관계의 부재를 채워주는 일시적인 소모품이었던 것이다.

이러한 실패의 경험에도 아랑곳없이 그는 역시 블레셋 여인인 소렉 골짜기의 들릴라를 사랑했다. 첫 익명의 아내는 '좋아했고' 들릴라는 '사랑했다' 고 해서 그 관계가 아름답게 성숙해나간 것은 아니다. 들릴라가 삼손의 애정을 이용하여 여러 차례 자신의 서원과 언약에 담긴 하나님과의 비밀을 빼내려 한다는 사실을 알면서도, 그것이 그의 파멸을 가져오리라는 것을 충분히 예상할 수 있었지만, 그는 대책 없이 당했다. 그러한 최소한의 사리분별 능력을 망실할 만큼 그는 자칭 사랑에 눈멀었고 들릴라의 존재에 중독되었다. 그러나 그에게 사랑조차 진정한 가정적 사회적 관계없는 독불장군의 고독과 성욕을 달래주

6) 박종수는 최근 연구논문에서 삼손의 이러한 출생과 성장 배경과 관련하여 자아(ego)가 자기(self)에서 분리되지 못한 정신적 유아기 상태로 파악하고 그 감옥에서 탈출하는 방식으로 이스라엘(야훼 하나님)을 떠나 블레셋 족속과 들릴라 등에게로 향했다고 해석한다. 그는 이 전환을 융의 이론에 의지하여 '영웅의 개성화 과정' 으로 규정한다. 박종수, "삼손설화에 대한 분석심리학적 이해", 「한국기독교신학논총」 53(2007), 29-55 참조.

는 소모적 장식물이었다는 것이 문제이다.[7] 그러므로 그 소모적 사랑은 고독이라는 내면의 불안을 모면하려는 비극적인 선택이었다.

삼손의 호걸스런 전투의 모습과 거칠 것 없는 여성 편력을 두고 영웅호걸이 여자를 밝힌다는 속설을 증명하는 양 과장해서는 안 된다. 결국 자기 눈에 좋은 대로 보고 행한 삼손은 그 눈이 뽑히는 비참한 노예 상태로 목숨을 부지하다가 머리카락이 자란 어느 날 비극적인 최후를 마쳐야 했다. 누가 그의 최후를 멋있다고 영웅답다고 칭송하는가? 그는 기도를 앞세웠지만 결국 자살과 함께 파멸했고, 자살에 이르는 그 여성 중독으로 결코 행복하지 않았다. 그는 제게 임한 괴력을 단지 머리털 차원으로 환원시켜 그것이 주의 영이 임한 결과임을 알아차리지 못했다. 그 불신의 무감각 속에서 건전한 사회적 관계의 부재로 인한 불안이 그에게 폐쇄적 관계의 맹목을 낳았고, 그 맹목은 중독의 예비 징후로 결국 하나님 없는 자기 권력화를 초래했던 것이다.[8]

III. '사로잡힘'의 마성과 치유의 과제

1. 예수 시대의 두 가지 사로잡힘

상대적인 가치를 절대화하는 것이 우상숭배이고 그것이 동일한 반복적 행태를 통해 욕망을 패턴화한 결과를 중독이라고 할 때 이러한

---

7) 실제로 가족은 중독 치유에 중요한 기능을 담당할 수 있다. 그런데 삼손의 경우 그 가족은 중독을 치유하는 건강한 가족이 아니라 도리어 그것을 심화시키는 족쇄의 역할을 했다. 중독증 치유와 가족의 역할에 대해서는 고병인, 『중독자 가정의 가족치료』(서울: 학지사, 2003) 참조.

8) 실제로 원자화된 요즘 사회에서 개인의 실존을 감당하지 못하는 사람들이 끊임없이 사랑의 관계를 열망함에 따라 인간관계조차 사랑이란 이름으로 중독되는 성향을 보인다. 토머스 화이트맨 · 랜디 피터슨 공저, 김인화 옮김, 『사랑이라는 이름의 중독』(서울: 사랑플러스, 2004) 참조. 정상적인 인간관계가 없었던 나실인 삼손의 경우 역시 들릴라에 집착함으로써 이러한 관계의 편집증을 노출한다.

행태는 신약시대에서도 여실히 탐지된다. 신약성서의 군상들 가운데 약자 그룹과 강자 그룹으로 나뉘어 중독의 지형도를 대별해본다면, 전자의 약자 그룹에서 표출되는 중독의 증상은 내가 '수동적 중독' 이라 부르고 싶은 유형이다. 그들은 스스로의 몸과 마음을 중독시키거나 특정한 체계 안에 살면서 부지불식간 중독되는 것이 아니라, 약자의 삶을 통해 눙쳐진 상처와 고통의 응어리 속에서 일방적으로 중독당한 것으로 파악된다. 그들에게 부여된 중독의 수동성은 복음서의 용어를 빌자면 '사로잡힘' 의 형식을 통해 나타난다. 그들은 특히 마귀나 악한 영들로부터 사로잡힌 존재로 묘사된다. 물론 그들은 그 사로잡힘을 원한 것이 아닐 터였다. 그들의 삶을 둘러싼 환경의 열악함과 체계의 불온함이 그들을 그 남루의 세상으로 몰아내어, 가령 무덤가에서 시체처럼 살게 만들거나 이 동네 저 동네 쫓기면서 떠돌이로 살게 했다. 거기에 자생한 상처와 그것이 아물지 않은 채 증폭되는 것을 계기로 그들은 악한 영에 사로잡혔던 것이다. 상처는 중독 이전과 이후에 여일하게 복류하는 것이지만 그 정체를 발가벗겨보면 결국 중독은 원하지 않는 상처의 한복판인 셈이다.

마가복음의 핵심적 선교 신학은 병든 자들을 위한 치유와 회복의 사역으로 요약된다. 그들 중에는 더러운 귀신이나 악한 영에 사로잡힌 채 생명을 소진하던 불쌍한 자들이 등장한다. 예수는 이런 자들을 사로잡은 악령을 축출함으로써 아무리 심각한 병통도 치유받고 온전한 사회인으로 회복될 수 있다는 희망의 기적을 보여주었다. 그 치유 기적들 가운데 두 가지 예를 들어 거라사 광인의 이야기(막 5:1-20)와 귀신 들린 아이의 이야기(막 9:14-29)에 초점을 맞추어보기로 한다. 이 이야기에 나오는 사로잡힌 생명 들은 공통적으로 과거의 사연을 가지고 있었다. 요컨대, 그들은 도발적인 광증이 폭발할 때면 자해의 충동으로 포악해진다는 것이다. 거라사 광인은 무덤에서 시체와 함께 살았다. 그를 조종한 귀신의 이름이 '군대'(*legion*)라고 한 것으로 미루어 그는 로마제국의 무력적 식민통치에 눌려 변두리로 소외된 존재이다. 고랑과 쇠사슬로 묶어놓아도 그를 사로잡은 귀신은 그것을 끊어 깨뜨릴 정도로 괴력을 소유하고 있다. 그는 귀신 또는 악령이라 불리는 파괴적 힘에 중독되어 있었던 것이다. "아무도 그를 제어할 힘이 없는지라"(막 5:4)라는 저자의 논평구야말로 중독증을 진단하는 정확한 표현이다. 이 논평에 비추어보면, 게임중독에 사로잡힌 젊은이가 식음을 전폐하고 밤새도록 잠도 자지 않은 채 며칠 동안 PC방에서 게임에 몰두하다가 사망한 사건이 상기된다. 이런 일이 발생한 이유는 사로잡힘의 마력이 워낙 강력하여 그 스스로도 자신을 제어할 힘이 없었고, 주변에서 그 누구도 그를 통제할 수 없었기 때문이었을 것이다.

이 거라사 광인이 돌로 자기 몸을 자해했다면, 또 다른 귀신들린 아이는 물과 불에 그 몸을 자주 던져 죽고자 했다(막 9:22). 고래로 유통되던 항간의 속설에 의하면 전자의 생명을 해한 귀신이 돌에 맞아 떼로 죽은 (로마) 군대였다면, 후자의 경우는 불에 타 죽거나 물에 빠져 죽어 귀신이 된 경우라 할 수 있다.9) 이 아이도 귀신에 사로잡힐 때마다 거품을 흘리고 이를 갈며 파리해지는 증상을 보였다(막 9:18). 그리고 이러한 증상은 어릴 때부터 지속된 과거의 병력과 연관되어 있었다. 아마도 어릴 적에 가정의 폭력이나 그밖에 일로 인한 상처의 충격으로 그 취약한 틈을 타서 귀신이 들어갔으리라 짐작할 수 있다. 앞의

9) 타이센은 그가 무덤 사이에 거주했다는 점에 착안하여 그가 쉴 곳을 찾지 못한 채 죽은 자의 영적 지배를 받는 자이며 그 무덤의 주인들은 로마에 대한 저항에서 전사한 사람들일 수 있다고 추리했다. 김재성, "예수의 기적 이야기에 나타난 민중의 자기 초월", 「신학사상」109(2000 여름), 105-118 참조.

경우와 마찬가지로 이 아이 역시 아무도 어쩔 수 없는 막막한 상황이었다. 심지어 예수의 제자조차 그 아이를 사로잡은 귀신을 내쫓아 치유할 힘이 없었다. 그만큼 그들에게 사로잡힘으로서의 중독은 수동적이었고, 그 상황을 다룰 만한 대책이 없는 막막한 상황을 유발한다. 예수는 물론 그 와중에 유일한 구세주로 치유의 권능을 발휘했다. 그 치유의 과정에서 흥미로운 것은 예수와 그 사로잡힌 자 또는 그 측근 사이에 대화와 소통이 있었다는 것이다. 이를 통해 예수는 그의 병력과 상태를 파악하고, 그 생명을 사로잡은 귀신은 예수가 누구인지 인식한다. 예수는 믿음과 기도로써 이러한 권능을 발휘할 수 있다고 말하고 있지만(막 9:23, 29), 그것에 선행해서 상담자인 예수의 입장에서 주도된 상황 파악과 이를 통한 상호 이해와 긴밀한 소통이 있었다.

당시의 사회적 약자들이 악한 영이나 더러운 귀신에 수동적으로 대책 없이 사로잡히는 중독 증세로 시달렸다면, 상대적으로 튼튼한 지도층 사람들은 전통의 습속과 율법의 문자주의에 사로잡혀 스스로를 얽어맬 뿐 아니라 그러한 지식과 정보가 결여된 민중들의 삶을 속박했다. 복음서에서 흔히 비판의 대상으로 부각되는 이런 부류의 사람들은 바리새인과 서기관, 사두개인과 대제사장, 장로 등의 호칭으로 규정된다. 그들의 일부, 특히 사두개인들은 부정적인 의미의 '문자중독자' 였다. 그들은 두루마기 책에 쓰인 토라의 문자 규정에 맹목적이었고, 그 밖의 다른 해석이나 전통에는 배타적이었다. 바리새파 사람들 역시 전통적으로 구전되어온 그들 나름의 전통에 매달려, 그것을 기준으로 정결과 부정, 의로움과 불의함의 체계를 구축하였다. 예수의 재해석에 의하면 모든 율법 규정은 하나님과 인간관계의 질서를 세우고, 인간사회의 정의와 복지를 위해 하나님이 베풀어주신 최소한의 질서 체계이다. 그런데 그 본질인 샬롬의 '질서' 를 간과한 채, 그 제의적 습속과 문자의 '체계'에 집중하고 집착한 나머지, 그들은 생명을 위해 하사된 선물을 가지고 그 생명을 속박하고 정죄하며 죽이는 기제로 삼아버렸다. 예수 일행을 향한 그들의 정죄가 여기 머물렀고, 그들의 위선을 향한 예수의 비판이 또한 이 지점을 겨냥했다.

2. 의문(儀文)에의 중독과 영의 자유

사도 바울이 이방인의 선교사로 부름을 받아 줄곧 부대끼며 고뇌하고 싸운 것도 바로 그 '의문'(儀文)에 사로잡힌 바리새적 신앙 행태의 형식주의였고, 그것이 만들어놓은 폐쇄주의와 배타주의의 장벽이었다. 중독증 문제와 관련하여 바울의 율법 비판과 이신칭의의 신조에 반영된 비판적 메시지인즉, 중독의 대상으로 집착하는 것들마다 그 기호(嗜好)의 성향이 자기 과시적인 반면 이타적인 지향이 전혀 없다는 것이다. 바울은 예수 안에서 할례나 무할례나 아무 효력이 없다고 했다(갈 5:6). 그는 그 대안으로 "사랑으로써 역사하는 믿음"이라는 이타적인 덕목을 제시한다. 즉, 육신을 통해 자신을 나타내는 표시에는 아무런 이타적인 유익이 없다는 것이다. 그것은 결국 제 자신을 드러내는 이기적 욕망에 마냥 굴복하는 증거에 다름 아니기 때문이다.

바울이 "할례를 받은 그들이라도 스스로 율법은 지키지 아니하고 너희에게 할례를 받게 하려 하는 것은 그들이 너희의 육체로 자랑하려 함이라"(갈 6:13)라고 말한 것은 바로 그런 율법의 자기 과시적 부정성을 염두에 두었기 때문이다.[10] 외부로의 표현과 자기 과시를 통해 자랑을 일삼는다는 점에서 모든 중독은 초입 단계에 멋있어 보이거나 멋있음을 표방한다. 그러나 그것이 허황된 겉멋이라는 것이 드러나는 데까지는 그리 오랜 시간이 걸리지 않는다. 아울러, 거기에는 의

식의 균열이 일상화되어 제 스스로의 말이 자신의 행동으로 배신당하는 자가당착을 초래한다. 율법을 지키지 않는 자들이 다른 사람을 할례 받게 만들어 그 육체의 표시로 자랑을 삼고자 한다는 의도가 우리 시대의 중독 현상과 욕망의 계통상 일맥상통하는 것이다.

바울은 율법의 의문에 사로잡혀 얽매이는 자들을 비판하면서 두 종류의 흥미로운 개념을 사용한다. 첫째는 '몽학선생'(또는 '초등교사')이고, 둘째는 '세상의 초등학문'이다. 몽학선생이란 로마시대에 자율적 통제가 되지 않는 미성년의 아동을 훈육하고 가르치기 위한 일종의 가정교사이다.[11] 그러나 때가 차서 성년기에 이르면 더 이상 몽학선생의 도움을 필요로 하지 않는다. 바울은 예수 그리스도의 '때'가 이르기 이전의 옛 시대와 그 시대의 수준에 얽매인 자들을 비판하고 예수 그리스도를 통한 새로운 구원의 시대가 도래했음을 주장하기 위하여 이 비유적 개념을 사용하고 있지만, 그 비유적 메시지는 중독증을 진단하고 치유하는 방식으로서도 유효하다. 중독증에 대한 자가 진단은 위한 주요 준거는 자신을 자율적 능력을 갖춘 정신적 영적 성인으로 인정하느냐, 아니면 아직 가정교사의 통제를 받으며 그 권한 아래 휘둘리는 아동기의 상태에 머물러 있느냐는 것이다. 아무리 육체적 성인이 되었어도 정신적 '유치증'(infantilism)의 상태에서 제 실존

10) 당시의 상황에서 '그들'의 정체가 할례를 고집한 유대인 기독교였는지, 할례를 수용한 이방인 기독교도였는지, 나아가 그들이 율법을 지키지 않았다는 것이 논쟁적 의도를 내포한 공박이 아니라 사실의 진술이었다면, 왜 그들이 율법을 지키지 않았는지, 그들이 혹 자유주의자들(the libertines)이었는지, 그들이 단지 마법적 제의인 할례에만 관심을 가지고 있었는지, 토라의 일부나 특별한 율법을 지켰는지 다양한 가능성이 제기되지만 확실하게 증명할 길이 없다. H. D. Betz, *Galatians* (Philadelphia: Fortress Press, 1979), 316-317 참조. 최근에 그들이 율법을 지키지 않았고 지킬 의향도 없었다는 전제하에 그 배경 상황을 연구한 논문이 나오기도 했다. 권연경, "갈라디아 선동자들은 율법 준수를 요구하였는가?", 「한국기독교신학논총」56(2008), 59-85.

11) 가정교사의 당대적 실상과 갈라디아서에서의 유비적 적용에 대해서는 David J. Lull, " 'The Law was our Pedagogue' : A Study in Galatians 3:19-25", *JBL* 105(1986), 481-498 참조.

의 본 모습을 올곧게 성찰하지 못하고 욕망의 합리적 조율과 열정의 조화로운 균형 분배가 제대로 이루어지지 못한다면, 그는 여전히 보이지 않는 중독의 '몽학선생' 밑에 족쇄 채워져 있다고 할 수 있다.

바울은 '세상의 초등학문'과 관련하여 약하고 천박하다고 논평한 바 있다(갈 4:9). 이 또한 믿음으로 의롭게 된 자들이 다시 할례 등의 율법 규례로 자신의 육체를 얽어매는 구태를 비판한 것이지만, 여기에는 중독의 미신성을 암시하는 메시지가 깔려 있다. '세상의 초등학문'은 그 원어적 표현이 '타 스토이케이아 투 코스무'(*ta skoikeia tou kosmou*)이다.[12] 이는 본래 희랍의 자연철학자들에게 이 세상을 구성하는 핵심 요소로서 물, 불, 흙, 공기 등을 포함하는 4원소 또는 5원소를 의미했다. 그러던 것이 이후에는 종교적 명상과 결부되어 천공의 별에 신성한 인격과 권위를 부여하여 일컫는 신앙적 대상으로 변용되어 사용되기도 했다. 그렇다면, '세상의 초등학문' 같은 것에 목을 매며 중독되는 현상이 전혀 생명이 없는 피조물에게 홀려 쓸데없이 자신의 신앙을 바치는 무지몽매한 미신과 결부되어 있음을 시사한다. 실제로 중독증의 휘황한 장막을 거두고 보면, 거기에는 음습한 곰팡내 같은 욕망의 노폐물만이 침전되어 있을 뿐, 그 대상에 아무런 인격적 권위와 초월적 아우라가 없음을 인식하게 된다. 다만 그 사실을 충분히 알고 스스로 계몽하며 또한 그 앎으로 성실하게 깨우치느냐 하는 것이 중독증에 대한 자가 치유의 일차적 관건이다.

그러나 그러한 자가 치유가 불가한 상태에서 우리는 내 욕망 너머에서 내 삶의 경계를 뚫고 틈입하는 성령의 자유에 기댈 수밖에 없다. 물론 그것은 주술적인 최면이나 환몽의 마법 기술을 가리키는 것

---

12) 이 개념에 대한 최근 연구로 Martinus C. de Boer, "The Meaning of the Phrase τὰ στοιχεῖα τοῦ κσμοῦ in Galatians", *NTS* 53/2(2007), 204-224.

이 아니다. 바울이 율법의 의문과 대조적인 관점에서 그토록 강조한 '영의 자유' 는 성령의 자유이면서 동시에 그를 통해 감화 받아 해방된 내 자신의 '영의 자유' 이다.[13] 물론 그것은 내 신비한 주체 내부에 갇혀 사유화될 수 있는 것이 아니다. 영을 사유화하려는 움직임은 고린도교회에 영적인 열광주의자들을 낳았고, 그들은 교회 공동체의 질서를 혼란스럽게 만들었다. 바울은 이러한 문제점을 로마서에서 '영의 통일성' 이란 개념으로 돌파해나간다. 즉, 영의 자유는 공동체 내부의 관점에서 건설적으로 해석되어, 타인을 유익하게 하는 방향으로 조율되어야 한다는 것이었다.

바로 이러한 성서 신학적 맥락에서 중독증에 대한 치유가 자가 치유와 일대일 상담의 차원에 머물기보다 전문적인 식견과 지혜, 삶의 다양한 경험을 공유하는 공동체 성원들 사이의 네트워킹을 통해 좀더 체계화되고 심화될 수 있는 방안이 강구되어야 한다. 그것은 중독이란 병에 시달리는 사람을 찾아 발견하고 상담을 통해 그의 병력을 파악한 뒤, 야고보서가 역설하듯, 교회의 지도자들을 청하여 병 낫기를 위해 함께 간구하고 그 병력에 잠재된 죄의 문제까지 돌보는 집단적이며 통전적인 치유 시스템의 구축과 작동을 통해 가능해지리라 본다.[14]

13) 말하자면 중독증 치유는 외부로부터 작용하는 성령의 힘과 그것에 반응하는 내부의 영적 각성과 결단을 통해 가능해진다는 것이다. 이와 같이 중독의 문제는 필연적으로 영성적 차원을 아우른다. 김병오, 『중독을 치유하는 영성』(서울: 이레서원, 2003) 참조.

14) 야고보서의 통전적 치유 시스템과 치유 복지에 대해서는 Martin, C. Albl, " 'Are Any among You Sick?" The Health Care System in the Letters of James', *JBL* 121/1 (2002), 123-143; 차정식, "야고보서의 사회복지사상", 「신약논단」14/1(2007), 159-196.

IV. 중독의 해독제: 믿음과 '아디아포라'(adiaphora)의 복음

전통적인 기독교 신학의 관점에서 구원은 자신의 삶을 속박하는 각종 체계의 사슬로부터의 해방이다. 예수가 메시아 사역에 대한 예언의 실현을 선포하면서 인용한 이사야서의 구절대로, 구원은 "포로 된 자에게 자유를, 눈 먼 자에게 다시 보게 함을 전파하며 눌린 자를 자유롭게 하고 주의 은혜의 해를 전파"(눅 4:18-19)하는 방식으로 이 땅의 인간들에게 임한다. 중독증에 빠진 사람들은 우상숭배에 사로잡힌 포로 된 자의 범주에 속한다. 그들은 그 중독의 족쇄에 매여 해방을 기다리는 자들인 것이다. 또한 그들은 그 중독의 대상을 향하여 눈이 멀어 그 바깥의 새로운 세계를 보지 못하는 맹목적인 부류의 사람들이다. 그러니 그들에게 '다시 보게 함'의 선교가 절박함은 아무리 강조해도 지나치지 않다. 그들은 또한 중독증에 노예처럼 종속되어 있는 눌린 존재로서 주의 은혜의 해, 곧 희년의 복음이 필요한 자들이다. 그러기 위해서 그들에게는 '믿음'(pistis)이 필요하다.

복음서의 관점에서 그 믿음은, 자신의 중독증을 스스로 헤어나기 어려운 질병으로 인식하고 자신이 치유 받아야 할 암울한 실존적 상황에 처했음을 자각하는 데서부터 비롯된다.15) 그 최초의 극적인 자각과 함께 중독증 환자는 하나님의 도움을 고대하게 되고, 치유자로서 하나님의 초월적 권능에 대한 믿음을 갖게 된다. 예수께서 악한 영에 들린 자들을 향해 믿음을 요구한 것은, 그들이 제 존재의 주체가 되어 자신을 휘둘러온 악한 영의 우상을 넘어 참된 존재의 근원인 하나님을

15) 그러한 자각을 위해서는 중독증 환자 면담의 출발점은 변화를 이끌어내는 동기 부여가 필수적이다. William R. Miller, 신수경 · 조성희, 『중독과 동기 면담』(서울: 시그마프레스, 2007) 참조.

통찰하도록 한 방식이었다. 아울러, 하나님이 그들의 창조주 되심과 이로 인한 그들의 고유한 생명성을 인식하도록 격려한 것이기도 했다. 이는 곧 그들이 하나님과의 영적이고도 인격적인 관계를 회복하여 창조 질서에 걸맞게 풍요한 생명을 누리며 건강하게 살도록 배려한 결과로 보인다.

바울신학의 체계에서 그 믿음은 예수 그리스도 안에서 자기 존재의 정체성을 의롭게 된 자로서 재구성하는 맥락에서 정의된다. 그로 말미암아 중독증 환자를 비롯한 이 땅의 병자들이나 소외된 사람들은 더 이상 율법의 의문이나 가식적인 욕망의 족쇄에 얽매인 연약하고 부정한 존재가 아니라 하나님의 은혜 가운데 새롭게 거듭난 강하고 신실한 존재로 우뚝 서는 것이다.16) 예수 그리스도 안에서 계시된 하나님의 은혜에 적극적으로 응답하는 것이 바로 믿음이다. 더 이상 구습과 구태에 얽매여 신음하지 않고 새로운 피조물로서 하나님과의 관계뿐 아니라 주변 가족 및 이웃들과의 관계를 회복함으로써 새 언약 백성의 대열에 동참할 수 있게 된다. 그 일련의 절차가 바로 치유이고 화목이며 구원의 실질적 내용인 셈이다. 이 모든 해방으로서의 구원이 바로 자신의 내부에 잠재된 '믿음' 을 통해 가능해진다. 그 믿음은 개인의 존재에 대한 긍정적 신념이고 자신에게 부여된 천부적 인간 존엄성에 대한 확신이며, 동시에 그 존재를 어둠에서 빛으로, 이기적 욕망의 속박에서 이타적 영의 자유로 재구성하시는 하나님의 초월적 활동에 대한 신실한 수용의 자세이다.

믿음이 한 생명의 고유성에 내재된 실재이면서 동시에 초월적 가치라는 점에서 이 개념은 '초월적 무관심' 이라는 또 다른 개념과 통

16) 스스로 헤어날 수 없는 중독증 치유에서 하나님의 은혜라는 변수가 어떻게 작용하는지에 대해서는 제랄드 메이, 이지영 옮김, 『중독과 은혜』(서울: IVP, 2005) 참조.

한다. 앞서 상술했듯이, 특정 대상에 대한 과도한 관심의 집중은 집착을 낳고 그것이 탐심과 결부되어 중독에 이르게 한다면, 중독을 예방하고 또한 그러한 증세의 독성을 해독하는 차원에서 이 세상의 지나가는 형적에 집착하지 않는 절제의 훈련이 필요하다. 즉, 인간으로서 통제할 수 없는 불가피한 현상들, 예컨대 죽음이나 급작스런 사건 및 사고, 예기치 않은 질병과 불행 등은 인간이 붙잡고 근심한다고 해결되거나 제거되는 것이 아니다. 이런 것들에 대하여는 초연한 태도로 대응하며 자신의 감정을 절제하는 것이 상책이다. 마찬가지로 이 세상의 그 어떤 가치 역시 가시적인 물질의 형상으로 우리의 이목을 사로잡고 욕망을 달굴지언정 영속적인 것들은 아니다. 그러므로 아무리 소중하게 보이는 것들일지라도 그것들로부터 초월적 거리를 유지하며, 아무것에도 얽매이지 않은 채 초연한 자유의 삶을 추구하는 자세가 긴요하다.

이러한 삶의 자세를 바울 당시 스토아 철학자들은 '아디아포라'(*adiaphora*)의 개념으로 조형하였고, 바울은 이를 종말론적 맥락에서 '호스 메'(*hōs mē*)의 신학적 원리를 통해 응용하였다.[17] 그것은 이를테면, "아내 있는 자들은 없는 자 같이 하며 우는 자들은 울지 않는 자 같이 하며 기쁜 자들은 기쁘지 않은 자 같이 하며 매매하는 자들은 없는 자 같이 하며 세상 물건을 쓰는 자들은 다 쓰지 못하는 자 같이 하라"(고전 7:29-31)라는 식으로 예시된다. 이것은 자신의 욕망을 감추거나 자신의 정체를 정반대로 위장하라는 위선에의 권고가 아니다. 외려 이 권고는 세상의 지나가는 일시적 형적에 몸과 마음을 매여 그것에 노예가 되고 그로써 쓸데없는 근심을 쌓지 말라는 종말론적 삶의

17) 바울은 이 '호스 메' 원리를 당시 그레코-로마 사회의 규범에 대응하는 대안적 원리로 활용하였다. Vincent L. Wimbush, *Paul, the Worldly Ascetic: Response to the World and Self-Understanding according to 1 Corinthians 7* (Macon, GA: Mercer University Press, 1987) 참조.

자세에 초점을 맞추고 있다. 중독증은 절제와 균형의 결핍으로 풍성해야 할 삶의 빈곤을 자초하는 병통이다. 따라서 그 병통을 치유하고 중독의 독성을 해독하기 위한 복음의 실천 방식으로 우리는 '아디아포라'와 '호스 메'의 자세를 견지할 필요가 있다.

믿음으로 새로운 존재성을 획득하고 '아디아포라'의 미덕을 터득한 신실한 하나님의 자녀들은 말한다. 이 세상의 지나가는 형적들을 향해 탐욕을 부리며 너무 안달하지 말라고. 심지어 가장 소중하고 흥미로운 것처럼 보이는 대상의 이미지를 과도하게 증폭하여 그로써 우상을 만들지 말라고. 우상숭배는 탐심을 부추겨 죄를 낳고 그 죄가 결국 사망을 낳는다고. 사람들은 통속적 지혜와 변설로써 사랑은 관심이고 무관심은 죄악이라고 말하기를 즐겨한다. 그러나 어떤 경우에는 태연하고 초연한 무관심이 사랑이 되고 의의 구현을 이루는 지름길이 될 수도 있다. 중독증 환자들과 그 치유 상담자들은 공히 이와 같은 역설의 진리에 민감해야 한다.

제 4 부

복음서와 예수의 사회복지론

제1장 _ 예수의 하나님 나라와 사회복지론*

I. 문제 제기

사회복지의 개념은 복합적이며 중층적이다. 그 대상을 좁게 볼 때 사회복지는 사회적 약자계층이나 보호대상자들에 국한된 소극적인 개념이지만, 그 대상을 사회성원 전체로 확대할 때 이는 국민 전체의 복리 증진과 사회 질서 유지에 필요한 기본적인 사회적 욕구의 충족을 겨냥하는 개념으로 폭넓게 정의된다. 여기서 그 사회적 기본 욕구의 구성 요소가 문제시될 터인데, 그것은 보통 의식주의 욕구, 보건과 의료의 욕구, 교육과 훈련의 욕구, 취업과 수입 유지의 욕구 등 인간의 사회생활에 필수적인 욕구의 충족을 비롯하여 삶의 질을 높이기 위해 요청되는 오락과 휴식, 보호, 표현의 자유 등과 같은 복지요소를 아울러 포함한다.[1] 통시적 관점에서 볼 때 사회복지는 또한 가변적이

* 이 논문은 "예수의 사회복지사상—예수와 사회 개혁적 지향"이란 제목으로 졸저 『예수의 신학과 파문』(서울: 대한기독교서회, 2007), 149-169에 수록된 것으로 주제 연관성이 있기에 일부 수정 · 보완하여 이곳에 재수록한다.

다. 역사적 흐름으로 추려보면, 사회복지는 보충적 개념에서 제도적 개념으로, 자선 사상에서 시민 권리의 사상으로, 빈민에 대한 특별 서비스에서 전체 국민들에 대한 보편적 서비스로, 최저 수준의 급여와 서비스로부터 최적 수준의 급여와 서비스로, 개인의 치료로부터 사회의 개혁으로, 민간의 후원으로부터 정부의 후원으로, 그리고 빈민을 위한 복지라는 개념으로부터 복지사회라는 개념으로 그 개념이 변천해온 것이 사실이다.[2]

이러한 다채로운 개념상의 조형을 수렴하여 사회복지가 기본적인 욕구 충족에 어려움을 겪는 사회구성원들을 돕기 위한 "조직화된 사회적 활동의 총체"[3]라고 요약할 때 여기서 간과하기 쉬운 중요한 점은 그 활동의 주체와 그 활동에 동기를 부여하는 사상적 동력이다. 제도와 법규란 것이 인간을 위하여 인간이 만들어 인간이 운용하는 것인데 그것의 운용을 기계적인 시스템에 맡긴 채 인간의 관리 책임을 방기하는 것은 위험하다. 그 책임은 궁극적으로 사회의 현실적 · 잠재적 약자들을 향한 인간의 윤리적 심성으로 소급되려니와, 그 윤리적 판단에 사상적 동력을 제공해온 것은 주로 종교였다. 가족, 정치, 경제와 더불어 종교가 사회복지를 추동하는 주요 제도적 영역으로 조명되는 것은 바로 이러한 연유에서이다.[4] 그 기원에 대해서는 여러 가지 학설이 분분하지만 근대적 학문으로서 사회복지학은 일단 서구산업사회의 산물로 보아야 한다. 그러나 그 배경을 살펴보면 그 자리에 사상적 동력을 제공해온 것은 서구사회를 전통적으로 지배해온 기독교

1) 박종삼 외 공저, 『사회복지학개론』 (서울: 학지사, 2002), 16 참조.
2) 남기민, 『현대사회복지학의 이해』, (서울: 양서원, 2001), 20-21 참조.
3) 장인협 외 공저, 『사회복지학』(서울: 서울대학교출판부, 1999), 3 참조.
4) 남기민, 『현대사회복지학의 이해』, 16 참조.

정신이었고, 그 기독교의 뿌리에는 단순히 그 종교적 신앙의 대상이기 이전에 그 신앙의 실천적 주체였던 예수가 있었다. 이 글은 기독교의 기원을 거슬러 올라가 만나게 되는 그 예수라는 역사적 인물이 제시한 인간사회의 전망 속에 내포된 사회복지사상의 풍경을 조명하는 데 주요 목적이 있다.

물론 예수는 사회복지라는 말을 하나의 논리적 개념으로 언급한 적이 없다. 또한 그는 당시 사회 제도와 법규의 제정이나 개혁을 일차적 관심의 대상으로 추구하지도 않았다. 그렇다고 그가 복지 서비스의 제공을 위해 정밀한 조직의 네트워크를 활용했다고 보기도 어렵다. 그럼에도 불구하고 인간의 복지, 즉 당시의 사회공동체와 그 성원들의 복된 삶에 대한 그의 관심은 일관되게 크고 깊었다. 그 관심의 동기는 일차적으로 종교적이었지만, 그 결과는 복지사회를 향한 사회 개혁의 근원적인 지향성을 담아내고 있었다. 이 점에 착안하여 이 글은 복지의 개념과 가장 근접하면서 사회복지의 사상적 선결요건이 될 만한 신학적 개념으로 예수의 '복' 개념을 먼저 조명할 것이다. 나아가 복지사회의 원형이라 할 만한 '하나님의 나라'(또는 천국) 개념에 주목하여 그것에 내장된 사회복지사상의 제반 요소들을 추출하여 분석하고자 한다. 그 분석에 근거하여 이 글은 마지막으로 예수가 단순히 관념적 사상에 머물지 않고 이를 그의 실제 사역을 통해 이행한 예들을 유형별로 범주화하여 사회복지의 실천 방법론적 관점에서 해석하게 될 것이다.

II. 복과 복지의 상호관계

복은 구약성서적 맥락에서 궁극적으로 하나님의 선물로 이해된다.[5] '복의 근원' 이라는 영예를 얻은 믿음의 조상 아브라함의 경우(창 12:2-3)도 하나님의 특별한 뜻과 주권적 선택에 따라 그를 복의 매개로 삼았을 따름이었다. 이러한 맥락에서 복의 내용은 대체로 이 세상에서의 평안하고 풍요한 삶을 보장하는 것으로 특징지어지는 바, 곧 이 세상의 가치 지향적인 성격으로 규정된다. 물론 그 배후의 신학적 전제로 언약 사상이 깔려 있다. 하나님과 그가 선택한 특정 개인이나 가문, 민족의 관계를 특별한 관계로 묶어주는 구원사적 얼개가 바로 그 '언약' 이라는 형식을 통해 이루어졌던 것이다.[6] 그 언약에 따라 허여된 복은 큰 틀에서 자손대대로 대물림되는 경향을 드러내지만, 언약의 당사자인 인간 쪽에서 그 정해진 언약의 규칙들을 성실하게 이행하지 못하게 됨에 따라 종종 언약이 파기되는 비극을 맞기도 한다. 그 결과는 특정 개인이나 집단에게 약속된 복이 화로 바뀌어 초래되는 인간사의 다양한 재앙이다. 이처럼 복과 화는 동전의 양면처럼 하나님의 주권을 행사하는 주요 통로였으며, 그것은 당시의 구체적인 삶의 현장을 역동적으로 견인하고 복잡하게 얽힌 인간관계를 매개함으로써 인간의 사회화에 중요한 역할을 담당하였다.

물론 그 과정에서 하나님은 화와 복의 궁극적인 주관자로 등장하며 그 정점은 생과 사, 즉 생명의 보존 및 번영과 비참한 죽음이라는 대조적인 상황으로 제시된다. 이때 생과 사 사이에 자리하는 복의 구체적인 항목들은, 건강과 장수, 평안한 가정과 자손의 번성, 적통의 계승, 넉넉한 육축과 재물의 확보, 풍족한 일상의 향유, 많은 사람들로부

---

5) 성서에 나타난 '복' 의 개념에 대해서는 다음을 참조하라. Claus Westermann, *Blessing in the Bible and the Life of the Church*, tr. by Keith Crim (Philadelphia: Fortress Press, 1978).

6) 성서의 언약사상에 대해서는 다음을 참조하라. George E. Mendenhall & Gary A. Herion, "Covenant", *ABD* vol. 1, 1179-1202; Gerhard von Rad, *Old Testament Theology*, tr. by D. M. G. Stalker, vol. 1 (New York: Harper & Row, 1962, 『구약성서 신학』, 제1권, 분도 역간), 129-135.

터의 존경과 명예 등과 같은 세속적 가치들이 주를 이루었다. 이와 같이 하나님에 의하여 하사된 복을 지키기 위해서는 하나님의 율법을 주야로 묵상하고 준행하며 죄악에 물들지 않도록 정진하는 복된 자/복있는 자가 되어야 했다(시 1편). 복을 받고 지키기 위한 이런 개개인의 자발적 분발과 실행과는 별도로, 구약성서는 또 다른 한편으로 복의 전승도 점차 제도화되어간 추세를 보여준다. 복을 중개하는 자들로서 제사장들은 복을 비는 '축복'을 업으로 삼아 그 제반 예법과 규범을 제도화함으로써 일찍이 종교 권력의 한 축을 담당해왔던 것이다.

예수가 복을 언급한 것은 이러한 전통적인 복의 역사를 배경으로 삼고 있었다. 복에 대한 그의 비판적 성찰은 두 방향으로 진행된 것으로 판단된다. 첫째, 그는 자동화된 복의 질서에 비판적이었고, 둘째, 그는 생의 물질적 가치에 치우친 즉자적 복의 내용을 뒤집어 대자적 정신의 조율에 집중적인 관심을 기울였다. 그것은 가령, 선민 이스라엘과 같은 특정 집단에 배타적으로 귀속된 복의 특권을 해체하고 스스로 탐구하고 발견하여 하나님의 통치 질서를 삶 속에 내면화하는 성찰적인 개인의 탄생을 통해 추구되었다. 이를테면 선민 이스라엘이라는 종족적 배타성과 전통적 언약사상에 기댄 고착화된 복의 질서, 다시말해 '아브라함의 자손'이나 '다윗의 씨'라는 적자와 적통의 상징으로 집단화된 복의 구조에 잠복된 자기동일성의 위험을 그는 적시했던 것이다. 그런가 하면 그는 안온한 가족과 부귀영화라는 생래적이고 물질적인 가치로서의 복에 대해 또 다른 대안적 가치로 맞서며 '하나님의 나라'(또는 천국)라는 새로운 복의 세계를 지향했다. 이로써 복은 생래와 전통의 틀 속에 예정된 삶의 굴레가 아니라 누구든지 도전의식을 가지고 선취할 수 있는 개방적 가치로 제시되기에 이르렀다. 이와 같은 예수의 복 사상을 반영하는 논거로 그의 팔복어록이 대표적이다.

팔복의 내용은 유기적으로 연계된 구조로 예수가 지향한 복의 세계를 질서 정연하게 조형해준다. 그 세계의 신학적 메타포는 다름 아닌 '천국', 즉 하나님의 주권적 통치 질서가 구현되는 '하나님의 나라' 이다. 먼저 마태복음 산상수훈(마 5:1-12)의 경우에 기댈 때 '심령이 가난한 자' 의 복은 인간 삶의 실존적 한계 조건으로서 흙에서 와서 흙으로 돌아가는 운명에 대한 겸비한 자의식과 정확한 통찰의 선물을 가리킨다.7) 둘째로 애통하는 자의 복은 그러한 인간의 실존적 조건을 간파한 자로서 피할 수 없는 자기 연민의 귀결이다. 이때 파생되는 애절한 슬픔은 인간으로서 자신의 실존적 정체성을 꿰뚫어보기 위해 요청되는 감정적 고양과 승화의 과정을 밟는데, 그 과정에서 분출되는 자아 정립의 에너지는 건강한 정신 위생의 필수적 자양분이 될 만하다. 셋째와 넷째, 온유한 자의 복과 의에 주리고 목마른 자의 복은, 자아 정립의 기초를 마련한 인간의 성숙을 반영하는 가치로서 겸손한 인격의 성숙이 가져오는 부드럽고 따스한 심성과 하나님의 의(*dikaiosynē*)를 향한 탐구자적 열정을 대변한다. 얼핏 대립적일 것 같은 이 두 가치는 상호 보완적으로 기능한다.

다섯째와 여섯째, 긍휼히 여기는 자의 복과 마음이 청결한 자의 복은 각각 이웃과 하나님과의 관계에서 수평적 · 수직적 소통 질서의 확립을 가리킨다. 인간은 타자를 만나 긴밀하게 소통함으로써 그 자아의 이면을 볼 수 있다. 긍휼히 여김은 곧 타자를 향해 자아를 가장 친밀하게 드러낼 수 있는 인간의 깊은 미덕이다. 피차 가난한 자로서 처한 인간의 존재 조건을 공유하며 공감할 수 있는 이음줄이 되기 때

7) '가난함' 을 사회경제적인 삶의 조건이나 윤리적인 결단의 목표가 아니라 인간 삶의 실존적 조건(*condicio humana*)이란 당시의 문학적 상용 소재에 비추어 해석한 대표적인 경우로 다음을 참조하라. Hans Dieter Betz, *Sermon on the Mount* (Minneapolis: Fortress Press, 1995), 114-118 참조.

문이다. 청결한 마음은 단순히 전통적 율법에 의거한 제의적 청결이 아니라 선행하는 긍휼의 소통 질서를 통해 닦아진 내면의 초월적 대화 채널을 가리킨다. 긍휼을 매개로 성립된 이웃의 친구로서 나의 자아는 하나님의 친구로서 하나님을 청결한 마음으로 대할 수 있는 또 다른 초월적 자아를 형성할 수 있는 것이다. 이러한 다섯째와 여섯째의 복이 이 땅에 순조롭게 확산되면 이 세상은 평화로 가득 찰 수 있으니 화평케 하는 자의 복이 자리하는 곳이 바로 거기다. 그것은 하늘과 땅, 그 사이의 인간 세상이 차별과 소외 없이 두루 원융(圓融)의 경지로 화합하는 '샬롬'의 세상에 대한 비전을 지시한다. 그것은 하나님의 자녀로서 지향해야 할 삶의 궁극적 목표이다. 하지만 그것이 장애에 부닥치면 이른바 '핍박'을 감내해야 한다. 그 핍박은 의를 위한 핍박이므로 복이 될 수 있고, 이에 대한 흔쾌한 도전은 고진감래의 담백한 낙관주의의 선물, 곧 "하늘의 상"을 예비한다.

이처럼 산상수훈의 팔복은 한 인간이 내면적으로 정직한 자아상을 확립하고 건강한 정신 위생에 배려하며, 나아가 이웃과 하나님이라는 타자를 발견하고 피차 거리낌 없는 소통의 질서를 구축하는 풍성한 통전적 복지의 원리를 내포하고 있다. 여기에서 '천국'이 그 복의 내용이자 목표로 제시되고 있지만 그 천국에 이 세상의 삶이 뿌리내린 '땅'이 배제되지 않는다(마 5:5). 예수의 이 팔복사상에는 복 있는 자 또는 복된 자가 선험적으로 제시되지 않는다. 반대로 복 있는 자가 되기 위해 궁리하고 실천해야 할 삶의 궁극적 사명이 인간과 사회의 존재 이유 차원에서 근본적으로 조명되고 있다. 여기에는 인습적으로 구획·고착된 인간 욕구의 재조율과 이를 위한 그 공적 자원의 재분배라는 인간 삶의 사회복지적 관심사가 반영되어 있다. 이는, 누가복음의 지상수훈(눅 6:20-25)에 나오는 복과 화의 대립적 어록에서 보듯, 인간의 사회경제적 삶에 대하여 제도화된 복의 불균형과 불평등을 화의 선언을 통해 질타 · 시정하는 예수의 비판적 통찰에서 좀더 구체적으로 드러난다. 이처럼 복과 화는 고착된 제도가 아니라 전복적 원리 속에 재구성되는 역동적인 가치로 거듭난다. 그 가운데 전통적인 복의 개념은 인간의 보편적 욕구에 대한 사려 깊은 성찰과 공동체적 삶에 근거한 실천적 배려라는 복지의 개념으로 치환되거나 진화하는 측면을 엿볼 수 있다. 요컨대, 예수의 팔복어록에 반영된 복의 개념은 개인과 공동체의 삶에 긴요한 현실적 욕구를 통찰하면서 인간의 삶이 지향해야 할 궁극적 가치를 재조명하되 그 가치의 우선을 '이미 충족받음' 보다는 '아직 결핍됨' 에 둠으로써 인간 사회의 복지라는 목표를 향해 활짝 열려 있었다.

III. '하나님의 나라' 와 사회복지

'하나님의 나라'가 예수의 가르침과 활동을 응집하는 가장 핵심적인 구호이자 메시지라는 데는 별 이견이 없다. 그러나 이에 대한 해석은 간단하지 않다.[8] 이 용어의 역사적 전승 내력이 역동적이며 그 내포적 함의가 복잡하기 때문이다. 묵시문학을 매개로 전승된 종말론적 신학의 맥락에서 하나님의 나라는 하나님의 초월적 개입과 역사의

---

8) '하나님의 나라' 에 대한 예수의 신학적 이해를 다룬 다양한 관점의 연구들로 다음을 참조하라. Bruce Chilton, *Pure Kingdom: Jesus' Vision of God* (Grand Rapids, Michigan: Wm. B. Eerdmans Publishing Co., 1996); John Dominic Crossan, *The Historical Jesus: The Life a Mediterranean Jewish Peasant* (SanFrancisco: Harper, 1991), 225-416("Brokerless Kingdom"); George Wesley Buchanan, *Jesus: The King and His Kingdom* (Macon, GA: Mercer University Press, 1984); Norman Perrin, *Rediscovering the Teaching of Jesus* (New York & Evanston: Harper & Row, 1967), 54-108; C. H. Dodd, *The Parables of the Kingdom* (New York: Charles Scribner' s Son, 1961). 아울러, 개략적인 설명으로 Dennis C. Duling, "Kingdom of God, Kingdom of Heaven", *ABD* vol. 4, 49-69 참조.

재창조를 통해 새 하늘과 새 땅의 도래를 전망하는 해방 열기의 응집체였다. 그 열기가 다시 역사 속에 되먹임되고 내재화할 때 그것은 식민지 이스라엘의 해방과 옛 영광의 회복이라는 민족주의적 동력으로 나타나기도 했다. 정치적인 메시아의 대망 사상은 바로 이러한 역사적 맥락에서 등장하여 하나님 나라의 도래를 추동하고 구현하는 민중적 욕구를 대변하였다. 다른 한편으로, 하나님 나라는 어떤 대국적 정치권력의 역학과 무관하게 개인의 삶에 잠재된 비의적 세계의 통찰과 발견이라는 견지에서 이른바 '지혜의 왕국'(sapiential kingdom)으로 또 다른 해석적 채널을 형성하였다. 이 하나님의 나라는 민족과 국가를 매개로 하는 정치적 실재가 아니라 개개인의 내면 또는 사람들 사이의 '관계'에 감추어진, 그리하여 발견되고 깨닫고 살아내야 할 삶의 잠재된 가치를 의미한다.

예수의 어록에 드러나는 '하나님 나라'는 일단 그 외형적 테두리 내에서 볼 때 저 두 전승의 맥을 두루 포괄하는 경향을 보인다. 통합적 견지에서 보면 예수의 하나님 나라는 하나님의 제왕적 주권에 따른 이 땅의 통치 질서와 그로써 추구되고 구현되는 삶의 대안적 가치로 정의할 수 있다. 그것은 정글의 논리에 이끌려 약육강식과 적자생존의 야수적 삶에 순치되기 쉬운 이 세상의 삶에 개입하여 특정 개인과 집단에 집중된 탐욕을 제어하고 약자를 배려하여 적극 도우며, 이로써 공동체 전체의 조화로운 공존과 공영을 목표로 삼는 사회복지의 이념적 지향과 일맥상통한다. 하나님 나라는 막연한 내세 지향적 동경의 추상물이 아니다. 아래서 좀더 상세하게 다루겠지만, 그것은 이 땅의 굴절된 삶의 현실을 넘어 하나님의 방식에 의거한 그 대안적 질서를 통해 이 땅에서 신음하고 탄식하는 자들의 눈물을 씻어주는 구체적 실천을 겨냥하고 있다. 그것은 개체 생명의 일상적 생존과 적극적 향유, 잠재된 능력의 계발과 모험적 투자의 정신, 치유와 회복, 사회적 갱생을 통한 건강한 심신의 유지, 나아가 약한 지체에 대한 겸비한 섬김을 통한 공동체의 평화 구축 등등의 세목을 아우른다. 문제는 이러한 사회복지적 주제가 어떻게 하나님 나라에 대한 예수의 가르침 구석구석에 골고루 반영되어 있는가 하는 점이다.

복음서의 기록에서 하나님의 나라를 표현하는 시제는 현재와 미래, 그리고 완료형 세 종류가 있다. 이는 하나님 나라가 예수의 활동을 통해 '이미' 이루어진 완료적 실재이자 이에 적극 참여하는 사람들에 의해 현재 진행 중인 사건인 동시에 '아직' 채 완성되지 않은, 앞으로 온전히 이루어질 미래적 희망임을 나타낸다. 시제의 분류에 따른 하나님 나라의 이러한 복합적 층위는 이 문구에 이어지는 서술어에 따라 또 다층적인 의미의 스펙트럼으로 분사된다. 그 서술어는 다음의 세 종류로 수렴된다. 오다(임하다/*erchomai*, *eggizō*), 들어가다(*eiserchomai*), 있다(존재하다/*estin*).[9] 나는 이 세 종류의 어휘가 예수가 가르친 하나님 나라의 신학적 특성을 드러낼 뿐 아니라 예수가 견지했을 법한 사회복지의 사상적 지평을 암시한다고 본다.

먼저 '오는/임하는 하나님 나라'(막 1:15, 마 6:10, 눅 11:20)는 하나님의 통치 질서가 지닌 종말론적이고 초월적인 성격을 보여준다. 하나님의 나라는 하나님의 주권에 의해 이 땅에 임하는 방식으로 그 통치 질서를 구현한다. 이 땅은 물론 불의와 부조리가 만연한 부패한 땅이며 하나님의 뜻이 구현되지 못한 타락한 인간 세계를 가리킨다. 그 부패와 타락의 죄악상을 야기하고 증폭시키는 주요 원인은 인간의 이

9) 여기에 '보다'(*blepō*)와 '가지다' 또는 '소유하다'(*echō*)를 보탤 수 있을 것이다. 그러나 이 두 가지 서술어는 들어감의 전후 상태로 파악되거니와 '들어가다'의 범주에 통합시켜 논의해도 무리가 되지 않을 것이다.

기적인 탐욕과 그에 따른 폭압이다. 이로 인해 이 땅의 다수 인간들은 복지와 무관한 아수라의 상황에서 신음할 수밖에 없다. 이 땅에서 횡행하는 억압적 폭력이 가져오는 폐해는 심각하다. 심지어 하나님의 나라, 곧 천국조차 이 땅의 현실에서 폭력에 의해 침해받을 정도로 그 위력은 막강하다(마 11:12; 눅 16:16).[10] 이로 인해 국가는 전쟁으로 황폐해지고 그 백성들은 궁핍과 압제 속에 굶주리고 헐벗게 된다. 나아가 인간 생명의 건강한 보존과 향유는 점점 더 어려워지면서 사회는 하극상의 무질서에 노출되고 방황하는 유민들은 늘어가게 마련이다. 예수는 바로 이러한 당시의 사회 상황을 온몸으로 겪으면서 그 가운데 살았고, 그 도탄에 빠진 당시 민중의 상황을 직시했다.

이러한 세태를 향해 예수가 외친 바 오는/임하는 하나님의 나라는 그 타락한 인간 세상을 뒤집고 넘어설 만한 새로운 복지 질서의 도래를 전망한 것이었다. 이는 구체적으로 타락한 세상에서 상처받고 병든 이들의 통전적 회복과 생명의 갱생으로 나타난다. 예수가 자신의 사역을 통해 실현되리라고 선포한 다음의 예언이 바로 그 극명한 실례라 할 수 있다. "포로된 자에게 자유를, 눈 먼 자에게 다시 보게 함을 전파하며, 눌린 자를 자유케 하고 주의 은혜의 해를 전파하게 하려 함이라"(눅 4:18). 이러한 기치 하에 예수는 실제로 당시 병들고 억눌린 자들에게 치유의 활동을 펴면서 그들의 심신이 온전해지는 그 순간을 하나님 나라가 임한 사건으로 규정하였다(마 12:28; 눅 11:20). 따라는 오는/임하는 하나님 나라는 사회복지의 이념적 지표이자 그 궁극적 방

10) 예수 언급한 천국은 이 세상의 폭력성이란 현실로부터 결코 자유롭지 않다. 오히려 그 현실의 한 가운데를 관통하며 구불구불 진척된다. Norman Perrin, 앞의 책(1967), 74-77; 차정식, "폭력 · 지혜 · 순수—세상 속에서 세상과 더불어 견디는", 『묵시의 하늘과 지혜의 땅』(서울: 대한기독교서회, 2001), 59-71 참조.

향을 초월자 하나님의 주권적 직할 통치라는 전통적 희원에 기대어 형상화한 결과였다고 볼 수 있다.

다음으로 '들어가는 하나님의 나라'(막 10:14-15, 24-25)는 하나님의 나라가 막연한 내세적 삶의 거주 공간이 아니라 이 땅에서 구현되어야 할 복지 공동체의 성격을 특징짓는다고 할 수 있다. 이는 '보는/볼 수 있는 하나님의 나라'(막 9:1), 곧 구체적으로 인식되고 경험되는 하나님의 나라 개념과도 상통한다. (어디가 입구인지 봐야 그리로 들어갈 수 있을 테니까.) '들어간다' 라는 말은 그 대상에 안과 밖의 구별과 이에 따른 경계가 있다는 것을 전제로 한다. 그 경계는 예수 당시 배타적 경계였다. '아브라함의 자손' '다윗의 씨' 등으로 표상되는 선민 이스라엘에게만 배타적으로 그 경계 안에 머물 수 있는 특권이 부여되었기 때문이다. 예수는 그런 기득권을 해체하여 하나님을 이스라엘만의 하나님이 아닌 만민의 하나님으로 그 신학적 지평을 확대했고, 특히 세리와 창기 같은 죄인들, 이방인, 여자, 어린아이 등과 같이 당시 천대받던 사회의 변두리층 사람들과 만나고 더불어 교제함으로써 그들에게 하나님 나라의 문을 열어놓았던 것이다. 오로지 하나님의 전폭적인 은혜 가운데 그들 또한 하나님의 백성으로 그 나라에 들어갈 수 있도록 예수는 그들을 깨우치고 포용하고 배려한 것이다. 그 나라에는, 이를테면 부자가 낙타가 바늘 귀 통과하는 것보다 들어가기 더 어려운데 비해 오히려 가난한 자들, 소유물이 없는 어린이가 더 유리하고(막 10:13-16, 23-25; 눅 6:20), 타자 위에 군림하고 억압하는 이 세상의 패권적 지배 질서 대신 서로 종이 되어 섬기고 나누는 새로운 대안의 질서가 들어선다(막 10:35-45). 요컨대, 태생적 차이와 인위적 차별에 따른 억압적이고 배타적인 계급사회의 고착을 지양하고 개방적이고 상호 소통적이며 호혜적인 평등과 샬롬의 질서를 추구하는 방향으로 이 땅의 복지공동체를 구축하고자 한 것이다. 바로 여기서 예수가 언급한 들어가는 하나님 나라의 신학적 비전을 엿볼 수 있다.

마지막으로 사람들 가운데 '존재하는 하나님 나라'의 비밀은 무엇일까? 또 그것은 사회복지 사상과 관련하여 어떤 함의를 지니고 있는 것일까? 예수는 하나님의 나라를 '여기' '저기'라는 공간적 차원에서 구획된 어떤 국가나 특정한 종교적 섹트 개념으로 보지 않았다. 그는 오히려 하나님의 나라가 '너희들 가운데' 이미 내재해 있다(눅 17:21)고 가르쳤다. 여기서 예수가 언급한 '너희들 가운데'(*entos hymōn*)라는 문구는 단순히 문자적으로 풀어, 가령 후대의 영지주의자들처럼 각 개인의 '내면에'라고 해석하기 곤란하다.[11] 예수는 이런 측면에서 개인의 내면적 삶에 임하는 비의적 차원의 진리를 강조하기보다는 그것의 일상적 내용이 공동체적 관계에서 유통되는 방식을 중시하였다. 이는 곧 '관계'의 미로들로 짜여 있는 공동체 성원들의 삶이 그 질적인 고양을 위해 감당해야 할 상호간의 책임과 의무를 강조한 것이다. 이를테면, 예수가 언급한 사랑은 개인적 욕망의 충족으로서의 자기애나 자기가 선호하는 사람들끼리 사랑하는 자기동일성의 폐쇄회로를 넘어 자기와 다른 사람들을 사랑하는 윤리적 결단과 신앙적 의지로서의 사랑을 겨냥한다(마 5:38-48). 이는 한 사회가 상이한 개인들의 지리멸렬한 이합집산이 아니라 견고하고 신뢰할 만한 관계의 준거틀

11) 영지주의자의 전통이 반영된 이 신학적 입장은 도마복음의 다음 두 어록에서 탐지된다. 도마 log. 3: 예수께서 말씀하셨다. 너희를 인도하는 자들이 너희에게 말하기를 "보라, [하나님의] 그 왕국이 하늘에 있다"고 한다면 하늘의 새들이 너희보다 앞서 갈 것이다. 만일 그들이 너희에게 말하기를 "그것은 바다에 있다"고 한다면, 물고기가 너희를 앞설 것이다. 그러나 그 왕국은 너희 안에, 그리고 너희 밖에 있다; 도마 log. 113: 그의 자자들이 그에게 말했다. "그 왕국이 언제 옵니까?" [예수께서 말씀하셨다.] 그것은 기대한 대로 오지 않을 것이다; 그들은 "보라, 여기다" "보라, 저기다"라고 말하지 않을 것이다. 아버지의 왕국은 지상에 펼쳐 있는데 사람들이 그것을 보지 못한다. 여기서 하나님의 나라는 가시적 공간의 물리적 차원을 초월하여 비의적으로 존재한다.

위에서 책임 있고 신실한 공동체의 삶으로 진보해야 함을 역설한 것이라고 할 수 있다. 그 비전을 인간 복지와 생명 살림의 차원에서 실현할 때 하나님의 나라는 그 사람들의 삶이 진행되는 그 일상적 관계망 속에 이미 '존재'하지만, 그렇지 못할 경우 그 나라는 그림 속의 떡에 불과할 것이다.

그 일상적 삶의 관계망 속에서 깨우치고 체험되어야 할 하나님의 나라는 예수의 다양한 천국 비유를 통해 형상화되었다. 갈릴리의 농경사회를 배경으로 한 씨뿌리기와 겨자씨의 비유, 누룩의 비유, 그리고 물고기의 비유와 진주상인의 비유 등(막 4: 1-34; 마 13:1-52)은 천국이 올바른 분별과 각성, 새로운 발견과 성장의 기쁨, 그것을 더불어 나누며 즐기는 축제의 삶을 아우르는 사회복지의 이념적 목표를 우회적으로 부각시킨다. 그것은 단순히 개인적 성취에 국한되는 것이 아니라 다각적인 사회관계의 조율을 통한 인간 공동체의 샬롬을 지향한다는 점에서 하나님 나라의 사회복지적 비전에 잇닿아 있다. 예컨대, 작은 겨자씨 한 알은 미미한 생명이지만 그것이 1-2미터 크기의 푸성귀로 장성하여 마침내 나무로 변신했을 때 그 눈부신 성장과 성숙은 소박하나마 새들이 깃들일 만한 안식의 처소가 될 뿐 아니라, 이로써 타자의 생명을 초대하고 더불어 생명을 향유하는 축제의 장이 된다는 것이다.[12] 이러한 하나님 나라의 메타포는 사회복지가 밑 빠진 독에 물붓기 식의 공허한 작업이 아니라 생명 본연의 잠재력을 극대화시킴으로써 건강한 자아실현을 이끌어내고 그 성숙의 지점에서 다른 생명을 품어 공생할 수 있는 상호협력의 체계를 일구어냄을 목표로 하는 점과 합치된다.

12) 차정식, "나무가 된 어느 나물의 사연", 『묵시의 하늘과 지혜의 땅』, 102-110 참조.

Ⅳ. 사회복지의 유형과 방법

예수는 사회복지와 관련된 새로운 법규와 제도를 정비한 일이 없다. 그렇지만 그가 그런 관심사와 영 무관하다고도 할 수 없다. 예수는 당시 유통되던 법규를 재해석하여 새로운 시대에 새롭게 계시된 하나님의 뜻을 선포했기 때문이다. 구약 시대로 소급되는 율법은 하나님과의 언약적 관계를 신실하게 유지하고 이스라엘 민족 공동체 내의 정의와 복지를 극대화하기 위한 규범적 틀로서 사회 전반에 걸쳐 그 영향력이 절대적이었다. 한데 예수 당시의 율법은 오랫동안 축적된 숱한 구어전승의 토라 및 인습적 규례에 의해 그 본래의 취지와 근본 정신을 무색케 하는 형식주의와 종교지도자들의 기득권 유지에 집착한 배타주의의 수렁으로 전락한 상태였다. 예수는 이에 도전하여 율법의 본래 정신이 하나님 사랑과 이웃 사랑의 두 계명으로 집약됨을 역설하였고(마 22:34-40), 그 사랑은 자기동일성의 회로에 안주하는 끼리끼리의 파당적 폐쇄적 사랑이 아니라 죄인과 원수까지도 사랑하는 보편적 사랑임을 선포했다(마 5:38-48).

이러한 관점에서 예수가 당시 사회복지의 정신적 기반을 구축하기 위해 시도한 일차적 방식은 계몽과 이를 통한 의식화 작업이었다고 할 수 있다. 여기서 계몽은 제도화된 유대교의 율법적 형식주의로부터 인간 삶의 진정한 가치를 해방시키고, 맹목적이고 위선적인 미신의 족쇄에서 벗어나 하나님을 향한 역동적이고도 신실한 경건의 마음을 회복시키는 정신적 각성의 노력을 의미한다. 이로써 예수는 다양한 삶의 여건에 처한 동시대인들의 의식을 깨우치고 하나님과 인간, 자연과 사회를 새롭고 풍요롭게 볼 수 있는 안목을 갖도록 그들의 타성화된 정신을 견인했다. 그 구체적인 실천 전략으로 예수가 고안하고 적용한 것은 군중을 향한 예언자적 설교와 참신한 어록과 비유를 통한 가르침, 그것을 매개로 하는 제자들과 이웃들과의 대화, 그리고 적대자들과의 비판적 논쟁 등이었다. 그 과정에서 예수는 유리하는 양떼와 같은 군중들이 자율과 자립의 삶을 너끈히 개척하고 영위할 수 있는 주체적 역군으로 거듭날 수 있도록 도왔고, 제자들로 하여금 서로 겸손하게 섬기는 이타적 삶의 심성을 함양시켜주었으며, 그 적대자들을 향해서는 그들의 왜곡된 특권의식과 배타적 리더십을 성찰할 수 있는 계기를 마련해주었다.

예수가 자신의 사역에서 특히 관심을 기울인 것은 소외된 약자와 병자를 돌보는 일이었다. 당시 예수를 따르던 군중들의 가장 절박한 욕구는 일용할 양식의 충족과 병든 심신의 치유였다. 이 두 가지는 순탄한 일상생활을 영위하기 위한 가장 기초적인 욕구였던 바, 예수는 이를 소홀히 여기지 않고 열심히 챙겨나갔다. 그리하여 그는 오병이어의 기적(막 6:34-44)으로 대표되는 양식 나눔의 사역을 통해 굶주린 군중들을 부양했다. 이처럼 예수는 작은 것을 나눔으로써 많은 자들의 절박한 욕구를 충족시켜줄 수 있는 나눔의 기적을 체현했다. 예수와 그 제자들은 자신의 물질적 사유를 포기하고 가난한 자들에게 활수하게 나누어줌으로써 하나님의 나라 건설을 위한 선발대임을 그들의 생활 방식으로 증명해보였다. 그러므로 그들의 그 나눔 활동은 단순히 일용할 양식의 공급을 통한 일시적 부양(扶養)에만 그치는 것이 아니라 그 신앙적 교훈을 통해 그들의 삶이 복지화된 삶으로 지속적으로 보양(保養)될 수 있는 길을 열어주었다고 할 수 있다.

그런가 하면 육체와 성신이 병든 이들에게 예수는 치유와 재활의 길을 열어주었다. 예수는 당시의 수많은 병자들을 치유하면서 대증요법에 머물기보다 그 병의 뿌리를 보고 원인치료까지 나아갔다. 그가 치유 활동을 사탄이나 마귀의 축출이란 차원에서 이해한 것은 이로써 표상되는 종교적 억압의 굴레와 사회적 구조악의 사슬이 그 병의 원인과 무관치 않음을 간파했다는 반증이다. 가령, 군대마귀에 들린 자를 치유한 이야기(막 5:1-20)는 그 병자의 생명이 식민제국의 군사적 침탈과 폭압에 상처받아온 내력을 반영한다.[13] 예수는 그 병의 소인인 군대마귀(*legion*)를 축출함으로써 그의 상처에 내장된 사회적 감염 요인을 다스리고자 했다. 그리하여 예수는 병자들이 단순히 건강한 개인의 신체 회복뿐 아니라 건강한 정신력을 회복함으로써 사회적 재활을 이룰 수 있도록 구조적 차원의 원조를 제공했다. 이와 관련된 또 다른 적절한 예로서 예수가 나환자를 치유하여 제사장을 찾아가 율법의 규례대로 자신의 깨끗함을 확인받도록 지시한 이야기(막 1:40-45)를 들 수 있다. 이 일련의 지시 과정에서 예수는 그 병자가 단순히 개인 신체의 건강 회복에 머물지 않고 당시의 관행에 따른 제도적 절차를 밟게 함으로써 사회적으로 갱생할 수 있는 길을 열어주었다.[14] 이와 같은 치유와 재활 활동은 당시 율법의 복지 관련 규례가 작동되지 않거나 미미한 상황에서 예수가 육체적 곤경에 처한 병자들과의 일대일 대면을 통해 대화와 상담, 기도와 안수, 지시와 명령의 방법으로 혼신의 힘을 기울여 생명 복지의 세상을 일구어나간 대표적인 사례로 평가할 수 있다.

---

13) 실제로 로마 군단 '레기온'(6,000명)은 거라사 지역에 주둔하여 로마의 대상들에게 아라비아 남부와 인도를 잇는 무역로를 유지시켜줌으로써 제국의 이익 증진에 기여하였다. 이에 비추어 '레기온'은 곧 식민제국주의와 군사주의의 마귀적 표상으로 당시 식민지 피지배층 백성들에게 깊은 패배주의의 상처를 안겨준 주범이었다고 할 수 있다. 조태연, 『예수 이야기: 마가 2』(서울: 대한기독교서회, 2002), 46-47 참조.

14) 차정식, "치열한 연민, 혹은 치유와 갱생의 회로", 『묵시의 하늘과 지혜의 땅』, 163-176 참조.

예수가 실천한 사회복지의 또 다른 유형으로 지적할 수 있는 것은 경계 허물기를 통한 소외 계층의 포용과 그들과의 개방적 사귐이다. 여기서 소외 계층이라 함은 세리와 창기처럼 사회적 지탄의 대상이 된 이른바 대표적인 죄인들, 어린아이, 여자, 노인과 같은 약자들, 그리고 개처럼 취급받던 할례받지 않은 이방인 등의 범주를 아우른다. 예수는 정(淨)·부정(不淨)의 원리에 의해 배제된 이들 부류와의 종교적 경계를 허물고 그들과 기꺼이 어울리며 식탁교제를 함께 나누었다. 더러 '먹기를 탐하고 포도주를 즐기는 사람' '세리와 죄인의 친구'(마 11:19)라는 오명을 무릅쓰면서까지 그는 그들과 더불어 먹고 마심으로 생명의 향유적 가치를 추구했다. 이는 가장 낮은 바닥의 인생도 구원받아야 할, 또 구원받을 수 있는, 하나님의 형상으로 지음을 받은 하나님의 백성으로 인정하였음을 의미한다.

한편, 예수는 어린아이처럼 되지 않고는 천국에 들어갈 수 없다(막 10:15; 마 18:3; 눅 18:17)고 하여 어린아이의 천진함과 순수함, 즉 하나님을 향한 적극적 신뢰의 마음을 존중했다. 또 예수 주변에는 재정적으로 예수의 활동을 후원하는 여성들이 늘 뒤따랐고(눅 8:2-3) 막달라 마리아 같이 그들 중 일부는 예수의 중요한 제자로 역사 속에 기억되었다.[15] 그런가 하면 '고르반'의 예화(막 7:9-13)를 통해 예수는 가정의 노부모에 대한 공경의 도를 설파함으로써 종교적 인습에 따른 자기 합리화로 퇴락한 효의 정신을 바로잡고자 했다. 이렇듯 예수는 당시 사회의 각종 차별을 교정하고 배타적 경계를 허물어 그들 본연의 생명적

15) 마가복음 14:3-9에 나오는 익명의 여인은 예수의 머리에 향유를 부은 일로 복음이 전파되는 곳에 그 행실이 기억/기념되는 영광을 얻었다. 전통적으로 이 여인은 막달라 마리아로 이해되어왔다. 막달라 마리아는 또한 예수 부활의 중요한 증인으로 묘사될 뿐 아니라(막 16:1, 9), 후대 문헌에서 부활한 예수의 계시를 받는 영적 지도자로 부각된다. Raymond F. Collins, "Mary", *ABD* vol. 4, 579-581 참조.

가치를 복구시킴으로써 생명복지의 구조적 기반을 조성했던 것이다. 그렇다고 예수를 전통적 가족주의자나 사회적 보수주의자로 규정하는 것은 명백한 잘못이다. 오히려 그것과 정반대로 예수는 혈통적 가족주의의 폐쇄적 속성을 직시하여 혈연을 비롯한 각종 연고에 길들여진 인간관계의 토대를 허물고 하나님 말씀의 실천에 근거한 '하나님의 가족'을 주창했다. 이처럼 예수는 기존 종교 전통에 터한 배제의 원리를 비판하고, 혈통적 가족주의의 굴레를 몸소 허물어뜨림으로써 사회의 구성원을 하나님의 가족이라는 보편적 질서 하에 재편하는 이른바 '탈영토화' '재영토화' 작업을 실험했던 것이다.[16]

이러한 일련의 사회복지 항목과 방법은 오늘날 거론되는 사회복지의 실천 분야, 즉 아동복지, 노인복지, 장애인복지, 여성복지, 교정복지 등에 부응하는 통전적이고도 보편적인 것이었다고 평가된다. 물론 예수는 복지사업의 일환으로 사회보험을 제도화한 적도 없고 병원이나 요양원 등과 같은 복지 시설을 세우지는 않았다. 그에게는 이스라엘 12지파를 상징하는 12제자의 느슨한 조직이 있었을 뿐이고(막 13:13-19), 간헐적으로 70인 제자를 둘씩 짝지어 파송하는(눅 10:1, 17) 등의 헌신적 선교 조직을 가동함으로써 그 시설과 제도의 결핍을 보충했다. 그 제자들이 행한 사역의 내용도 예수의 그것처럼 주로 하나님나라 복음의 선포와 기도를 통한 축귀 치유, 나눔과 섬김의 영역에 치중되었다. 말하자면 예수와 그 제자들의 유랑적 삶을 통한 선교적 동선 가운데 그들의 몸이 체현하는 일상적 삶 자체가 움직이는 복지 기

16) '탈영토화', '재영토화'와 아래에 나오는 '기관 없는 몸체'는 카타리와 들뢰즈의 지리철학에 등장하는 개념으로, 이는 각각 하나의 고착된 경계를 갖는 영토화된 대지 및 사유의 체계를 해체하고(탈영토화) 근본적으로 재구성하는 것(재영토화), 알과 같이 압축되고 미분화된 차이의 상태, 다시 말해 비유기적이며 배아 상태로 강렬한 생명력을 추동하는 몸체(기관없는 몸체)를 의미한다. 질 들뢰즈 · 펠릭스 가타리, 김재인 옮김, 『천 개의 고원』(서울: 새물결, 1996) 참조.

관이었던 셈이다. 이는 조직과 제도의 부재로 인해, 아니 그 덕분에 전방위적으로 산포하며 무제한적으로 기동하는 '기관 없는 몸체' 의 원시적 구성으로 특징지어진다. 예수는 이로써 복지의 주체와 대상을 일관되게 인간으로 집중하여 그 생명의 활성화에 극진하게 헌신했다고 볼 수 있다.

V. 요약 및 결론

사회복지에 대한 예수의 관심은 복에 대한 그의 역동적인 재해석을 통해 그 일단을 파악할 수 있다. 물질적인 풍요와 장수, 자손의 번영 등에 국한되었던 복의 개념은 예수의 팔복사상에 괄목할 만하게 확대, 심화되었다. 이에 따르면 인간은 자신의 실존적 조건을 '가난함' 으로 재인식하여 슬픔을 낳고, 이로써 발생한 깊은 연민은 온유와 의에 대한 갈망을 불러일으킨다. 그 일련의 연쇄 과정에서 인간은 자기 정립의 기초를 마련하고 성숙의 발판을 얻게 된다. 그 성숙의 초입에 타자의 발견이 가능해지고 이로써 다른 인간 생명을 향한 긍휼이라는 수평적 가치와 하나님을 향한 청결한 만남과 소통이라는 수직적 가치가 복의 또 다른 지평으로 용인된다. 그 궁극에 샬롬의 경지, 곧 평화를 일구는 자로서의 복과 그것을 위해 핍박을 무릅쓰는 자기희생의 복이 추가된다. 이와 같이 산상수훈의 팔복사상에는 인간의 내면적 성숙을 위한 정직한 자아상의 정립과 건강한 정신 위생에의 배려, 나아가 하나님과 이웃을 향한 개방적 소통의 질서 구축이라는 통전적 복지의 신학을 내장하고 있다. 이는 기존의 제도화된 복이 그 사람의 신분과 사회적 위상에 따라 고착된 현실을 넘어 모든 인간이 천국 백성으로 그 복된 삶과 복지의 세상에 참여할 수 있는 가능성을 '이미 충족받음’의 자만이 아닌 ‘아직 결핍됨’에 대한 성찰로써 열어두었다는 데 의의가 있다.

예수의 복음을 특징짓는 핵심적인 메시지로 제출된 ‘하나님의 나라’는 전통 사상사의 흐름에 비추어 묵시적 종말론과 결합된 메시아주의와 지혜문학에 그 연원을 둔 각성된 삶의 지혜라는 두 영역을 아우르며 초월한다. 그런가 하면 그 하나님 나라의 시제와 관련하여 이는 예수의 복음 선포와 함께 이미 이루어진 완료적 시점과 현재 진행 중인 시점, 나아가 미래에 완성될 시점이라는 다양한 시점의 복합과 중첩을 보여준다.

의미심장하게도 그 하나님의 나라를 서술하는 동사들, 즉 오다(임하다)/들어가다/존재하다, 이 세 종류의 어휘는 사회복지의 세 사상적 층위를 각각 암시한다. ‘임하는/오는 하나님 나라’는 하나님 나라의 종말론적 초월적 성격을 드러내주거니와, 예수는 이로써 야수의 논리에 휘둘리는 이 폭압적 세상에서 복지와 무관하게 살아가는 다수의 사람들에게 하나님의 주권적 통치가 이루어지는 희망을 견인함으로써 사회복지의 이념적 지표를 공고히 설정하였다. 이에 따르면 사회복지는 선택사항이 아니라 하나님의 초월적 주권에 의해 불가항력적으로 임하고 필연적으로 구현되어야 할 창조의 질서이자 구원의 내용이 된다. 들어가는 하나님의 나라는 사회복지의 공동체적 성격을 시사한다. 들어감이 안과 밖의 구획 질서를 상정한다면 그것은 당시 사회공동체의 배타적 성격을 또한 전제한다. 예수는 그렇게 협량하게 제한되었던 들어감의 대상과 자격 요건을 전복시킴으로써 하나님 나라의 포용적 공동체성을 지향하였다. 따라서 이에 연루된 사회복지의 함의 또한 배타적이고 특권적인 가치가 아니라 개방적이고 보편적인 가치로 연상된다. 끝으로 존재하는 하나님의 나라는 인간 개인의 잠재력과 인간들 사이의 다양한 관계 속에 내재된 사회복지의 형식과 내용이 매우 풍성한 것임을 암시한다. 그것은 개인적 탐욕과 자기동일성의 폐쇄 회로를 지양하고 상호 신뢰와 신실한 책임의 이행을 통해 매개되는 공동체의 성숙한 삶 가운데 이미 존재하는 무엇이다. 그 '무엇'의 구체적인 세목들은 예수의 수일한 천국 비유들을 통해 올바른 분별과 각성, 자기 발견과 성장의 기쁨, 더불어 나누고 즐기는 축제의 삶 등과 같이 다채롭게 예시된다.

예수가 실천한 사회복지의 유형은 다양한 부류의 사람들을 향한 계몽적 의식화, 굶주린 군중을 위한 부양과 보양의 나눔, 병들고 눌린 생명을 위한 치유와 재활, 죄인들과 소외 계층의 포용 등으로 분류된다. 형식주의적 율법 신앙을 해체하고 무지몽매를 타기하기 위해 예수는 설교와 가르침, 대화와 논쟁의 방법으로 군중들, 제자들, 적대자들과의 만남을 이끌었다. 이로써 그는 그들이 각각 독자적으로 자립하고 자율적 삶의 주체로 거듭날 수 있도록 도왔으며, 이타적 삶의 심성을 함양하고 자신의 아집과 편견을 교정할 수 있도록 그들의 닫힌 정신을 견인했다. 그는 또한 불우하고 가난한 자들의 생존과 삶의 소박한 향유를 위해 작은 것을 나누어 큰 혜택을 끼쳤으며, 건강한 생명복지의 구현을 위해 병든 자를 고치고 건강한 정신으로 회복시켜 사회적 갱생의 길을 선도했다.

뿐 아니라 예수는 당시의 변두리 소외층을 하나님 나라의 일원으로 용납하고 적극 격려하였다. 죄인으로 정죄되었거나 여자와 어린아이와 노인들과 같은 약자들의 복지적 삶을 배려하면서 예수는 당시 유대교의 협소한 배타적 원리와 혈통 지향적 가족주의를 지양하는 한편 개방적 식탁 교제와 '하나님의 가족'을 그 대안으로 제시하였다. 비록 그 과정에서 예수는 사회복지의 하부구조로서 시설을 세우거나 법제를 정비하지는 않았지만, 그 짜임이 헐렁할망정 헌신적인 제자그룹을 양성하고 그 조직을 가동시켜 그들의 선교적 동선으로써 움직이는 복지기관을 삼았다. 그러나 그 생짜배기 기관은 아직 시설이나 제도로 태어나지 않은 것과 다름없었으니, 곧 '기관 없는 몸체' 로서의 역할을 온몸으로 수행했던 것이다.

그 움직이는 몸체에 기관이 달리기 시작한 것은 교회의 본격적인 등장과 궤적을 같이 한다. 교회의 출현과 확산, 광범위한 제도화는 이후 사회복지의 재원과 동력을 증진시켰지만 그 몸체 유지를 위한 비용 지출의 증가라는 반대급부도 감당해야 했다. 오늘날 교회의 사회복지 공헌 여부와 그 정도는 예수의 기관 없는 선교적 동선과 철저히 제도화된 교회의 사회사업 사이의 거리에 비례한다. 교회에 의한 교회의 자가 복지와 이 세상을 향한 사회복지는 종종 길항하며 양립하기 어려운 내적인 속성을 지니고 있기 때문이다. 그것은 예수 이후의 2천년 교회사를 통해 뚜렷하게 증명된다.

제2장 _ 실패한 디아코니아와 '한 가지 필요'
마리아와 마르다, 예수의 디아코니아 구조

I. 지형: 디아코니아 개념의 복합적 층위

디아코니아는 그 언어적 기원이 헬라어로 소급된다. 특히, 기독교적 맥락에서 이 어휘를 사용할 때 그것은 신약성서를 통해 계발된 개념의 역동적인 성격을 염두에 두고 있다. 내가 굳이 '역동적' 이라고 표현한 까닭은 그만큼 이 단어의 함의가 복합적인 층위를 보여주기 때문이다. 동사(*diakoneō*)와 명사(*diakonia*)의 표현에서 이 단어는 발을 씻거나 식탁의 음식 시중드는 일을 포함하여 고대 노예들이 통상적으로 감당하던 제반 섬김의 행위를 가리킨다. 이와 같이 허드렛일이나 몸으로 하는 막노동을 지칭하던 이 말의 개념을 긍정적으로 변용한 것은 신약성서의 신학적 가공을 통한 기여가 절대적이었다고 할 수 있다. 그리하여 이 말은 특수한 분야에 헌신하는 '봉사' 와 '섬김' 의 의미를 뛰어넘어 초기교회의 사역 전반을 일컫는 개념(ministry)으로 그 의미가 확대되었다. 뿐 아니라, 이 단어는 '정죄', '죽음', '의', '영', '화해' 등의 추상명사와 접속되어 그것이 수행하는 '기능'과 그 '작용'이란 함의로까지 심화되었다(고후 3:7-9, 5:18). 그런가 하면, 바로 이 디아코니아란 말에서 영어로 집사와 그 직무를 가리키는 단어들(deacon, deaconry)이 파생되었으니(딤전 3:10, 13) 말의 복합적 메아리가 의미를 증폭시키는 실례를 우리는 이 단어 하나에서 생생히 확인할 수 있는 셈이다. 아울러, 신약성서의 헬라어 어휘에서 '코이노니아'(*koinōnia*)와 함께 초기교회의 선교 및 목회 활동의 내용을 가장 대표적으로 특징짓는 어휘가 바로 '디아코니아'인 터라, 이 어휘에 부여된 신학적 비중과 역사적 영광이 자못 심대하다고 할 수 있다.

그러나 영광도 빛의 작용일진대, 그 빛이 가는 곳에 반드시 그늘이 있게 마련이다. 다시 말해 디아코니아가 예수의 중요한 사역이고 바울의 사역 그 자체였다고 할지라도, 그것의 그늘에 대한 성찰이 필요하다는 것이다. 오늘날 디아코니아의 다양한 현장에서 선한 의도가 악한 결과를 낳거나, 섬김의 아름다운 동기가 관계의 파탄을 초래하는 경우가 있다면, 그것은 디아코니아의 행위 자체가 문제가 아니라 그것의 철학적 기반이나 신학적 토대가 잘못 설정된 데서 비롯된 경우일 수 있다. 나는 이 소논문을 통해 바로 그 '기반'과 '토대'의 이론적 측면에 연구의 초점을 맞추어보고자 한다. 이와 관련하여 신약성서에서 가장 적절한 예화가 누가복음 10장 38-42절에 나온다. 흔히 마르다와 마리아의 이야기로 알려진 이 에피소드는 디아코니아의 선한 의도가 선하지 않은 결과를 초래하는 실패의 사례라 할 만하다. 그러나 그 실패는 반면교사로서 그때와 지금의 디아코니아 현장에서 발생할 법한 예기치 않은 부작용을 사전에 예견하고 미연에 방지하는 항체가 될 수 있다.

기존에 이 본문의 연구는 주로 양식비평의 차원에서 진행되거나 본문비평의 지엽적 관심에 머무는 경향이 있었다.[1] 그러나 나는 이 본문을 디아코니아의 관계론적 측면에서 분석함으로써,[2] 1세기의 디아코니아가 어떤 한계 내에서 유의미한 행위로 인식되었는지 짚어보는 동시에 그것의 실천적 실패가 어떤 신학적 맥락에 잇닿아 있는지 살펴볼 것이다. 이를 위해 먼저 본문의 서사적 흐름과 위치 및 구조를 분석하고, 그 교훈에 담긴 몇 가지 쟁점을 평가한 연후에, 당대의 가치관에 비추어 디아코니아의 실패 이유와 그 사상적 배경을 탐구해보고자 한다. 이 부분이 논점에 대한 분석과 진단, 신학적 대안의 제시로 채워진다면, 마지막 결론은 디아코니아의 과잉과 결핍이란 관점에서 그 실천적 적용의 방향을 가늠하는 내용이 될 것이다.

II. 문제: 실패한 디아코니아의 실제

1. 서사적 흐름과 편집구조

해당 본문(눅 10:38-42)은 누가복음 전체의 구도에서 예수께서 예

1) 가령, 불트만은 이 이야기를 이상적인 상황을 염두에 두고 작성된 '자전적 아포프테금'(biological apophthegm)으로 규정하고, 테일러는 그냥 '예수에 대한 이야기'로 평범하게 정의한다. 그런가 하면 디벨리우스에게 이 단화의 양식은 역사적 현실에 기반을 둔 '전설'로 이해된다. Rudolf Bultmann, *The History of the Synoptic Tradition*, tr. by John Marsh (New York: Harper & Row, 1963, 『공관복음서 전승사』, 대한기독교서회 역간), 56. Joseph A. Fitzmyer, *The Gospel according to Luke X-XXIV*, AB vol. 28A (Garden City, NY: Doubleday, 1985), 891 참조.

2) 여기서 '관계론'이라 하는 것은 누가복음과 인접하는 신약성서 텍스트들 사이의 상호 텍스트적 관계를 가리키지 않는다. 그것은 본문의 등장인물인 마르다, 마리아, 예수의 상호 관계와 이로부터 파생되는 디아코니아의 다층적 구조의 관계를 염두에 둔 표현이다. 전자의 관점에서 이 본문에 대해 이루어진 가장 폭넓은 연구는 J. Brutscheck, *Die Maria-Marta-Erzählung: Eine redaktionskritische Untersuchung zu Lk 10, 38-42*, BBB 64 (Frankfurt am M./Bonn: P. Hanstein, 1986) 참조.

루살렘으로 이동하는 도상의 이야기로 편집되어 있다. 그 길 위에서 그는 혼자 걷기만 한 것이 아니라 여러 종류의 사람을 만났고, 그들과 대화하거나 가르쳤다. 또한 70인의 제자들을 파송하는 등 하나님 나라 선교의 전방위적 확산을 기획하고 실천한 것으로 나타난다. 특히, 이 본문은 그가 율법교사와의 대화 가운데 유명한 선한 사마리아 사람의 비유(눅 10:25-37)를 들려준 뒤에 기도에 대한 또 다른 가르침을 전하는 막간의 틈새에 배치되어 그 전후의 맥락이 긴밀하게 연계되지 않은 채 독립적인 단화의 형식을 띠고 있다. 아울러, 선한 사마리아 사람의 비유가 그렇듯, 이 이야기 역시 공관복음을 비롯하여 다른 곳에서 평행구를 발견할 수 없는 누가의 특수 자료에 출처를 두고 있는 것으로 파악된다.

먼저 38절에서 예수는 제자들과 함께 예루살렘을 향해 길을 가다가 아마도 날이 저물어 하룻밤 머물며 숙박하기 위하여 한 마을에 들어가는 모습을 보여준다. 그 마을이 베다니라는 것을 다른 관련 구절을 통해 알 수 있듯이, 그 마을에 예수 일행을 영접하는 사람이 예수와 친밀한 관계라는 사실도 확인된다. 그는 그 마을에 집을 가지고 있는 마르다라는 여인이었는데, 그에게는 마리아라는 동생이 있었다. '영접' (*hypodechomai*)하는 행위는 '환대' 를 전제로 한다. 그것은 예수의 하나님 나라 운동뿐 아니라 이어지는 제자들의 선교 활동에서 필수적인 인적 네트워크였다. 예수를 따라나선 유랑적 스타일의 제자들이 있었는가 하면, 각 지역마을에 정주하면서 예수의 취지에 동조하는 재가제자들과의 유기체적 연계망이 산포되어 있었으리라는 추론이 가능하다.[3] 그렇다면, 이 마을에서 예수를 영접한 마르다 마리아 자매

3) 이러한 추론에 입각해서 타이센은 그러한 재가신자들을 '유랑전도자들' (wandering charismatics)과 대조하여 '마을 동조자들' (village sympathizers)이라고 부른다. Gerd Theissen, *Sociology of Early*

는 그 재가제자군의 대표적인 인물로 꼽을 만한 사람들이다.[4)]

집 밖에서 집 안으로 예수 일행을 영접한 사람이 마르다라면, 집 안에서 예수의 발치에 앉아 그의 말씀을 경청한 사람은 동생 마리아로 묘사된다(눅 10:39). 이 동작은 마르다의 영접행위와 거의 동시적으로 등장하는데, 그것은 사람들 사이의 교제와 관계의 통상적 작동 상황을 상상한다면 자연스러운 풍경이다. 사람을 실내로 영접한 뒤에 주인 없이 멀뚱히 방치한다면, 그것은 온전한 의미의 '영접'이라 할 수 없겠기 때문이다. 그래서 고대사회는 사람을 영접하는 즉시 노예를 동원하여 발 씻을 물을 내주는 등 이른바 '기본 서비스'를 했는데, 불행히도 마리아 마르다 자매에게는 그렇게 부릴 노예가 없었던 것으로 보인다. 그런 인적 자원 의 결핍 상황에서 동생 마리아가 예수 곁에 함께 자리하여 대화의 상대가 된 것은 영접의 연장선상에서 무리 없이 이해될 수 있다.

본문 10장 38-39절이 이야기의 도입부와 현재 전개되는 상황 묘사에 해당된다면, 이어지는 40절은 갈등 상황을 보여준다. 그 갈등은 마르다의 억눌리고 산만한 상황에서 비롯된다. 그가 맡은 일은 에누리 없이 '디아코니아' 그 자체였다. 그러나 예수를 섬기기 위한 음식을 만들려면 적잖은 신경이 쓰였을 것이다. 더구나 예수 혼자만이 아

Palestinian Christianity, tr. by John Bowden (Philadelphia: Fortress Press, 1978) 참조.

4) 마르다는 아람어 어원상 '숙녀' '부인'을 지칭한다. 누가복음의 음식 봉사자 이미지와 달리 요한복음에서 마르다는 예수의 부활을 증언하는 신앙고백의 모델로 등장한다(요 11:25, 27). 이러한 전통은 후대에도 이어져 한 문헌에 의하면(*Epistula Apostolorum*) 그녀는 예수의 부활을 맨 처음으로 사도들에게 전한 여인으로 등장한다. Raymond F. Collins, "Martha", *ABD* vol. 4, 573-574. 한편 신약성서에 나오는 마리아란 이름의 동명이인은 예수의 어머니 마리아, 막달라 마리아 등을 포함하여 무려 7명에 이르는데, 그 가운데 하나인 베다니의 마리아는 요한복음의 전승에 의하면 나사로의 부활 이야기에 마르다와 나란히, 그러나 소극적인 역할로 등장하지만, 예수의 발에 향유를 부은 여인으로 기억된다(요 12:1-12). 그는 예수의 사랑을 받는 여인으로 기억되며(요 11:5) 마르다와 함께 언급됨으로써 여성 제자의 역할을 환기시켜주기도 한다. Raymond F. Collins, "Mary", *ABD* vol. 4, 581-582.

니라 그의 제자들과 동석한 정황을 감안한다면 그는 음식의 양과 메뉴의 종류 등과 관련하여 지나친 '디아코니아' 의 내용으로 그 마음이 산만해질 수 있었다. 많은 디아코니아는 마르다를 정신없이 산만하게 만들었다. 여기에 사용된 미완료 수동태 동사(*periespato*)는 누적되는 일감을 감당치 못한 채 일을 당차게 선선히 끌고 가기보다 일에 질질 끌려가는 주체 이탈의 현황을 단적으로 암시한다. 그것은 일과 몸의 부조화로 인한 몸의 무기력함과 함께 상황과 마음의 불균형으로 인한 산란한 내면풍경을 조명한다. 이러한 내면의 갈등 상황은 마침내 불평스런 지청구로 나타난다. 그것은 먼저 동생 마리아에 대한 원망으로 표출되는데, 요컨대 동생이 자기를 홀로 많은 일감 속에 방치하고 도와주지 않는다는 것이다. 동생에 대한 원망은 은근히 예수에게도 불똥이 튀어 왜 주님이 그런 상황을 방치하느냐, 당장 명령하여 자신을 도와주라며 우회적인 압력을 가하기에 이른다. 마르다는 이 두 사람들로부터 이중적인 방치의 상황에 처했다고 인식한 것이고, 그로 인한 균열과 갈등의 상황을 해소해주길 요청한 셈이다.

상황의 파국과 종결은 예수의 선언적 말씀(눅 10:41-42)에서 온다. 그는 마르다의 지청구에 반응하여 두 번 그의 이름을 부르면서[5] 선한 동기에서 비롯된 그의 '디아코니아' 가 많은 일로 변질되어 염려와 근심의 매개가 되었음을 먼저 지적한다. 예수의 관점은 디아코니아는 많은 일을 벌이기보다 '한 가지 필요' 에 부응하면 족하다는 것이다.[6] 이러한 관점에 비추어 동생 마리아는 한 가지 필요에 부응하여 좋은 선택을 했고, 예수가 보기에 그 선택의 결과는 아무도 빼앗지 못할 지

5) 이렇게 이름을 두 번 부르는 것은 대개 애정과 관심의 표현으로 볼 수 있다(마 7:21; 눅 22:31, 행 9:4). Alfred Plummer, *The Gospel According to S. Luke* (Edinburgh: T&T Clark, 1977), 291 참조.

6) 이 문구의 희랍어 사본 전승은 단일하지 않다. '한 가지 필요' 가 있다(*henos de estin chreia*)는 사본

속적인 가치를 지닌다는 것이다. 여기서 '한 가지 필요' 가 예수를 위한 한 가지 음식을 가리키는 것 같지 않다. 거기에는 제자들과 또 마리아 마르다의 음식도 보태져야 하기 때문이다. 그것은 차라리 자신의 현재 시간을 집중할 한 가지 관심사에 가까운 뜻으로 비친다. 그 한 가지 관심사는 그 당사자의 마음을 분산시켜 어지럽게 하지 말아야 한다는 전제가 따른다. 이 점에서 마르다와 마리아의 선택과 디아코니아의 실천 방식은 갈라진다.

예수의 이 마지막 선언적 말씀으로 상황은 종료되고, 이에 대한 마르다와 마리아, 그리고 좌중의 반응은 침묵 속에 감추어진다. 그 반응의 촉수는 저자의 의도를 추적해보면 독자에게로 향한다. 예수의 상기 발언에 대한 찬성과 반대, 또는 의문의 연쇄로 다채로운 의견이 개진될 수 있을 테지만, 좌중의 침묵과 함께 저자도 침묵한다. 그것은 곧 누가공동체의 성원들이 '좋은 부분' (*tē agathē meris*)을 선택할 명분을 제공하면서, 그것이 왜 좋은지, 마르다의 디아코니아 방식이 정말 안 좋은지, 그렇다면 왜 그런 건지 탐문하도록 개방적 종결을 유도한다. 여기서 예수의 목소리가 마리아의 선택을 좋은 '부분' 으로 표현했다는 것은, 그것이 좋은 것의 전체나 궁극을 의미하는 것은 아니라는 점을 시사한다. 마르다의 디아코니아 역시 좋은 부분이었지만, 그 부분이 너무 많은 부분들로 산만하게 확산되면서 마음의 집중을 헤치고

외에도 '몇 가지' (*oligon*)를 덧붙인 사본도 있다. 아마 '한 가지' 필요로만 한정하는 것이 너무 여유 없이 야박하다고 간주한 필사자가 그렇게 첨부한 것이 아닐까 여겨진다. 이 '한 가지 필요' 에 대해서는 A. Baker, "One Thing Necessary", *CBQ* 27(1965), 127-137 참조. 그 의미와 관련해서도 여러 추론이 가능하다. 그 '한 가지 필요' 는 한 가지 음식이나 가장 좋은 음식이 아니라, 모든 것을 통합시켜주는 중추적 요소이다. 놀랜드의 논평에 의하면, 이 세상에서 신경 쓸 일이 많은 까닭에 염려하고 분주한 마음이 생기곤 하는데, "하나님 말씀에 대한 착념은 모든 것을 통합하는 중심을 제공해주기 때문에 단일한 비전을 가능하게 해준다." 그것이 바로 한 가지 필요의 핵심 내용이라는 것이다. 존 놀랜드, 김경진 옮김, 『누가복음』 [중권] 9:21-18:34, *WBC* 35 (서울: 솔로몬, 2004), 327 참조.

염려를 낳았다. 바로 그 '부분'(*meris*)이 마음의 '분할'(*merimna*)을 야기했다는 점에서 예수의 저 말씀은 다분히 교훈적이다. 나아가 그 교훈의 이면에 깔려 있는 저자의 신학적 배경 역시 궁금한 대목이 아닐 수 없다.

2. 배경과 교훈, 또는 삶의 자리

일부 학자들은 이 이야기가 선한 사마리아 사람의 비유 직후에 배치된 것에 주목한다. 이에 따라 이 비유가 이웃 사랑의 도를 강조한 것에 비해, 본문의 예화는 하나님 사랑을 부각시킨 것이라고 대조적으로 해석한다.7) 이는 예수의 발치에 앉아 종용히 그 말씀을 경청하는 것을 하나님 사랑과 직결시킨 해석인데, 하나님의 사랑을 향한 동기가 예수의 말씀을 그렇게 경청하도록 했을 수 있다는 점에서 일리 있는 지적이다.8) 그러나 피츠마이어가 적절히 짚어준 대로, 본문에 그러한 구체적인 동기가 명시되어 있지 않다는 점이 걸린다.9) 혹 예수의 말씀이 이웃 사랑에 대한 가르침이었다면 어쩔 것인가. 나아가 하나님 사랑과 이웃 사랑을 대립적인 각도에서 파악한다는 것도 의혹의 여지가

---

7) 이러한 관점에서 해석하는 학자들로는 W. Grundmann(*Evangelium nach Lukas*, 225)과 G. Schneider(*Evangelium nach Lukas*, 252) 등이 있다. 마찬가지로 놀랜드 역시 전자와 후자의 관계를 수평적 수직적 사랑의 차원에서 상호 보완적으로 해석한다. 놀랜드, 『누가복음』[중권], 328 참조.

8) 그 동기가 이웃사랑을 향한 것이었을지도 모른다. 이러한 관점에서 또 다른 연구자는 이 이야기가 선한 사마리아 사람의 이야기와 밀접한 관계가 있다는 전제하에 수정된 견해를 제출한 바 있다. 요약하면, 강도 만난 사람을 도와준 그 동기가 선한 사마리아 사람의 비유에서 '민망히 여기는 마음'에서 비롯되었다고 하여 그것이 개인의 '감정'에 정초된 것이라는 오해의 가능성이 있었다는 것이다. 그래서 누가는 굳이 마리아/마르다 이야기를 그 뒤에 배치하면서 그 동기를 그렇게 개인의 주관적인 감정에 두어서는 안 되고, 주의 말씀에 두어야 한다는 점을 강조하고자 했다는 주장이다. 이 논점의 타당성을 위해 말씀 듣는 것에 비중을 둔 누가복음 10:24가 중요한 해석의 열쇠로 제시된다. John J. Kilgallen, SJ, "Martha and Mary: Why at Luke 10,38-42?" *Biblica* 84/1(2003), 554-561 참조.

9) Joseph. A. Fitzmyer, *Luke*, 892.

있다. 사랑은 본디 하나이고, 그 사랑의 궁극적 발현 주체로서 하나님이 자신을 향한 사랑을 빌미로 이웃 사랑을 질투한다는 것도 상상하기 어렵거니와, 구약성서와 유대교의 전통에서도 이 두 종류의 사랑과 거기에 근거한 두 계명을 피차 길항하는 관계로 이해한 것 같지 않기 때문이다.

한편으로 예수의 말씀을 '명상적 삶'(contemplative life)이 세속의 일상적 삶에 우선하거나 우월한 것임을 드러낸 알레고리 형태의 메시지로 해독하려는 시도도 있다.[10] 실제로 이러한 종교적 삶의 가치관은 유대교의 쿰란 공동체에서나 이집트의 테라퓨테 공동체, 나아가 초기 교회사의 전개 과정에서 나타난 사막의 교부들의 영성훈련 행태를 통해 폭넓게 탐지되는 유형이다. 뿐 아니라, 세례자 요한의 금욕적 삶의 스타일이나 예수의 광야 시험, 고적한 피정의 동선과 기도 실천 등의 사례에서도 말씀과 기도를 매개로 한 명상적 삶의 스타일에 대한 일정한 강조를 찾아볼 수 있다. 그러나 그것이 디아코니아의 행위와 가치 우열을 다툴 정도로 예수의 스타일을 특징지었다고 보기는 어렵다.[11] 예수가 말씀을 전하고 기도하는 행위는 병자를 고치고 가난한 자를 먹이는 디아코니아의 행위와 병렬적 관계로 묘사되기 때문이다. 따라서 이러한 분법적 구별로써 예수의 상기 메시지의 배경을 설명하는 것은

---

10) 앞의 책, 892-893. 아울러, 이러한 관점에서 산출된 연구논문으로 P. C. Erb, "The Contemplative Life as the Unum Necessarium: In Defence of a Traditional Reading of Luke 10:42", *Mystics Quarterly* 11(1985), 161-164.

11) 이러한 관점에 대한 비판에는 하워드 마샬도 동참한 바 있다. 그는 다음과 같이 논평한다. "이 이야기는 행동의 삶보다 명상의 삶을 더 높이 평가하려는 의도로 주어진 것이 아니다. 오히려 예수를 섬기는 적절한 방법을 지시하려는 이야기이다. 지나치게 필요 이상으로 물질을 마련하는 것으로가 아니라 그의 말씀을 들음으로써 그를 섬기는 것이다." I. 하워드 마샬, 『루가복음』 [2] (서울: 한국신학연구소, 1984), 91. 그러나 그의 비판적 논점은 수긍되지만, 그가 대안으로 제시한 "예수를 섬기는 적절한 방법"은 설득력이 떨어진다. 예수는 섬김의 대상인 자기 자신보다 그 주체인 그들이 제자로서 행해야 할 범사의 섬김 자체, 특히 그 방식과 동기에 초점을 맞추기 때문이다.

후대의 관점을 역으로 투사한 결과처럼 보인다.

물론 말씀을 듣고 배우는 것의 소중함을 역설한 대목에 비추어 보면, 예수의 우선권 기준이 전혀 근거 없는 것이 아니다. 예컨대, 그는 씨 뿌리는 비유 가운데, 씨앗이 가시떨기에 떨어진 경우와 좋은 땅에 떨어진 경우를 풀어 설명하면서 다음과 같이 말한 바 있다.

> 가시떨기에 떨어졌다는 것은 말씀을 들은 자이나 지내는 중 이생의 염려와 재물과 향락에 기운이 막혀 온전히 결실하지 못하는 자요, 좋은 땅에 있다는 것은 착하고 좋은 마음으로 말씀을 듣고 지키어 인내로 결실하는 자니라(눅 8:14-15)

가족들의 방문과 연관된 이어지는 어록에서도 그는 "하나님의 말씀을 듣고 행하는" 것을 강조한 바 있다(눅 8:21). 위의 인용문에서 보듯, 그것은 이생의 '염려'와 대조를 이루고 있고, 나아가 그 염려는 다른 곳에서 언급된, '무엇을 먹을까' '무엇을 마실까' 등의 일상적 관심사와 동렬에 놓인다. 게다가 광야 시험 이야기에서 예수는 돌로 떡을 만들라는 사탄의 유혹을 물리치면서 하나님의 말씀을 표 나게 내세운 적이 있다.13)

이런 관점에서 보자면, 예수의 가치판단은 분명한 듯 보인다. 그러나 좀더 세밀하게 살피면, 예수께서 말씀을 강조한 대목에서 그가 한 번도 손님을 환대하며 섬기는 디아코니아의 가치를 열등한 것으로 주장한 바가 없다. 그가 열등한 자리에 배치한 것은 떡의 존재 가치가

13) 이와 같은 말씀에 대한 일련의 강조는 신명기의 말씀 중심 신학에 기초한 측면이 강하다. 이에 착안하여 일부 학자는 이 이야기에 반영된 기독교적 신명기의 신학적 맥락을 읽어내기도 한다. R. W. Wall, "Martha and Mary(Luke 10:38-42) in the Context of a Christian Deuteronomy", *JSNT* 35(1989), 19-35.

아니다. 외려 그는 일용할 양식을 구하라고 적극적으로 요청하지 않았던가. 디아코니아의 가치를 폄하하기보다 그는 그 일에 앞장선 경험을 풍성히 보여준다. 상기 누가복음 본문에서도 예수께서는 마르다의 디아코니아 자체를 논박하거나 그것의 가치를 훼손하지는 않았다. 이런 점을 고려하여 이 본문의 신학적 배경과 교훈은 누가복음 배후의 신앙공동체가 노정한 공동생활의 맥락에서 찾아야 마땅하리라 본다. 이를테면, 이 본문의 배경은 무엇보다 역사적 삶의 정황에서 유추할 수 있으며, 그 신학적 배경은 또 다른 차원에서 '염려'와 '한 가지 필요'라는 주제에 초점을 맞추어 살필 때 좀더 설득력 있게 다가온다는 것이다.

먼저 누가공동체의 삶의 자리에 비추어 본문의 배경인즉, 사도행전 6장 1-7절에 요약된 누가공동체의 선교적 현실과 밀접하게 잇닿아 있는 것처럼 보인다.[14] 거기서 문제된 상황은 과부들을 구제하며 음식을 공궤하는 디아코니아 문제였다. 헬라파 과부들과 히브리파 과부들의 디아코니아가 균등하게 분배되지 않는 상황에서 사도들이 모여 하나님의 말씀을 제쳐놓고 재정 출납의 사역을 일삼는 것이 합당치 않다는 판단 하에 그 대안으로 스데반을 비롯한 일곱 명의 전담자를 세우게 된다. 그 일곱 사람은 디아코니아 전담자의 사역을 맡은 셈이다. 이때도 첨예한 갈등의 사안은 디아코니아를 배제하는 것이 아니라 그로 인해 하나님의 말씀을 '제쳐두는' 문제였다. 단적으로 누가공동체는 과도한 디아코니아 관련 행정 사무로 인해 하나님의 말씀

14) 당시 가난 구제를 위한 초기 교회 내부의 디아코니아는 그 지역 안의 빈자와 가난한 외지인를 구별하여 각기 달리 돕던 유대인 공동체의 이원화된 방식과 다른 형태로 진화하여 그 체제의 구제 혜택을 받지 못한 자들을 중심으로 이루어졌을 것으로 추정된다. Ernst Haenchen, *The Acts of the Apostles: A Commentary* (Philadelphia: The Westminster Press, 1971), 261-262.

을 배제하는 파행적 위기가 잠재되어 있었거나 이미 심각한 상태로 불거졌던 것이다.

누가복음의 마리아 마르다 이야기는 이러한 공동체의 상황에 반향하면서 사도행전 6장 1-6절의 상황을 미리 예견하는 복선으로 작용하고 있다. 스데반, 빌립 등과 같은 일부 디아코이나 사역자들조차 디아코니아의 본래 직무를 벗어나 말씀을 전하는 데 집중하였을 정도로, 저자는 이런 쪽으로 관심의 초점을 이동할 때 공동체의 균형을 유지할 수 있으리라고 판단했을 법하다. 누가복음에서 수동적으로 말씀을 듣는 마리아의 모델은, 이제 사도행전에서 열두 사도들과 스데반, 빌립 등의 예에서 보듯, 말씀을 담대하게 전파하는 적극적인 선교자의 모델로 진화해나간다. 반면 마르다의 모델을 통해 과도하게 디아코니아의 문제에 함몰하여 '염려'를 야기하는 문제는 예수의 선언적 말씀을 통해 미리 견제받고 성찰을 요청한다. 이러한 관점에서 결국 디아코니아와 말씀 청종의 관계는 우열의 문제가 아니라 현실적인 조율의 문제, 상황에 따른 균형의 문제로 재배치된 것이라고 볼 수 있다.

또 한 가지, 누가복음의 상기 본문이 강조하는 주제는, 비록 표면에 강하게 드러나 있지는 않지만, 여성 제자도와 묵시적으로 연계되어 있다. 누가복음이 가난한 자에 대한 지극한 관심과 더불어 여성에 대한 관심이 농후하다는 것은 누가복음 연구의 상식이 되었지만, 그렇게 여성들을 자주 등장시키고 그들에 대한 호의적인 조명을 가한 의도에 대해서는 추가적인 해석의 여지가 있는 것이 사실이다. 나는 그 '여지'의 중요한 핵심으로 여성 제자도의 기획을 거론할 수 있다고 보는 것이다.[15] 당시 유대교 랍비의 제자 관행에 비추어 기꺼이 여성들의 집을 찾아 머물고 여성을 제자로 여겨 말씀을 가르치는 이러한 예수의 행동은 급진적인 선택이었다.[16] 실제로 예수의 주변을 따르는 사람들로 여성의 존재와 그 위상을 구체적으로 부각시키면서 오로지 누가복음만이 "막달라인이라 하는 마리아와 헤롯의 청지기 구사의 아내 요안나와 수산나와 다른 여러 여자가 함께 하여 자기들의 소유로 그들[=예수와 제자들]을 섬"긴 디아코니아의 행적을 기록해두고 있다(눅 8:2-3). 그러나 그 '디아코니아'만으로 제자가 될 수 없는 법! 따라서 누가의 예수는 이 기록 이후에 상기 에피소드를 통해 마르다 모델과 함께, 그 모델을 넘어 말씀을 듣고 배우는 차원으로 진보해나가야 할 것을 은근히 종용하고 있는 것이다.[17] 그런데, 누가공동체의 여성 신자들은 과도한 디아코니아로 인해 말씀의 훈련으로 나아가지 못한 채 그 디아코니아조차 실패할 위기에 봉착해 있었던 상황이 떠오른다. 물론 그것은 누가공동체가 진지한 배움과 가르침의 과정을 통한 여성제자도의 활성화를 통해 극복해야 할 현실이었을 것이다.

15) 하워드 마샬도 이러한 관점에서 여성들의 위치가 단지 가사에만 얽매이지 않고 교회에서 듣고 배우는 일에도 해당됨을 추론하지만, 그 당대의 현실을 구체적인 누가공동체의 맥락에서 논증하지는 않는다. 더구나 그는 여성들의 위상을 '가르치는' 업무로까지 배려한 누가의 의도를 짚어내지는 않는다. I. 하워드 마샬, 『루가복음』, 91-92 참조.

16) 당시의 유대교 관행에 의하면 여성들은 랍비의 제자로 받아들여지지 않았으며 랍비가 될 수도 없었다. 김득중, 『누가복음』 II (서울: 대한기독교서회, 1993), 55; Fred B. Craddock, *Luke: Interpretation* (Louisville: John Knox Press, 1990), 152 참조.

17) 이러한 관점에서 마리아와 마르다에 대한 이분법적인 해석을 비판적으로 지양하는 본문의 여성주의적 해석은 일리가 있다. 그러나 본문은 단순히 여성에 대한 폄하적인 입장으로 일관한 가부장주의 체제의 비판에 머물지 않고 그 가부장제의 한계 안에서 그 한계를 넘어 여성이 능동적인 제자로서 진보할 수 있는 길을 노정하는 데까지 나가고 있다. E. Schüssler Fiorenza, "A Feminist Critical Interpretation for Liberation: Martha and Mary: Lk. 10:38-42", *Religion and Intellectual Life* 3(1986), 21-36; 아울러, 최영실, 『신약성서의 여성들』(서울: 대한기독교서회, 1997)에서 마리아, 마르다 관련 부분 참조.

III. 대안: '염려'와 '한 가지 필요'

불트만은 본문의 에피소드를 헬라주의적 기원을 갖는 것으로 추론한 바 있다. 만일 그렇다면 그 헬라주의적 요소를 본문 가운데 탐지할 수 있을 때, 이 추론은 정당한 설득력을 발휘할 수 있을 것이다. 나는 그 요소를 본문에 동사로 사용된 '염려'라는 어휘에서 발견할 수 있다고 본다. 본문에 사용된 이 동사(*merimnaō*)는 헬라적 가치, 더 나아가 스토아적 가치를 반영하고 있다. 이 말은 일차적으로 마음의 분열을 가리킨다. 바울은 이 어휘를 미혼자가 결혼함으로써 배우자와 주님을 동시에 기쁘게 하기 위해 그 마음이 갈라진다는 맥락에서 사용한 바 있다(고전 7:33-34).[18] 뿐 아니라, 이 어휘에 함축된 분열과 정신의 산만함은 예수의 제자들과 초기 기독교 신자들이 조심해야 할 기피사항이자(마 6:25, 28, 31, 34; 눅 12:11, 22, 26; 빌 4:26) 하나님의 섭리에 정면으로 대립되는 악덕이었다(벧전 5:7).[19] 내면의 균열은 곧 산만한 정신 상태를 초래하는 것이니 마음의 평정을 빼앗기는 것은 의심의 여지없이 빤한 귀결이다. 스토아 철학자들을 위시하여 헬레니즘의 사상적 자장권 내에 익숙한 당대의 지식인들은 무엇보다 우주적 이성(*logos*)에 따른 내면의 질서를 존중하였다. 그것은 곧 '영혼의 평정'을 지고한 미덕으로 여기는 삶의 자세를 강조했고, 그것을 어지럽히는 장애물에 대한 초연한 무관심의 대응을 주문했다. 특히, 죽음이나 질고, 예기치 않은 재앙들에 대한 이 초연한 무관심을 그들은 '아디아포라'(*adiaphora*)

18) 결혼의 맥락에서 바울이 사용한 이 어휘의 사상적 배경에 대해서는 그레코-로마 시대의 맥락에서 정치한 분석이 이루어진 바 있다. Vincent L. Wimbush, *Paul The Wordly Ascetic: Response to the World and Self-Understanding according to 1 Corinthians 7* (Macon, GA: Mercer University Press, 1987), 특히 49-71 참조.

19) Alfred Plummer, *The Gospel According to St. Luke*, 291 참조.

와 '아파테이아'(*apatheia*)의 개념으로 담아냈다. 그것은 마음의 분열로 인한 산만한 정신 상태, 즉 '메림나'(*merimna*)를 사전에 예방하고 사후에 해소하는 수련의 방식이자 삶의 자세였다.

마음의 분열로 인한 산만함은 스토아 철학자들의 주장대로 꼭 죽음 따위의 불가항력적 사건을 통해서만 생기지 않는다. 그것은 많은 경우 일상적 삶의 현실에서 내내 반복되는데, 특히 먹고사는 문제와 연동되어 발생하기도 한다. 여기에 개입하는 음식의 문제가 그 가운데 대표적인 예이다. 그러나 예수의 관점에서 생명을 유지하는 일용할 양식의 공급은 필수적인 조건으로 하나님께 적극적으로 구해야 할 대상이다. 그러나 그것이 '하나의 필요'에 머물지 않고 내일의 양식을 한도 끝도 없이 축적하는 탐욕의 매개라면, 즉각 타개의 대상이 된다. 그것은 마음을 산만하게 분열시키는 틈새로 작용하면서 마음의 평정을 앗아갈 뿐 아니라, 하나님의 나라와 뜻의 구현에 착념하지 못하도록 방해하는 사탄적 미끼가 되기 때문이다. 그러나 스토아 철학자들과 달리, 또 바울의 경우와 달리, 예수는 근심이 제거된 외곬의 집중이 실제로 인간의 삶의 현실에서 가능한 것으로 보지 않았다. "한 날의 괴로움은 그 날로 족하다"(마 6:34)는 말씀은 곧 인간의 실존에 대한 예수의 적나라한 사실주의적 이해를 대변한다.

결혼하여 배우자를 즐겁게 하는 것과 독신으로 머물면서 주님께 오로지 집중하여 헌신하는 것을 배타적 관계로 이해한 바울과 달리, 예수는 디아코니아의 관점에서 일용할 양식의 수준으로 음식을 접대하는 것과 말씀을 듣는 것의 관계를 배타적으로 본 것 같지 않다. 그것은 어느 쪽이든 하나의 '부분'(*meris*)일 뿐, 삶의 총체가 아니다. 그것은 하나의 선택이고 그렇게 선택한 것에 극진하게 집중하며 향유한다는 점에서 제각각 나름대로 좋은 것일 수 있다. 그러나 그 부분의 분산으로 마음의 균열을 초래하여 그 결과 산만해진다면(*merimna*), 마르다의 경우처럼, 평강을 상실한 채 좋은 부분으로 나쁜 전체를 만들 수 있는 것이다. 자신의 상황을 홀로 방치되었다고 인식한 것이 그 한 증거라면, 이로써 마리아와 예수께 원망의 심사를 표한 것이 또 다른 증거이다.

염려의 경계와 이를 위해 사용된 어휘가 헬라주의적 사조를 반영하고 있다면, 공동체의 성원들을 골고루 먹이기 위한 환대와 디아코니아의 정신은 다분히 히브리적 유산을 계승한 것으로 보인다. 헬라적 민주주의 전통에서 볼 때 디아코니아의 행위는 아무래도 자신의 자유를 누리지 못하는 노예적 노동의 열등한 가치로 인식될 소지가 충분했다. 그것은 일찍이 신명기의 사회정의법을 위시하여 이스라엘 공동체의 생존과 안녕을 위한 공동체적 배려에 입각하여 산출된 규례였다. 그 규례가 전통이 되고 그 전통이 인습적 행태로 고착될 때 디아코니아의 정신은 그 신학적 본질이 탈각되고 형식적 허례로 전락할 가능성에 노출된다. 다른 한편으로, 디아코니아의 실천은 그 주체와 대상에게 공히 이 세상에 항존하는 '결핍'의 현실을 반복적으로 상기시켜주는데, 그로 인한 '염려'의 상황을 피할 길이 잘 보이지 않는다.[20] 그 '염려'는 공동체 전체를 살피고 돌본다는 점에서 '배려'와 사촌지간이다. 그러나 그 배려의 의무가 강박적으로 작용할 때 공동체 생명의

20) 이 항존하는 현실을 가장 잘 반영하는 성경의 근거는 다음의 신명기 구절이다. "땅에는 언제든지 가난한 자가 그치지 아니하겠으므로 내가 네게 명령하여 이르노니 너는 반드시 네 땅 안에 네 형제 중 곤란한 자와 궁핍한 자에게 네 손을 펼지니라"(신 15:11). 흥미롭게도 예수는 이른바 '향유' 사건에서 이 문장의 앞부분을 그대로 인용하면서 그 서술문을 반대의 방향으로 틀어버린다. "가난한 자들을 항상 너희와 함께 있으니 아무 때라도 원하는 대로 도울 수 있거니와 나는 너희와 항상 함께 있지 아니하리라"(막 14:7). 이와 같이 가난한 자를 위한 디아코니아는 '반드시' 수행해야 할 형제의 의무이면서 동시에 향유(香油)를 통해 제 생명의 향유(享有)를 추구하는 자기에의 배려와 함께 상황에 따라 조정되어야 할 과제이다.

내면적 분열을 초래한다. 그것은 개인의 산만한 마음과 갈등에서 그치지 않고 원망과 불평의 형식으로 표출되면서 억압의 상승작용을 거쳐 때로 폭력적 희생제물의 요구로 번지기도 한다. 그 지점이 '염려'의 최대 고비인데, 디아코니아의 선한 동기가 과잉의 노동력으로 인해 과부하가 걸려 빚어내는 결과가 이다지도 아이러니컬하다. 그렇다고 디아코니아의 결핍된 현실 조건이 개선되는 것은 아니다. 그것은 그것대로 지속되며, 불우한 생명들의 탄식을 연발하게 만든다.

예수께서 이와 관련하여 제시한 해법은 '한 가지 필요'(*henos chreia*)를 극진하게 채워나가는 것이다. 그 필요의 대상으로 본문에서 강조된 것은 말씀을 듣는 것이지만, 경우에 따라 그 한 가지 필요가 디아코니아일 수 있고 코이노니아일 수도 있다. 삶의 현실이 수많은 한 가지 필요의 연속으로 채워져 있는 터에 그 어느 것도 그것의 고유한 본래적 가치와 그것에 내재한 미덕을 무시당할 수 없다. 그 한 가지 필요를 인정했다는 점에서, 예수는 그것을 없는 양 냉정하게 초연하길 가르친 스토아주의자들에 비해 얼마나 현실적이고 인간적인가. 또 그 한 가지 필요의 자폐적 고립에 터하여, 가령 한 가지를 유난히 강조하기 위해 다른 한 가지를 노골적으로 무시하는 식의 과장적 수사의 함정을 피해갔으니 그의 소박함은 역설적으로 욕망의 지형에 얼마나 정밀하게 반응한 것인가. 라이프니츠의 '모나드' 처럼 연쇄적으로 짜이고 스미면서 퍼져나가는 우주와 삶의 복합적 질서 속에 예수의 '한 가지 필요' 는 염려를 벗어나는 해법으로 여전히 유효해 보인다. 그것은 삶의 한 가지 관심사에 개입하여 극진하면서 '염려' 의 직전에 그것을 홀연히 넘어가는 사다리와 같다. 그러나 이러한 말씀(이론)의 지형에 둔감한 채 몸만 바쁜 디아코니아의 과잉은 반드시 실패한다.

Ⅳ. 적용: 디아코니아의 과잉과 결핍을 넘어

주지하듯, 누가가 압축한 초대교회의 출발은 성령의 강림과 함께 그 신학적 명분과 에너지를 공급받고, 즉각 말씀의 선포로 그 역사적 행진의 닻을 올렸다. 그러나 성령의 충만과 케리그마의 선포 사이에는 그 케리그마의 원천이 되는 예수의 말씀을 청종하는 배움과 훈련의 과정이 있어야 했다. 이러한 역사적 과정에서 마리아의 모델은 음식공궤에 집중한 디아코니아의 과잉을 견제하는 또 다른 디아코니아의 가능성을 암시한다. 그것은 디아코니아의 당위적 의무에 사로잡혀 즉발적으로 현시되는 많은 일거리가 아니라, 진정한 디아코니아를 가능케 하는 또 다른 차원의 대화적 디아코니아라 할 수 있다. 마르다의 염려와 원망은 이러한 디아코니아의 순환적 역동성을 배제한 자아 성찰용 모델이라 할 수 있다.

실제로 초대교회의 폭발적 성장과 수많은 사람들의 회심 가운데 사도들의 발 앞에 축적된 재화의 분배 문제는 이른바 조직화된 경영의 필요를 환기시켰고, 그에 따라 차분히 말씀을 묵상하고 그것을 선포의 메시지로 담금질하는 공동체의 내실은 상대적으로 부실해질 우려가 있었다. 이후 그 내실의 구축조차, 바울이 두란노에 구축한 '스콜레' (*scholē*) 체제에서 보듯(행 19:9), 조직 안에 프로그램화되었지만, 그것이 개별적인 배움과 연단의 과정조차 탈락시킬 수는 없었을 것이다. 특히, 예수 운동의 실천적 동반자였던 여성들의 제자화는 말씀을 듣는 학습의 필요를 더욱 절실하게 만들었을 가능성이 높다. 사도행전에서 보여주는 과부공동체의 맹아와 바울서신이 반영하는 여성 동역자들의 맹활약이야말로 그런 준비된 인력자원의 좌표를 보여주는 단적인 증거이다.21) 그러므로 마르다의 디아코니아 과잉 모델은 다시 '한 가지 필요' 의 기준에 따라 재조정되고, 체제의 안녕과 질서를 흔드는 '염려' 의 불씨를 진화하는 작용을 할 수 있었을 것이다. 마르다의 모델에 비추어 마리아의 모델은 디아코니아 결핍의 안이한 포즈라 비판받을 수 있지만, 그 결핍이 기실 지속 가능한 디아코니아의 미래를 가능케 하는 동인이라는 점에서 상기 본문의 교훈은 이중적이다.

오늘날 이 땅의 교회 안팎에서 진행되어온 디아코니아의 현주소를 점검하기 위해서는 마리아와 마르다, 예수 사이에 예시된 디아코니아의 신학적 구조를 참조할 필요가 있다. 음식 봉사로 대표되는 디아코니아의 현장에는 여전히 수많은 마르다들로 북적인다. 그만큼 '염려' 의 위험에 노출되어 있기도 하다. 반면, 한 가지 필요를 쫓아 지속 가능한 디아코니아의 체제를 성찰하는 마리아들의 존재는 희박하고, 그 자리는 상당수 남성제자들이 독점하고 있다. 남자든, 여자든, 또는 어른이든, 아이들이든, '한 가지 필요' 에 따른 디아코니아의 전후 맥락은 예외 없이 동일해야 할 텐데, 오늘날 그 개인과 단체들 사이에 디아코니아의 형식과 내용은 조직의 논리에 맞춰 가지런히 구획화되어 있는 실정이다. 그래서 같은 디아코니아의 반복은 무성하지만 그 차이에 대한 섬세한 준별은 미미하다. 그것이 디아코니아가 내적인 균열과 함께 '염려' 를 낳는 우리 현실의 기형적 단면이다. 때로 그 '염려' 에서 원망으로 이어지는 마르다의 항변조차 묵살당한 채, 이 시대의 디아코니아는 자기 봉사적 논리에 따른 선전과 광고의 시위로 표

21) 이와 같은 초대교회의 과부공동체와 그 역사적 기원에 대해서는 차정식, "가난한 성직의 한 내력—신약 시대의 과부들을 중심으로", 『신약성서의 사회경제사상』 (서울: 한들출판사, 2000), 257-285 참조. (이 책의 II부 2장에 이 논문의 수정본이 수록됨.)

변하기도 한다. 교회의 연례행사처럼 치러지는 봉사 프로그램 같은 것들이 그 단적인 예다. 물론 기획된 '행사'도 중요하고 전문지식과 기술 위에 체계적인 조직화도 필요하겠지만, 이 시점에서 다시금 간절한 관심의 궁극은 말씀을 매개로 '한 가지 필요'에 집중하여 내부의 평정을 회복하는 것이다. 이로써 우리는 '디아코니아'라는 본래 개념에 담긴 역동적인 함의를 일상의 동선으로 되살려낼 수 있다. 나아가 그것이 실패한 디아코니아의 경험들을 교훈 삼아 그 균형 잡힌 실천적 미래와 함께 신학적 진정성을 담보할 수 있다.

제5부

바울과 야고보의 사회복지론

제1장 _ 바울의 코이노니아와 사회복지론

I. 문제 제기

희랍어 '코이노니아' 는 일개 어휘에 불과하지만 그 내포적 개념은 다채롭고 역동적인 의미를 거느리고 있다. 코이노니아는, 그 어휘의 진화 및 변용 과정에 비추어볼 때, 무엇보다 접점과 교량의 개념으로 포착된다. 이 단어와 어원상 친연 관계를 이루는 '코이노스' 는 배타적으로 성별되지 않는 세속의 통상적 단면을 가리키지만, 그 세속이 누구에게나 공통되고 보편적이라는 점에서 '코이노스' 는 개체적 불결함의 합집합을 넘어 인간 삶의 공동체적 교집합이다. 이처럼 '코이노스' 의 어원적 함의에 연계된 코이노니아는 세속에 뿌리를 둔 채 성별을 꿈꾸는 성/속의 교량이자 접점이다. 더러움이 없이 깨끗함이 무의미하듯, 깨끗함의 지향을 포기한 더러움은 소통의 출구가 봉쇄된다. 이와 같이 성과 속의 소통 개념으로서뿐 아니라, 코이노니아는 교회와 세상, 개인과 개인, 개인과 집단, 법규 및 제도의 안팎에서 타자적 가치와의 접속과 교류를 위해 꿈틀거리며 스스로의 의미를 증폭시킨다.

요컨대, 코이노니아는 한 마디로 관계적 개념이다. 개체로서의 '나'와 '너'가 각자의 타자성을 넘어 서로 만나 대화하고 이해하며 그 과정에서 '우리'라는 새로운 관계를 맺기 위해 요청되는 원리가 바로 코이노니아인 셈이다. 이 논문은 코이노니아가 관계의 구축을 위한 실천 원리로 작동하는 방식을 탐구하는 데 그 예비적 목적이 있다. 나아가 이 개념이 바울의 경우에 비추어 어떤 맥락과 경로를 거쳐 하나의 신학사상으로 성립되어갔는가를 추적하는 작업이 이 글의 주된 목적이 될 것이다. 이에 근거하여 신학사상으로서 바울의 코이노니아가 그 실천의 맥락에서 구체적으로 어떤 사회복지적 함의를 띠는지 분석하는 것은 그 추가적 목적이다.

이 연구에서 내가 특별히 주목하는 것은 바울의 선교 네트워크에서 코이노니아의 원리가 필수적이었으며 그것의 작동 방식이 매우 중층적이고 역동적이었다는 점이다. 이에 나는 먼저 그 희랍어 사용의 맥락적 의미에 착안하여 이 개념을 사회경제적 층위, 법규적 층위, 신학적 층위로 대별하여 그 범주별 함의와 내력을 탐색하고자 한다. 그리고 그 유형들이 중첩적으로 삼투하여 바울의 경우에 어떻게 적용되고 실천되는지를 분석해볼 요량이다. 이를테면, 사회경제적 층위와 법규적 층위, 법률적 층위와 신학적 층위, 신학적 층위와 사회경제적 층위가 합류하고 변통하면서 바울의 코이노니아 실천이 그 전통 개념의 틀을 탈각시키고 하나의 사상으로서 새로운 의미론적 지평을 개척하게 된 추이를 살펴보고자 하는 것이다. 이러한 작업은 바울이 선교 활동을 통해 각 지교회와의 관계를 구축하고 그 각각의 공동체 및 특정 개인과의 관계를 코이노니아 차원에서 발전시켜나간 과정과 그 내용을 사례별로 분석함으로써 가능해질 터이다. 마지막으로 그 분석의 토대 위에서 사회복지라는 또 다른 해석의 잣대를 적용하여, 바울의 코이노니아가 어떻게 기성 사회에 복지의 효과를 증진하는 데 기여할 수 있을지 그 제반 사상의 함축적 의미를 재구성하게 될 것이다.

II. 코이노니아 개념의 삼중적 층위

1. 사회경제적 층위

코이노니아의 어원적 태반을 제시하는 '코이노스' (*koinos*)라는 말은 고대 희랍의 세속사회에서 재산의 공동 소유권을 가리킬 때 사용되었다.[1] 그것은 일정한 법률적 관계를 통해 그 테두리 안에 들어온 이들에게는 누구에게나 허용되고 접근 가능한 권한을 이르는 개념이었다. 그러므로 이 어휘의 명사적 용법에 따르면, 그 공동체나 결사조직에 속하는 사람들은 그 공동 소유권과 사용권을 더불어 누리는 '참여자' 이자 '동료' 가 될 수 있었다. 이 개념에는 포용적 측면과 배타적 측면이 동시에 내장되어 있다. 포용적인 측면에서 이 개념은 사회 구성원 전체를 향해 누구에게나 개방된 참여를 보장하고 공동의 관심사를 극대화하며 그 결과 모든 이해득실을 공유한다. 그러나 배타적 측면에서 보면 그 공동체의 울타리 밖에 있는 자들을 향해서는 소유와 사용의 권한이 당연히 주어지지 않는다. 한편, 구약성서와 유대교 문헌에서 이 어휘는 구별된 범주로서의 '거룩함' (*hagios*)과 대극적인 '속됨' '불결함' 의 의미로 사용되었다.

1) 나는 아래에서 코이노니아의 제반 개념과 그 역사적 전개 과정에 대하여 주로 다음의 글을 참조했다. Friedrich Hauck, "κοινός, κοινωνός, κοινωνέω, κοινωνία, συγκοινωνός, συγκοινωνέω κοινωνικός, κοινόω", *TDNT* vol. 3, 789-809. 아울러, 코이노니아 개념의 총체적 고찰을 위해 다음의 책을 참조하라. Heinrich Seesmann, *Der Begriff KOINΩNIA im Neuen Testament*, BZNW 14 (Giessen, 1933).

그런데 왜 공동체의 다수에게 개방된 그 사회적 참여가 속됨의 의미를 띠게 된 것일까? 이 지점에서 예의 개념이 보여준 포용성과 배타성이 교접한다. 사회구성원 다수의 공동 소유와 공동 사용에 맡겨진 물건은 많은 사람의 손을 거치기 때문에 때를 타기 마련이다. 또 마모되고 손상되기도 쉽다. 그리하여 그 개방된 '코이노스' 의 포용적 관계는 역설적으로 위축되고 다수의 참여에 따라 발생하는 혼돈을 넘어 전체의 질서를 잡기 위해 각종 통제와 억압이 생겨난다. 이러한 작용과 반작용에서 필연적으로 제기되는 문제가 개인과 공동체의 관계이다. 이 문제는 근대 이후 여러 방면에서 이론적 탐구의 계기들이 주어졌지만, '코이노스' 의 어휘가 겪어낸 고대 희랍의 도시국가와 헬레니즘의 역사를 통해서도 다채롭게 조명된 주제였다.

애당초 사유재산이 없던 원시적 상태에는 모든 것들이 공동의 상태로 소유되고 관리되며 사용되는 것이 상례였다. 그러나 그 이상적 상태는 도시국가가 출현하고 경제가 발전함에 따라 점점 빈부의 격차를 야기했고, 이에 따라 사회 계급도 분화되기 시작했다. 고대의 사회주의 또는 공산주의는 정치적 이데올로기나 변혁의 구호가 아니라 인간의 이기적인 욕구를 다스려 우주의 자연적 본성에 맞추어 살려는 철학적 삶의 태도에 연동되어 있었다. 헤시오드(Hesiod)의 시구가 묘사하듯, 역사의 황금기에는 모든 지구상의 존재들이 이 땅이 내는 풍요한 물자들을 넉넉히 소비하는 평등과 형제애의 세상이었다.[2] 아테네의 원시적 단계에는 이러한 고전적 이상을 구현하여 사유재산 없이 모든 사람들이 공동노동에 자족하며 산 것으로 보인다. 이러한 '코이노스' 적 삶의 이상 모델은 종교 및 철학의 실천으로 이어져 피타고라스

2) Hauck, 앞의 글, 794 참조.

는 신성한 사회 질서의 구현 차원에서 그의 제자들을 중심으로 사유재산 없이 공동소유에 공동 소비의 삶을 실험하기도 하였다.[3] 플라톤 또한 사유재산을 모든 악의 근원으로 파악하며 자연적 이기주의를 넘어 공동선을 위한 자발적 참여와 국가에 대한 책임을 강조하였다. 이에 따라 재산뿐 아니라 결혼과 혈통에 따른 가족의 질서를 해체할 것을 주장하기도 하였다.[4]

한편, 아리스토텔레스는 개인과 공동체의 관심사 사이에 균형있는 조율을 통해, 가령 공동체의 필요를 충당하는 토지의 공동소유와 별도로 개인의 욕구에 부응하는 공정한 소유권의 분배를 추구하였다.[5] 사적 소유에 대한 이와 같은 그의 현실주의적 인정에도 불구하고, 이후 스토아 철학과 견유철학, 신피타고라스주의 철학에서 평등한 공동 소유와 형제애의 정신은 줄기차게 계승, 발전되었다. 이러한 이상적인 사회질서의 진정성을 뒷받침하는 근거로 제시된 것이 바로 우주의 자연법과 신적인 본성이었다. 그러므로 신을 닮기 위하여, 우주의 이성을 품은 인간으로서 그 보편타당한 질서에 순응하여 인간의 개별적 탐욕을 넘어섬으로써 진정한 공동체의 질서를 창출할 수 있다고 본 것이다. 이를테면 신은 이 세상의 모든 것을 모든 생명을 위해 지어냈으므로 그것들을 공동사용을 위한 자연의 선물이라고 본 것이다.

---

3) 시칠리 섬에 구현한 피타고라스의 종교적 공동체는 금욕주의적인 성향을 띠었으며, 특히 남녀의 차별을 넘어선 제자 선발로 유명하다.

4) 플라톤의 이 유명한 '가족해체론'은 예수의 경우와 구조적으로 유사하지만, 예수의 경우는 그것이 국가공동체의 구축을 위한 생산적 모델을 위한 것이 아니라 하나님의 뜻과 나라를 위해 혈통의 경계를 넘어선 '하나님의 가족'으로 해체, 재구성된다는 점이 다르다. 물론, 예수는 이러한 주장을 특별한 종말론적 현실에 대응하는 제자도의 관점에서 중시했을 뿐, 여타의 사람들에게 제도권 내의 가족질서를 존중하는 양면성을 보이기도 하였다. 이와 더불어 그는 혼인 제도를 신성한 하나님의 창조 결과로 중시했다. 차정식, "'하나님의 가족' 만들기", 『묵시의 하늘과 지혜의 땅』(서울: 대한기독교서회, 2001), 207-221 참조.

5) Hauck, "κοινός", 793 참조.

그도 그럴 것이 자연은 본질상 모든 것을 써버리는 법칙을 구현하기 때문이다. 이러한 사회의 이상 모델은 유대교의 금욕적인 종교공동체에서도 나타났으니, 곧 쿰란의 에세네파, 이집트의 테라퓨테(Theraputae) 공동체, 예루살렘의 초기 기독교 공동체가 그 대표적인 예라 할 수 있다.[6] 요약하자면, 고대 희랍과 근동에 나타난 이 모든 이상적 사회구성체의 실험 및 경제구조의 핵심 사항은 세상의 모든 것을 공동의 관리 대상(*ta koina*)으로 간주하여 인위적인 제도와 법규에 구애받지 않고 신적인 본성에 근거한 평등한 인간관계를 꿈꾸었다는 것이다.

2. 법규적 층위

인간들의 사회적 관계든, 재산의 소유 및 관리 방식에 따른 경제적 관계든, 이 모든 공동의 관심사는 법적인 관계망 속에서 작동되게 마련이었다. 사회가 비대해지고 국가의 통치 체제가 조직화되어갈수록 예의 사회경제적 코이노니아 개념이 전체 공동체의 현실적 질서로 구현되기란 난망한 일이었다. 사유재산 없는 공산사회를 꿈꾼 예의 고전적 이상은 시인이나 철인들의 희망사항이었거나 특정 종교집단의 대안적 실험은 되었을망정, 고대국가의 출현 이후 물리적 군사력과 경제력이 지배하는 약육강식의 전쟁체제에서는 실현 불가능한 꿈일 뿐이었다. 그나마 그 최대치의 효과는 법적인 지배, 곧 법치의 형태

6) 쿰란 공동체의 생활 규범에 대한 최근 연구로 다음을 참조하라. 김덕중, "공동체 규율서(1QS: The Rule of Community)를 통해서 본 쿰란 공동체의 생활과 신학", 「신학이해」 29(2005), 41-72; 김창선, 『쿰란문서와 유대교』(서울: 한국성서학연구소, 2002). 특히 제2장 "고대 유대교의 문맥에서 본 쿰란공동체 이해" (63-90) 참조.

또는 그것의 관습화에 따른 규범의 틀에서나 기대될 수 있었다. 그것은 결국 혈연과 신분, 성과 연령과 계층 등의 변수가 작용하면서 법규와 관행에 따라 소집단별로 나타날 수밖에 없었다. 나아가 그 관계짓기의 내용도, 아리스토텔레스의 타협적 제안대로, 전 사유재산 또는 그것의 일부분에 대한 공동책임의 형태로 현실적 변용을 거쳐야 했다. 이러한 변용은 개인의 사유재산권을 십분 인정한 토대 위에서 그 개인들의 독립적 이해관계를 존중, 대변하는 동시에 그 관심사가 겹쳐지는 지점의 공동선을 위해 호혜적 계약의 방식을 선택했다는 점에서 유의미하다.

바울이 활동하던 로마시대에 그 계약의 이행을 뒷받침했던 대표적인 법규가 바로 '소키에타스'(*societas*) 법규였다.[7] 이 라틴어 '소키에타스'는 바로 희랍어 '코이노니아'의 번역어이다. 이 법규의 희랍적 기원은 자료의 부족으로 불분명하지만 로마시대에는 키케로 등이 남긴 일부의 자료로 그 대강의 실상을 파악할 수 있다. 이 법규의 기원 배경으로 고대 바빌론이나 그리스에서 아비의 유산을 아들들이 분산시키지 않고 공동으로 상속한 전통이 거론되기도 한다. 이는 가족들끼리 아비의 유산을 나누지 않는다는 의미에서 '미분할의 유산'(*ercto non cito*) 조항으로 규정되었다. 그러한 전통이 로마법에 이르러서 모든 재산을 걸고 그 이해 당사자 전부가 파트너 관계를 맺는 법규를 '*societas omnium bonorum*'이라 불렀다. 이는 가족이나 친척들 사이에 작동되는 파트너십으로 구성원의 자발적 의지 대신 일차적 혈

7) 로마시대에 행해진 코이노니아 관련 법제로서의 '소키에타스'(*societas*)와 관련된 연구로서는 다음의 저서가 대표적이다. J. Paul Sampley, *Pauline Partnership in Christ: Christian Community and Commitment in Light of Roman Law* (Philadelphia: Fortress Press, 1980). 나는 아래의 서술에서 '합의적 소키에타스'(consensual societas)와 관련된 로마시대의 법제적 배경과 그것을 바울의 코이노니아에 연계시킨 그의 해석을 많이 참조하였다.

통관계가 개입되었다. 따라서 주요 상속자가 가족 이외의 3자를 포함시키고자 한다면 당연히 이 소키에타스 관계는 종결되어야 했다. 키케로는 이 관계를 '유전적 소키에타스'(hereditary societas)라고 칭했다.

이러한 소키에타스와는 별도로, 코이노니아의 본원적 정신에 비교적 충실한 또 다른 종류의 소키에타스가 바로 혈통 관계를 넘어 참여자들의 범위를 여자와 노예까지 개방하고 그들의 자발적 의지에 따라 결성한 '자발적 소키에타스'(voluntary societas)이다. 이는 참여 주체들의 합의를 중시했다는 점에서 '합의적 소키에타스'(consensual societas)라고도 부른다. 샘플리(J. Paul Sampley)의 연구에 의하면, 이 합의적 소키에타스는 공동선의 목표를 추구하되 그 관계의 결성을 위해 증인이나 문서, 공증된 권위를 필요로 하지 않았다. 참여자들의 구두 합의로만으로도 충분했던 것이다. 이 관계의 존속과 발전을 위해 참여자들은 재산, 노동력뿐 아니라 기술이나 지위를 제공함으로써 기여할 수 있었다. 그 결과 발생하는 이익과 손실에 참여자들은 공동으로 책임지도록 되어 있었으며, 그 방식은 물리적 심리적 강요가 아니라 평등한 관계에 기초한 상호 신뢰와 호혜적 원칙이었다. 참여자들이 그 신뢰에 기초하여 동일한 마음을 품는 한 이 관계는 유지될 수 있었다.[8]

이 합의적 소키에타스는 특정 개인이 공동의 이익을 위해 대표 등의 직책으로 특별한 지도적 역할을 담당할 수 있었고, 그 활동 과정에서 생긴 비용에 대한 보답이 가능하였다. 일반적으로 애당초 설정한 공동의 목표가 달성되면 이 계약적 관계는 종결되는 것이 상례였다. 뿐 아니라 약속이 이행되지 않아서 상호 신뢰가 깨지고 관련자들

8) 앞의 책, 13-14 참조.

사이에 공동 목표를 향한 일치된 마음을 상실하면 이 관계는 별 도리 없이 해체되었다. 강력한 법적인 구속력이 결여되어 있었기 때문에 이 관계는 집단적 정체성이 취약할 수밖에 없었다. 그러므로 이 소키에타스의 불미스러운 파탄과 해체는 참여 당사자들의 그동안 목표 성취의 정도에 따라 계약 상대방을 향한 상호간 소송으로 이어지기도 했다.[9]

3. 신학적 층위

"인간은 죽음을 면할 수 없는 신이며 신들은 죽지 않는 인간들이다." 아리스토텔레스의 이 유명한 경구는 희랍적 신인론의 한 특징적 면모를 보여준다. 이러한 관점에서 신들이 인간으로 변신하고 인간이 영웅적으로 죽어 불멸의 신적 존재로 등극하는 희랍의 신화적 세계는 자연스럽게 이해된다. 이와 같은 신과 인간의 활발한 소통 관계는 코이노니아 개념은 수평적 차원의 관계 맺기, 결혼이나 우정을 매개로 한 참여적 동반 관계에 국한되지 않고 수직적 차원에서 신과의 교류를 활성화시킬 수 있는 길을 열어두었다. 플라톤 철학에 의하면 코이노니아는 단지 개인들뿐 아니라 인간과 신들을 포함하는 온 우주의 보존을 위한 기초이다. 이러한 우주론적 코이노니아의 개념은 스토아 철학에서 유사하게 나타나는데, 그것은 우주가 그것의 보존을 위한 각 지체들의 사귐과 소통으로 질서와 조화를 이루고 있다는 믿음에 정초한 것이다.[10]

---

9) 앞의 책, 15-17 참조.

10) 스토아 철학의 기본 사상에 대해서는 다음의 글을 참조하라. Thomas Schmeller, "Stoics, Stoicism", *ABD* vol. 6, 210-214.

신과 인간의 코이노니아와 그 우주론적 인식을 특징으로 하는 이러한 희랍적 사유 방식은 당시 대중종교의 성례적 담론에서 그 맥락을 달리하여 거듭 탐지된다.[11] 예컨대, 각종 희생제의에 연계된 제의적 식사의 자리에서 인간은 신의 식탁에 초대받은 동반자로 인식된 것이다. 이는 먹고 마시는 식사 행위를 통하여 신비스런 방식으로 신성한 힘이 들어온다는 원시적 신앙 관념의 반영이라 할 수 있다. 이에 따라 인간은 신들이 배설한 희생제물의 식사를 통해 신과 교제하고 영적으로 연합하는 의미를 부여하였다. 신과 인간 사이의 이러한 긴밀한 영적 유대와 친교 관계는 이후 헬레니즘 시대에 대중종교에 편승하여 두루 추구되었으며, 그 범위 또한 신들 사이의 코이노니아뿐 아니라 인간과 여타 피조물들 사이의 범생명적 코이노니아까지 확산되어갔다. 특히 헬레니즘 시대의 밀의종교에서 이러한 '영혼의 코이노니아' (*koinōnia psychēs*)는 단순히 제의적 식탁교제의 수준을 넘어 신과의 직접적 접속과 영적인 연합을 추구하는 적극적인 방향으로 진행되었다.

한편, 로마인들의 종교적 행태에서 신들은 대중 축제의 현장에서 그들의 조형물을 통해서 활발하게 인간의 삶에 개입하고 참여하는 경향을 보인다. 일반 대중들이 참여하는 각종 종교축제들은 성례전적 식사 이외에도 신과의 성적인 연합이라 할 만한 적극적인 방식으로 에로스의 신적인 열정을 인간화하는 데 관심을 보였다.[12] 이는 제의적 경험보다 신과의 에로스적 교제를 지고의 형태로 존중한 플라톤 철학의 유산이 세속화되었음을 시사한다. 나아가 그 배경에는 인간 못지

11) Hauck, "κοινός", 799-800 참조.

12) 앞의 글, 800 참조.

않게 사랑을 탐하고 즐기며 복잡한 애정 관계의 귀추에 따라 인간사의 향방이 조종된다는 고대 희랍의 신화적 세계관이 자리 잡고 있다. 신과 인간 사이의 이러한 역동적인 교제와 연합은 스토아적 사유 세계에서도 일관되게 발견되는 주제이다.

반면, 유대교의 신학 전통에서는 희랍적 전통과 달리 인간과 신 사이의 관계 맺기가 그 본성적 소통을 가리키는 코이노니아의 의미로 이해된 경우가 보이지 않는다. 여기에는 이스라엘이 그들의 신을 초월적 존재로 여긴 신학적 거리감이 스며 있다. 그 믿음에 의하면 인간은 피조물로서 그 생명의 창조주인 하나님과 결코 그의 신성을 공유하며 교제할 수 없다는 것이다. 인간은 다만 영원한 하나님 앞에 유한하고 의존적인 존재로서 그의 신뢰를 통해 그 의존적 관계를 심화할 수 있을 뿐이다. 하나님과 그 백성 사이의 언약 관계와 제의적 실천을 통해서도 하나님과 그 참여자들 사이의 관계가 그 본성을 공유하는 연합적 파트너십의 차원에서 묘사되는 사례는 찾아보기 어렵다. 예컨대, 아브라함이 하나님의 동무로 인정받았다고 하지만(대하 20:7; 사 41:8; 약 2:23), 이 또한 하나님의 일방적인 부르심에 대한 신뢰 어린 응답의 결과일 뿐, 대등한 동반관계 또는 인간에 의해 적극적으로 주도된 참여적 관계라고 볼 수는 없는 것이다.

그러나 유대교의 신학을 희랍적 개념과 표현 방식을 통해 재구성한 필론(Philo)에 의하면, 하나님과 인간 사이의 코이노니아는 충분히 가능한 교제의 형식이다.[13] 그는 희생제의적 맥락에서 의인과 하나님 사이의 코이노니아를 언급하는데, 이는 헬레니즘의 영향 하에서 가능한 발전이었다. 마찬가지로 초기 기독교 신학의 일각에서 그리스도

13) 앞의 글, 803 참조.

론을 조형함에 있어 신의 성육신을 말하거나(요 1:14) 인간이 신의 성품에 참여한다(벧후 1:4)는 식의 발상 또한 헬레니즘이 유대교에 깊숙이 침투한 결과의 한 반영으로 볼 수 있다. 그런가 하면 초기 기독교의 성만찬 신학에서 예수의 살과 피를 먹고 마시는 행위의 제의적 반복과 그로써 새로운 언약적 관계에의 참여를 강조한 점 등은 그 제정 현장의 유대교적 배경에도 불구하고 희생제의를 통해 신들과 그 헌신자들 사이의 영적 교제를 착안해낸 헬라적 신학 전통에서 영향을 받은 것으로 사료된다.14)

III. 바울의 코이노니아, 그 사례와 유형

1. 바울식 코이노니아의 새 면모

바울 서신에는 동사 '코이노네오' (*koinoneō*)와 '순코이노네오' (*synkoinoneō*)가 각각 5회와 2회, 명사 '코이노니아' (*koinōnia*)가 14회, 코이노니아를 하는 사람으로 '동무' '동역자' 로 번역될 만한 또 다른 명사 '코이노노스' (*koinōnos*)가 5회, 이와 거의 대등한 의미의 '순코이노노스' (*synkoinōnos*)가 4회씩 각각 사용된다. 그밖에 이와 연관된 형용사로 '코이노스' (*koinos*)는 3회 사용되는데, 그 중 둘은 '불결한' '속된' 의 의미를 띠고 있지만(롬 14:14) 나머지 하나는 신앙적 정체성의 전통적 근거란 맥락에서 '공통된' 의 의미로 쓰인다(딛 1:4). 단 1회 등장하는 또 다른 형용사 코이노니코스(*koinōnikos*)는, '기꺼이 나눠주는' '관대한'

14) 초기 기독교에 끼친 헬라적(또는 헬레주의적) 신학 전통은 이방인 기독교의 신학을 대표한 바울의 경우에 특히 도드라지게 나타난다. 그 구체적인 내용과 경로에 대해서 다음 논문을 참조하라. 조태연, "원시 기독교 혼합주의—'바울종교의 헬레니즘화' 를 중심으로", 「신약논단」3(1997), 142-169.

'활수한' 이라는 경제적 융통의 의미로 사용되고 있다(딤전 6:18).

이 모든 용례에서 주목되는 특징적인 점은, 바울이 코이노니아 개념을 '나눔', '사귐'(또는 교제), '참여' 라는 복합적 의미로 사용하고 있다는 사실이다. 이 중첩된 개념에서 바울이 특히 강조하는 있는 핵심적 내용은 '나눔' 이다. 이는 고대 희랍세계에서 코이노니아를 '나눔' 이란 의미로 사용한 예가 희귀하다는 점에서 바울이 개척한 새로운 의미론적 지평이라 할 만하다. 앞서 예시한 삼중적 의미망에 비추어볼 때, 바울은 코이노니아의 개념을 매우 구체적인 상황 가운데 경제적 재정적 나눔의 맥락에서 빈번히 활용하고 있는 점이 주목된다. 이를 위한 모금 캠페인에 단초를 제공한 계기는 예루살렘 회의에서 이방인 교회의 바울과 예루살렘교회의 지도자들 사이에 합의했던 예루살렘의 가난한 성도를 위한 물질적 원조였다. 이는 이방인 교회를 대표하는 바울과 게바, 요한, 야고보 등과 같은 '기둥들' 로 표상되는 예루살렘교회 사이의 '오른손' 코이노니아를 통해 비롯된 후원 캠페인으로 바울은 이 일에 진지하게 임했던 것으로 보인다(갈 2:9-10).[15]

이후 할례 문제로 인하여 갈라디아교회와 바울 사이에 갈등이 초래되고, 애당초 이방인 교회와 예루살렘교회 사이에 선교 강역의 분할에 대한 합의가 이행되지 않은 연고로 고린도교회와 바울 사이에, 또 바울과 예루살렘교회의 지도자들 사이에 신뢰의 위기가 생기고, 이에 따라 적잖은 갈등이 야기되었다. 이로 인해 일시적으로 모금 캠페

15) 샘플리는 여기서 '오른 손' 의 의미를 그리스-로마 시대의 계약 수행의 수사로 파악함으로써 이방인 교회를 대표한 바울과 예루살렘교회의 세력들이 그리스도 안에서 하나 됨을 천명하고 서로 평등한 토대 위에서, 비록 그 대상을 달리할지라도, 복음 전파라는 공동의 목표를 위하여 합의적 '소키에타스' 를 결의한 것으로 해석한다. Sampley, *Pauline Partnership in Christ*, 21-50 참조. 그러나 그 오른손의 코이노니아가 대등한 동무 관계에서 일치를 추인한 제스처라라고 인정할지라도, 그 대등함의 구체적 내용은 불분명하다. H. D. Betz, *Galatians* (Philadelphia: Fortress Press, 1979), 100 참조.

인이 중단되었을 가능성은 있지만, 바울은 줄곧 이 경제적 재정적 코이노니아를 중시했고, 고린도교회와의 갈등이 진정되면서 그 캠페인은 지속되었다. 그 증거로 바울이 고린도교인들을 향하여 일관되게 이 관심사를 '은혜' 의 차원에서 호소한 사실(고전 16:1-4)과, 이후 성도를 섬기는 활수한 나눔을 코이노니아의 개념으로 조명한 예(고후 8:4, 9:13)를 들 수 있다. 이 캠페인은 모금된 돈을 취합하여 예루살렘으로 떠날 수 있게 되었다는 점에서 일단 성공적이었지만(롬 15:26), 그것이 바울의 적대자들이 교회 안팎에서 우글거리던 예루살렘에서 흔쾌히 받아들여졌을지는 미지수로 남아 있다.[16]

2. 자발적 협약관계로서의 코이노니아

개인과 교회, 개인과 개인 사이의 물질적 나눔이 매개된 코이노니아의 또 다른 경우를 우리는 바울과 빌립보교회, 바울과 빌레몬 사이의 관계를 통해 확인할 수 있다. 바울은 감옥에 갇혀 있을 때 빌립보교회의 재정적 후원을 받았다. 빌립보교회는 에바브로디도를 통해 그의 옥바라지를 담당시키면서 일정한 금액의 돈을 보낸 것으로 보인다. 바울은 그 돈을 받고 영수하면서 그것을 하나님을 기쁘게 하는 '향기로운 제물' 로 승화시킨다(빌 4:18). 이 대목에서 흥미로운 것은 바울이 빌립보교회와 바울의 관계를 단순히 즉흥적 후원의 차원이 아닌 코이노니아의 관계로 묘사하고 있다는 사실이다. 빌립보교회는 그리스도의 복음을 통해 바울과 코이노니아 관계를 형성했다(빌 1:5).[17] 그

16) 바울이 추진한 모금 캠페인의 배경과 성격, 그 역사적 추이와 의의에 대한 전반적 연구로 다음을 참조하라. Dieter Georgi, *Remembering the Poor: The History of Paul's Collection for Jerusalem* (Nashville: Abingdon Press, 1992); Keith F. Nickle, *The Collection: A Study in Paul's Strategy* (Naperville, IL: Alec R. Allenson, Inc.), 1966.

것은 성령과의 교제뿐 아니라(빌 2:1) 복음을 전하면서 발생하는 고난까지도 함께 나누는 차원의 관계였다(빌 3:10).[18] 빌립보교회가 바울과 이러한 물질적 소통을 한 유일한 교회로 언급되는 것으로 미루어(빌 4:15)[19] 그가 빌립보교회와의 코이노니아 관계에서 그 대표적 리더십을 인정받고 있었음을 알 수 있다.

빌레몬과의 관계도 마찬가지 맥락에서 파악된다. 빌레몬의 사노였던 오네시모는 그에게 개인재산이었고 도망노예로서 그의 존재는 빌레몬에게 재산상의 손실을 의미했다. 그런 오네시모가 바울을 통해 새롭게 거듭난 상황에서 바울은 빌레몬에게 그 재산을 함께 공유하는 '동무'(*koinōnos*)의 관계에 기대어 그를 형제로 용납할 것을 부탁한다. 아울러, 그를 자기의 옥바라지를 위한 심복으로 쓰기를 요청하면서 바울은 동무로서의 예의를 지키기 위해 빌레몬에게 억지로 요구하지 않고 자발적 의지에 따른 승낙을 기대한다(몬 1:14).[20] 이는 바울과 빌레몬의 관계가 일방적인 상명하복의 주종관계가 아니라 쌍방의 합의를 존중하는 코이노니아 관계임을 시사한다. 실제로 바울은 빌레몬과 같은 '믿음의 코이노니아'(몬 1:6)를 통해 동무로서의 자격을 상기시킨다.[21] 그 믿음은 물론 예수 그리스도를 향한 구원론적 믿음이지만 동시에 그 양자간의 코이노니아 관계를 지속시키는 근거로서 인격

17) 빌립보교회가 주체가 된 '복음에의 참여'로 번역할 수 있는 이 코이노니아는 복음과 교회의 합일을 의미하는 것이 아니라, 복음을 위한 교회의 협력, 복음 선포에 대한 협조, 즉 '선교적 참여'를 가리킨다. J. 그닐카, 김경희 옮김, 『필립비서』(서울: 한국신학연구소, 1988), 96-97 참조.

18) '고난의 코이노니아'란 맥락에서 그 고난은 궁극적으로 '그리스도의 고난'으로 소급해서 해석되며(고후 1:5), 그것은 "주 예수의 죽으심을 항상 우리 몸에 짊어지는 것"을 의미한다(고후 4:10). 그것의 대척점에 '위로의 코이노니아' '부활의 코이노니아'가 자리한다(고후 1:7, 4:10).

19) 빌립보교회의 이러한 위상은 코이노니아 관계의 의무일 뿐 아니라 동시에 특혜라고 할 수 있다(고전 9:18; 고후 11:8-9). 그닐카, 『필립비서』, 282 참조.

20) 이는 자발적 의지에 따른 합의를 중시한 합의적 소키에타스의 전형적인 특징을 반영한다.

적 신뢰를 암시하기도 한다.

샘플리의 연구는 앞서 예시한 세 경우, 즉 예루살렘교회 지도자들과 나눈 오른손의 코이노니아, 빌립보교회와의 코이노니아, 빌레몬과의 코이노노스 관계를 합의적 '소키에타스' 라는 당대적 법규의 맥락에서 해석한 바 있다.[22] 이는 자발적 의지와 상호 신뢰에 기초한 대등한 관계, 재산이나 노동력, 사회적 지위의 활용을 통한 투자의 개입, 특정 개인의 리더십에 대표성을 부여하고 그에 따르는 비용을 공동 부담하는 것 등과 같은 합의적 코이노니아의 핵심 요소들이 바울의 경우에 두루 탐지된다는 점에서 설득력 있게 다가온다. 이 합의적 코이노니아에 동참하는 자들은 그리스도의 복음을 전파한다는 공동의 목표를 추구했다. 예루살렘교회는 바울과의 코이노니아 관계에서 그에게 이방인 교회의 대표성을 인정해주고 이방인들의 선교 책임자로서 그의 리더십을 존중해준다는 '인정' 의 신용을 베풀었고, 이에 대하여 바울은 그 신용을 바탕으로 예루살렘교회의 가난한 성도를 위해 이방인 교회 가운데 기금을 모아 물질적으로 후원한다는 은혜를 약속한 셈이다.

그런가 하면 빌립보교회나 빌레몬과의 코이노니아 관계에서는 그 교회 또는 특정 교인에게 복음을 전하여 그리스도 신앙을 주입시키고, 교회의 터를 놓은 개척자의 위상이 양자간에 합의적 관계를 형성하면서 그에게 필요한 재물과 인력을 공급받을 수 있는 권위와 법규적 근거를 제공했을 것이다. 이에 상응하는 반대급부로 바울이 기

---

21) 이 코이노니아는 '교제' (또는 '사귐')가 아니라 '참여' , 즉 공통의 믿음을 함께 나누는 것을 의미한다. Eduard Lohse, *Colossians and Philemon*, tr. by William R. Poehlmann & Robert J. Karris (Philadelphia: Fortress Press, 1971), 193 참조.

22) 그닐카, 『필립비서』, 51-77, 79-81 참조.

여할 수 있는 것은 그의 노동력과 지도자로서의 지위였을 것이다. 이러한 측면에서 우리는 코이노니아의 사회경제적 층위와 법규적 층위가 바울의 사례에서 겹쳐지며 중층적으로 나타나는 지점을 확인할 수 있다.

3. 수직적 코이노니아와 신학적 특징

사회경제적 법규적 층위만이 바울의 코이노니아에 엿보이는 고유한 특징의 전부가 아니다. 한층 더 독특한 점은, 바울은 이 코이노니아를 신과의 수직적 관계로 확대시키면서 전통적인 유대교 신학의 금기를 깼다는 사실이다. 이러한 맥락에서 그는 하나님의 아들 예수 그리스도와의 영적인 코이노니아를 언급하고(고전 1:9), 성만찬이라는 제의적 맥락에서 예수 그리스도의 새 언약에 동참하는 피와 몸의 코이노니아를 설파한다(고전 10:16). 하나님의 신성과 계시로 향하는 수직적 코이노니아는 인간의 의지와 욕망에 선행하여, 또는 그것을 초월하여 성령 안에서, 성령에 의해, 성령을 통해 이루어지는 성령의 소통적 교제이다(고후 13:14; 빌 2:1). 그것은 아무리 이 땅에 충만하게 계시되어도 하나님의 뜻과 섭리가 탕진되지 않는다는 점에서 그 바닥을 알 수 없는 비밀의 사귐이기도 하다(엡 3:9). 바울에게 일단 그 성령의 사귐은 복음을 위한 복음에의 참여를 전제로 한 복음적 사귐이었고(빌 1:5), 그 사귐에 참여하는 자들이 복음을 믿는 그 믿음을 공통분모로 하는 믿음에의 참여였다(몬 1:6). 나아가 그 신앙적 차원의 코이노니아는 그 사귐의 혜택을 취하고 그 열매를 누릴 뿐 아니라 복음 선교의 앞에 가로놓인 적잖은 장애물과 부대끼며 헤쳐 나가기 위해 요청되는 대가로서 고난에의 동참이 불가피한 고난의 코이노니아이기도 했다(고후 1:17; 빌 3:10).

그 수직적 코이노니아의 관계는 하나님과 그의 백성 사이에 맺어진 구약적 언약신학의 연장선상에 잇닿아 있다는 점에서 하나님과 그 백성들 사이의 신실한 관계를 증진하는 매개체인 율법적 전통을 그 흔적으로 깔고 있다. 다시 말해, 바울에 의하면 신과의 관계 맺기는 그리스도를 매개로 하는 새로운 약속의 문제라는 것이다.[23] 그 약속이 신중하고 진지한 관계 안에서 결실하기 위해서는 추구해야 할 목표와 금지해야 할 사항을 명시하는 법규의 제정이 필수적이다.

이와 관련하여, 앞서 설명한 대로 합의적 소키에타스라는 세속의 관습법이 그 한편의 필요를 충당했지만, 그것은 또 다른 한편으로 교회 내부에서 신학과 윤리, 나아가 교리적 규범의 창출을 통해 충족될 수 있었다. 바울은 이것을 기존의 토라 개념과 구별하면서 '그리스도의 법' (갈6:2), '믿음의 법' (롬 3:27), '생명의 성령의 법' (롬 8:2) 등으로 조탁한 바 있다. 이러한 기준에 따라 바울은 영적인 질서를 바로 세우며 의와 불의, 성결과 부정, 선과 악의 영역을 차별화했다. 그 차별적 기준에 의하면, 그리스도 안에서 성도된 자들이 우상의 제물을 먹음으로써 그 제단에 참여하는 것은 귀신과의 코이노니아라는 혐의를 지닌다(고전 10:18-20). 우상이 아무것도 아니며 성령의 자유가 미신에 의해 속박될 수 없다는 점에서 우상제물에 대하여 유연한 신학적 입장이 가능하지만, 그것을 귀신과의 사귐이라고 믿는 연약한 양심의 소유자들을 위해서는 그 자유의 절제 또한 필요하다는 것이 바울의 논리이다. 영계의 질서와 그리스도인의 새로운 삶의 가치관이라는 측면

23) 바울에게 그 신율적(theonomic) 토대에 기초한 약속은 제의적 맥락에 투사되어 언약신학의 형태로 나타난다. 즉, 예레미야가 예언한 '새 언약' 의 전통(렘 31:31-34)은 예수 그리스도가 흘린 대속적 보혈을 매개로 하여 '새 언약의 피' 로 재해석된 것이다(고전 11:23-25). 바울서신을 비롯하여 신약성서에 반영된 언약신학의 전통에 대해서는 다음의 글을 참조하라. George E. Mendenhall & Gary A. Herion, "Covenant", *ABD* vol. 1, 1179-1202, 특히 1197-1201 참조.

에서 빛과 어둠의 코이노니아는 본질적으로 불가능하고 부당하며(고후 6:14), 다른 사람의 죄를 함께 나누는 차원의 코이노니아는 잘못이라는 것이다(딤전 5:2).

코이노니아 사상의 확대 심화 차원에서 바울의 또 다른 중요한 기여가 있다면 그가 신학적 코이노니아 개념을 물질적 나눔으로서의 코이노니아 개념과 소통적 관계로 파악했다는 점이다. 이는 예루살렘 교회와 이방인 교회 사이의 호혜적 동반관계를 설명하는 다음의 구절에서 확인된다.

> 그러나 이제 내가 성도를 섬기기 위해 예루살렘으로 갑니다. 마게도냐와 아가야 사람들이 예루살렘 성도들 가운데 가난한 자들을 위해 얼마를 나누기를(*koinōnian tina*) 기쁘게 여겼기 때문입니다. 진정 그들은 그것을 기쁘게 여겼습니다. 그들 또한 저들에게 빚진 자들이기 때문입니다. 만약 그들이(=예루살렘의 유대인 성도) 이방인들과 영적인 것들을 함께 나눴다면(*ekoinōnesan*), 그들 또한 육체적인 것으로 저들을 섬겨야 할 의무가 있는 것입니다(롬 15:25-27, 필자 사역).

여기서 '육체적인 것'은 물질적인 혜택을 가리킨다. '영적인 것'은 예수 그리스도와 그 직계제자들이 유대인으로서 복음의 태반을 제공했음을 의미한다. 예루살렘에서 비롯된 유대인 기독교도의 복음 전파가 이방인을 향한 코이노니아의 내용이었다면, 그것을 받고 언약 백성으로 의롭게 된 이방인 기독교도는 그들의 가난함을 구제하는 물질적인 시혜로써 코이노니아의 기반을 제공한 것이다. 바울의 코이노니아 사상에 의하면 물질적인 가치와 영적인 가치는 이렇게 배타하지 않고 밀접하게 만나고 삼투된다. 그것은 각 사람의 결핍을 깊이 헤아리고 그것이 무엇이든 그 필요에 부응하여 자기의 것을 나눔으로써 구체적으로 돕는 섬김의 사역이다. 이렇게 서로의 결핍을 채워주는 호혜적 관계의 구축을 통해 바울은 예수 그리스도 안에서 모든 사람들이 그 민족적 사회경제적, 언어문화적 차이를 넘어 한 몸을 이루고 서로 긴밀하게 소통하는 비전을 품었던 것이다.[24] 이렇듯 바울은 영적인 은혜와 이에 대한 물질적 보답이 호혜적 코이노니아 차원에서 상통할 수 있음을 설파한 최초의 신학자였다. 이 지점에서 코이노니아의 신학적 층위와 사회경제적 층위는 서로 융합되고 있음을 알 수 있다.

IV. 바울식 코이노니아의 사회복지적 함의

1. 참여와 사회복지

바울에게 코이노니아 개념은 그 모든 화용론적 맥락을 통틀어 참여, 교제, 나눔의 의미를 수반한다. 이 모든 의미가 사회복지의 성립에 필수적인 요건일 뿐 아니라 사회복지의 심층적 발전을 위해 그 각각의 효율성 제고가 절실하다는 점에서 코이노니아와 사회복지는 긴밀하게 연계되어 있다. 먼저 참여의 관점에서 보면 사회복지의 공공적 측면이 부각된다. 공공의 참여는 모든 공공 기관과 조직의 하부 구조 형성을 위해 일차적으로 요구되는 필요이다. 그러나 바울의 코이노니아 관점에서 보면 그 참여는 책임과 의무 없이 단순히 좌석만 차

24) 이러한 바울의 통일사상은 일찍이 유대인과 헬라인, 남자와 여자, 노예와 자유민의 제반 경계와 차별을 넘어 그리스도 안에서 하나임을 선언한 그의 세례신학적 신조(갈 3:27-28)로 소급된다. 특히 로마서의 상기 본문에서는 유대인이 주축이 된 예루살렘 모교회와 이방인 교회 사이의 연대와 예루살렘 교회의 회중을 향한 이방인 교회의 인정과 존중, 사랑을 나타내는 징표(성전세나 디아스포라 유대인의 기부금이 아니라)로 그 통일의 의미가 심화되고 있다. Joseph Fitzmyer, *Romans* (New York: Doubleday, 1993), 721 참조.

지하는 '참석'과 다르다. 그것은 그 참여를 활력 있게 하기 위하여 참여하는 모든 성원들이 제각각 기여할 수 있도록 고유한 몫의 투자를 요구한다. 그 투자의 내용물은, 앞서 소키에타스 규약에서 확인했듯이, 재물, 노동력, 지위, 명예, 권력, 영적인 은사 등등 다양할 수 있다.

그 방법과 규범의 견지에서는 바울이 모금 캠페인에 적용한 준비의 원칙과 자발성의 원칙이 중요하다. 사전에 흔쾌한 마음으로 기꺼이 준비하고 규칙에 따라 투자물을 축적해두어야 그 어떤 종류이든 이른바 '사업'을 할 수 있기 때문이다. 그리고 바울은 다다익선의 원칙, 즉 "적게 심는 자는 적게 거두고 많이 심는 자는 많이 거둔다"(고후 9:6)는 신학적 원칙에 따라 풍성히, 넘치게 할 것을 장려했다.[25] 이는 진정한 의미의 코이노니아가 의무는 의무로되 강요된 억지에 따른 것이 아니라 사랑과 자비의 동기에서 비롯된 자발적 참여에 기초해 있음을 시사한다.

그렇게 투자된 재원을 적절히 활용하기 위해서는 균등의 원칙이 중시된다. 참여로서의 코이노니아는 자기가 투자한 재원에 대하여 이기적 동기에서 제 몫의 권리를 주장하는 것을 목적으로 하지 않고 그것을 넘어서는 공동의 목표를 추구한다. 그 공공선이 사회복지로 나타날 경우, 그것에 참여하는 모든 자발적 지원자들은, 바울의 제언대로, 각자 유여한 것으로 서로의 부족한 것을 보충함으로써 평균되게

25) 바울의 이 경구는 전반부의 인용구에 후반부의 논평구를 첨부한 구조로 전통적인 '농경신학'(agrarian theology)을 반영하고 있다. '뿌린 대로 거둔다'는 요지의 상기 잠언은 농경생활의 경험에서 나온 지혜의 어록으로 아리스토텔레스, 키케로 등을 비롯한 그리스-로마 문헌뿐 아니라 구약성서의 잠언(11:24) 등에서 그 유사한 내용이 탐지된다. 그러므로 여기에서 특별히 희랍적이거나 유대적인, 또는 기독교적인 사상을 찾기보다 바울이 인간의 필요와 하나님의 보응에 대해 선물과 선사란 통상적 관점에서 이 세상적 용어로 말한 것으로 봐야 한다. H. D. Betz, *2 Corinthians 8 and 9* (Philadelphia: Fortress Press, 1985), 102-105

하고 이로써 공동체의 평안을 추구하는 방향으로 전개된다(고후 8:14).[26] 이는 바울이 예시하듯 이스라엘 백성들이 광야에서 만나를 거둘 때 "많이 거둔 자도 남지 아니하였고 적게 거둔 자도 모자라지 아니하였"(고후 8:15)던 상황과 비견된다. 이처럼 공동체 성원들의 빠짐없는 활발한 참여로써 그 공동체의 사회복지 수준은 높아진다. 참여로서의 코이노니아가 참여로서의 사회복지와 무관치 않은 것은 상대적으로 풍성한 사회 성원들의 삶이, 그 풍성함의 내용이 재물의 소유든, 정신적 행복이든, 상대적으로 결핍된 다른 성원들의 고통스런 삶에 빚지고 있다는 현실 인식에 근거한다. 특히, 특정 지역의 물질적 부의 편중이 다른 지역의 상대적 소외를 낳는 사회복지의 지역 불균형 문제는, 바울의 모금 캠페인이 시사하듯, 지역사회 구성원들의 공동체적 채무의식에 근거한 공동의 참여로써 시정되어야 한다.[27] 빚진 자로서의 자의식 없이 우리는 공공의 선에 부응하여 사회복지를 위한 적극적 투자와 사랑의 관심에 인색할 수밖에 없기 때문이다.

26) '평등' (*isotes*)은 근본적으로 희랍의 법과 정치, 도덕 분야에서 거론된 미덕으로 그 반의어는 '탐욕'(*pleonexia*)이었다. 아리스토텔레스에 의하면 그것은 도시와 사회의 토대로서, 즉 조화와 평화의 기초로서 인식되었다. H. D. Betz, 위의 책(1985), 67-68 참조. 이와 같이 바울이 나란히 언급한 평등과 평화는 밀접히 상통한다. 또한 오늘날 평등은 사회복지정책의 배후에 깔려 있는 가치들 가운데 매우 중요한 것으로 인식되고 있다. 송근원 · 김태성 공저, 『사회복지 정책론』(서울: 나남출판, 1995), 209ff 참조. 특히, 현금의 정보사회에서 평등은 단순히 사회적 지위와 경제적 부의 균등에만 머물지 않는다. 개인과 집단이 접하는 정보의 양과 정보기술과 통신체계에의 접근성 정도에 따라 정보 불평등 현상이 심화되고 있기 때문에 정보의 평등도 우리 사회의 중요한 논제로 부각되는 상황이다. 전재일 · 배일섭 · 정영숙, 『사회복지정책론』(서울: 형설출판사, 2000), 378ff 참조.

27) 지역사회복지에서 주민참여의 중요성은 이미 지적되어온 바인데 그 대표적인 것이 자원봉사를 통한 참여이다. 최일섭 · 류진석, 『지역사회복지론』(서울: 서울대학교출판부, 2001), 439ff; 고수현 · 김익균, 『지역사회복지론』(서울: 대학출판사, 2003), 259ff.

2. 사귐과 사회복지

진지한 참여는 곧 사귐으로 이어지게 마련이다. 그때 그 사귐은 우선 '동무'(*koinōnos*) 관계를 전제로 한, 동무로서의 사귐을 의미한다. 여기서 동무는 혈통을 배경으로 한 가족이나 동향과 동족, 동문 등의 각종 연고에 기초하여 형성된 친구와도 다르고, 정치경제적 이해관계에서 만나는 동료와도 구별되는 개념이다. 그것은 인도적 공공선에 기초한 보편적 사회이념이나 철학적 신념, 또는 종교적 신앙을 축으로 만나 자신의 소유물은 물론 목숨까지도 담보로 내놓고 사귀는 공동운명체적 동반 관계이다. 바울에게 그 관계의 결절을 추동하는 정신적 지주는 그리스도 안에서의 같은 신앙고백과 그것의 확산을 위한 복음전파, 그 결실로서의 교회 설립이었다. 이 새로운 유형의 신앙공동체에서 이른바 '성도'라는 새로운 신분으로 사귀기 위해서는 유대인이나 이방인, 남자와 여자, 노예와 자유민 등의 이 세상적 차별이 철폐된다는 세례신학적 공감대가 필수적으로 요구되었다(갈 3:27-28). 이렇게 그리스도 안에서 세례를 받은 공동체의 성원들에게는 거듭난 존재로서 새로운 정체성이 부여되었고, 기존의 인간관계를 해체하여 서로가 서로에게 형제와 자매로 호칭되었다. 그러한 관계의 재구성은 바울의 이방교회 공동체에서 '거룩한 키스'와 '아가페 식사'라는 구체적인 실천 방법을 통해 확대, 심화되었다.

사회복지의 맥락에서도 지속적이고 격의 없는 긴밀한 사귐은 개방적 소통의 전제이자 결과라고 할 수 있다.[28] 사회적으로 소외된

28) 이와 관련하여 흥미로운 점은, 바울의 선교 및 목회 사역에서 그 코이노니아 체계가 작동되는 과정은 반드시 각 지교회에 대한 상호간의 정보 공유와 '회람서신'과 '문안 인사'를 통한 활발한 소통으로 특징지어진다는 사실이다. 이때 다양한 '사자'(envoy)들이 그 정보 소통의 매개체 역할을 담당했다.

약자들, 그들이 노인이든, 여성이든, 아동이든, 장애자이든, 그들에게 절실한 것은 일시적인 전시성 시혜가 아니라 신뢰 어린 사귐으로서의 코이노니아이다. 그들은 그들의 생명 가치를 십분 긍정하고 더불어 대화할 수 있는 대등한 사귐의 관계를 필요로 한다. 그들이 한편으로 사회복지 제도와 정책, 기관을 통해 여러 혜택을 받는다고 하지만 다른 한편으로는 그들이 건강하고 풍족한 사회적 강자들, 유복한 기득권층에게 보여줄 것이 있음을 직시해야 한다. 말하자면, 사회의 변두리로 소외된 작은 자들은 부유함의 자족적 향유를 넘어 탐욕을 부리는 자들의 감추어진 결핍을 일깨워줄 수 있는 심오한 증인으로서, 그들의 풍성함이 기실 하나님의 나라와 의를 이루는 수단에 불과하다는 계시적 예언의 담지자로서, 그러므로 매우 중요한 사귐의 당사자로 우뚝 설 수 있다는 것이다.

예루살렘교회와 이방인 교회의 사귐이 바울을 통해 대등한 오른손의 코이노니아로 나타났듯이, 가난한 성도들의 물질적인 궁핍이 외려 종말론적 징표로서 제 역할을 수행했던 사실은 무엇을 시사하는가? 반대로, 유대인의 선민주의 신학 전통 가운데 무조건 '죄인' 으로 정죄되었던 이방인들이 그리스도의 공로로 하나님의 언약 백성으로 승격되고, 예루살렘 모교회를 향해 하나님의 은혜를 나눠주는 사귐의 지평을 개척한 역사는 또 무엇을 암시하는가? 그것은 사회복지가 제도와 법규로 고착된 세속의 구조 안에서 그 구조를 넘어 사람들 사이의 보이는, 또는 보이지 않는 경계를 뚫고 새로운 사귐의 영토를 개척하는 전위적 역할을 담당할 수 있다는 메시지 아닌가? 그것은 코이노니아의 또 다른 측면인 '나눔' 의 활성화를 위해서도 심각히 경청해야

차정식, "연대와 소통, 혹은 코이노니아의 지형도-바울과 지교회 사이의 외교를 중심으로", 「신약논단」 7(2000), 167-195 참조.

할 윤리적 메시지다.[29]

3. 사회복지의 호혜성과 통전성

동무로서의 대등한 사귐이 있는 관계에서만 그 나눔이 일방적 시혜가 아닌 쌍방적 호혜의 나눔이 될 수 있다. 모든 나눔은 주는 행위와 받는 행위를 전제로 한다. 나눔으로서의 코이노니아란 견지에서 보면 그 주고받음의 행위는 그 당사자가 타자에게 빚진 자라는 각성된 자의식 안에서 이루어질 때 정치적 동기가 배제된 순전한 행위로 자리매김될 수 있다. 그 순전함의 미덕으로 인해 쌍방이 주고받는 내용물은 단순히 채권의 주장과 채무의 변제라는 딱딱한 법규의 준수를 넘어 하나의 선물이다. 물론 그 선물의 수수는 신학적으로 생명의 근원자인 하나님의 더 큰 선물에 대한 모방 행위일 터이다. 사회복지의 본질적 내용이라 할 수 있는 그 선물의 신학적 대용어가 바로 은혜요 은사라는 것이다.[30] 그러나 그 은혜가 아직 빛을 보지 못하는 상황에서 동무들이 난관에 봉착할 때 그 은혜의 사귐은 고난의 나눔을 통해 고난의 사귐이 되고 은혜가 항존한다는 전제하에 위로의 사귐이 되기도 한다. 그 은혜를 베풀어 삶을 즐겁게 하신 분도 궁극적으로 하나님이요, 그 은혜를 거두어감으로써 결핍의 연단을 겪게 하는 분도 하나님이라

---

29) 이러한 법규적 차원의 나눔은 근래 사회복지 실천에서 흔히 공공부조정책으로 나타난다. 우리나라에서 이러한 예로 대표적인 것이 1999년 제정된 국민기초생활보장제도에 근거한 경제적 나눔의 실천인데 이러한 관심사는 단순히 법규적 차원에 머물지 않고 모든 사람의 천부적 인권과 사회정의의 구현이란 맥락에서 실천윤리의 논제로 다루어지고 있다. 고수현, 『사회복지실천윤리와 철학』(파주: 양서원, 2005), 115ff 참조.

30) 희랍어의 어원에 비추어볼 때, '선물'(*charisma*)은 '은혜'(*charis*)와 동일한 태반을 가지고 있음을 알 수 있다. 그러므로 바울서신에서 선물은 흔히 은혜의 결과로서 제공된 선물이란 뜻으로 '은사'로 번역된다.

는 점에서 이 땅의 사회복지는 예측하기 어려운 코이노니아의 역동적 가변성에 영향을 받게 된다. 바로 이 지점에서 고려되어야 또 다른 사귐의 지평이 있으니 이는 하나님과의 수직적 사귐이다.

수직적 사귐과 관련하여 바울은 하나님의 아들 예수 그리스도의 코이노니아, 성령의 코이노니아, 복음의 코이노니아, 믿음의 코이노니아 등의 문구로 표현한다. 특히, 예수 그리스도의 코이노니아는 그의 몸과 피에 참여하는 성만찬 예식을 통해 구체화된다. 이러한 신앙적 사귐의 차원은 사회복지의 관점에서 볼 때 정신위생과 정신건강의 요소와 연계시켜 이해할 수 있다. 아무리 상세한 사회복지의 법제와 정책이 마련되고 아무리 풍부한 물적 자원이 복지예산으로 활용된다고 할지라도 그 일차적 수혜의 대상자들이 제 삶의 만족도가 낮고, 그 모든 혜택이 정신적 안정과 행복으로 이어지지 못한다면 거기에 진정한 의미의 복지는 존재하지 않는다. 그러므로 인간 사회의 제반 분야에 믿음과 소망과 사랑의 실질이 체감되고 고백되며 넘쳐흐르기 위해서는 사회복지의 정신적 근저에 불행한 자의식을 부추기는 미신을 타파하고 건강한 영혼들이 평안한 삶의 희망을 위해 서로 존중하며 사는 이타적 자긍심을 독려할 필요가 있는 것이다. 그것은 기독교의 구원이 이 땅에 현실화하여 만민을 하나님의 백성으로 수용하고 인정하는 신적인 사귐의 보편적 기준인 셈이다. 이것을 바울은 그리스도의 복음 또는 그리스도의 법이란 개념으로 조형했다.

끝으로 바울의 코이노니아 사상에서 주목할 만한 사회복지적 요소는 그 개념에 대한 바울의 통전적 이해와 적용이다.[31] 앞서 적시한 대로, 바울은 코이노니아의 사회경제적 층위, 법규적 층위, 신학적

31) 오늘날 사회복지실천론에서도 통합적 접근이 주목을 받고 있다. 이는 전체로서의 인간을 상정하여 신체, 지능, 사회성, 영적 상태, 정서 등의 제반 요소를 두로 고려하는 체계론적 관점을 위주로 논의

층위를 두루 꿰뚫고 있으면서도 그것들을 제각각의 독립적 맥락에서 이해하지 않았다. 그는 오히려 그것들을 융통시키고 상합시키는 연금술적 기지를 발휘하여 사회경제적 나눔을 전제로 하면서도 합의적 소키에타스라는 법규적 의미망을 놓치지 않았고, 합의적 소키에타스라는 로마의 관습법에서 신적인 대상과의 영적인 교제라는 신학적 층위의 의미를 계발해냈다. 그런가 하면 그는 코이노니아의 신학적 층위의 의미를 강조하면서도 영적인 기여와 물질적인 기여의 호혜적 소통이란 맥락에서 사회경제적 층위의 의미를 접속시킬 줄 알았다. 이와 같이 바울에게 코이노니아는 사회복지의 궁극적인 목표에 관한 한 물질적인 가치와 영적인 가치가 따로 놀 수 없고 법제적인 맥락과 신학적인 맥락이 무관할 수 없다는 암시를 던진다. 이는 단지 언술적 차원의 메시지에 머물지 않고 바울의 생애와 사역이 그 점을 온 몸으로 증언했다는 점에서 오늘날 사회복지의 구성 원리와 실천 방법을 비판적으로 성찰하는 신학적 도전이 될 수 있을 것이다.

V. 요약 및 결론

바울 신학의 핵심 개념들이 그러하듯, 코이노니아의 개념 또한 그 의미가 단일하기보다 복합적이고 단층적이지 않고 중층적이다. 이는 이 희랍어 어휘가 사용되어온 역사가 장구하고 그 맥락이 풍성함을 뜻한다. 그 풍성함의 한 귀퉁이에 바울 신학의 창조적 기여가 있다고 보는 것이 이 논문의 대전제였다.

되고 있다. 도광조, 『사회복지실천론』(파주: 양서원, 2005), 67ff 참조. 이러한 체계론적 접근 방식은 코이노니아의 경우에도 유사하게 적용될 수 있다. 앞서 논의한 코이노니아의 삼중적 층위와 그것의 역동적인 변용 형태야말로 코이노니아의 체계론적 이해와 실천을 위한 적실한 배경이 된다.

이 글의 앞머리에서 나는 역사 속에 농축된 코이노니아 개념을 사회경제적 층위, 법규적 층위, 신학적 층위로 대별해보았다. 사회경제적 개념으로서의 코이노니아는 사유재산이 형성되고 계급이 분화되기 시작한 고대의 도시국가에서 모든 사유물을 공동체의 공동 소유와 공동 관리에 따라 분배한 원시공산체 사회를 이상적으로 간주하여 이를 재현하고자 한 철학적 종교적 실천의 일환으로 나타났다. 그것은 이 땅의 모든 것들이 신의 소유로 귀착되고 그것을 두루 나눠 쓰는 것이 자연과 우주의 법칙에 가깝다는 철학적 논리로도 제시되었지만, 다른 한편으로 가족, 친구, 특정한 유대 관계 하에 맺어진 사람들끼리 공동의 목표를 추구하기 위하여 재화와 노동력, 지위 등의 가치를 투자하는 것이 피차 유익하고 바람직하다는 소집단의 관습법적 성격으로 이해되기도 하였다. 후자의 경우를 대변하는 것이 이른바 '소키에타스' 라는 로마시대의 법규로 이는 그 집단성원들 사이의 자발적 합의에 따라 결성된 바울 당대의 대표적 코이노니아 형태였다. 그런가 하면 희랍 신학적 전통하에 발전되어온 신과의 영적인 사귐으로 신학적 층위의 코이노니아도 있다. 주로 성례전적 배경에서 신과의 신비한 교제와 영적인 연합을 추구해온 이 계통의 코이노니아는 바울의 신학적 코이노니아 개념에 중요한 영향을 끼친 것으로 판단된다.

바울은 이러한 코이노니아의 제반 개념적 층위들을 융합시켜 독특한 코이노니아 실천의 형태를 보여주었다. 개인과 개인, 개인과 집단, 집단과 집단 사이의 호혜적 관계망 구축의 노력들은 바울의 선교적 실천과 교회의 조직을 위해 필수적인 것이었다. 전방위적 코이노니아를 위한 그 노력 가운데 바울은 코이노니아의 법규적 층위로서 '합의적 소키에타스' 관행을 제도적 틀로 자용하고 재정적 후원을 핵심으로 하는 그 개념의 사회경제적 층위를 포괄했을 뿐 아니라, 하나님과의 수직적 차원의 코이노니아를 그 모든 코이노니아 활동의 근간이 되는 신학적 원리로 계발해냈다. 그 원리는 '그리스도의 코이노니아' '성령의 코이노니아' 등의 문구로 표출된 바, 곧 그리스도의 복음을 선포한다는 신학적 명분을 공동의 목표로 내세웠던 것이다.

나아가 그 각각의 코이노니아 개념들은 바울에게 단독적으로 나타나지 않고 서로 긴밀히 내접하고 삼투하는 역동적 방향으로 전개된 것으로 보인다. 다시 말해, 그의 코이노니아는 재물과 노동력, 이방인의 사도라는 상징적 지위와 지도력, 심지어 하나님의 신령한 은혜와 은사, 쌍방간의 자발적 합의라는 제도적인 틀을 두루 포괄하고 있다는 것이다. 이러한 현실적 융통성을 발휘하면서 그는 이방인 교회를 대표하여 예루살렘의 유대인 교회를 대표하는 기둥 지도자들과 오른손의 코이노니아로써 그리스도 안에서 신앙공동체의 통일을 지향했다. 그런가 하면 그는 빌립보교회 교우들의 재정적 후원 하에 자신이 그 교회와 맺은 코이노니아의 관계 안에서 대표적 지도자로서 마땅히 후원받을 권리가 있음을 은연중 피력하기도 했다. 또한 바울은 오네시모라는 노예재산을 매개로 빌레몬이라는 개인과 맺어진 코이노니아 관계를 세 사람 모두에게 두루 유익하게 운용하는 섬세한 외교 감각을 보여주기도 했다.

코이노니아에 대한 바울의 이러한 통전적 관점은 사회복지의 실천 방향을 재구성하는 데 도움이 된다. 특히, 참여와 사귐, 나눔으로서의 코이노니아 개념이 사회복지의 제 분야에 던지는 도전은 분명하다. 사회복지는 제도와 법규, 조직과 정책, 활동 프로그램과 재정 등의 제반 분야가 서로 긴밀하게 얽혀져 있다. 그것을 통전적으로 파악하기 위해서 모든 사회성원들의 적극적인 관심과 참여가 필수적이다. 물론 그 참여는 책임을 떠맡은 참여로 누구에게나 열려 있다. 참여의 책임성과 균등성은 아무리 사회복지의 수혜대상자들이 열악한 형편에 있다고 할지라도 그들의 자존적 참여의식을 고취하는 명분을 제공한다. 특히, 결핍된 자들의 현존이 내포하는 종말론적 메시지는 모두가 하늘 아래 서로에게 빚진 자라는 의식이다. 이러한 대동적 참여의식 안에서 '너' 의 복지가 '나' 의 복지와 무관치 않다는 상생의 원리가 생겨난다.

사귐으로서의 코이노니아는 동무로서의 상호 관계를 겨냥한다. 그것은 각자 가진 것을 서로 활수하게 나눔으로써 일방적 시혜가 아니라 쌍방적 호혜를 추구하는 관계로서 주고받는 선물의 순수성을 생명으로 한다. 그 선물이 순수하기에 우리는 그 동무의 관계에서 고난조차도 함께 나눌 수 있어야 한다. 자발적이고 흔쾌한 나눔의 관점에서 물질적인 가치와 영적인 가치는 서로 배타적이지 않고 소통적인 관계로 정립되는 것이 옳다. 다시 말해 아무리 가난한 자도 나눌 만한 것이 있고 아무리 부유한 자도 결핍이 항존한다는 것이다. 이러한 참여와 사귐, 나눔이 하나님과의 수직적 관계에서 극대치로 표현된 것이 신앙적 코이노니아이다. 이는 하나님이 자신을(또는 자기 아들을) 기꺼이 이 땅에 선물로 내어주고 이로써 인간 역사에 참여한 구원의 복음에 기초하고 있다. 이는 세부적으로 정신위생과 정신건강이란 사회복지의 요소에 상응하지만 넓게 보면 사회복지의 궁극적인 목표와 방향을 선도하는 이념적 토대가 될 수 있다. 이와 같이 바울은 코이노니아의 개념을 그 선교 및 목회 현장의 역동적인 맥락에서 사회복지의 미시적 거시적 관심사를 포괄하는 통전적인 실천 개념으로 운용한 것이다.

제2장 _ 야고보서의 3단계 사회복지론

I. 문제의 개관

외형상 흩어진 이스라엘의 12지파를 향해 주의 형제 야고보가 쓴 서신으로 알려진 야고보서는 신약성서 내의 유일한 지혜문서로 인식되어왔다. 그것은 문학 양식상 짤막한 교훈적 어록(*paraenesis*)의 수집물로 구분되는데 지혜문학의 성격상 그 모든 내용을 관통하는 단일한 핵심적 주제를 판별하기가 어렵다. 또한 이 문서가 질서정연한 구조로 짜여 있는 것도 아니어서 그 산만한 내용들을 통해 이 문서의 고유한 신학적 특징과 지향을 일목요연하게 규명하기도 쉬운 일이 아니다. 이 문서가 야고보서 배후의 신앙공동체가 처한 삶의 구체적인 정황을 고스란히 반영하든,[1] 통상적인 모티프로 구성된 전통적인 지혜

[1] 이 서신의 역사적 진정성을 액면 그대로 받아들이는 쪽에서는 그 생산 배경과 관련하여 이 서신이 디아스포라 유대인을 향하여 씌어진 '언약적 서신'이었으며 '회람서신'이었을 것으로 추정한다. Donald J. Verseput, "Genre and Story: The Community Setting of the Epistle of James", *CBQ* 62/1(2000), 96-110.

의 어록들을 그 정황과 별 상관없이 편집 처리한 것이든, (아마 진실은 이 둘 사이의 어느 지점에 놓여 있을 터이겠지만) 우리가 부인할 수 없는 것은 여느 신약성서의 문서들과 마찬가지로 이 문서 또한 역사의 산물이고 그 역사 속에는 특정 인간 집단의 경험이 응축된 사상적 입자들이 녹아 있다는 사실이다.

나는 그 사상 가운데 사회복지사상에 특히 주목하여 야고보서를 분석해보고자 한다. 사회복지사상이란 관점은 야고보서와 관련하여 비교적 생소한 관점이다. 그러나 신학이 하나님에 대한 인간의 체계적 이해를 대변한다면 신학은 필경 인간에 대한 복지적 배려를 빠트릴 수 없는 법이다. 야고보서에 반영된 신학적 관심사 또한 저자가 배려한 당시 신앙공동체의 삶이 질 높은 복지의 수준을 기대하는 방향으로 이끌렸을 법하다. 물론 그 복지적 관심이 오늘날 일반적으로 말하는 사회복지와 똑같은 내용이었을 리는 만무하다. 초기 기독교의 공동체가 이 땅의 삶에 종말론적 긴장을 부여하면서 새로운 대안적 삶으로서 하나님의 나라를 대망해온 것은 주지의 사실이다. 그러나 그 대망을 지속적으로 만들기 위해서라도 이 땅의 삶은 좀더 질서 있게, 그리고 건강하고 태평하게 조직될 필요가 있었다. 역사의 파국에 대한 예언과 이에 따른 종말론적 긴장의 상황 속에서도 이 땅에서의 합리적인 삶을 추구하던 전통적 지혜가 부활하고 그것이 신앙적 삶의 긴요한 지침으로 제시된 까닭이 바로 여기에 있다. 신학적 맥락에서 지혜란 하나님의 뜻이 하늘에서 이루어지듯이 이 땅에서도 이루어지는 실천방식과 밀접히 연계되어 있기 때문이다.

나는 이 글에서 야고보서의 내용을 다음과 같은 항목으로 주제화하여 그것이 어떻게 사회복지사상의 재료가 되는지 밝혀보고자 한다.

첫째, 한편으로 야고보서에서 강조하는 지혜와 말씀, 율법의 개념을 통해, 다른 한편으로 이 문서가 조명하는 혀 곧 언어의 질서와 관련하여, 신자의 지적인 각성이 그 정신복지에 얼마나 지대한 영향을 끼치는지 검토해볼 것이다. 이는 사물을 합리적으로 분별하는 능력과 스스로 토로하는 신앙 내지 신념을 명민하게 변증하고 설명하는 능력과 연계되거니와, 신자뿐 아니라 일반인들의 정신건강을 증진하는 데도 유효한 기준이라고 판단된다.

둘째, 야고보서에서 비교적 일관되게 관심을 기울이고 있는 빈부갈등의 문제에 집중하여 부와 가난의 사회복지적 층위를 다뤄보고자 한다. 이는 가난이 단순히 경제적 관심사일 뿐 아니라 당시 종교의 중요한 구성 요건이었다는 점을 전제할 때 그 실체를 명확히 파악할 수 있다. 이에 근거하여 우리는 경제양극화를 넘어서 경제복지를 위한 대안적 신학사상을 도출할 수 있을 것이다.

셋째, 야고보서에서 관심을 기울이는 공동체 치유의 사례를 분석함으로써 치유와 복지의 상관관계를 조명하고자 한다. 당시 어떤 상황 속에서 어떤 방식으로 공동체의 병자 치유가 이루어졌으며 그것의 의의는 무엇인지 평가함으로써 우리는 야고보서의 배후에 작동된 건강복지의 원리를 추출해볼 수 있을 것이다. 특히, 그 치유활동이 특정한 개인의 카리스마에 의존하기보다 공동체 전체의 관심과 배려 하에 이루어졌다는 점에 착안하여 그 내장된 의미를 우려낸다면 오늘날 치유사역에 적용할 만한 시사점을 발견할 수 있을 것이다.

II. 지적인 각성과 정신복지

1. 지혜의 본질

사회복지는 결국 인간복지이다. 복지를 시행하는 주체든, 그것을 수혜받는 대상이든, 그것이 진정한 의미의 복지다우려면 인간으로서의 존재 가치에 대한 각성이 전제되어야 한다. 그것은 일차적으로 자신이 복지의 삶을 향유할 만한 가치 있는 존재라는 지적인 발견과 함께 시작된다. 그 발견은 다시 자신의 향유적 삶을 배려하는 세세한 분별로 이어지고, 그 결과 복지의 필요성과 함께 그 경계와 한계를 동시에 통찰할 수 있게 된다. 이는 실천적인 맥락에서 자신의 정신 건강에 대한 예방과 치료를 전제로 하거니와,[2] 그것에 대한 지적인 각성은 정신 복지에 필수적인 요소라고 할 수 있다. 야고보서에서 그 지적 각성과 자아 발견 및 분별의 핵심 원리로 제시되는 것은 지혜와 율법이다. 이 둘은 신학적으로 밀접하게 얽혀 있는 개념이지만,[3] 그 태생적 전통이 다르듯, 본문에서 사용되는 맥락이 다르게 나타난다.

야고보서에 의하면 지혜의 근원은 하나님이다.[4] 그러므로 지혜가 부족한 사람은 하나님께 기도하면서 믿음을 가지고 구해야 한다(약 1:5-6). 그 지혜는 무엇보다 삶의 성숙에 기여하는 분별의 기준으로 작용한다. 인간에게 주어진 삶은 생래적으로 복지로 충만한 탄탄대로가

2) 박종삼 외, 『사회복지학개론』(서울: 학지사, 2002), 408.

3) 이스라엘 역사에서 지혜와 율법의 상호 연관성이 어떻게 나타났는지에 관해서는 다음을 참고할 것: Donn F. Morgan, *Wisdom in the Old Testament Traditions* (Atlanta: John Knox Press, 1981).

4) 이를 다른 곳에서 저자는 '위로부터 난 지혜'로 명명하며 '땅 위의 것', 곧 세상의 지혜와 구별한다. 저자는 이 대목에서 당시 견유철학과 스토아 철학 등에서 중시했던 지혜 개념을 염두에 두고 그것과의 대척점에서 새로운 신학적 지혜 개념을 조형하고 있는 듯 보인다. Bo Reicke, *The Epistle of James, Peter, and Jude* (Doubleday: Garden City, NY, 1964), 14.

아니며, 원하지 않더라도 거기에는 고난과 역경이 반드시 뒤따른다. 그 과정에서 "믿음의 시련이 인내를 만들어 내는 줄"(약 1:3) 알 때, 그 삶은 파선하지 않고 계속 항진할 수 있다. 삶에는 성숙한 인고가 필요하다는 그 앎을 추동하는 경험적 상식이 바로 지혜의 기본이다. 삶의 시련은 그 결과가 반드시 나쁘지 않다는 점에서 진일보의 도약을 위한 시험이기도 하다. 그것은 "시련을 견디어 낸 자가 주께서 자기를 사랑하는 자들에게 약속하신 생명의 면류관을 얻"도록 제공된 성숙의 관문이기 때문이다(약 1:12).

하나님을 시험하는 분으로 설정한 예수의 경우나, 하나님의 그 자녀들이 감당할 만한 시험만을 허용한다는 바울의 입장(고전 10:13)과 달리, 야고보서는 하나님은 "친히 아무도 시험하지 아니하시"는 분으로 이해한다(약 1:13). 그럼에도 그 시험은 견뎌내야 할 무엇이다(약 1:12). 그 시험이 고난을 수반할 때 그것은 오래 참으며 인내해야 할 사항이다(약 5:10).[5] 그런데, 하나님이 그 시험의 주체가 아니라면 시험은 어디서 오는가. 저자는 시험을 오히려 인간 내부의 '욕망'의 문제로 본다. 욕망에 해당되는 희랍어 어휘(*epithymia*)는 그 의미의 진폭이 매우 크다. 이 단어는 감정적 충동 내지 성적 욕구로 대표되는 '정욕', 통제되지 않는 무절제한 욕심을 가리키는 '탐욕', 중성적인 의미에서 삶을 구동하는 '의욕' 등의 개념을 포괄한다.[6] 야고보서의 해당 본문에서 이 단어는 두 번째의 부정적인 의미로 사용되고 있다. 즉, "각 사

---

5) 야고보서에서 인내와 기도가 접속하듯이, 고난과 오래 참음도 긴밀히 연동된다. 저자는 그 모범적 사례로 구약성서의 선지자들과 욥을 제시한다(약 5:10). 그러나 본문에서 강조한 인내하는 욥의 이미지는 욥기의 것이라기보다 '욥의 유언서'라는 위경문학의 전승에 의거한 듯하다. 이와 관련해서는 다음의 논문을 참조하라. Patrick Gray, "Points and Lines: Thematic Parallelism in the Letter of James and the Testament of Job", *NTS* 50/3(2004), 406-424.

6) 이 희랍어의 의미에 대해서는 Büchsel, "ἐπιθυμία", *TDNT* vol 3, 168-171 참조.

람이 시험을 받는 것은 자기 욕심[=탐욕]에 끌려 미혹"(약 1:14)되기 때문이라는 것이다. 그 탐욕은 삶의 일부이지만, 지혜롭게 절제되지 않은 채 그 유혹에 휘말릴 때 삶은 절단난다. 그 삶이 절단되는 과정을 저자는 3단계로 압축하여 탐욕 → 죄 → 사망으로 번져가는 욕망의 과정을 설명한다. 이러한 맥락에서 시험은 곧 유혹에 다름 아니다.7) 지혜는 그 유혹을 물리치는 하나님의 선물이다. 다시 말해, 지혜로써 사람은 자신의 삶이 처한 형편을 잘 분별하고 통찰하여 욕망이 탐욕으로 번지지 않고 삶의 건강한 의욕으로 발전할 수 있도록 제어하는 것이다.

한편, 지혜는 단순히 분별지로서의 각성제 역할에 국한되지 않는다. 그것은 탐욕으로 번지려는 욕망을 적절하게 통제하여 구체적인 선한 행위로 결실되어야 한다. 추상적 관념과 논증의 차원에 머물지 말고 "선행으로 말미암아 지혜의 온유함으로 그 행함을"(약 3:13) 나타내 보일 때 그 지혜와 총명은 내실 있게 정신복지에 기여할 수 있다. 이 대목에서 저자는 지혜를 땅위의 것과 위로부터 내려온 것으로 구별한다(약 3:15). 땅위의 지혜가 내포한 특징은 "마음속에 독한 시기와 다툼"을 유발하면서 자랑에 빠지기 쉬우며 결국 "진리를 거슬러 거짓말"을 하게 된다는 것이다. 그 지혜는 전후 문맥을 고려해볼 때 사변적이고 쟁론적인 말로써 구축하는 일종의 수사학적 지혜이다. 화려한 수사학으로 치장된 장광변이나 설교는 결국 말재주의 수준에 머물면서 자기 자랑에 빠지기 십상이다. 또한 논쟁적 언변이 상대방을 자극하여 피차 이기고 지는 승부 게임으로 변질되고 그 와중에 진리의 본령과 무관한 '독한 시기와 다툼'을 만들어내기 마련이다. 이는 야고보

7) 신약성서와 그레코-로마 시대의 맥락에서 시험에 해당되는 희랍어 πειρασμós는 '시험'뿐 아니라 '유혹' '시련' 등의 복합적 의미를 지닌다. Seesemann, "πειρασμós κτλ", *TDNT* vol. 6, 23-36.

서에 의하면 '혼란과 모든 악한 일' 을 야기하는 '정욕의 것' '귀신의 것' 일 뿐, 진정한 자기 각성과 진리의 실천에 이르게 하는 하늘의 지혜와 다르다. 위로부터 난 하늘의 지혜는 성결과 화평, 관용과 양선, 긍휼과 선한 열매가 가득하고, 편견과 거짓이 없는 상태를 특징으로 한다(약 3:17).

지혜는 결국 분열을 넘어선 화평, 곧 '샬롬' 의 경지를 지향한다. 샬롬은 전체적인 것, 하나로 통합된 하나님의 질서로 복지의 가장 근본적인 원리로 작용한다. 그것은 신학적 우주론과 인간론에서뿐 아니라 인간 개개인과 사회 전체의 통합적 복지 개념으로 통용될 만하다. 특히, 지혜와 관련하여 샬롬의 원리는 인간의 욕망을 조율하는 합리적 척도로서 기능한다. 자기의 탐욕에 미혹된 시험에 굴복하지 않고 그것을 인내하며 선한 의욕을 부르는 시련의 과정으로 여겨 연단의 기회를 활용하는 것, 그리하여 자신의 내면에 화평을 심을 뿐 아니라 '화평하게 하는 자' 로 우뚝 서서 진리를 말하며 화평으로 심어 '의의 열매' 를 거두는 것(약 3:18)이야말로 정신복지의 근간을 이루는 셈이다. 이는 위로부터의 지혜가 자폐적 관념의 추구와 개인의 심리적 만족에 함몰하지 않고 이 땅의 분열을 다스리며 복지 세상을 일구려는 하나님의 샬롬 지향적 뜻임을 밝히 드러낸다.[8)]

2. '자유의 율법'

율법은 흔히 억압과 구속의 이미지를 동반하여 부정적 인상을

8) 이처럼 야고보서의 신학적 체계 속에서 통합은 신적인 거룩함의 표상이며, 분열은 극복해야 할 악으로 유형화되어 인식된다. John H. Elliott, "The Epistle of James in Rhetorical and Social Scientific Perspective: Holiness-Wholeness and Patters of Replication", *BTB* 23(1993), 71.

준다. 신약성서에서 율법은 바리새 계열의 전통적인 해석의 틀을 신랄하게 비판한 예수의 경우나, '몽학선생' (*paidagogos*)으로 빗대어 평가한 바울의 경우 모두에서 부정적인 구시대의 유산처럼 비친다. 그러나 예수나 바울 모두 율법의 정신적 유산으로부터 자유로울 수 없었듯이, 초기 기독교에서 율법의 영향은 그 대결적 국면에서든, 윤리적 필요를 충당하기 위한 그 수용적 측면에서든, 무시할 수 없는 중대한 변수였다.9) 야고보서는 놀랍게도 그 율법에 새로운 해석의 옷을 입힌다. 그리하여 저자는 율법을 "자유롭게 하는 온전한 율법"(약 1:25)으로 재조명하고 있다. 율법의 기본 정신을 응축한 핵심은, 바울도 공감하듯(갈 5:14), 이웃 사랑의 계명(레 19:18)이다. 그럼에도 율법이 믿음과 무관하거나 적대적인 부정적 가치로 비쳐지는 것은, 야보고서의 함의에 따르면, 그것을 실천 가치로서 받아들여 온전히 행하지 못하기 때문이다. "영혼 없는 몸이 죽은 것 같이 행함이 없는 믿음은 죽은 것"(약 2:26)이라는 가르침에는 율법이 그 순기능을 다하지 못한 상태에서는 믿음도, 그 믿음으로 구동되는 삶도 무기력하고 무질서해지리라는 암시가 담겨 있다. 지혜의 경우와 마찬가지로, 율법 또한 정신복지를 뒷받침하는 삶의 지렛대로서 그 방향을 선도하는 데 중요한 위상을 차지한다. 그것은 우리로 하여금 우리 삶을 판단하고 심판할지언정 심판받지 않는 고유한 신적인 기원을 갖는다(약 4:11). 율법의 입법자와 그에 따라 심판하는 재판관은 단 한분 하나님으로, 인간들은 오로지 율법의 준행자로서 그 가르침대로 행할 의무가 있을 뿐이

9) 근래 유대교 율법에 대한 부정적인 인식의 틀을 벗어나 당시 유대교 사회와 그리스도 공동체의 역동적인 변화란 견지에서 율법에 대한 신선한 해석들이 제출되어왔다. E. P. Sanders, *Paul and Palestinian Judaism* (Minneapolis: Fortress Press, 1977); Heikki Räisänen, *Paul and the Law* (Philadelphia: Fortress Press, 1983); James D. G. Dunn, *Paul and the Mosaic Law* (Wm B. Eerdmans Publishing Company: Grand Rapids, MI/ Cambridge, UK, 1996) 참조.

다(약 4:12). 물론 여기서 관심의 초점이 되는 핵심적인 가르침은 이웃 사랑의 실천이다.

율법은 그 교훈으로 정제되지 않은 인간의 성급한 말과 그 인간을 성찰케 하고 그 행실을 판단하는 말씀의 역동적 상호 관계에서 제 기능을 수행한다. 야고보서에서 무엇보다 경계하는 정신적 혼돈의 근원은 성급하고 왜곡된 언어의 질서이다. 정신복지의 보존과 증진 차원에서 충동에 이끌린 성급한 말은 늘 경계해야 할 삶의 허방이다. 그것은 성내는 것과 밀접한 상관이 있으니, 사람들이 성내면서 말을 하거나 말로 성을 내기 때문이다(약 1:19). 그것은 곧 돌이킬 수 없는 말의 실수를 불러오고 그런 실수는 때로 치명적으로 우리 생명을 해롭게 한다. 그러므로 말의 실수 유무는 온전한 인간됨의 여부를 결정하는 기준으로까지 제시된 것이다(약 3:2). 말을 주업으로 삼는 선생들은 그들이 내뱉는 말로 인해 더 큰 심판을 받을 각오를 해야 할 만큼(약 3:1), 말이 빌미가 된, 말로 인한 모든 결과는 최후의 심판정에서 각자가 제시해야 할 정신의 지문으로서 증거 자료가 된다.

거침없이 말을 내뱉는 혀는 그 자체로 "불의의 세계"이며 불로서 "삶의 수레바퀴"[10]를 불사르는 가공할 만한 몸의 지체이다(약 3:6). 여기서 문제는 그 불이 '지옥불'에서 발원된다는 사실이다. 정신복지의 견지에서 더더욱 심각한 문제는 그 지옥불로써 불의의 세계를 창출하는 그 혀의 말들은 악과 독만 품고 있지 않다는 것이다. 야고보서의 지적대로, 그 제어되지 않은 혀로부터 찬송과 저주가 함께 나옴으로

10) 이 흥미로운 희랍어 문구(*trochos tēs geneseōs*)는 '생성의 바퀴', '존재의 바퀴', '운명의 바퀴' 등 다양하게 해석될 수 있는데, 대체로 그 기원을 고대 희랍의 오르페우스 신화에 근거한 영혼의 환생 개념에서 찾는다. 그러나 본문에서 이 개념은 '생의 모든 범주'를 가리키는 좀더 보편적인 메타포로 사용되는 듯하다. F. 무쓰너, 윤선아 역, 『야고보서』(서울: 한국신학연구소, 1987), 285-286 참조.

말미암아 말의 문제는 샬롬의 질서에 치명적인 해악이 되는 것이다.[11] 하나님의 형상대로 지음을 받은 인간을 향해 저주하는 혀의 악행이 용납될 수 없는 것(약 3:9)도 마찬가지의 창조론적 맥락에서다.[12] 이는 또한 샘이 한 구멍으로 단물과 쓴물을 동시에 낼 수 없고 무화과나무가 감람 열매를, 포도나무가 무화과를 맺지 못하는 자연 현상(약 3:11-12)에 비추어 보더라도 명백히 하나님의 창조 질서에 대한 위반이 된다. 언어의 왜곡과 분열 현상이 자아의 분열을 반영하고 그것이 곧 정신 분열과 직결되는 점을 감안할 때, 이러한 언어의 윤리적 타락은 제 존재 본연의 모습을 정직하게 보지 못하게 만드는 주범이 아닐 수 없다. 따라서 언어의 윤리학은 언어의 존재론으로 소급시켜 논의할 수 있으려니와, 야고보서가 퇴락하기 쉬운 말의 대척점에 "마음에 심어진 말씀"(약 1:21)을 설정하여 율법의 자유하게 하는 기능을 중시한 것은 필연적 귀결이다.

"마음에 심어진 말씀"의 출처는 율법에 기록된 하나님의 말씀일 터이다. 그 말씀이 마음에 심어졌다는 것은 율법의 말씀을 거듭 반복하여 듣거나 읽고 마음에 그 교훈을 새김으로써 명확하게 기억하고 있다는 것을 의미한다. 그 기억이 그 당사자로 하여금 율법을 단순히 듣는 데서 끝나지 않고 행동으로 옮기는 단계로 나아가게 한다. 율법을 통해 진리의 교훈을 알고서도 그것의 실천 없이 다만 듣는 것으로 끝나버리면 자신을 속이는 짓이 된다(약 1:22). 거울을 통해 제 자신의

11) 야고보서의 혀 이미지와 그 신학적 배경에 관해서는 Jung-Sik Cha, "Beyond the World of Evil: The Jacobian Theology of the Tongue in James 3:1-12", *Proceedings of the Congress of Asian Theologians* (1998), 73-88 참조.

12) 이에 기초하여 한 논자는 "[야고보서의 전체 맥락에서] 하나님의 형상으로 지음을 받은 인간을 어떻게 대우하느냐에 따라서 믿느냐 안 믿느냐를 결정할 수가 있다"고 주장하기도 한다. 안진호, "하나님의 형상과 야고보서의 믿음과 행위", 「신약논단」 11/1(2004), 205-220 참조.

모습을 보고 돌아서자마자 곧 그 형상을 잃어버리는 망각의 병통(약 1:23-24)은 실천이 부재한 들음의 반복이 빚어내는 오류로서 말씀이 결실치 못하는 대표적인 사례이다.[13] 그러나 말씀이 마음에 심어져 기억과 성찰을 통해 행함으로 이어지면 거기에는 반드시 경건의 결실이 있게 된다. 반대로 그 전 과정을 통과하지 않는 말씀과 그를 통해 내세우는 경건은 그야말로 '헛것' 이 되어버린다. 그 참된 경건의 내용인즉 밖으로 고아와 과부를 환난 중에 돌아보고 안으로 자신을 지켜 세속에 물들지 않는 것으로 요약된다(약 1:27). 그 율법의 교훈을 기억하여 그대로 실행할 때 그것을 들은 자들은 그 의무로부터 자유로워진다. 아울러, 심판의 부담으로부터 자유롭게 된다. 이것이 저자가 율법을 "자유롭게 하는 온전한 율법" (약 1:25)으로 자리매김한 까닭이다.[14]

율법의 근본정신과 관련하여 야고보서가 강조하는 것은 율법의 온전성과 함께 그 율법을 행하는 자들에 의한 그 말씀의 온전한 이행과 준수이다. 특히, 이웃 사랑의 계명을 '최고의 법' 으로 친 신학적 입장에서 율법의 정죄를 받는 대표적 행태는 빈부에 따라 사람을 차별하는 것이다(약 2:9). 이는 다른 율법을 아무리 잘 지켜도 이 한 가지로 인해 실족할 수 있을 만큼 말씀의 본령에 해당되는 중요한 선결 조건이다. "긍휼은 심판을 이기고 자랑" (약 2:13)할 만큼 하나님의 대표적인 성품인데, 가난한 자를 차별대우하는 것은 긍휼에 정면으로 위반되기

13) 본문의 맥락에서 그 망각을 극복하는 기억의 거울로 작동하는 것이 바로 '본성' 과 '하나님의 율법' 이다. Luke Timothy Johnson, "The Mirror of Remembrance(James 1:22-25)", *CBQ* 50(1988), 636 참조.

14) 본문의 전체 맥락에서 "자유롭게 하는 온전한 율법" 은 앞서 제시된 "마음에 심어진 말씀" 과 동등한 의미를 지닌다. 여기서 '온전한' 율법은 온전하지 않은 율법을 따로 상정한 것이 아니다. 이는 더 좋은 것을 생각할 수 없는 그런 율법, 삶의 목표로서의 이상적 온전함을 나타낸다. 이 문구는, 율법을 지킴으로써 사람이 스스로 자유로움을 느낀다는 함의를 내포하고 있다. James Hardy Ropes, *A Critical and Exegetical Commentary on the Epistle of St. James* (Edinburgh: T&T Clark, 1916, 1973), 177-178 참조.

때문이다. 이러한 행태가 정신복지에 치명적인 장애물이 되는 것은 공동체 내에 소외된 타자를 만들어 결국 화평의 질서를 깨기 때문이다. 아울러, 그 차별적 인간 대접은 이웃 사랑의 계명을 위반함으로써 그 당사자의 인간적 도리와 윤리적 의무로부터 자유롭지 못한 억압된 존재로 만들기 때문이다.

그러한 억압된 존재로서의 자아상은 설사 자신을 경건한 종교인으로 내세울지라도 자기모순과 기만의 족쇄에 차여 정신복지에 악영향을 끼친다. 이에 야고보서는 그 부정적인 순환의 회로를 차단하고 근본적으로 새롭게 출발하도록 돕는 신학적 원리로서 지혜와 율법의 말씀을 제시하고 있는 것이다. 이로부터 성찰의 능력이 생기고 언어가 순화되며 화평의 질서를 일굴 수 있는 여건이 조성되는 것이다. 그 궁극적 목적이 물론 영혼을 구원하는 데 있겠지만(약 1:21), 그 구원의 과정에서 정신복지의 수준이 극대화되는 것은 의심의 여지가 없는 귀결일 터이다.

III. 빈부문제와 경제복지

1. 사상으로서의 '가난'

야고보서에는 가난의 문제에 대한 집중적인 관심이 피력되어 있다(약 1:9-11, 2:5-12, 5:1-6). 그것은 가난 자체에 대한 이론적 논의보다는 가난한 자에 대한 애정 어린 배려와 동정으로 나타난다. 주목할 만한 점은 가난한 자에 대한 그러한 관심이 부자에 대한 적대적 관계 속에 표출된다는 것이다. 이는 빈사와 부자의 관계가 상하 우열 관계로 고착된 것이 아니라 역동적인 전복의 관계로 이해되고 있음을 시사한다. 즉, "낮은 형제는 자기의 높음을 자랑하고 부한 자는 자기의 낮아짐을 자랑할지니 이는 그가 풀의 꽃과 같이 지나감이라"(약 1:9-10)는 진술대로, 빈자와 부자는 그 위상의 전복적 해체를 불러오는 종말론적 사건 앞에 노출되어 있는 것이다.[15]

그런데, 그 관계의 전복은 자동화된 진로인가? 아무런 전제조건 없이 이 땅의 삶이 가난했다는 사실만으로 높아지고, 부자로 살았다는 사실만으로 낮아지는 것인가? 또 그것을 굳이 양쪽 다 자랑한다는 것은 무엇을 의미하는가? 이러한 빈부문제와 관련하여 야고보서에서 제출하는 신학적 전망은 이 땅에서 일구어내는 경제복지와는 어떻게 연계되는가? 일견, 빈부문제에 대한 야고보서의 이러한 과격한 이해는 가난한 자가 복이 있고 부자는 화가 있으리라는 예수의 지상수훈(눅 6:20, 24)이나 거지 나사로는 가난하게 살았다는 것만으로 아브라함의 품에서 위안을 얻고 부자는 사후 재난을 당한다는 누가복음의 비유(눅 16:19-31)를 연상시켜준다.

그러나 이러한 빈부 이해의 배후에는 그보다 더 앞으로 소급되는 사상사적 풍경이 깔려 있다.[16] 이스라엘 역사에서 사회가 안정을 구가할 때 가난은 본래 불운한 것, 또는 게으름의 결과로 좋지 않은 것 등으로 이해되었다. 그러나 이스라엘이 국가적 강성함을 잃고 고난의 역사를 행진할 때 가난은 하나님을 가까이 하기에 유리한 특별한 상태로 인식되기 시작했다. 실제로 나아가 멸망당하면서 포로나 유랑민으

15) 김명수, 『성서주석: 야고보서』(서울: 대한기독교서회, 1994), 80에 의하면, 이는 "공동체 내에서 차별을 폐지하고 균형을 이루는 것"을 교회의 궁극적인 목표로 삼아야 함을 훈계한다. 그러나 그 '균형'이란 것이 현실 속에서는 항상 상대적이고 모호하다.

16) 그 사상사적 흐름에 대해서는 다음을 참조하라. Martin Dibelius, *James*, revised by Heinrich Greeven & tr. by Michael A. Williams (Philadelphia: Fortress Press, 1975), 39-45; F. 무쓰너, 『야고보서』, 158-169 참조.

로 살았던 불운한 시대의 백성들을 곤궁할 수밖에 없었다. 이러한 비참한 사회적 현실에 종교적 의미를 부여하여 부자들은 하나님으로부터 소원한 자들로 조명되는 한편 가난한 자들은 하나님의 은총을 받은 겸비한 자들로 이해되기에 이르렀다. 그리하여 가난한 자와 경건한 자의 범주가 동일시되거나(시 86:1f, 132: 15f), 가난한 자의 대적을 하나님의 대적으로 인식하는 전통이 싹트게 되었던 것이다(시 109:31).

종교적 사상으로서 가난을 이해하는 이러한 흐름 속에 부자들은 주로 지혜문헌을 통해 질타의 대상으로 떠오르곤 했다. 이를테면 사람들이 부로 인해 죄악에 빠진다고 여겨졌고(잠 15:16f, 시락 20:21, 34:5), 부의 파멸에 대한 예언의 말씀들이 제출되기도 하였다(잠 23:4.f, 전 5:12ff, 시락 11:18f). 아울러, 가난한 자의 재기와 부자의 퇴락이라는 전복적 희망이 하나님의 권능이 실현되는 징표로 이해되었다(시 113:7f, 삼상 2:7f). 이러한 빈부 이해의 틀은 헬레니즘의 침탈과 맞서 저항하던 마카비 시대에도 그대로 전승되어 불의한 부자들과 싸우는 가난한 경건주의자들의 대결 구도로 나타나는데 그 일련의 증거들이 이 시대에 생산된 묵시문학에서 탐지된다(에녹1서 94ff, 솔로몬의 시편 1:4ff, 5:2, 10:6, 15:1). 이 당시에는 바리새인들이 경건한 자들의 이름을 내걸고 가난한 자들의 선봉에 서서 외세와 내부의 부유한 귀족들과 싸웠다.

예수의 시대에 메시아를 고대하며 하나님 나라 운동에 동참한 자들은 이러한 종교적 사상으로서의 가난/경건의 열정을 물려받은 자들이었다. 예수는 그 제자들과 함께 자발적 가난의 삶을 추구했다.[17] 부자 청년에게 모든 소유를 다 팔아 가난한 자들에게 나누어주고 나서

17) 예수의 자발적 가난과 그에 연계된 초기 교회 공동체의 가난 이해에 대해서는 다음을 참조하라. 차정식, "초기 예수 공동체와 가난의 유형학", 『신약성서의 사회경제사상』(서울: 한들출판사, 2000) 145-182.

자신을 따르라(막 10:21)는 예수의 제자 소명담은 단순히 제자도의 기준만을 말하지 않는다. 이 말의 배후에는 부자로서 하나님 나라 백성으로 동참하는 유일한 길은 그 소유한 부를 가난한 자들을 위해 베푸는 것밖에 없다는 암시가 깔려 있다. 이는 또한 동시대 유대교의 경건주의적 전통과 긴박한 종말론적 기대에 부응한 빈부의 이해를 대변하거니와, 야고보서에서도 일관되게 스며 있는 신학적 전통이기도 하다. 이때 가난은 게으름의 결과나 부끄러움의 대상이 아니라 종말론적 백성의 표지로서 체화된 종교적 삶의 양식이다. 그것은 자발적으로 선택하였기에 부끄럽지 않고 하나님의 약속에 따른 것이기 때문에 외려 영광스런 약속의 조건이기도 하다.

예수의 이러한 자발적 가난의 전통을 계승한 유대인 기독교도들은 신약성서에서 일단 "예루살렘의 가난한 성도들"로 범주화되어 나타난다.[18] 이방인 교회의 대표 선교사로 활동한 사도 바울은 이들을 돕기 위해 이방인 교회들을 순회하면서 모금 캠페인을 전개한 바 있다. 경제적으로 비교적 넉넉한 위치에 있던 이방인 교회 교인들이 예루살렘의 성도들에게 영적인 채무감을 느끼고 그것을 물질적인 것으로 보상하는 일종의 호혜적 코이노니아로 인식했다는 것은 빈부 문제에 대한 예의 신학적 전통에 비추어 시사하는 바가 크다. 바울과 예루살렘교회 지도자들 사이의 합의에 따라 진행된 이 캠페인은 단순히 유대인 교회와 이방인 교회 사이의 상호 교류와 호혜적 관계를 증진하기 위한 협약에 머물지 않고 그 모든 이들이 빈부의 격차를 넘어 하나님의 한 백성이고 그리스도의 한 교회라는 평등주의적 신념을 반영한 것이었다고 볼 수 있다.

18) 예루살렘의 가난한 성도들에 대한 상세한 논의로 다음을 참조하라. 차정식, "'예루살렘 성도'의 가난, 그 배경과 내력", 앞의 책, 183-221.

한편, AD 70년 이후 예수 재림과 종말의 열기가 점차 둔화되면서 물질적 부의 추구에 대한 인식도 비교적 너그러워져간 것으로 보인다. 로마의 식민정책에 따라 도시화가 진전되고 교회 공동체 내에도 부자와 빈자의 경제적 격차가 생기면서 공동소유와 각자의 필요에 따른 균등한 공동분배라는 초대교회의 이상은 적잖이 퇴조했을 터이다. 바울이 적절히 표현한 대로, 이방인 교회의 경제신학은 본래 부요한 그리스도가 성도를 위해 가난하게 된 것은 그들로 부요하게 하기 위함(고후 8:9)이라는 적극적 방향으로 전개되어갔다. 이러한 지향 노선은 이방인 교인들이 일상생활을 통해 적극적인 경제활동을 하는 데에 강한 동기를 부여했을 것이다. 그러나 이러한 이방인 교회와 달리 예수의 자발적 가난의 후예라고 자부한 유대인 그리스도인 공동체에서 빈부의 격차로 인한 문제는 단순히 경제적인 문제 이상의 문제, 곧 그들의 정체성을 위협하는 신학적 문제로 부각되었을 법하다. 그들이 추구해온 고결한 가난의 이상이 부의 축적을 통해 위세를 부리려는 교회 안팎의 일부 부자들을 통해 훼손될 위기에 처했기 때문이다. 그리하여, 한때 바울에 의해 주도된 이방인 교회의 재정적 후원을 예루살렘의 유대인 그리스도교도들이 수용했는지의 여부를 떠나, 그들은 시종일관 가난을 경건의 개념과 등치시켜 신학화함으로써 예수의 생활 스타일을 고수했을 가능성이 크다. 실제로 야고보를 위시한 예수의 혈육을 통해 계승된 예루살렘교회의 유대인 그리스도교 세력은 외적으로 화려한 팽창과 부흥보다는 내부적으로 소박한 삶을 통해 경건한 가난을 추구했던 것으로 보인다.[19] 이처럼 전통화된 가난의 신학은 훗날

19) 초기 예루살렘교회의 지도자로서 예수의 리더십을 계승한 야고보의 삶과 역사적 위상에 관해서는 다음을 참조하라. John Painter, *Just James: The Brother of Jesus in History and Tradition* (Minneapolis: Fortress Press, 1999); 제임스 D. 타보르, 김병화 옮김, 『예수왕조』 (서울: 현대문학사, 2006).

유대인 기독교도의 이름조차 가난한 자들을 통칭하는 '에비오나이트' (Ebionites), 예수의 역사적 정체성을 표상하는 '나조리안' (Nazoreans)으로 불리게 되었을 것이다.[20]

2. 경제양극화의 현실과 대안

야고보서가 상정하는 지역의 공간적 배경은 농경 활동이 주업으로 이루어지는 곳이지만(약 5:7) 그것은 품삯을 주고받는 고용생산의 체제를 바탕으로 깔고 있다. 밭의 경작에 지주와 일용노동자가 동떨어진 신분과 위계 속에 차별적이고 억압적인 관계를 유지하고 있는 열악한 현실이었다(약 5:4). 이렇게 축적된 부는 도시화를 뒷받침하는 경제적인 동력으로 작용했을 것이다. 그 과정에서 편중된 부는 다수의 삶을 질적으로 배려하는 복지의 증진과는 무관하게 소수 부유층의 향락을 위해 사용되었을 게 뻔하다. 또한 일부는 도시를 돌아다니면서 상행위를 시도함으로써 부의 축적으로 삼기도 하였다. 이러한 기동력은 전통적인 농촌공동체의 해체와 도시화를 더욱 가속화시키는 요인으로 작용했으리라 짐작된다. 이러한 와중에 흩어진 디아스포라 유대인들은 도시마다 회당을 세우고 그것을 중심으로 공동체를 구축했다. 예수와 바울의 선교 행적에서 밝히 드러나듯 초기 그리스도교의 구심점은 바로 그 유대인들의 회당공동체였다. 야고보서 역시 이 서신의 수신자들이 회당을 중심으로 생활을 하는 신앙 공동체의 성

20) 유대인 기독교의 발전 과정과 그 종파적 분기 양상에 대해서는 다음을 참조하라. Hans-Joachim Schoeps, *Jewish Christianity*, tr. by Douglas R. A. Hare (Philadelphia: Fortress Press, 1969); G. Strecker, "Ebioniten", *RAC* 4, 487-500; Stephen Goranson, "Ebionites", *ABD* vol. 2, 260-261; [idem], "Nazarenes", *ABD* vol. 4, 1049-1050.

원들이라는 점을 전제로 한다. 그런데 문제는 저러한 빈부의 격차로 인한 온갖 폐단들이 이러한 회당공동체 내에서도 고스란히 나타나고 있는 현실이었다.

야고보서 2장 2-3절에 나타난 상황은 일종의 사회적 '유형'으로 설정되어 있지만,[21] 실제 회당집회의 자리에서 생겼을 법한 일을 제시한다. 여기에 등장하는 인물유형은 셋으로, 회당의 지도자(또는 관리자) 그룹, 부자, 그리고 가난한 자이다. 부자는 금가락지와 아름다운 옷으로 특징지어지고, 가난한 자는 남루한 옷으로 표상된다. 이들의 옷차림새는 그들의 실질적인 삶의 내용과 무관한 외양을 대변한다. 그런데도 그 장식적 외양을 잣대로 부자를 좋은 상석으로 인도하고 가난한 자를 발등상에 앉힌다면 이는 외모로 사람을 취하지 아니하시는 하나님의 기준에 어긋나는 부당한 차별이라는 것이다. 이 차별이 심각한 문제가 되는 것은, 그들이 모두 한 공동체의 성원이기 때문이다. 형제나 자매로서의 그 관계가 물질적 소유의 많고 적음, 외양의 남루함과 화려함으로 인해 파괴된다는 것은 "악한 생각으로 판단하는" 것과 상관이 있다(약 2:4). 여기서 '판단'이란 심판의 의미를 지닌다. '악한 생각'이란 악한 동기, 곧 빈자를 물리치고 부자와의 호의적인 관계로써 특혜를 얻으려는 타산적 동기를 암시한다. 가난한 자 앞에서 거만하고 부자 앞에서 비굴해지는 것이 이해관계에 민감한 인간의 통상적 심리이지만, 그것은 차별대우로 이어지고 외양에 따른 차별은 이웃

21) 이 단락은 문학적인 관점에서 당시 철학 논쟁에서 즐겨 사용되었던 '디아트리베'(*diatribē*) 형식을 취하고 있으며, 그 주제 또한 물질주의적 탐욕에 물든 당시 직업 철학자들에 대한 견유철인들의 비판 내용과 유사하다. 실제로 루키안(Lucian) 같은 당시의 풍자가는 일부 철인들이 후견인들의 영혼을 개선하는 것보다 그들이 제공하는 물질적 안락함에 더 신경을 많이 쓰는 것을 비판했다. 그러나 야고보서는 여기에서 한 걸음 더 나아가, 유대교 회당에서 후원자들을 기려 아버지, 어머니로 받들어 존숭하는 위계적 태도를 지양하는 반면 호혜적인 관계 가운데 형제, 자매로서의 도리를 강조한다. Pheme, Perkins, *First and Second Peter, James, and Jude* (John Knox Press, Louisville, 1995), 107-109.

사랑의 계명을 위반하는 결과를 초래한다. 사람을 차별하는 것이 범죄에 해당되고(약 2:9), 형제를 판단하는 것이 율법을 판단하는 것(약 4:11)이라고 말하는 까닭이 바로 여기에 있다.

이와 같이 경제적 기준에 따른 공동체 내부의 차별적 대우는 빈부의 양극화를 고착된 구조로 승인함과 동시에 결국은 공동체를 분열시키는 폐단을 낳는다. 이러한 경제 양극화의 희생자는 가난한 자들이다. 그러나 그들은 전통적 경건주의의 관점에서 보면 그 가난함으로 인해 하나님의 택함을 받은 자들이다. 뿐 아니라 하나님은 그들의 믿음을 부요하게 하고 그들을 약속한 나라를 물려받을 상속자들로 세워주었다(약 2:5). 따라서 그들이 이러한 영적인 신분을 무시당하고 단지 경제적 이유로 업신여김을 받아서는 안 되며 부자들이 그들을 법정으로 끌고 가는 것은 부당하다(약 2:6). 그들은 비록 가난할지라도 그리스도인으로서 '아름다운 이름' 을 부여받았던 바, 그 이름이 비난당하는 것 역시 부당하다(약 2:7).[22] 그러나 실제로 이러한 부당한 일이 한 공동체 안팎에서 자행되었다면 거기에는 진정한 의미의 복지적 삶이란 보장될 수 없는 것이다. 빈부의 격차로 인한 경제적 양극화, 그로 인한 차별과 박해, 나아가 그것을 하나의 체제로 승인하고 고착화하는 악한 동기, 이 모든 것들은 하나님의 의도와 무관한 죄악된 소행이다.

그러면 이러한 열악한 현실 속에서 바람직한 신학적 대안은 무엇인가. 어떻게 대처해야 공동체가 건강을 회복하여 빈부격차와 차별

22) 그 아름다운 이름은 그리스도인들에게 명예로운 이름, 곧 '예수' 이다. 유대교에 기초한 당시 종교문화사적 관행과 신학적 인식에 따르면 특정한 신성의 이름과 그 이름을 지니고 다니는 이들은 서로에게 속해 있다고 생각했다. 본문의 맥락에서 가난한 자들은 그 이름을 지닌 자들이고 부자들은 그렇지 못한 자들로 전제된다. M. Dibelius, *James*, 140-141 참조.

없이 호혜적 복지의 관계로 재정비될 수 있을 것인가. 이와 관련하여 야고보서가 제시하는 대안은 단순하지만 단호하고 구체적이다. 무엇보다 앞서 부에 대한 건전한 신학적 인식이 필수적이다. 그것은 '풀의 꽃' 과 우리의 지상적 삶과 함께 존재하다가 스러지는 한시적 가치이다(약 1:10-11). 이러한 종말론적 인식이 제대로 작동하는 한 재물은 결코 자랑거리가 못된다. 이를 깨닫지 못한 채 재물을 내세워 허탄한 자랑을 하는 것은 악한 일이다(약 4:16). 종말론적 인식으로 투철하다면 부자들의 재물은 마땅히 가난한 자들에게 나눠줘야 한다. 그렇지 않고 쌓아놓고 독식하는 걸 목적으로 재물을 추구해온 부자들은 앞으로 고생과 통곡을 면치 못할 것이다(약 5:1). 왜냐하면 그들의 그 재물은 아무런 이타적 소용이 되지 못한 채 썩어버릴 터이기 때문이다. 말세에 재물을 쌓아두는 것 자체가 어리석은 짓이다. 좀먹은 옷, 녹슨 금과 은은 그러한 어리석은 축재의 증거로 장차 심판의 때에 부자들의 죄악상을 고발할 증거들로 제시된다(약 5:2-3).

부자의 회개는 그 재물을 가난한 자들에게 활수하게 나눌 뿐 아니라 그동안 부당하게 수탈한 임금을 품꾼들에게 돌려줌으로써 사회정의의 회복으로 이어져야 한다(약 5:4). 그렇게 부당하게 수탈한 재물로 그들은 사치와 방종으로 마음을 살찌게 하는 오류를 범했으므로(약 5:5), 그것을 바로잡는 데서부터 다시 출발하지 않으면 안 된다. 그렇지 못하면 부자의 그 마음은 황폐한 채로 쇠잔해질 것이고 가난한 자의 열악한 삶은 더욱 악화된 채로 방치될 터이기 때문이다. 그러나 그것은 복지의 삶과 거리가 멀다. 복지는 영혼의 건강에 대한 배려로만 충분치 않다. 신앙적인 견지에서 사람이 빵으로만 살 수 없고 하나님의 말씀으로 산다고 하지만, 그렇다고 말씀만을 앞세워 빵의 공정한 분배를 외면하면 하나님의 말씀이 이 땅을 향해 의도하는 신정의 치세를 이루는 데 장애가 될 것이다. 왜냐하면 거기에 참여하는 이들 가운데 궁핍한 이들은 그 말씀을 먹을 기본적 신체 에너지조차 고갈되고 말 터이기 때문이다.[23] 그러므로 경제적 부가 한쪽으로 편중된 사회구조와 그로 인한 양극화의 고착에 기여하는 체제는 마땅히 개혁되어야 할 신학적 정당성을 얻는다.

이와 같은 사회구조적 개혁에 대한 관심과 더불어 신앙공동체 내부의 쇄신 또한 야고보서에서 절박한 과제로 대두된다. 그것은 신앙적 경건의 개념을 좀더 전향적으로 재정의하고 적극적으로 실천하는 데서부터 시작해야 한다. 경건은 흔히 내면적 신앙 수련에 국한하여 "자기를 지켜 세속에 물들지 아니하는 그것"이라고 다소 폐쇄적으로 이해하는 경향이 있다. 그러나 야고보서의 저자는 여기에 "고아와 과부를 그 환난 중에 돌보"는 실천적인 믿음을 추가한다(약 1:27). 사회적 약자를 경제적으로 돌보는 일은 사회적 차별을 극복하는 정의의 구현이란 맥락에서 경건과 별도의 일이 아니라 그 핵심적 구성 요소라는 것이다.[24]

이러한 지론은 야고보서의 본문에서 거듭 강조되는데, 특히 공동체 내의 가난한 자를 구제하는 방식과 관련해서 행하는 예전적 축원을 비판할 때 빛을 발한다. 한 공동체 내에서 헐벗고 일용할 양식이 없는 자에게 "평안히 가라, 덥게 하라, 배부르게 하라"(약 2:17)는 예전적 축원은 예나 지금이 통상적으로 하는 것이지만 아무리 강렬한 믿음이 보태진 축원일지라도 거기에 구체적인 행함이 빠져버리면 그 믿음은

23) 그리하여 자발적 가난의 삶을 추구한 예수조차 그 자신이 가르친 기도문에서 인간을 위해 구해야 할 첫째 항목으로 "우리에게 오늘날 일용할 양식을 주옵소서"(마 6:11)를 포함시켰다.

24) 기독교 신학의 관점에서 시도한 '경건' 개념에 대한 포괄적 연구로 다음을 참조하라. 대한예수교장로회총회교육자원부 편, 『하나님 나라와 경건』(서울: 한국장로교출판사, 2005).

죽은 믿음이라는 것이다(약 2:26). 그 축원이 진정성을 띠려면 그 헐벗고 굶주린 자의 필요에 부응하는 구체적인 유익함이 즉석에서 있어야 하기 때문이다(약 2:16). 경건의 개념이 사회적 부조리에 대한 적극적인 대응을 포함하듯, 그리스도인의 믿음 또한 한 공동체 내에서 발생하는 빈부의 격차와 이로 인한 양극화의 현실에 긴밀히 대처하여 그 문제를 실천적으로 해소하는 데까지 미쳐야 생동하는 믿음이 될 수 있다는 것이다.[25)]

IV. 공동체 치유와 건강복지

1. 치유와 복지의 상호관계

신학적으로 생명이 창조의 선물이라면 그 생명의 건강한 존속과 향유는 그 선물의 중요한 목적에 해당된다. 성서는 그 생명이 병들고 죽을 수밖에 없게 된 것을 인간의 죄악에 따른 보응 결과라고 설명한다. 그 질고와 죽음이 불가피한 삶의 귀착점으로 판명되는 한 그 대응방식은 하나님의 그 판결에 대한 신실한 순복과 수용만이 정답이다. 그러나 그 판결이 결정적인 것으로 드러나기까지 대부분의 인간들은 확신과 회의 사이에서 적잖이 망설인다. 또한 많은 질병의 경우 죽음으로 직결될 만큼 치명적인 것도 아니다. 바로 이 지점에서 치유

25) 이러한 믿음은 사회경제적 양극화, 중앙과 지방간의 지역적 양극화로 고민하고 있는 오늘날 우리사회의 치유를 위해서도 유용한 대안이 될 수 있다. 우리사회의 양극화 문제에 대한 성서신학적 통찰로 다음의 논고를 참조하라. 차정식, "양극의 무기물에서 다원의 유기체로–양극화 문제에 대한 성서신학적 통찰", 『기독교사상』 568(2006/4), 22-36. 한편, 이러한 양극화 해소를 통한 경제복지의 증진은 사회복지의 모든 실천 분야에 걸쳐 강하게 요청되는데, 특히 공공부조(public aid)의 개념과 연관되어 있다. 장인협, 『사회복지학』 (서울: 서울대학교출판부, 1999), 171-180.

의 문제가 발생한다. 치유는 심신의 병든 부분을 바로잡아 건강한 원상태로 회복시키는 일련의 과정을 일컫는다. 이 치유의 활동은 고대로부터 지금까지, 그 정도와 세세한 방식의 차이는 있을지라도, 의학적인 처방과 종교적인 개입이 병행되는 추세로 일관되게 진행되어왔다. 성서에서도 인간 복지에 대한 일관된 신학적 관심의 차원에서 질병 치유 주제는 광범위하게 다루어졌다.[26]

구약성서에서 질병, 특히 세균에 의해 전염되는 질병은 이스라엘 백성들을 성결한 하나님의 백성으로 보존하기 위해 사전에 예방하고 퇴치해야 할 대상이었다. 제사장은 의사의 역할을 겸하면서 질병의 진단과 판정뿐 아니라 성결하게 하는 제의적 절차를 관할하였다.[27] 이는 사람의 피부병과 관련하여 규정한 레위기의 조항들에 대표적으로 드러나 있거니와, 타자 전염의 예방을 목적으로 하는 그러한 위생관념은 의복이나 주택에 생기는 곰팡이 색점에 대한 관리 방식으로 확대하여 나타나기도 하였다(레 13-14장). 이러한 정함과 부정함의 기준은 산후 조리 방식에도 적용되었고(레 12장), 특히 음식 규례에 철저하게 반영되어 먹을 수 있는 정한 짐승과 먹지 말아야 할 부정한 짐승의 항목을 구분하기까지 하였다(레 11장). 당시 고대 이스라엘 사회가 이러한 규정에 철저할 수밖에 없었던 것은 공동체 단위의 생활 반경에서 의식

26) John Wilkinson, *The Bible and Healing: A Medical and Theological Commentary* (Edinburgh: Handsel; Grand Rapids: Eerdmans, 1998); John Christopher Thomas, *The Devil, Disease, and Deliverance: Origins of Illness in New Testament Thought* (Sheffield: Sheffield Academic Press, 1998); Howard Clark Kee, *Medicine, Miracle and Magic in New Testament Times* (Cambridge: Cambridge University Press, 2005) 참조.

27) 고대 이스라엘에서 제사장은 제의적 기능, 신탁을 묻는 기능, 재판과 교육의 기능, 정치적 기능과 함께 마귀를 쫓는 정결 의식 수행자로서의 기능을 담당하였다. 고대 근동에서 축귀와 질병 치료의 전문 제사장이 있었던 것과는 달리 이스라엘의 경우는 일반 제사장들이 이 기능을 두루 수행한 것으로 보인다. 김영진, "고대 근동과 이스라엘 제사장의 기능", 「한국기독교신학논총」 27(2003), 5-38 참조.

주와 사람의 신체에 연관된 세균 전염병을 적절히 통제하지 못할 경우 공동체의 전멸을 초래할 위험이 있었기 때문이다.

레위기의 이러한 정과 부정의 원리는 부정한 자를 공동체에서 격리하여 솎아내는 배제의 규율을 성립시켰다. 부정한 것을 정결케 하는 방식으로는, 시체에 접촉되어 부정한 의복을 물에 빠는 행위, 산혈이 그치고 정결하게 되기까지 기한을 채우며 기다리는 것, 피부병 환자를 일정기간 동안 격리시켜 가두어두는 것, 곰팡이 핀 의복을 불에 태우거나 물에 빠는 것 등과 같이 소극적인 행위에 머물렀다. 그것의 체계적인 제도화와 제의적 고착화는 결국 정과 부정의 배타적 경계를 확대, 심화하는 결과를 가져왔고,[28] 이는 공동체의 건강복지에 점차 무기력한 방기 내지 고작해야 현상 유지의 수준을 겨냥할 따름이었다. 다시 말해, 환경의 오염과 생명의 질병 문제와 관련하여 인간 사회의 복지를 지향하는 하나님의 주권을 활성화시켜 신학적으로 계도하고 적극적으로 그 원인을 찾아 치유법을 계발하는 노력이 미미했던 것이다. 이에 따라 현상을 추수하며 고착화된 전통을 반복하는 미봉의 대처방식으로는 건강 복지의 차원에서 개인 생명의 존엄한 가치와 공동체의 안녕을 보장하기가 어려웠을 법하다.

신약시대에 예수는 이러한 정 · 부정의 차별적 경계에 맞서 카리스마 넘치는 치유자로 활동하였다. 예수의 주된 행적이 치유 활동에 집중되었음은 주지의 사실이다. 그는 당시 유대교의 정결예법이 설정한 경계 밖으로 밀려 죄인의 부류로 취급받던 민중들을 향해 적극적으로 포용의 동선을 개척했다.[29] 그는 그들과의 접촉 현장에서 무엇

28) 신학적 인식의 지평이 확대됨에 따라 신약시대에 이르러 이러한 정 · 부정의 경계는 철폐되었다. 사도행전 10장 9-16절이 시사하듯, 그것은 선교적 팽창에 장애가 되었기 때문이다.

보다 치유 사역에 관심을 보였다. 신체적 질병과 장애뿐 아니라 정신적 질병을 그는 축귀 사역을 통해 치유했다. 예수는 질병의 원인이 부분적으로 죄에 있다는 전통적 이해를 용인했다. 이에 따라 그는 치유 명령을 죄의 용서로 대신하기도 했다(막 2:5). 이 경우 치유는 속죄의 결과였다. 그러나 그것이 전부가 아니었다. 예수의 질병 치유를 '더러운 영' 에 사로잡힌 생명을 깨끗하게 회복시키는 맥락에서 제시한 복음서의 기록은, 그가 부정함을 부정하다고 진단, 규정하고 그것을 배제하는 소극적인 방식을 넘어 그 부정함의 실체를 폭로하고 그것의 원인을 절단함으로써 정과 부정의 전통 제의적 체계를 전복시켰음을 시사한다. 다른 한편으로, 이른바 '군대 귀신' 들린 자의 치유 사건(막 5:1-20)에서 예시되듯, 예수의 치유 활동은 당시 유대 민중의 질고 밑바탕에 그들을 정치 · 경제적으로 수탈하고 문화적으로 억압해온 근본 체계로서 로마의 식민정권과 헬레니즘이라는 세계화된 이교도 문명이 자리하고 있음을 직시하고 이에 대하여 우회적으로 비판한 측면도 엿보인다.[30]

이와 같이 예수의 치유 사역은 단순히 치유 사건을 통한 개인의 건강 회복에만 머물지 않고 한편으로 사회적 재활과 갱생의 길로 나아가면서 다른 한편으로 그러한 길을 방해하는 강압적 체계에 대한 사회비판을 겨냥하였다. 그리하여 그의 치유 사역은 개인의 기적적 변화를 통한 단순한 흥행성 이벤트가 아니라 부정의 원리에 의해 배제된

29) 레위기의 해당 율법 조항들이 '배타' 에 치중했다면 예수의 치유신학은 '포용' 으로 특징지어진다. Santiago Guijarro, "Healing Stories and Medical Anthropology: A Reading of Mark 10:46-52", *BTB* 3-/1(2000), 102-112. 한편, 예수의 치유가 개인의 카리스마에 의한 방식을 취했고 야고보서의 경우가 공동체 치유의 성격을 띠지만, 양자는 죄의 용서와 질병 치유를 동궤에서 인식했다는 점에서 상통한다.

30) 이에 대한 연구로는 다음의 논문을 참조하라. 차정식, "예수의 반(反)헬레니즘과 탈식민성", 「한국기독교신학논총」 24(2002), 101-138.

사람들이 건강한 사회 성원의 일원으로 동참하여 어엿한 지상의 시민으로 살아갈 수 있도록 배려한 건강 복지의 실천이었다고 볼 수 있다. 그도 그럴 것이 예수는 그의 치유 사역을 '하나님 나라'의 도래 차원에서 추구했기 때문이다. 즉, 그는 하나님의 주권적 통치가 이 땅에 도래하여 생명을 훼손해온 기존의 억압적 체계와 부당한 질서를 뒤집는 새로운 역사의 표징으로서 치유활동을 선보였던 것이다.

2. 공동체 치유의 방식과 의의

예수의 치유 방식은 주로 말씀을 통한 명령이었지만, 그 능력의 배양을 위해서 기도의 필요성을 강조했다(막 9:29). 기도와 기적의 신학적 얽힘은, 적어도 마가복음의 맥락에서, 하나님의 주권적 뜻에 따라 가변적인 것으로 드러난다. 즉, 기적을 일으키는 하나님의 능력이 기도로써 행사되길 바랄지라도 이는 하나님의 뜻이 허용하는 범위 안에서라는 제한 조건을 갖는다는 것이다(막 11:22-24, 14:36). 나아가 그 기적을 간구하는 기도의 효용성이 기도하는 자의 인간관계에 용서하지 못함으로 발생하는 어떤 거리끼는 장애물이 없어야 한다는 점도 중요하다(막 11:25). 복음서의 예수는 병자들을 치유할 때 기도를 그 실천방식으로 사용한 적은 없지만 평상시 기도로써 그 힘을 축적한 것으로 보인다. 제자들의 치유활동을 격려하기 위해 예수가 기도의 힘을 강조한 것도 바로 그 때문이다. 나아가 그는 자신의 생명이 경각지경에 처한 상황에서 그는 기도를 그 위기 타개의 방식으로 활용하기도 하였다.

기도가 병자 치유의 직접적 방식으로 등장한 것은 교회가 세워지고 체계가 잡혀가면서부터이다. 선교 초기 단계에서 예수의 치유 방식을 모방 · 변용하여 말씀 명령으로, 그러나 예수의 이름을 첨부하여 행한 병 고치는 활동의 예가 탐지되지만(행 3:6), 이후 교회는 그것을 제도화하여 공동체 치유라는 독특한 방식을 발전시켰는데, 그 대표적인 예가 바로 야고보서의 본문에 나온다.[31] 이러한 발전 과정은 치유가 단순히 제의적 정결예법도 아니고 선교적 팽창의 기폭제에 국한되지도 않는, 건강한 삶 자체에 초점을 맞춘 복지적 관심사로 부상해나갔음을 의미한다.

야고보서는 병자와 치유를 말하기 전에 고난에 대해 먼저 언급한다. 질병보다 더 큰 복지의 반대 범주로서 고난은 그 원인과 관련하여 신학적 설명이 분분하다. 본문에서 저자는 그 원인을 설명하기보다 선지자들과 욥의 경우를 빗대어 그 고난을 오래 참으라고 권면한다(약 5:10-11). 원인을 확실하게 해명하기 어렵고 인위적으로 개입하기 어려운 고난은 인내가 상책이라는 것이다. 그 인내의 저변에는 고난이 다하면 새로운 기쁨의 삶이 시작된다는 고진감래의 신학적 전망이 작동되고 있으며, 그것을 추동하는 힘은 "주는 가장 자비하시고 긍휼히 여기는 이"(약 5:11)라는 믿음이다. 그 믿음은 고난의 현실 속에 처한 당사자가 기도할 수 있는 근거를 제공해주기도 한다. 빛과 어둠이 일상에 번갈아 존재하듯, 인간의 삶 또한 즐거움과 고난의 반복적 교차가 연속된다. 신자의 삶도 이러한 큰 틀에서는 예외가 아니다. 그래서 저자는 그 천변만화하는 일상적 삶의 대표적 대응방식으로 고난당하는 자에게는 기도를, 즐거워하는 자에게는 찬송을 요청하는 것이다(약 5:13).

고난 가운데 가장 통상적이고 대표적인 고난이 질병으로 인한 고난임을 저자가 직시하고 그것의 대응방식으로 기도를 강조하는 것

31) 오늘날 복지로서의 치유는 임상사회복지의 개념으로 정착되어 논의되는데, 이 범주에도 개별 치료와 가족치료의 모델이 공존한다. 이소희 외, 『사회복지개론』 (파주: 현학사, 2002), 113-138.

은 바로 이러한 논의의 맥락에서이다. 그러나 복음서의 예수와 사도행전에 비친 치유기도의 사례와 달리, 이 본문에서 저자는 공동체 성원들의 합심기도를 그 해법으로 제시한다. 본문에 따르면 병든 자가 공동체 내에 발생할 경우, 그는 교회의 장로들을 청할 권리가 주어진다. 여기서 장로가 유대교 전통에 따라 단순히 공동체 내의 연장자를 뜻하는 일반명사인지 교회의 제도에 따라 규정된 특별한 직분을 가리키는지 토론의 여지가 있다.[32] 그러나 '교회의 장로들' 이라는 문구에 비추어 그들은 교회 내의 직책을 가리키는 후자의 의미가 강하다고 판단된다. 바울서신에서 언급된 은사로서의 병 고치는 능력은 성령의 자율적인 활동으로 규정된 바 있다(고전 12:9, 28, 30). 그러던 것이 교회의 조직화에 따라 야고보서의 단계에서 그 능력이 장로라는 직책에 연계되어 은사의 제도화를 가져왔으리라 추론된다.[33] 여기서 특히 장로라는 직책이 등장한 것은 그들에게 부여된 안수의 권한(딤전 4:14)이 치유에서 활용된 안수기도의 방식과 친숙하게 연동되어 있었기 때문일 터이다.

여하튼, 특정한 치유의 은사를 지닌 개인이 아니라 '장로들' 이라는 복수의 교회 지도자들은 병자를 방문하여 "주의 이름으로 기름을 바르며 그를 위하여 기도"하는 것이 공동체 치유의 기본 내용이었다(약 5:14). 주의 이름은 예수의 이름이 마귀를 제압하는 압도적 우위의 권세를 발휘하여 축귀의 수단으로 활용된 전승을 반영한다. 기름

32) 대체로 교회의 본격적인 제도화 이전 단계에서 장로는 권위 있는 연장자로서 한 가족의 가부장이나 공동체의 수장으로서 존경을 받는 자였을 것이다. 초기 기독교의 장로에 대한 연구로는 다음을 참조하라. R. Alastair Campbell, *The Elders: Seniority within Earliest Christianity* (T&T Clark, 1994); Roland E. Murphy, "Elders as Honored Household Heads and Not Holders of 'Office' in Earliest Christianity", *BTB* 33/2(2003), 77-82.

33) M. Dibelius, *James*, 252-254 참조.

을 바르는 행위는 유대교 전통에 연계된 민간요법의 접속이라 할 수 있다. 그 기름의 마법적 효력에 의지하기보다 주의 이름을 통한 영적인 권세의 역사를 기대하는 공동체의 합심기도였다는 점이 의미심장하다. 이어지는 본문에서 이러한 공동체의 치유 기도를 병든 자를 구원하는 믿음의 기도로 규정한 것, 치유 결과가 병자의 속죄로 나타난다는 것, 아울러 상호간 죄를 고백하는 것이 병의 치유에 영향을 끼친다는 것(약 5:15-16)은, 앞서 설명한 대로 기적을 일으키는 능력의 근원으로 믿음과 용서를 중시하고 치유의 결과를 죄사함으로 이해한 예수의 경우로 소급된다.[34]

이러한 공동체에 의한 참여적 치유 기도의 의의는 첫째로 공동체 성원들 가운데 서로 죄를 고백하는 활달한 소통의 노력이 치유의 내적인 동력으로 계발되었다는 데 있다. 이는 한 개인의 질병을 공동체 성원들 간의 소통 부재로 인한 관계 봉쇄와 단절의 영향으로 보았음직한 증거이다. 그렇게 공동체 성원들 사이에 죄가 고백되고 하나님께 범한 죄, 특정 질병의 원인일지 모르는 그 죄가 사해질 때 그들의 합심기도는 이른바 '의인의 간구'로서 역사하는 힘이 커진다는 것이다.

둘째, 그들의 치유 기도는 공동체의 복지를 해치는 질병을 몰아낼 수 있다는 적극적인 확신에 근거한 것이라는 점에서 중요하다. 그것은 "마귀를 대적하라. 그리하면 너희를 피하리라"(약 4:7)는 훈계에서 암시하듯, 질병과의 적극적인 싸움만이 그것을 물리칠 수 있다는

34) 이 공동체적 치유의 근간에는 공동체가 그 성원들에 대해 책임지고 전반적으로 돌본다는 의미가 자리하고 있다. 아울러, 치유할 병의 원인에 대한 이해 방식에는 이원론적 상징 세계가 전제되어 있다. Martin C. Albl, "'Are Any among You Sick?' The Health Care System in the Letters of James", *JBL* 121/1(2002), 123-143.

단순한 상식을 재확인해준다. 이와 관련된 '믿음의 기도'는 인간의 질고를 다스리는 하나님의 주권에 대한 전적인 의탁과 신뢰를 염두에 둔 표현이다.

요컨대, 야고보서에 의하면 치유기도는 하나님을 향한 전적인 신뢰로서의 믿음과 생명의 건강한 복지에 대한 적극적인 신념으로서의 믿음이 만나는 자리인 셈이다. 전자가 주의 이름으로 드리는 기도로 나타났다면 후자는 인간 경험의 산물인 기름을 바르는 상징 행위를 통해 암시되고 있다. 이는 신앙 치유가 의료적 치유와 배치되지 않고 그 병자의 건강복지를 극대화하는 방향으로 서로 공조하고 있다는 점에서 또 다른 중요한 의의라고 할 수 있다.

V. 요약 및 결론

인간의 정신복지를 위한 근간으로 야고보서는 지적인 각성을 중시한다. 이와 관련하여 저자가 신학적 지침으로 제출한 것은 지혜와 율법이라는 상호 보완적인 개념이다. 지혜는 우리의 욕망이 탐욕으로 빠지지 않고 진정한 삶의 의욕으로 흐르도록 조정하는 역할을 한다. 야고보서에서 말하는 지혜는 시험과 싸워 이길 수 있도록 하는 정신의 지렛대이다. 시기와 쟁투를 촉발하는 말의 지혜가 아니라 삶의 균형을 잡아주고 샬롬의 경지를 일구는 위로부터의 지혜가 바로 그 기준이다. 지혜와 짝하여 정신복지의 증진에 기여하는 율법은 통상적 편견대로 미성숙한 인간의 삶을 억압하는 몽학선생이 아니라 야보고서에서 온전케 하는 자유의 율법으로 조명된다. 그것이 성숙한 그리스도인에게 온전함과 자유의 값어치에 걸맞게 서듭나기 위해서는 이웃 사랑의 최고 계명을 위시한 율법의 온전한 행함이 절대적으로 요청된다. 개인적인 도덕적 규례뿐 아니라 공동체의 건강을 배려하는 이웃 사랑의 계명을 그렇게 행함으로써 그리스도인은 윤리적 의무로부터 자유로워진다.

율법의 한쪽에는 불의의 세계에 속한 말의 힘이 자리 잡고 있다. 성급하게 튀어나오는 말, 분노의 말, 저주의 말은 지옥불을 그 에너지원으로 삼아 삶의 바퀴를 돌리면서 우리를 지옥으로 몰아간다. 절제되지 않고 범람하는 말의 홍수와 이에 따른 왜곡된 언어의 질서는 하나님의 샬롬을 일구는 데 치명적인 장애가 된다. 뿐 아니라 그것이 그 말들의 발화자의 정신 건강에 해악으로 작용함은 의심의 여지가 없다. 한편, 율법의 교훈을 끊임없이 상기시켜주는 '마음에 새겨진 말씀'은 그러한 일그러진 언어를 성찰케 하며 우리의 말들을 하나님의 말씀으로 변전시키는 기능을 수행한다. 종교적 경건과 관련하여 그 말씀은 안으로 우리를 세속에 물들지 않도록 지켜주며 밖으로는 고아와 과부 등과 같은 소외된 이웃을 돌보는 긍휼의 실천으로 발현된다. 이처럼 하나님의 선물인 율법과 지혜는 상호 공조하면서 우리의 존재가치에 눈뜨게 할 뿐 아니라 그 결과 도덕적 윤리적 의무로 인해 억압되고 굴절된 우리의 자아상을 교정하여 줌으로써 자유의 삶에 이르게 한다. 이러한 일련의 신학적 비전은 정신복지의 기초 원리로서 설득력 있게 다가온다.

경제가 인간 삶의 복지에 중대한 변수가 됨은 두말할 나위 없는 현실이다. 야고보서는 이에 대한 관심을 가지고 빈부의 역동적 상관관계에 주목한다. 여기서 저자가 전제하는 빈부이해는 이스라엘 민족의 멸망과 체제의 붕괴 이후 가난을 경건의 선결요건이자 동일한 개념으로 발전시킨 유대교의 '아나빔'(*anawim*) 사상에 잇닿아 있다. 여기에 종말론적 세계관이 덧보태져 야고보서에서 부는 가난한 자를 위해 베풀기 위한 가치로서 그 존재의 의미를 인정받을 뿐, 개인의 자랑과 향락을 위한 축재는 과감히 정죄된다. AD 70년 이후, 종말론의 열기가 점차 누그러지고 도시화의 진전에 따라 빈부격차가 심화됨에 따라 야고보서의 배후에 자리한 디아스포라 유대인 교회 내에서도 가난한 자들과 부자들의 양극화 현상이 나타났을 것으로 보인다. 이와 관련하여 빈부문제에 대한 야고보서의 신학적 비전은 단순하고도 단호하다. 그것은 물질적 부를 내세워 자랑하거나 공동체 내의 형제를 차별하지 말라는 것이다. 이 세상에서는, 가령 고용한 품꾼들의 삯을 정당하게 지불하는 경제정의의 회복만이 실질적 대안이다. 그리하여 경제복지 체제의 구축을 위한 출발점은 말세에 부를 쌓아둔 부자의 회개와 적극적 나눔으로부터 출발해야 한다.

끝으로 건강복지와 관련하여 야보고서는 공동체 치유라는 독특한 면모를 보여준다. 공동체 내에 병든 자가 생길 경우 장로들을 초대하여 기름을 붓고 주의 이름으로 기도해주라는 권고는 유대교와 기독교의 전통을 계승하면서도 새로운 면을 포함하고 있다. 이는 정 · 부정의 경계에 따른 격리와 배제의 원리에 충실한 구약의 성결법이나 개인의 카리스마에 의지한 축귀방식에 비해 질병에 대한 진일보한 대응방식으로 평가된다. 질병의 치유를 위해서는 죄의 고백과 용서에 기초한 공동체 성원들 상호간의 소통된 관계가 전제되어야 한다. 죄의 고백이 비단 병자에 국한되는 것이 아니라 공동체 전체에 적용된다는 점에 주목할 필요가 있다. 예수가 축귀와 치유를 하나님 나라의 도래를 표상하는 사건으로 봤듯이, 야고보서는 이를 '구원' 의 맥락에서 조명함으로써 치유신학이 마법적 주술을 넘어 사회복지의 차원을 아우를 수 있게 되었다. 또한 이러한 일련의 대응방식은 하나님의 주권에 대한 전적인 신뢰를 통한 신앙 치유와 기름이라는 상징에 나타난 의학

치료의 전통이 병행된 사례라는 점에서 전인적 건강복지에 기여할 만한 요소로 파악된다.

결론

하나님 나라와 사회복지

결론: 하나님 나라와 사회복지

이상의 고찰에서 우리는 사회복지가 고전적 이념에서 오늘날 일상적 삶의 자리에 이르기까지 그 관심 범위가 매우 넓고 세부 내용이 다채로움을 확인하였다. 사회복지는 그 하부구조로서 정치와 경제의 현실을 등한히 할 수 없다. 아무리 훌륭한 복지의 뜻을 세우고 그 실천 사항을 수립해도 그것을 제도권의 영역 안에서 뒷받침할 정치적 채널과 경제적 기반이 없으면 마치 그림속의 떡과 같이 무용지물로 끝날 공산이 크기 때문이다. 예컨대, 다산 정약용을 비롯하여 목민의 기치를 높이 세우고 민초의 복지에 심혈을 기울인 지식인들의 청사진이 우리 역사에 적지 않았지만, 그것이 실제 생활의 저변으로 내려앉아 결실을 본 경우는 드물다. 오늘날 복지에 대한 관심이 그 현실 여건을 둘러싼 정치 · 경제의 요소들과 접맥되어야 할 이유가 여기 있다. 성서는 정치와 경제의 관심을 표나게 내세운 책은 아닐망정 당대의 정치경제적 현실을 무시하지 않았다. 외려 성서는 인간의 세속정치를 넘어 하나님의 정치가 무엇인지 줄기차게 선보였으며, 부의 양극화를 부르는 인간의 편중된 경제적 이념과 경영 방침에 맞서 하나님의 신학적 경제학을 대안으로 제시하였다. 그것은 신약성서 내에서 다양한 형태로 발현되어 인간의 '욕망' 이 상충하는 정치경제적 현실의 한가운데서 이를 이전투구의 '탐욕' 으로 퇴락시키지 않고 건전한 삶의 '의욕' 으로 견인하는 동인이 되었다.

한편 모든 사회복지가 대개 인간의 복지란 점에서 우리는 인간의 천부적 권리로서 '인권' 을 또 다른 복지의 태반으로 제시할 수 있다. 이 근대적 개념이 성서로 소급되어 재해석된 경로를 추적하면서 나는 인권이 곧 하나님의 피조생명에 대한 은총적 배려임을 역설하였다. 그 결과로서 인권은 구원의 현실태로 나타나 각종 체계의 장치 가운데 속박된 생명을 구원하는 신학적 필수요건 내지 전제가 된다. 성서는 하나님을 높이면서 인간을 깎아내리지 않는다. 특히 신약성서는 하나님의 율법조차 인간의 복지를 위한 배려의 차원에서 조명함으로써 인권의 후광 내지 태반으로 기능한다. 오늘날 인권의 시대에 교회 내 인권의식의 수준이 어떠한지 진지한 성찰을 요한다. 자의적 '신본주의' 로 타의적 '인본주의' 를 패대기치는 습성 그대로 신약성서의 신학 속에 인권이 자생할 미래는 멀기만 하다. 그러나 하나님은 벼랑 끝에서 희망을 만드시는 분 아닌가? 예수의 하나님 나라는 이 점을 잘 투시하여 기독교의 미래 역사에 승리하는 약자의 길을 가난한 자의 복에 빗대어 보여주었다. 그래서 가난한 과부도 그 가난의 역설로써 성직을 수행하였던 터라, 이는 열악한 복지의 음지에서 신음하는 다수 여성들에게 한 오라기 빛을 선사한다. 또한 가난하였지만 풍요했던 그들의 성직은 오늘날 물질적 부를 부드럽게 세탁하여 깨끗한 부로 만들려는 성직의 일선에 서늘한 기운을 전한다. 복지의 밑천으로서의 부가 기실 나눔을 원리로 삼을 때 비로소 풍성한 공동체의 삶이 보장될 터이기 때문이다.

아무리 사회복지의 거대담론이 화려하다 할지라도 그 미시적 일상이 복지의 누림과 무관하다면 그것은 '빛 좋은 개살구' 의 운명에서 자유롭지 못하다. 나는 복지신학의 본질을 생명의 향유에 두고 있거니와, 이는 성서가 여일하게 강조하는 메시지이기도 하다. 향유가 욕망의 너그러운 충족을 지향한다고 할 때 식욕만큼 더 진하고 지속적인 욕망도 없다. 그것은 여하튼 끝까지 간다. 죽고 나서도 혼인은 없다지만 '메시아의 향연' 을 비롯해서 먹는 잔치는 계속되는 그림으로 여러 곳에 등장한다. 그러나 먹음은 먹히는 것들에 대한 묵상과 배려 속에 비로소 복지스런 향유의 가치로 현전한다. 아울러 누구와 어떻게, 어떤 관계와 구도 하에 먹느냐 하는 문제는 단순히 먹을거리의 선별과 메뉴 구성의 차원을 넘어 식사의 신학적 조건을 폭넓게 아우른다. 일용할 양식의 연장선상에서 풍성하게 잘 먹는 것도 중요하지만, 그것이 복지의 수준에 부응하려면 역시 그 질적인 내용과 방법도 성찰해야 하는 것이다. 오늘날 먹을거리에 대한 불신이 이 땅의 생명 복지를 위협하고 있는 마당에 이 점을 사회복지신학의 일상적 관심사로 다루고 실천적 맥락에 적용하는 지혜가 참 요긴하리라 본다.

또 다른 사회복지의 미시적 실천 대상으로 우리는 이 땅에 만연한 '중독' 의 현상에 주목하였다. 온갖 중독이 말 그대로 판을 치며 이 땅의 영혼들을 뒤흔드는 이 현실의 한가운데서 우리는 그 병통의 해독으로 '복음' 이 어떻게 생명의 항체로서 위생복지의 기능을 수행할 수 있는지 고찰하였다. 복음주의 신앙의 한 소중한 밑절미가 이 세상에 살면서 세상에 속하지 않아도 될 모든 가치들에 대한 '초월적 무관심' 의 결기와 통한다면, 우리는 이러한 자세를 견지하며 건강한 심신의 회복을 위해 복지신학의 관점을 맘껏 투사해도 좋을 것이다. 이는 궁극적으로 성서의 메시지가 사회복지의 현실에 민감하게 반응하면서 동시에 그것을 액면 그대로 수락하지 않고 그 '현실'의 중독성을 경계함으로써 복지와 함께 복지를 뒤집어보는 메타 신학적 성찰을 지향한다. 이 주제는 특히 오늘날의 사회복지가 제도와 정책, 법규와 재정, 조직과 시설 위주의 빽빽한 체계에 마냥 편리하게 순치되는 경향의 일단을 반성하는 기제로도 유용할 것이다.

사회복지의 주제를 본격적으로 신약성서의 관점에서 다룬 또 다른 일련의 연구는 예수와 바울, 나아가 야고보서의 메시지에 대한 나름의 세밀한 분석과 해석을 통해 복지신학의 미래를 전망하고자 하였다. 이는 이제 꽤 익숙해진 희랍어의 표현으로 요약하면, '디아코니아'와 '코이노니아'의 토대 위에서 모두 함께 하나님 나라를 살아가는 복된 삶의 정경으로 떠오른다. 예수의 신학적 핵심 요체라 할 수 있는 하나님 나라 개념은 그간 전문분야의 풍성한 논의를 거쳐 이제 동시대의 복지적 과제에 실천적으로 부응해야 할 시점이 되었다. 예수의 메시지를 심도 있게 살펴보니 그 심층의 씨알은 결국 우리 삶의 모든 영역에 하나님의 신적인 주권이 온전히 드러나야 한다는 자각이 자리 잡고 있었던 것이다. 그 주권에 따른 사랑과 정의, 자비와 평화의 통치가 이 땅의 개인과 공동체의 삶 가운데 만연하기는커녕 외려 그 반대의 재난과 비극이 횡행하고 있으니, 사회복지의 궁극적 모델로서 우리는 하나님 나라의 메시지를 아무리 강조해도 지나치지 않을 터이다. 예수에게 하나님 나라는 전파하고 가르치며 동시에 구체적인 섬김으로써 망가진 모든 생명과 관계를 회복시키는 '통전적' 사역으로 나타났다. 물론 그 사역의 열매는 일차적으로 복된 삶이었다. 그러나 그것은 여러 가지 산만한 필요에 휘둘리는 여유 없음의 분요함을 넘어 '한 가지 필요'에 부응하는 여유 있는 집중의 은근함을 추구했다.

바울의 '코이노니아' 역시 예수의 사역을 계승·발전하여 교회 공동체가 하나님의 선물을 받아 나누고 누리면서 어떻게 균등하게 참여할 수 있을지 이를 구상하고 실천하는 목표에 잇닿아 있었다. 그는 일용할 양식과 물질적 자산에 관한 한 남은 자도 없고 모자라는 자도 없이 더불어 호혜적으로 나누는 삶의 실천을 개인과 공동체, 공동체와 공동체 간의 소통과 연대라는 차원에서 추진했다. 이는 곧 예수의 하나님 나라 비전과 초대교회의 유무상통이란 전통을 이어받은 선교와 목회의 열매였다. 그 관계의 소통이 막히고 '형제자매'의 호칭이 기만적인 자가당착의 허울로 변질되었을 때, 야고보서는 공동체 복지의 신학적 명분을 다시 높이 세워 그 타락의 현실을 매섭게 질타했다. 무엇보다 경제적 불균등과 차별의 장벽이 강고했지만, 그는 이를 뚫고 서로가 자기 죄를 고백하면서 사죄하고 사죄받는 용서의 세상을 꿈꾸었다. 아울러 야고보서는 '마음에 심어진 말씀'을 근간으로 인간의 자기 이해와 정신적 각성이 어떻게 복지의 토대가 될 수 있는지를 보여주었고, 예수에게도 강조된 치유의 과제를 개인적 카리스마에서 공동체의 합심기도로 발전시키면서 건강한 삶의 복지지향적 방향을 노정한 바 있다. 비록 디아스포라의 나그네 삶은 아무리 순탄해도 신산할 수밖에 없지만, 그렇게 서로 챙기고 방문하며 나누는 복지의 이름으로 다시 또 깨우칠 수 있다면 이로써 또 한 세월을 헤쳐갈 수 있는 종말론적 소망이 생길 법도 하다.

종말 신앙과 사회복지는 얼핏 버성긴 관계처럼 보인다. 하나님 나라와 사회복지도 피차 인연이 돈독치 못한 따로국밥처럼 비칠지 모른다. 그러나 신학적으로 종말이 '영원한 현재' 속에 구현되듯이, 이 두 가지의 주제는 서로 삼투하며 융합되는 것이다. 예수께서는 본격적인 설교무대에서 하나님 나라/천국을 선포하실 때, 복이 있는 삶의 원형을 제시한 바 있다. 거기에는 가난한 심령, 애통함, 온유함, 의에 굶주림, 청결한 마음, 화평, 의를 위한 핍박 등의 여러 선결 요건들이 있지만, 그 복된 삶의 내용에는 인간의 본원적 가치를 망라한 것들이 들어 있다. 요컨대, 하나님 나라/천국이라는 그 대안적 세상에서 누릴 만한 복으로 배부름이라는 자기 충족, 기업으로 상속받는 땅과 함께 하나님의 자녀라는 승화된 신분 등이 투사된다. 이렇듯, 하나님의 나라는 공동체의 생명복지라는 육체성과 함께 추구될 때 비로소 오늘날 이 땅의 밑바닥에 온전히 뿌리내릴 수 있다. 이는 하나님 나라의 시민으로서 마땅히 누려야 할 복된 삶의 구체성이야말로 곧 성서의 사회복지론을 정초하는 신학적 기반임을 시사한다.

혹자는 우리의 지상적 삶을 내세의 천국으로 가는 대합실인 양 강 건너 불구경하듯 보면서 이 땅의 복지 없는 망신창이 현실을 탄식하는 것으로 한 평생 채울 수도 있을 것이다. 그러나 또 다른 신실한 이들은 '주의 뜻이 이루어지이다' 외치면서 하나님 나라가 이 땅에 임하여 생길 미완의 소망을 신앙적으로 선취한다. 그 거시적 비전과 미시적 결실로서 사회복지는 지금 여기서 우리 삶을 더욱 생명스럽게 재구성하는 데 이바지하고 있다. 이렇게 신앙이 동력이 되면 '목표'와 '결실'의 거리가 단축된다. 더구나 모든 그리스도인들의 신앙적 준거가 되는 성서가 그 동력에 에너지를 공급할진대, 오늘날 사회복지와 성서의 신학적 해석학이 만날 수 있는 접점도 한층 더 풍성해질 것이다. 나는 이 책에서 그 풍성한 만남의 미래를 조금이라도 더 앞당기고 싶었을 뿐이다. 오늘날 교회와 신학대학에서 이러한 만남이 왕성하게 추진되고 있거니와, 이 책의 연구 결과 그 만남이 작지만 견결한 하나의 성서신학적 지침을 보유하게 되길 바란다.

참고 문헌

강사문. "전쟁할 때와 평화할 때",「한국기독교신학논총」26(2002), 27-79.

강원돈. 『살림의 경제』, 서울: 한국신학연구소, 2001.

게르트 타이센. 류호성 · 김학철 옮김, 『복음서의 교회정치학: 복음서에 대한 사회-수사학적 접근』, 서울: 대한기독교서회, 2002.

게오르그 짐멜. 김덕영 · 윤미애 역, "식사의 사회학", 『짐멜의 모더니티 읽기』, 서울: 새물결, 2005.

_______. "신학적 경제윤리 형성을 위한 시론", 채수일 편, 『기독교신앙과 경제문제』, 천안: 한국신학연구소, 1993, 77-100.

고병인. 『중독자 가정의 가족치료』, 서울: 학지사, 2003.

고수현. 『사회복지실천윤리와 철학』, 파주: 양서원, 2005.

고수현 · 김익균. 『지역사회복지론』, 서울: 대학출판사, 2003.

가라타니 고진. 이경훈 옮김, 『유머로서의 유물론』, 서울: 문화과학사, 2002.

권연경. "갈라디아 선동자들은 율법 준수를 요구하였는가?",「한국기독교신학논총」56(2003), 59-85.

김경진. "신약성경의 식생활—이웃사랑의 한 표현으로서의 음식문화",「성서마당」66(2004), 9-13.

김경희. "갈라디아 3:27-28을 통해 본 원시 기독교의 평등의 비전",「신약논단」 7(2000), 48-82.

김덕기. 『바울의 문화신학과 정치윤리』, 대전: 이화, 2007.

김덕중. "공동체 규율서(1QS: The Rule of Community)를 통해서 본 쿰란 공동체의 생활과 신학", 「신학이해」 29(2005), 41-72.

김동호. 『깨끗한 부자』, 서울: 규장, 2001.

김득중. "신약성서의 경제 윤리", 『신약논단 4: 신약성서의 경제윤리』, 서울: 한들출판사, 1998, 11-26.

_______. 『누가복음』 II, 서울: 대한기독교서회, 1993.

김명수. 『성서주석: 야고보서』, 서울: 대한기독교서회, 1994.

김병오. 『중독을 치유하는 영성』, 서울: 이레서원, 2003.

김성희. "가난한 과부의 헌금과 로마제국(막 12:41-44)", 「신약논단」 14/2(2007), 347-385.

김영봉. 『바늘귀를 통과한 부자』, 서울: IVP, 2003.

_______. "청부론은 다만 시작일 뿐입니다", 「기독교사상」 535(2003/7), 22-42.

김영진. "고대 근동과 이스라엘 제사장의 기능", 「한국기독교신학논총」 27(2003), 5-38.

김용복. "하나님의 정치 경제-경제적 정의의 새로운 개념을 위하여", 채수일 편, 『기독교신앙과 경제문제』, 천안: 한국신학연구소, 1993, 15-62.

김재성. "바울과 로마제국의 정치학", 「신약논단」 13/4(2006), 947-984.

_______. "예수의 기적 이야기에 나타난 민중의 자기 초월", 「신학사상」 109(2000), 105-118.

김진호. "국경들 너머의 짐승들 혹은 인간들-오늘의 인권 문제와 비판신학 1: 내셔널리티", 제3시대기독교연구소 엮음, 『차별금지법 국면에서 인권으로 신학하다』, 서울: 평화나무, 2007, 7-27.

김창선. 『쿰란문서와 유대교』, 서울: 한국성서학연구소, 2002.

김태훈. "고대의 한 사회제도 〈마르제아흐〉에 대한 아모스의 비난-아모스 6장 1-8절", 「성경연구」 127(2005/6), 1-17.

남기민. 『현대사회복지학의 이해』, 서울: 양서원, 2001.

나혜복. “기독교인과 식생활”, 「성서마당」 66(2004), 14-17.
노태성. “디모데후서의 저작 상황—겉옷과 책, 그리고 데마가 떠난 이유를 중심으로”, 「신약 논단」 14/1(2007), 159-196.
닐 엘리엇. 김재성 옮김, “십자가의 반제국적 메시지”, 「신학사상」 108(2000), 120-146.
다니엘 해링턴. 김동수 옮김, 『신약성서의 교회』, 서울: 대한기독교서회, 2007.
대한예수교장로회총회교육자원부 편. 『하나님 나라와 경건』, 서울: 한국장로교출판사, 2005.
도광조. 『사회복지실천론』, 파주: 양서원, 2005.
로버트 보콕. 이향순 옮김, 『그람시 헤게모니의 사회이론』, 서울: 학문과 사상사, 1991.
르네 지라르. 김진식 · 박무호 옮김, 『폭력과 성스러움』, 서울: 민음사, 1997.
리언 래퍼포드. 김용환 역, 『음식의 심리학』, 서울: 인북스, 2006.
리차드 A. 호슬리. 김준우 옮김, 『예수와 제국』, 서울: 한국기독교연구소, 2004.
마틴 맥나마라. 채은하 옮김, 『신구약 중간 시대의 문헌 이해』, 서울: 이화여자대학교 출판부, 1995.
미셸 푸코. 이규현 · 문경자 · 신은영 · 이영목 옮김, 『성의 역사』, 전 3권. 서울: 나남출판, 2004.
_______. _______, 『감시와 처벌』, 서울: 나남출판, 2003.
미셸 푸코. 이희원 옮김, 『자기의 테크놀로지』, 서울: 동문선, 1997.
미셸 푸코 외. 정일준 편역, 『미셸 푸코의 권력이론』, 서울: 새물결, 1994.
박명철. “내 인생의 목사님들, 그들은 ‘가난의 힘’ 을 가르쳐주지 않았다”, 『기독교사상』 535(2003/7), 60-68.
박종삼 외. 『사회복지학개론』, 서울: 학지사, 2002.
박종수. “삼손설화에 대한 분석심리학적 이해”, 「한국기독교신학논총」 53(2007), 29-55.

박준서. 『십계명 새로 보기』, 서울: 한들출판사, 2001.
서명수. "구약성경과 식생활", 「성서마당」 66(2004), 4-8.
서중석. "바울의 예루살렘 회의 보도", 『바울 서신 해석』, 서울: 대한기독교서회, 1998, 45-74.
______. "바울의 여성 침묵", 「기독교사상」 466(1997/10), 81-92.
선순화. "생명의 위기와 기독교적 생명 운동", 이삼열 엮음, 『생명의 신학과 윤리』, 서울: 열린문화, 1997, 50-94.
세계교회협의회 편. 이영재 옮김, 『오늘의 세계 경제와 기독교 신앙』, 서울: 한국기독교교회협의회, 1993.
송근원 · 김태성 공저. 『사회복지 정책론』, 서울: 나남출판, 1995.
스티븐 O. 와터스. 이소희 옮김, 『인터넷 중독의 이해』, 서울: 학지사, 2003.
아르투르 리히. 강원돈 옮김, 『경제윤리 1: 신학적 관점에서 본 경제윤리의 원리』, 천안: 한국신학연구소, 1993.
아브라함 요수아 헤셸. 김순현 옮김, 『안식』, 서울: 복있는사람, 2007.
안진호. "하나님의 형상과 야고보서의 믿음과 행위", 「신약논단」 11/1(2004), 205-220.
알랭 바디우. 현성환 옮김, 『사도 바울—제국의 윤리에 맞서는 보편주의 윤리를 찾아서』, 서울: 새물결, 2008.
앤 와이어. 조태연 편역, 『원시 기독교의 잊혀진 여성들』, 서울: 대한기독교서회, 2001.
왕인성. "바울의 헌금 사역에 대한 사회-문화적 접근", 「신약논단」 14/4(2007), 1085-1119.
F. 무쓰너. 윤선아 역, 『야고보서』, 서울: 한국신학연구소, 1987.
유석성. 『사형과 인권의 존엄』, 개정증보판, 서울: 한들출판사, 2008.
유은걸. "요한계시록의 황제제의—계 13장과 17장을 중심으로", 『성서와 정치』, 한국구약학회 · 한국신약학회 공동 2008 춘계학술대회 자료집, 372-387.
이경숙 외. 『여성이 읽는 구약성서 개론』, 서울: 대한기독교서회, 2005.
이달. "요한계시록에 나타난 복수의 수사학", 「신약논단」 8/2(2001),

129-154.

이병학. "요한계시록의 예전과 예배—우상숭배에 대한 저항과 정치적 유토피아", 「신약논단」 13/4(2006), 1015-1053.

이삼열. "생명의 신학과 생명의 윤리", 『생명의 신학과 윤리』, 서울: 열린문화, 1997, 11-49.

이소희 외. 『사회복지개론』, 파주: 현학사, 2002.

이숙진. "성에 관한 억압과 폭력, 그 침묵의 카르텔을 깨기—오늘의 인권 문제와 비판신학 2: 섹슈얼리티", 제3시대기독교연구소 엮음, 『차별금지법 국면에서 인권으로 신학하다』, 서울: 평화나무, 2007, 28-42.

이은애. "'경계 밖' 사람의 눈으로 보는 성서—오늘의 인권 문제와 비판신학 3: 크리스차니티(성서)", 제3시대기독교연구소 엮음, 『차별금지법 국면에서 인권으로 신학하다』, 서울: 평화나무, 2007, 43-59.

이종록. "십일조로 이루는 샬롬—신 26:12-15를 중심으로", 「신학사상」 132(2006 봄호), 83-108.

______. "제의와 쉼, 그리고 삶—온전한 사회적 쉼을 실현하기 위하여", 「신학과 사회」 9(2005), 257-290.

이형초 · 심경섭. 『인터넷중독 완전정복』, 서울: 시그마프레스, 2006.

자크 라캉. 권택영 옮김, 『욕망이론』, 서울: 문예출판사, 1994.

장인협 외. 『사회복지학』, 서울: 서울대학교출판부, 1999.

장흥길. "신약성서에서의 재산", 『신약성서의 경제윤리』, 서울: 한들출판사, 「신약논단」 4(1998), 30-54.

전재일 · 배일섭 · 정영숙. 『사회복지정책론』, 서울: 형설출판사, 2000.

정승우. "왜 바울은 '하나님 나라'에 대해 침묵하는가?", 『신약성서와 하나님의 나라』, 한국신약학회 2006년 춘계정기학술대회 자료집, 57-68.

제랄드 메이. 이지영 옮김, 『중독과 은혜』, 서울: IVP, 2005.

제임스 D. 타보르. 김병화 옮김, 『예수왕조』, 서울: 현대문학사, 2006.

지크문트 프로이트. 이윤기 옮김, 『종교의 기원』, 프로이트 전집 13권.

서울: 열린책들, 2004.

조누가. 『십일조를 넘어서』, 서울: 아침바다, 2003.

조태연 · 차정식 · 유승원. 『뒤집어 읽는 신약성서』, 서울: 대한기독교서회, 1999.

조태연. 『예수 이야기: 마가 2』, 서울: 대한기독교서회, 2002.

______. "원시 기독교 혼합주의—'바울종교의 헬레니즘화' 를 중심으로", 『신약논단』 3(1997), 142-169.

______. "갈라디아 논쟁을 통해 본 예루살렘교회", 『예수운동—기독교 기원의 탐구』, 서울: 대한기독교서회, 1996, 85-109.

존 놀랜드. 김경진 옮김, 『누가복음』 [중권] 9:21-18:34, WBC 35, 서울: 솔로몬, 2004.

존 하워드 요더. 권연경 · 신원하 옮김, 『예수의 정치학』, 서울: IVP, 2007.

질 들뢰즈 & 펠릭스 가타리. 김재인 옮김, 『천 개의 고원』, 서울: 새물결, 1996.

차정식. "평등한 식탁, 식탁의 구원—마가복음 2:13-17", 『예수와 신학적 상상력』, 파주: 한국학술정보, 2008, 273-293.

______. "공동화된 공동체의 재구성—신약성서의 몇 가지 암시", 『예수와 신학적 상상력』, 파주: 한국학술정보, 2008, 420-439

______. "바울 선교의 정치/외교적 지형과 역학관계", 『성서와 정치』, 한국구약학회 · 한국신약학회 공동 2008 춘계학술대회자료집, 333-347.

______. "가족 해체와 통합의 신학적 변증법—예수와 초기 그리스도교 공동체를 중심으로", 『예수의 신학과 그 파문』, 서울: 대한기독교서회, 2007, 301-344.

______. "야고보서의 사회복지사상", 「신약논단」 14/1(2007), 159-196.

______. "미지의 신을 위한 변명—바울의 아레오바고 연설(행 17:16-34)", 『바울신학 탐구』, 서울: 대한기독교서회, 2006, 135-163.

______. "생성기 그리스도교의 선교 지형에 비추어 본 지방화와 세계

화의 문제", 「한국기독교신학논총」 40(2005), 129-162.

_______. "가족 해체와 통합의 신학적 변증법—초기 기독교 공동체의 경우", 「신약논단」 13/3(2006), 693-747.

_______. "동족의 빛과 그림자—바울과 이스라엘의 경우", 『바울신학 탐구』, 서울: 대한기독교서회, 2006, 223-253.

_______. "양극의 무기물에서 다원의 유기체로—양극화 문제에 대한 성서신학적 통찰", 「기독교사상」 568(2006/4), 22-36.

_______. "그 '뜻'이 이루어지는 이 땅의 자리—주의 기도 탐구 2", 『마음의 빛을 부르는 기도』, 서울: 대한기독교서회, 2003, 97-130.

_______. "끈끈한 욕망, 끈질긴 기도—한 억울한 과부의 경우(눅 18:1-8)", 『마음의 빛을 부르는 기도』, 서울: 대한기독교서회, 2003), 201-249.

_______. "예수의 반헬레니즘과 탈식민성", 「한국기독교신학논총」 24(2002), 101-138.

_______. "'하나님의 가족' 만들기", 『묵시의 하늘과 지혜의 땅』, 서울: 대한기독교서회, 2001.

_______. "폭력 · 지혜 · 순수—세상 속에서 세상과 더불어 견디는", 『묵시의 하늘과 지혜의 땅』, 서울: 대한기독교서회, 2001, 59-71.

_______. "나무가 된 어느 나물의 사연", 『묵시의 하늘과 지혜의 땅』, 서울: 대한기독교서회, 2001, 102-110.

_______. "치열한 연민, 혹은 치유와 갱생의 회로", 『묵시의 하늘과 지혜의 땅』, 서울: 대한기독교서회, 2001, 163-176.

_______. "광야의 풀밭 식탁",『묵시의 하늘과 지혜의 땅』, 서울: 대한기독교서회, 2001, 190-204.

_______. "향유(香油), 그리고 향유(享有)", 『묵시의 하늘과 지혜의 땅』, 서울: 대한기독교서회, 2001, 287-298.

_______. "마지막 만찬과 함께 이별을", 『묵시의 하늘과 지혜의 땅』, 서울: 대한기독교서회, 2001, 299-311.

_______. "바울신학에 나타난 통일사상", 「한국기독교신학논총」 17(2000), 51-89.

_______. "연대와 소통, 혹은 코이노니아의 지형도—바울과 지교회 사이의 외교를 중심으로", 「신약논단」 7(2000), 167-195.

_______. 『신약성서의 사회경제사상』, 서울: 한들출판사, 2000.

_______. "보물찾기와 신학적 경제학—마태복음 13:44-46의 비유 세계", 『신약성서의 사회경제사상』, 서울: 한들출판사, 2000, 17-42.

_______. "맘몬과 생존의 현상학—누가복음 16:1-9의 비유 세계", 『신약성서의 사회경제사상』, 서울: 한들출판사, 2000, 43-78.

_______. "초기 예수 공동체와 가난의 유형학", 『신약성서의 사회경제사상』, 서울: 한들출판사, 2000, 145-182.

_______. "'예루살렘 성도'의 가난, 그 배경과 내력", 『신약성서의 사회경제사상』, 서울: 한들출판사, 2000, 183-221.

_______. "보석으로 된 천국의 세계관—마음의 천국에서 신천지의 새 예루살렘성까지", 『신약성서의 사회경제사상』, 서울: 한들출판사, 2000, 407-435.

_______. "가난한 성직의 한 내력—신약 시대의 과부들을 중심으로", 『신약성서의 사회경제 사상』, 서울: 한들출판사, 2000, 257-285.

_______. "테클라의 사랑— '바울과 테클라행전'의 바울 짜깁기", 『미지의 신을 위한 변명: 바울신학 비평』, 서울: 대한기독교서회, 1998, 461-511.

최영실. "제국의 권력과 그리스도인—로마서 12-13장을 중심으로", 한국구약학회 · 한국신약학회 공동 2008 춘계학술대회 자료집, 24-40.

_______. 『신약성서의 여성들』, 서울: 대한기독교서회, 1997.

최일섭 · 류진석. 『지역사회복지론』, 서울: 서울대학교출판부, 2001.

커스틴 셀라스. 오승훈 옮김, 『인권, 그 위선의 역사』, 서울: 은행나무, 2003.

콜린 고든 편. 홍성민 옮김, 『권력과 지식—미셸 푸코와의 대담』, 서울:

도서출판 나남, 1991.
킴벌리 S. 영. 김현수 옮김, 『인터넷 중독증』, 서울: 나눔의 집, 2000.
토머스 화이트맨 · 랜디 피터슨 공저. 김인화 옮김, 『사랑이라는 이름의 중독』, 서울: 사랑플러스, 2004.
하워드 I. 마샬. 『루가복음』 [2], 서울: 한국신학연구소, 1984.
한동구. "삶의 터전의 분쟁과 해결(창 26:12-33〈34-35〉)—다문화적 해석을 중심으로", 「한국기독교신학논총」 59(2008), 5-26.
한종호. "청부(淸富)와 훌륭한 거부(巨富) 곁에서 서성대는 예수", 「기독교사상」 535(2003/7), 44-59.
황지우. 『어느 날 나는 흐린 酒店에 앉아 있을 거다』, 서울: 문학과지성사, 1998.

Albl, Martin C. " 'Are Any among You Sick?' The Health Care System in the Letters of James", *JBL* 121/1 (2002), 123-143.
Baker, A. "One Thing Necessary", *CBQ* 27(1965), 127-137.
Barrett, C. K. *The Second Epistle to the Corinthians*. Peabody, MA: Hendrickson Publishers, 1973.
Bartchy, S. Scott. *MALLON CHRESAI: First Century Slavery and the Interpretation of 1 Cor.* 7:21, SBLDS 11. Missoula, MT: Scholars Press, 1973.
Becker, Jürgen. *Paul Apostle to the Gentiles*. Tr. by O. C. Dean Jr. Louisville, Kentucky: Westminster/John Knox Press, 1993.
Betz, H. D. "Hellenism", *ABD* vol. 3, 127-135.
_______. *Sermon on the Mount*. Minneapolis; Fortress Press, 1995.
_______. *Galatians*. Philadelphia: Fortress Press, 1979.
_______. *2 Corinthians 8 and 9*. Philadelphia: Fortress Press, 1985.
Blenkinsopp, Joseph. *A History of Prophecy in Israel: From the Settlement in the Land to the Hellenistic Period*. Phila delphia: The Westminster Press, 1983.
Brandon, S. G. F. *Jesus and the Zealots*. New York: Charles Scriber's

Sons, 1967.

Brown, M. J. " 'Panem Nostrum' : The Problem of Petition and the Lord' s Prayer", *JR* 80/4(2000), 595-614.

Brutscheck, J. *Die Maria-Marta-Erzählung: Eine redaktionskritische Untersuchung zu Lk 10, 38-42*, BBB 64. Frankfurt am M./Bonn: P. Hanstein, 1986.

Buchanan, George Wesley. *Jesus: The King and His Kingdom.* Macon, GA: Mercer University Press, 1984.

Bultmann, Rudolf. *The History of the Synoptic Tradition.* Tr. by John Marsh. New York: Harper & Row, 1963.

Burkert, W. *Ancient Mystery Cult.* Cambridge, MA: Harvard University Press, 1987.

Büchsel. "ἐπιθυμία", *TDNT* vol 3, 168-171.

Campbell, R. Alastair. *The Elders: Seniority within Earliest Christianity.* T&T Clark, 1994.

Castelli, Elizabeth A. *Imitating Paul: A Discourse of Power.* Louisville: Westminster John Knox Press, 1991.

Chadwick, H. " 'All Things to All Men' (I Cor. IX. 22)", *NTS* 1(1954), 261-275.

Cha, Jung-Sik. "Jesus' Travel Route and Its Theological Implications as Reflected in the Tao Concept", *Scripture and Interpretation* 2/2(2008), 190-199.

_______. "Beyond the World of Evil: The Jacobian Theology of the Tongue in James 3:1-12", *Proceedings of the Congress of Asian Theologians* (1998), 73-88.

_______. "The Ascetic Virgins in 1 Corinthians 7:25-38", *AJT* 12/1(1998), 89-117.

_______. "Confronting Death: The Story of Gethsemane in Mark 14:32-42 and Its Historical Legacy", Ph.D. diss. *The University of Chicago*, 1996.

Chilton, Bruce. *Rabbi Paul: An Intellectual Biography.* New York: Doulbleday, 2004.

_______. *Pure Kingdom: Jesus' Vision of God.* Grand Rapids, Michigan: Wm. B. Eerdmans Publishing Co., 1996.

Collins, John J. *The Apocalyptic Imagination: An Introduction to the Jewish Matrix of Christianity.* New York: Crossroad, 1989.

Collins, Raymond F. "Mary", *ABD* vol. 4, 579-581.

_______. "Martha", *ABD* vol. 4, 573-574.

_______. "Mary", *ABD* vol. 4, 581-582.

Craddock, Fred B. *Luke: Interpretation.* Louisville: John Knox Press, 1990.

Craigie, P. C. *The Problem of War in the Old Testament.* Grand Rapids, Michigan: Eerdmans, 1978.

Crossan, John Dominic. *The Historical Jesus: The Life a Mediterranean Jewish Peasant.* SanFrancisco: Harper, 1991.

Daniels, Jon B. "Barnabas", *ABD* vol. 1, 610-611.

Davies, Stevan L. *The Revolt of the Widows: The Social World of the Apocryphal Acts.* Carbondale & Edwardsville: Southern Illinois University Press, 1980.

Dawes, Gregory W. "The Danger of Idolatry: First Corinthians 8:7-13", *CBQ* 58/1(1996), 82-98.

de Boer, Martinus C. "The Meaning of the Phrase τά στοιχεία τοῦ κόσμου in Galatians", *NTS* 53/2(2007), 204-224.

Dibelius, Martin. *James.* Revised by Heinrich Greeven & tr. by Michael A. Williams. Philadelphia: Fortress Press, 1975.

Dibelius, Martin & Conzelmann, Hans. *The Pastoral Epistles.* Tr. by Philp Buttolph & Adela Yarbro. Philadelphia: Fortress Press, 1972.

Dodd, C. H. *The Parables of the Kingdom.* New York: Charles Scribner's Son, 1961.

Donahue, John R. "Tax Collector", *ABD* vol. 6, 337-338.

_______. "Tax Collectors and Sinners: An Attempt at Identification", *CBQ* 33(1976), 39-61.

Dozeman, T. B. *God at War: Power in the Exodus Tradition.* Oxford: Oxford University Press, 1996.

Duling, Dennis C. "Kingdom of God, Kingdom of Heaven", *ABD* vol. 4, 49-69.

Dunn, James D. G. "Jesus and Purity: An Ongoing Debate", *NTS* 48(2002), 449-467

_______. *Paul and the Mosaic Law.* Wm B. Eerdmans Publishing Company: Grand Rapids, MI/ Cambridge, UK, 1996.

_______. *Romans 9-16*, WBC 38B. Word Books: Dallas, TX, 1988.

Elliott, John H. "The Epistle of James in Rhetorical and Social Scientific Perspective: Holiness-Wholeness and Patters of Replication", *BTB* 23(1993).

Erb, P. C. "The Contemplative Life as the Unum Necessarium: In Defence of a Traditional Reading of Luke 10:42", *Mystics Quarterly* 11(1985), 161-164.

Fitzmyer, Joseph. *Romans.* New York: Doubleday, 1993.

_______. *The Gospel according to Luke X-XXIV*, AB vol. 28A. Garden City, NY: Doubleday, 1985.

Furstenberg, Yair. "Defilement Penetrating the Body: A New Understanding of Contamination in Mark 7.15", *NTS* 54(2008), 176-200.

Georgi, Dieter. *Die Geschichte der Kollekte des Paulus für Jerusalem.* Hamburg-Bergstedt: Reich, 1965; [ET] *Remembering the Poor: The History of Paul's Collection for Jerusalem.* Nashville: Abingdon Press, 1992.

Gooch, P. W. " 'Conscience' in 1 Corinthians 8 and 10", *NTS* 33(1987), 244-254.

Goodfriend, Elaine Adler. "Prostitution(OT)", *ABD* vol. 5, 505-510.

Goranson, Stephen. "Ebionites", *ABD* vol. 2, 260-261.

_______. "Nazarenes", *ABD* vol. 4, 1049-1050.

Gottwald, Norman K. *The Hebrew Bible—A Socio-literary Introduction*. Philadelphia: Fortress Press, 1985.

Grant, Robert M. *Gods and the One God*. Philadelphia: The Westminster Press, 1986.

Gray, Patrick. "Points and Lines: Thematic Parallelism in the Letter of James and the Testament of Job", *NTS* 50/3(2004), 406-424.

Guijarro, Santiago. "Healing Stories and Medical Anthropology: A Reading of Mark 10:46-52", *BTB* 3-/1(2000), 102-112.

Habel, Norman C. *The Land Is Mine: Six Biblical Land Ideologies*. Minneapolis: Fortress Press, 1995.

Haacker, Klaus. "Gallio", *ABD* vol. 2, 901-903.

Haenchen, Ernst. *The Acts of the Apostles: A Commentary*. Philadelphia. The Westminster Press, 1971.

Hasel, Gerhard F. "Sabbath", *ABD* vol. 5, 849-856.

Hauck, Friedrich. "κοινός, κοινωνός, κοινωνέω, κοινωνία, συγκοινωνός, συγκονωνέω κοινωνικός, κοινόω", *TDNT* vol. 3, 789-809.

Hengel, Martin. "Between Jesus and Paul: The 'Hellenists', and the 'Seven' and Stephens(Acts 6.1-15; 7.54-8.3)", *Between Jesus and Paul: Studies in the Earliest History of Christianity*. Philadelphia: Fortress Press, 1983, 1-29.

Holmberg, Bengt. *Paul and Power: The Structure of Authority in the Primitive Church as Reflected in the Pauling Epistles*. Philadelphia: Fortress Press, 1980.

Horsely, Richard A. *Paul and Politics*. Des Moinses, IA: Trinity Press Inc., 2000.

Ilan, Tal. *Jewish Women in Greco-Roman Palestine*. Peabody, Massachusetts: Hendrickson Publishers, 1996.

Jenks, Alan W. "Eating and Drinking in the Old Testament", *ABD* vol. 2, 250-254. Doubleday, 1985.

Johnson, Luke Timothy. "The Mirror of Remembrance(James 1:22-25)", *CBQ* 50(1988), 636.

Kalmin, Richard. "Levirate Law", *ABD* vol. 4, 296-297.

Keck, L. "The Poor among the Saints in Jewish Christianity and Qumran", *ZNW* 57(1966), 100-129.

Kee, Howard Clark. *Medicine, Miracle and Magic in New Testament Times.* Cambridge: Cambridge University Press, 2005.

Kilgallen, John J. SJ. "Martha and Mary: Why at Luke 10,38-42?" *Biblica* 84/1(2003), 554-561.

Klawans, Jonathan. "Interpreting the Last Supper: Sacrifice, Spiritualization, and Anti-Sacrifice", *NTS* 48(2002), 1-17.

Lemche, Niels Peter. "History of Israel (Premonarchic Period)", Tr. by Frederick Cryer. *ABD* vol. 3, 526-545.

Lohse, Eduard. *Colossians and Philemon.* Tr. by William R. Poehlmann & Robert J. Karris. Philadelphia: Fortress Press, 1971.

Lull, David J. " 'The Law Was Our Pedagogue' : A Study in Galatians 3:19-25", *JBL* 105(1986), 481-498.

Macdonald, Dennis Ronald. "Acts of Thekla", *ABD* vol. 6, 443-444.

_______. *There is No Male and Female.* Philadelphia: Fortress Press, 1987.

_______. *The Legend and the Apostle: The Battle for Paul in Story and Canon.* Philadelphia: The Westminster Press, 1983.

Manor, D. W. "A Brief History of Levirate Marriage as it Relates to the Bible", *Near East Archaeological Society Bulletin* 20(1984), 33-52.

Martin, Thomas W. "Hellenists", *ABD* vol. 3, 135-136.

_______. "Sergius Paul", *ABD* vol. 5, 205-206.

McGowan, Andrew. "Discipline and Diet: Feeding the Martyrs in Roman Carthage", *HTR* 96/4(2003), 455-476.

Mendenhall, George E. & Herion, Gary A. "Covenant", *ABD* vol. 1, 1179-1202.

Meeks, Wayne A. *The First Urban Christians: The Social World of the Apostle Paul*. New Haven and London: Yale University Press, 1983.

Methuen, Charlotte. "The 'Virgin Widow' : A Problematic Social Role for the Early Church?" *HTR* 90/3 (1997), 285-298.

Meyer, Marvin W. "Mystery Religions", *ABD* vol. 4, 941-945.

Miller, William R. 신수경 · 조성희 옮김, 『중독과 동기 면담』, 서울: 시그마프레스, 2007.

Mitchell, Margaret M. "New Testament Envoys in the Context of Greco-Roman Diplomatic and Epistolary Conventions", *JBL* 111/4(1992), 641-662.

Montegomery, Hugo. "Women and Status in the Greco-Roman World", *Studia Theologica* 43(1989), 115-124.

Morgan, Donn F. *Wisdom in the Old Testament Traditions*. Atlanta: John Knox Press, 1981.

Murphy, Roland E. "Elders as Honored Household Heads and Not Holders of 'Office' in Earliest Christianity", *BTB* 33/2(2003), 77-82.

Neufeld, Dieter. "Jesus' Eating Transgressions and Social Impropriety in the Gospels of Mark: A Social Scientific Approach", *BTB* 30/1(2000), 15-26.

Nickle, Keith F. *The Collection: A Study in Paul's Strategy*. Naperville, IL: Alec R. Allenson, Inc., 1966.

Niditch, S. *War in the Hebrew Bible: A Study in the Ethics of Violence*. Oxford: Oxford University Press, 1993.

Okeke, G. E. "1 Thesslonians 2.13-16: The Fate of the Unbelieving Jews", *NTS* 27(1980), 127-136.

Osiek, Carolyn. "The Bride of Christ(Ephesians 5:22-23): A Problematic Wedding", *BTB* 32/1(2002), 29-39.

Painter, John. *Just James: The Brother of Jesus in History and Tradition*. Minneapolis: Fortress Press, 1999.

Perrin, Norman. *Rediscovering the Teaching of Jesus*. New York & Evanston: Harper & Row, 1967.

Pheme, Perkins. *First and Second Peter,* James, and Jude. John Knox Press, Louisville, 1995.

Plummer, Alfred. *The Gospel According to St. Luke*. Edinburgh: T&T Clark, 1977.

Pogge, Thomas ed. *Freedom from Poverty as a Human Right: Who Owes What to the Very Poor?* New York: Oxford University Press, 2007.

Pohle, Lutz. 손규태 옮김, 『그리스도인과 국가—로마서 13장 연구』, 서울: 한국신학연구소, 1989.

Pomeroy, Sarah B. *Goddesses, Whores, Wives and Slaves: Women in Classical Antiquity*. New York: Schocken Books, 1975.

Räisänen, Heikki. *Paul and the Law*. Philadelphia: Fortress Press, 1983.

Reicke, Bo. *The Epistle of James, Peter, and Jude*. Doubleday: Garden City, NY, 1964.

Ropes, James Hardy. *A Critical and Exegetical Commentary on the Epistle of St. James*. Edinburgh: T&T Clark, 1916, 1973.

Rorty, Richard. *Human Rights, Rationality, and Sentimentality, Truth and Progress*. Cambridge, UK: Cambridge University Press, 1988.

Sampley, J. Paul. *Pauline Partnership in Christ: Christian Community and Commitment in Light of Roman Law*.

Philadelphia: Fortress Press, 1980.

Sanders, E. P. *Jesus and Judaism*. Philadelphia: Fortress Press, 1985.

_______. *Paul and Palestinian Judaism*. Minneapolis: Fortress Press, 1977.

Satlow, Michael L. " 'Try To Be A Man' : The Rabbinic Construction of Masculinity", *HTR* 89/1(1996), 19-40.

Schmeller, Thomas. "Stoics, Stoicism", *ABD* vol. 6, 210-214.

Schoeps, Hans-Joachim. *Jewish Christianity*. Tr. by Douglas R. A. Hare. Philadelphia: Fortress Press, 1969.

Schramm, Gene. "Meal Custom: Jewish Dietary Laws", *ABD* vol. 4, 648-650.

Schüssler Fiorenza, Elizabeth. *The Book of Revelation: Justice and Judgment*. Philadelphia: Fortress Press, 1985.

_______. "A Feminist Critical Interpretation for Liberation: Martha and Mary: Lk. 10:38-42", *Religion and Intellectual Life* 3(1986), 21-36.

Seesmann, Heinrich. *Der Begriff KOINΩNIA im Neuen Testament*, BZNW 14. Giessen, 1933.

Seesemann. "πειρασμός κτλ", *TDNT* vol. 6, 23-36.

Smith, Dennis E. "Meal Customs: Greco-Roman Sacred Meals", ABD vol. 4, 653-655.

_______. "Meal Customs: Greco-Roman Meal Customs", *ABD* vol. 4, 650-653.

_______. "Messianic Banquet", *ABD* vol. 4, 788-791.

Smith, Jonathan. Z. *Drudgery Divine: On the Comparison of Early Christianities and the Religions of Late Antiquity*. Chicago: University of Chicago Press, 1994.

Stählin. "χήρα", *TDNT* vol. IX, 442.

Strand, K. A. ed. *The Sabbath in Scripture and History*. Washington D. C.: E. P. Dutton, 1982.

Strecker, G. "Ebioniten", *RAC* 4, 487-500.

Theissen, Gerd. *Sociology of Early Palestinian Christianity.* Tr. by John Bowden. Philadelphia: Fortress Press, 1978.

Thomas, John Christopher. *The Devil, Disease, and Deliverance: Origins of Illness in New Testament Thought.* Sheffield: Sheffield Academic Press, 1998.

Vermes, Geza. *Jesus the Jew: A Historian's Reading of the Gospels.* Philadelphia: Fortress Press, 1973.

Verseput, Donald J. "Genre and Story: The Community Setting of the Epistle of James", *CBQ* 62/1(2000), 96-110.

von Rad, Gerhard. *Holy War in Ancient Israel.* Tr. & ed. by M. J. Dawn. Grand Rapids, MI: Eerdmans, 1991.

_______. *Old Testament Theology*, vol. 1. Tr. by D. M. G. Stalker. New York: Harper & Row, 1962.

Wahlen, Clinton. "Peter's Vision and Conflicting Definition of Purity", *NTS* 31(2005), 505-518.

Walker, W. O. "Jesus and the Tax Collectors", *JBL* 97(1978), 221-238.

Wall, Robert W. "Conscience", *ABD* vol. 1, 1128-1130.

_______. "Martha and Mary(Luke 10:38-42) in the Context of a Christian Deuteronomy", *JSNT* 35(1989), 19-35.

Welborn, L. L. "On the Discord in Corinth: 1 Corinthians 1-4 and Ancient Politics", *JBL* 106/1(1987), 85-111.

Westermann, Claus. *Blessing in the Bible and the Life of the Church.* Tr. by Keith Crim. Philadelphia: Fortress Press, 1978.

Wilkinson, John. *The Bible and Healing: A Medical and Theological Commentary.* Edinburgh: Handsel; Grand Rapids: Eerdmans, 1998.

Wimbush, L. 1987. *Paul, the Worldly Ascetic: Response to the World and Self-Understanding according to 1 Corinthians 7.* Macon, GA: Mercer University Press.

Wright, Christopher J. H. "Year of Jubilee", *ABD* vol. 3, 1025-1030.

_______. "Sabbatical Year", *ABD* vol. 5, 857-861.

Wright, N. T. *Paul: In Fresh Perspective*. Philadelphia: Fortress Press, 2006.

_______. "Paul, Arabia, and Elijah(Galatians 1:17)", *JBL* 115/4(1996), 683-692.

Yarbro Collins, Adela. *Mark: A Commentary, Hermeneia,* Minneapolis: Fortress Press, 2007.

_______. *Crisis and Catharsis: The Power of the Apocalyptic.* Philadelphia: The Westminster Press, 1984.

_______. "Revelation 18: Taunt-Song or Dirge?", J. Lambrecht ed., *L'Apocalypse johannique et l'apocalyptique dans le Nouveau Testament*, BETL 53. Gembloux, Leuven, 1980.

_______. "The Political Perspective of the Revelation to John", *JBL* 86/2(1977), 242-245.

하나님 나라의 향연

— 신약성서의 사회복지론

초판 1쇄 인쇄 2009년 10월 7일
초판 1쇄 발행 2009년 10월 14일

지은이 차정식
펴낸이 김요한
펴낸곳 새물결플러스
기획 정지영
편집 김병규
총무 윤미라

홈페이지 www.hwpbooks.com
이메일 editor.holywaveplus@gmail.com
출판등록 2008년 8월 21일 제2008-24호
주소 (우) 158-718 서울특별시 양천구 목1동 923-14 현대드림타워 920호
전화 02) 2652-3161 / 팩스_ 02) 2652-3191

ISBN 978-89-961592-6-1 03230
책값은 뒷표지에 있습니다.